اعبد الحياة - ج 2

ابراهيم وطفي

eKutub Publishing House
London 2024

Worship Life: A Novel of Life in Letters
Part 2: Friendship, Correspondence with Saadallah Wannous, Adonis, Zakaria Tamer
By: Ibrahim Watfe

Published by e-Kutub Ltd
Distribution: TheBookExhibition.com & Associates
ISBN: 9781780587844
First e-Edition
London, 2024
** * **

الطبعة الإلكترونية الثانية،
لندن، 2024
أعبد الحياة، ج 2 - صداقة: مراسلات مع سعد الله ونوس، أدونيس، زكريا تامر
الناشر: e-Kutub Ltd، شركة بريطانية مسجلة في انجلترا برقم: 7513024

التوزيع: TheBookExhibition.com

يمكنك الكتابة الى المؤلف على أحد العناوين التالية:
watfe.ibrahim@gmail.com
gibran.watfe@gmail.com
www.Kafka-Ibrahim-Watfe.com

اعبد الحياة

رواية حياة في رسائل

(الجزء الثاني)

صداقة

مراسلات مع سعد الله ونوس، أدونيس، زكريا تامر

ابراهيم وطفي

"إي-كتب"

"كتابة الرسائل هي شكل جوهري من أشكال الحياة" (كافكا)

"كل إنسان شاعر" (مارتن فالزر)

"كل إنسان يستحق متحفاً" (مارتن فالزر)

"كل إنسان فنان" (الفنان يوزف بوي)

"عندما يموت إنسان، تموت مكتبة بكاملها" (مثل صيني)

"الصداقة استبطان لدواخل البشر ومحاولة لعيشها مع أصحابها. وحين ترتفع الصداقة يرتفع معها التسامح عالياً" (حازم صاغية)

الفهرس

كلمة صداقة

ماذا يأتي بعد الحب في الأهمية؟ الصداقة طبعاً. إذا كان الحب بين شخصين من جنسين مختلفين يتضمن صداقة أيضاً، فإن الصداقة بين شخصين من جنس واحد تتضمن دائماً حباً. الحب والصداقة لا ينفصلان عن بعضهما بعضاً، إذ لا يوجد حب من دون صداقة، ولا توجد صداقة من دون حب. إن الحب والصداقة هما أسمى وأثمن ما في الحياة.

طوال حياتي لم أكفّ عن محاولة إقامة علاقة صداقة حقة. علاقة إنسانية بكل معنى الكلمة. صداقة كما يراها روسو: أشبه بعلاقة صوفية بين شخصين. صداقة بمعنى كلمة أبي حيان التوحيدي: «الصديق آخر هو أنت».

كما النبتة تحتاج إلى تربة صالحة وسقاية صحيحة، حتى تنمو وتعطي غلّة وافرة، يحتاج الإنسان إلى ظروف سياسية وثقافية واجتماعية معاً، حتى يصبح قادراً على تكوين صداقة حقة. أجل، هذه الظروف هي القوة التي تصوغ تصرفات الناس وتفكيرهم.

الكتب أيضاً هي، وربما قبل كل شيء، رسائل طويلة موجهة إلى أصدقاء. وهذه الرسائل التي أنشرها هنا هي رسائل أرسلتها سابقاً إلى «مشاريع» أصدقاء أو استلمتها من «مشاريع» أصدقاء. وأنا هنا أعيد إرسالها إلى أصدقاء محتملين.

إن الصفة الغالبة في حياة الناس، بعامة، هي الكذب والزيف والنفاق. كل يكذب على كل، بل كل يكذب على نفسه. ولا بدّ من الكذب، لأن الجميع يكذبون.

يكتب أدونيس: «في ظني أن الكذب هو آدم التاريخ، وأن التاريخ العربي هو بين أبنائه الأكثر حظوة» (رأس اللغة جسم الصحراء،

ص 271). وعن الحاضر يكتب في مكان آخر: «نحن محكومون بالكذب. هل يمكن للكلمة أن تقول كل شيء؟ هل هي قادرة على ذلك؟ ما يمنحها أهميتها الوحيدة للكتابة، هو التدمير، الهدم، نزع القناع عما هو خطأ. الكتابة لتدمير كل كذب، لتجاوزه. من دون ذلك، تنتفي قيمتا الكلام والكتابة. إذا لم تناضل الكتابة ضد الرياء، فإنها تخلق أقنعة أخرى. إذاً يمكن الكلام أن يصير القناع الكبير الذي يختبئ وراءه مجتمع برمته. ثمة عصور تكون فيها الكتابة مثل قناع ضخم. مثلاً الكتابة العربية. كانوا يكتبون كي يقنّعوا. ينبغي ربما أن تدرس الكتابة يوماً في المجتمعات، من حيث هي قناع».

هنا أروي ما يخصني من دون كذب وبدون تحريف. وفي مرحلة الشيخوخة يحب المرء، ويجوز له، أن يقول كل شيء. و«عندما يموت إنسان، تموت مكتبة بكاملها».

يُعنى المجتمع المتحضر بذاكرته. يرى التاريخ، الثقافي والسياسي، تراكماً وتواصلاً. لذا فإن فكرة الأرشيف هي ذات أهمية بالغة في هذا المجتمع. الأرشيف هو «المكان الضروري ضد فقدان الذاكرة». فهو يحفظ التاريخ، ولا سيما تاريخ الفكر، الممثل في وثائقه ومخطوطاته وكتبه. يبتاع الأرشيف مخطوطات ورسائل كاتب معروف بمبالغ باهظة، ويحفظها إلى الأجيال القادمة. أرشيف جامعة تكساس العريقة ابتاع مخطوطات ورسائل نورمان ميلر بمبلغ 2.5 مليون دولار. وابتاع «أرشيف الأدب الألماني» مخطوطات ووثائق ورسائل الكاتب ارنست يونغر، عندما كان لا يزال على قيد الحياة، بمبلغ 1.5 مليون يورو. وابتاع مخطوطات ورسائل هاينر كيبهارت من ورثته. وكان قد ابتاع مخطوطة رواية «المحاكمة» لكافكا بمبلغ 1.1 مليون جنيه استرليني. في عام 1917 كتب قارئ رسالة شخصية إلى كافكا، يرجوه فيها أن يفسر له قصة «الانمساخ». في

عام 1994 ابتاع الأرشيف النسخة الأصلية من هذه الرسالة، ونشرها، وحفظها.

في كل بلد متحضر عدد كبير من مراكز الأرشيف، في المتاحف ومكتبات الجامعات والمراكز الثقافية. وتوضع محتويات مراكز الأرشيف تحت تصرف العلماء والدارسين المختصين.

تحتل كتابة السيرة أهمية كبرى في ثقافات العالم، ولاسيما في الثقافة الأوروبية - الأمريكية. وتلقى كتب السيرة رواجاً كبيراً بين القراء. وهناك نوعان من السيرة، النوع الأول هو السيرة الذاتية التي يكتبها صاحبها بنفسه. والثاني هو «السيرة الرسمية»، التي يكتبها كاتب متخصص بكتابة السير. هذا النوع تعمد إليه بعض الشخصيات العامة المشهورة؛ الساسة والرياضيون والاقتصاديون، وغيرهم من رجال ونساء المجتمع العاملين في حقل الحياة العامة، بل بعض الكتّاب (مثل غونتر غراس الحائز على جائزة نوبل لعام 1999). يقوم صاحب السيرة بتخويل كاتب متخصص في كتابة السير، يطلعه على خفايا حياته، ويقدم له رسائله ووثائقه. والكاتب يقدم بأسلوبه عملاً سردياً مشوقاً، غالباً ما يشعر القارئ بأنه إنما يقرأ رواية. وهذا يشير إلى حضور الذاكرة، السياسية والثقافية والاجتماعية في حياة البلدان التي تهتم بتاريخها ومنجزها الحضاري.

كتب السيرة من النوعين، هي الأبرز حضوراً في عالم النشر في الغرب، والأكثر تداولاً بين أيدي القراء. بل يقال إن المركز المهم الذي يحتله الأدب في الحياة العامة في ألمانيا على سبيل المثال إنما يعود، أخيراً وليس آخراً، إلى الاهتمام الهائل الذي يبديه القراء بحياة الكاتب. بل إن الكاتب السويسري بيتر بيكسل زاد على ذلك بقوله: «الناس لا يهتمون بالأدب، إنهم يهتمون بالأدباء».

غالباً ما يهتم الناقد الأدبي بشخصية الكاتب وسلوكه وحياته اليومية، ويبحث عن أسرار نشأته في البيت والمدرسة والعمل، ومختلف

نشاطاته وآرائه، كي يلقي من خلال كل ذلك أضواء على إنتاج هذا الكاتب. ثم إن كل كاتب هو إنسان مميز متناقض، والكشف عن مكنونات نفسه وعواطفه وأفكاره وأمزجته، يفيد في فهم أعمق لما يكتبه. والحياة الشخصية للكاتب مدخل مهم لفهم كتابته، ولا يمكن الفصل بين الاثنين. إن الكتابة والحياة تتداخلان مع بعضهما بعض على نحو وثيق، وتشكلان نسيجاً واحداً. والحياة اليومية الخاصة بالكاتب هي مادة خام للكتابة، والكتابة هي عمل على الحياة الخاصة. الكتابة هي «قشر جلد»، إمكانية للخروج من الجلد.

هذا باب مغلق في الحياة العامة، وخاصة الثقافية، لدى العرب في العصر الراهن. ماذا يفعل العرب بوثائق ومخطوطات ورسائل كتّابهم؟ ماذا يعرفون عن السيرة الذاتية الحقيقية لكاتب؟ إن ما نعرفه عن الحياة الشخصية الحقيقية للكتّاب وأمثالهم هو أقل من قليل، وغالباً ما يكون هذا القليل مغلوطاً في معظمه. إن الثقافة العربية هي ثقافة المكبوت والمضمر والمحظور.

هل سيعرف دارسو الأدب في المستقبل عن كتّاب ما يسمى «عصر المعلوماتية» أكثر مما عرفوا عن كتّاب عصور سابقة؟

ماذا يفعل أصدقاء كاتب وأسرته بأوراقه ورسائله بعد وفاته؟ ماذا حدث لمخطوطة يوميات سعد؟ ([1]).

كتابة السيرة الموثوقة أمر شديد الضرورة، وينبغي أن يصبح جزءاً من الحياة الثقافية. نشر هذه الرسائل هنا ليس بعيداً عن الموضوع

---

[1] بتاريخ 2007/9/30 نشرت جريدة «أخبار الأدب» القاهرية من يوميات سعد تفاصيل ستة أيام قضاها في القاهرة من 7 إلى 12 /1989/9. وذكرت الصحيفة أن أسرة ونوس خصت الجريدة بهذا النص، «حيث لم تتخد بعد قراراً نهائياً» بشأن نشر اليوميات.

أعلاه. إن قيمة كتابات سعد الله ونوس في المسرح العربي لا تقلّ عن قيمة كتابات هاينر كيبهارت في المسرح الألماني.

كان من النتائج الثقافية التي تمخضت عنها الثورة الطلابية في أوروبا وأمريكا في أواخر العقد السادس ومطلع العقد السابع من القرن العشرين نشوء ما عرف بالأدب الوثائقي، ولا سيما ضمن الأدب الروائي والمسرحي. كما نشرت كتب عديدة قام بتأليفها أفراد من غير الكتّاب، مثل عمال وأمهات.

من هذا الأدب الروائي الوثائقي أذكر هنا مثالاً واحداً: رواية الكاتب السويسري ماكس فريش (1911 - 1991) «مونتوك» (1974). هذه الرواية لا تحوي كلمة مبتدعة. يقول فيها كاتبها: «أودّ أن أتمكن من أن أصف، دون أن أبتدع شيئاً». وهذا ما يتحقق له. يصف حياته بواقعية تامة، دون أن يبتكر أية شخصية أو أي حدث. يبتعد فريش في روايته عن التصميمات والمشاريع التخييلية في رواياته السابقة، لأنها لم تحقق هدفها بتقصي الذات. في سن الرابعة والستين تبين له أنه إنما كان قد تكتم عن حياته. «لا ينبغي الكذب كثيراً، التكتم يكفي». انطلاقاً من هذا الاكتشاف يقرر الكاتب: «أريد أن أكتب دون أن أبتدع أي شيء. إنه موقف سرد ساذج». في رواية «مونتوك» يعمد فريش إلى عرض حياته على نحو وثائقي مباشر، دون هروب إلى استخدام التخييلات، «دون ابتداع شخوص، دون ابتداع أحداث تكون أكثر نمطية من الواقع». إنه يعمل من ذاته شخصية روائية، ويجعل روايته عملاً مفتاحياً لمرحلة بكاملها. لذا اعتبرت هذه الرواية كتاب فريش «الأكثر تواضعاً، الأكثر نضارة، الأكثر خصوصية، والأكثر أصالة». ويقول فريش ضمن روايته، التي خطط لأن تكون خاتمة أعماله: «الحقيقة هي أني أكتب لكي أعبّر عن نفسي. أكتب لنفسي. المجتمع ليس صاحب عملي، وأنا لست كاهنه ولا واعظه. في واقع الأمر، إني أكتب لنفسي».

لتكن «اعبد الحياة / رواية حياة في رسائل»، إذاً، مع التجاوز، مسودة «رواية وثائقية»! لكنها، على كل حال، «رواية» صادقة.

«ويبقى الأصل والجوهري في الأشياء... أن تكون على قيد الحياة».

لذا:

أعبد / اعبد الحياة!

ابراهيم وطفي

بون / ألمانيا، 2010

سعد

"حياتك تثير شهيتي. إنك محظوظ. ذلك خير ما يمكن قوله". (سعد)

"لم يفهم الطبخة أحد غيرك، فأنقذت نفسك". (سعد)

"أعتقد أن الكاتب لا يكون في ذروة حريته إلا في مراسلاته الخاصة، أي عندما يقف أمام المرآة متجرداً من أقنعته وثيابه المسرحية التي يفرض المجتمع عليه أن يرتديها، فالرسائل هي الأرض المثالية التي يركض الكاتب عليها؛ كطفل حافي القدمين، ويمارس فيها طفولته بكل ما فيها من براءة، وحرارة وصدق". (نزار قباني)

تمهيد

الكاتب المسرحي سعد (الله ونوس)، الذي لم أخاطبه مرة، لا شفهياً ولا خطياً، سوى باسم «سعد»، هو ابن خالي، وأنا ابن عمته. والده أحمد ونوس ووالدتي خديجة ونوس هما من أب واحد هو سعد ونوس وأم واحدة هي أمينة جوهره.

سعد وأنا لم نلعب مع بعضنا بعضاً في سنوات عمرنا الأولى، أولاً بسبب فارق السن، حيث يزيد سنّي عن سنّه نحو ثلاث سنوات على الأرجح، وثانياً كان بيت أهله يبعد عن بيت أهلي نحو مئتي متر، هو في «الحارة الفوقانية» وأنا في «الحارة التحتانية»، يصل بينهما زقاق متعرج من أزقة القرية على هضبة في الساحل السوري.

ولا أذكر سعد في المدرسة الابتدائية الملاصقة تماماً لبيت أهله. إن الصورة الأولى لسعد في مخيلتي هي التالية: هو وابن عمه (ابن خالي الآخر) عزيز ونوس وأنا، في يوم ربيعي بديع، نحاول اصطياد فراشات على زهور مونّس الغربا (مؤنس الغرباء)، التي تنتصب على سيقان طويلة على حافة بيدر. (على بعد نحو خمسة أمتار جنوب ذلك المكان يقع الآن ضريح سعد).

والصورة الثانية لسعد في مخيلتي تمثله وهو يزورني أحد أيام الصيف في الحقل الذي أحرسه وأعمل فيه. ونأكل معاً.

وقد درسنا معاً في المدرسة الثانوية في طرطوس. بعد المدرسة الابتدائية كان على أبناء القرية الالتحاق بهذه المدرسة. وكان من المألوف أن يستأجر الأهل غرفة في المدينة يقيم فيها عدة تلاميذ من أبنائهم، ويقوم الأهل بإرسال الطعام يومياً إلى أبنائهم كما هي العادة في إرساله إلى العاملين في الحقل. كانت كل أم تضع الطعام في سلة تحضرها إلى مكان تجمّع محدد، وتقوم امرأة من القرية بوضع

السلال في عربة الجيب التي كانت واسطة النقل بين القرية والمدينة، وفي مكان معين قريب من المدرسة الثانوية تنزّل المرأة السلال وتضعها على رصيف الشارع، وتنتظر قدوم التلاميذ، الذين يحمل كل واحد منهم سلته إلى غرفته ثم يعود بها بعد مدة وقد وضع فيها صحن اليوم الفائت. وكان حمل سلال الطعام في المدينة يعود علينا بشعور من خجل. وكنا نشعر بأن هذه العملية غير لائقة تقلل من قيمتنا في نظر أبناء المدينة.

لم يعرف سعد مثل هذه العملية. فعندما دخل المدرسة الثانوية، استأجر لنا أهلنا في حارة بعيدة غرفة في منزل معارف لهم يقع على شاطئ البحر. وقد أقمنا في تلك الغرفة طوال عام، أو ربما عامين لم أعد أذكر. وكنا فيها أربعة أشخاص: سعد وعزيز وأنا وجدتنا المشتركة أمينة. وكانت مهمة الجدة الطيبة هي طبخ الطعام لنا (في الغرفة نفسها).

كنا نسافر إلى القرية عصر كل يوم خميس ونعود إلى المدينة عصر يوم الجمعة.

كان عزيز يدرس في مدرسة ثانوية خاصة كانت قد أنشئت حديثاً. وكنا سعد وأنا ندرس في المدرسة الثانوية الرسمية «تجهيز البنين». وكنا نذهب صباح كل يوم إلى المدرسة معاً، ونعود منها عند الظهر معاً. فنسير كل يوم مسافة تزيد عن أربعة كيلو مترات. وكنا ندرس معاً في الغرفة نفسها وعلى شاطئ البحر.

(بعد نحو نصف قرن، في عام 2003 شاهدت الغرفة ما زالت قائمة وحدها، دون بقية غرف البيت ودون أن تكون صالحة للسكن. كانت مجرد أربعة جدران وسقف).

كنت، قبل سعد بثلاث سنوات، أحضر مع أترابي كثيراً من الأفلام السينمائية، مصرية وأمريكية. وبهذا فتحت لي النافذة الأولى التي

تطل من عالم الريف شديد الضيق. والتجربة نفسها عاشها سعد برفقتي وبعدي.

في العامين أو الثلاثة أعوام التالية أقمت في غرف وحدي، لكن في الحارة نفسها، وبقينا على اتصال يومي.

أما النافذة الثانية التي فتحتها على مصراعيها، والتي حددت مسار حياتي، فقد كانت القراءة.

قراءة الكتب غير المدرسية. وكان «معلمي» في ذلك هو ابن خالي، محمد ونوس، الأخ الأكبر لسعد. كان محمد أكبر مني سناً بثماني سنوات، وكان يقرأ بضعة كتب ويرسم. وكنت أتردد عليه وأستعير منه بعض الكتب، أذكر منها كتب جبران خليل جبران وميخائيل نعيمة، وهو يزورنا باستمرار حيث كانت تربطه علاقة صداقة أيضاً بأخوين لي أكبر سناً مني.

وسعد أيضاً تعلم قراءة الكتب من أخيه محمد، ومني. وكانت الكتب، وظلت، هي الرابط الوثيق طوال العمر بين سعد وبيني.

أستطيع أن أقول إن سعد كان في الفترة الواقعة بين سنه الحادية عشرة والخامسة والعشرين يعتبر علاقته بي أهم علاقة له مع آخر. أما بالنسبة إليّ، فقد كان سعد منذ نحو عام 1955 أو ما حوله وحتى عام 1993 أفضل محدث لي، بل كان محدثي العربي الوحيد. شفهياً وكتابياً.

في إجازاتي السنوية كنت ألتقيه معظم الوقت خلال الشهر الذي أمضيه في دمشق والقرية. ومرات عديدة كنت أبيت لديه في منزله.

***

(من طرطوس إلى القرية، مطلع أو ربيع عام 1957) ([2]

ابراهيم، الآن أرسل لك كل ما عندي. لماذا؟

لأنني في هذه اللحظة أحس بحب طاغ وشوق غريب لك ما أحسسته لإنسان من قبل. دعنا من هذا ولنلتفت لأهم ما سأقوله أو ما كنت أود قوله:

1 - لا يوجد أي سيكارة تاطلي غليظة في طرطوس، وعندما ستوجد سيرتفع سعرها إلى 60 ق. س لأن سعر الدخان قد ارتفع 15 ق. س لجميع الأنواع. وقد أرسلت لك ما بجيبي لترسل لي غليظة من القرية اليوم. نعم اليوم توّ وصول هذه الوريقة لك. وإذا كنت تملك بعض النقود فاشتري لي أيضاً ما تستطيع لأنني أكاد أجنّ بلا دخان. وشيء آخر ليس هناك في طرطوس سوى الأنواع الزفت من ريجه ومرجان فابعث اليوم ما قلته.

2 - مع هذه الورقة ورقة أخرى كتبت عليها بعض الأسئلة فأجب عليها بتمامها ولا تعتقد أني أهذر.

هذا ما يسمح الوقت بكتابته رغم الكثير الذي أريد أن أقوله لك. سعد

ابراهيم، أرجو أن تجيب على الأسئلة التالية على هذه الورقة نغسها.

س 1 - ما رأيك في الشخصية العربية؟

س 2 - ما هي العوامل التي تجدها مفيدة في إعلاء شأن الشخصية العربية؟

س 3 - ما رأيك في الأحزاب بسوريا؟

س 4 - ما رأيك في السياسة العربية أو بصورة أخص بالسياسة السورية؟

---

[2] ولد سعد يوم 27 آذار 1941، وأنا ولدت مطلع عام 1938.

س 5 - ما رأيك في المشاكل الاجتماعية التالية: آ - الرجعية والتقدمية. بـ - المراهقة. جـ - الجنس والمرأة. د - الحب والزواج.

ملحوظة: ليس هذا دعابة إنما عمل جدي أرجو ألا تخذلني به وانتظر في القريب رسالة ربما بلغت صفحاتها... سعد

عزيزي ابراهيم، أما أنت فقد استنتجت من أسئلتي الفشل. وأما أنا فقد استنتجت من رسالتك التهرب من الإجابة لأنك تعرف سؤال (الفيلة) الذي سئل طلبة من جميع الأجناس وكانت الإجابات تحدد الشخصيات المميزة للشعوب التي تمثلت بطلبتها المشتركة في الإجابات..

وقد سألت نفس هذه الأسئلة لعبد وأجاب دونما أي إيضاح مني وكذلك عزيز.. وكذلك خير الله.. وكذلك غيرهم.

فأجب حسبما تفهم من الأسئلة لا حسبما أحدد لك، لأن تحديدي معناه تحديد أفكارك بأفكاري.

شكراً للدخانات! قطتي تحييك! أما نزولك فليكن قبل الخميس وحبذا لو كان غداً لأن هناك أشياء كثيرة وقد انتهيت من المسابقات التي أهلكتني زهاء أسبوعين. ومحمد أخي سيأتي يوم الخميس تماماً ليقبض وسيبقى عندي يومين! ولكن الحقيقة أن نزولك اليوم أفضل شيء!

قسراً أريدك أن تنزل، فهل تفهم... وهذه الأفكار التي أكتبها متناقضة كما ترى.. وذلك لأن ليس في رأسي سلسلة هيكلية لما أردت كتابته.

ابراهيم

أرجوك، أرجوك أن تنزل اليوم. وأنا خال تماماً من الدروس انزل يا عزيزي.

أنا لست مجنوناً فأصلح هذا الخلل في رأسك. **سعد**

***

(من طرطوس إلى دمشق، 13/5/ 1957)

صديقي ابراهيم، علمت أنك في دمشق ولكن لم أعرف عنوانك وحاولت الاتصال بعبد الوهاب تلفونياً ولكن لم أستطع لأن رقم التلفون كان ينقصني وأنا أعيش الآن في فوضى.. يأس.. جحيم.. ضجيج.. موت.. عدم.. فأنت قد ذهبت بعدما ذهبت قبلك لور ويكفي أن تذهبا لتصبح حياتي جحيماً.

ابراهيم، اكتب لي كثيراً وانتظرني لأنني فور انتهاء الامتحان سأكون عندك إن لم تصدر المجلة التي همدت فكرتها الآن بعد اقتراح داخلي بتأجيل صدورها لا العمل على صدورها إلى أيلول.

وأنت يا عزيزي لن تعرف أنني أكثر من مهمل في بيتنا ومن عائلتي بعد أن صرخت بأفكاري التي انفجرت فجأة. وكذا أفكاري السياسية والاجتماعية تجلب كثيراً من المتاعب في بيئة بيتي. وأنا أكاد أنفجر غيظاً من الامتحان والدراسة والعلم. وأنا الآن لا أطالع إلا الروز ([3]).

شيء آخر: كانت المياه ستعود إلى مجاريها بيني وبين لور لولا كبريائي السخيف. فقد كنت أمشي في الشارع وحيداً أفكر وصادفتها وحيدة أيضاً تمشي وهي تفكر وحيتني وأفقت من أفكاري مذهولاً آه.. إنها في الشارع تلمني. لقد تمردت. وقالت لي بصوت هامس رائع: - أما زلت مصراً على قطع العلاقة؟ قلت لها: - ولمه؟! قالت: - لأنني ربما خطبت. قلت: ولكنني أنا لا أستطيع أن أخطب. قالت: - أنتظرك سنة وسنتين. قلت: - لا مانع عندي إذا كنت ستتصرفين هكذا ولكن هذه المرة لا أطيق أن يتدخل شخص ما في علاقتنا. قالت:

---

[3] مجلة "روز اليوسف" المصرية.

- فقط صديقتي عائدة وأخي. قلت بإصرار: لا.. قالت: لا أستطيع. قلت: إذاً باي باي.

وأنا الآن أعرف أنني أخطأت إلى حد جهنمي. أعرف ولكن ما ذنبي وأنا أعرف أن صديقتها العزيزة لن تدعها لي أبداً ما دام عندها أخ لم يتزوج.

وأيضاً عرفت أن بيتهم ليس مدهوناً من الخارج وقد سألتني مرة هذا السؤال وأجبتك خطأ لأنني لم أكن منتبهاً إلى الدهان. ومنذ مدة قصيرة مررت وزكية قرب بيتهم علّها أن ترى لور وقالت لي إن بيتهم فخم جداً ولكنه ليس مدهوناً وتذكرت سؤالك وعرفت أنني لست دقيق الملاحظة.

ابراهيم

اكتب. اكتب لي كثيراً وانقذني من هذه الوحدة اللعينة وقل لي أما زال بيننا تلك الصداقة الرائعة وأنا أعتبر وجود مثل هذه الصداقة...

عنواني: طرطوس - حي الرمل - حانوت اسكندر الضابط

أنا في حاجة إلى القلم فلا تنتظره حتى نهاية الامتحان. سعد

حبيبي إبراهيم

ربما تكون قد ضاعت فرحتي .. أحببت أخي للبعض أنا فرحتي قد ضاعت [illegible] أجلس وبالـ[illegible] ونتكلم
بصراحة وقد يكون من كلامي [illegible] لأنني أعتقد بل أجزم أن لا علاقة لي بما حدث .. إنما
واقعياً كنت يا إبراهيم آلة تحركوني [illegible] ونا أنا فرحتي .. والبديل أنا ولكن لماذا ؟! ..
لنعد قليلاً إلى الماضي القريب ..

كان بيننا ما هو أكثر من الصداقة وأنت تعلم ذلك .. ونتيجة هذه الصداقة الرقيقة كان يجب [illegible]
(هذا ما أكون مخطئاً بربط صداقتنا بحبي .. ولكنه [illegible]) وأنا لم أكن لأستحي [illegible] هذا الحب موقف [illegible]
[illegible] الشرقية في [illegible] الدليل موقفي [illegible] الطفل الذي [illegible] على الحناء
[illegible] أن [illegible] من غيرك [illegible] لكنا [illegible] أيام الحزن
لا أستطيع أن أخون العهد الذي نقشته في كتابي [illegible] ولكن كان مجموعة [illegible]

١- [illegible] إلى العزيزة ما كان من كان
٢- تخفيف الصدمة [illegible] التي كانت [illegible] ..
٣- أن أكون [illegible] أو [illegible] العزيز

[illegible] لماذا ؟! [illegible] أن حبنا العائلي لم [illegible]
[illegible] الذي [illegible] في الحب [illegible] .. [illegible]
الحب [illegible] السني [illegible] في كتابي
[illegible] .. [illegible] كل [illegible]
[illegible] وأنا [illegible] !
الوطن [illegible] كل شيء .. ولكن [illegible]
[illegible] الطوال [illegible]
[illegible] الآن كنت أنوي [illegible] أحدثكم [illegible]
[illegible] اضطراب [illegible]
[illegible] بسبب الوهابي [illegible]
[illegible] لا أستطيع لأن [illegible] المسلمون [illegible] في موضوع [illegible]
[illegible]

فأنت قد ذهبت بعد ما ذهبت [illegible] ولكني أرجو أن [illegible] في [illegible] — [illegible]

الآن [illegible] — ولكنه الحكيم [illegible] — [illegible] من [illegible]

ابراهيم

أكتب لي كثيراً وانتظرني [illegible] أن أكون [illegible] قصة الحياة التي [illegible]

الآن [illegible] على [illegible] هذا الجو [illegible] —

وأنت يا عزيزي [illegible] أكثر من [illegible] عائلتي بعد [illegible] التي [illegible]

[illegible] — ولكنه [illegible] كثيراً [illegible]

في بيئة بيتي — وأنا [illegible] من [illegible] والعلم — وأنا الآن [illegible]

الروح

شيء آخر —

كانت الليلة [illegible] لحد كبريائي الشخصي — فقد كنت [illegible] في [illegible]

وحيداً أكثر [illegible] وجسمي [illegible]

[illegible] — لقد تزوجت — فقالت لي بصوت [illegible] —

— أما كنت أعلم [illegible] قلت لا — ولماذا؟! — قالت [illegible] —

قلت ولكنني أنا [illegible] أن أخطب — قالت — انتظر سنة [illegible] — قلت لا مانع عندي

إذا كنت [illegible] هذا! ولكنه هذه المرة [illegible] أن [illegible] ما [illegible] — قالت [illegible]

عائشة وأخي قلت [illegible] — قالت [illegible] بأحلامي

وأنا الآن أعرف أنني أخطأت [illegible] — [illegible] ولكنه ما ذنبي وأنا أعرف أن [illegible]

[illegible] أعوام [illegible] لم يتزوجني —

وأيضاً عرفت أن [illegible] من الخارج [illegible] هذا السؤال وأجيبه [illegible]

[illegible] — [illegible] أن [illegible] وقالت لي — إن [illegible]

[illegible] وتذكر سؤالي [illegible] أنني [illegible] —

ابراهيم

أكتب — أكتب لي كثيراً [illegible] هذه [illegible] أمام الدنيا [illegible] الصداقة الرقيقة

وأنا أعتبر [illegible] وأنا [illegible]

عنواني: طوسون — حي الرمل — [illegible] — اسكندرية [illegible]   سعد

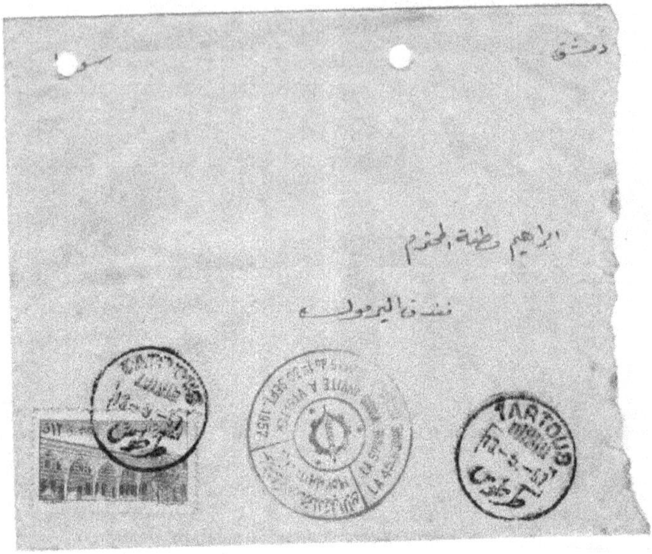

1957/5/13

***

(من طرطوس إلى دمشق، 1957/5/21)

ابراهيم، إنسان واحد عرفت أنه كل شيء بالنسبة لحياتي الصداقية هو أنت وإنسانة واحدة كانت تملك فيّ كل شيء. صداقتي. حبي. شهواتي. عواطفي. كياني هي لور، وقد ذهبت لور. وذهبت أنت أيضاً؛ وأصبحت في الحياة مجرد مجموعة كتل لحمية تتقاذفها أنواء الحقد.. والفظاظة.. والتشاؤم.. والألم.. ومركبات النقص.. وبلايين العقد النفسية!!

نعم هذه هي حياتي. أهلي (ما عدا محمد) يكرهونني تقريباً. ويحقدون عليّ، لمجرد أنني أحمل مبادئ حياتية. مبادئ إنسانية هي أنا، وأنا هي. ولو تتصور أن أمي منعت أختي الكلام معي. وأولاد عمي يهزأون بقيمتي كإنسان يلصقون على اسمه كنية ونوس، ومريم التي عبثت بجسدها وحطمت منعتها. وأنخت بشهواتي فوق جسدها تتطلع إليّ باشمئزاز وكراهية واحتقار. إنني لا شيء في مجتمع ساقط كهذا. إنني ضائع. إنني تائه. يكرهونني. أكرههم. يمقتونني. أمقتهم. إنهم ليسوا شيئاً بالنسبة لي. ولست شيئاً بالنسبة لهم. أعيش في بوتقة وعيي وذاتي.

نعم يا عزيزي إنني من مرئيات الحياة الجامدة. ولذا فقد قررت. سأهرب. سأتركهم سادرين في ضلالهم. سأنطلق. سأتحرر. سأعيش إنساناً مترحلاً إذ لا بد من رحلة تستغرق العمر كله - كما يقول حيدر - نعم واقعياً لا بدّ من رحلة تستغرق العمر كله.

ابراهيم، لقد دبروا المؤامرة بإحكام فكانت هذه الصورة المهزوزة برأسي: سعدى لم تعد إنسانة. إنها لا تطالع. تعرت من كيانها وأصبحت مجرد صندوق من اللحم القديد تتحرك في الحياة. ألا ما أشنع اللحم القديد. وهي تعيش الآن تحت قيود ردّ فعل قاس يجعلها تغالط نفسها فتعتقد أنها تحب عزيز. ألا ما أسخف عقولهم. وهي الآن مخطوبة!!

فكيف ألفظ ما يجيش في أعماقي من سخرية.. من هزء.. من احتقار.. أين... في كل هذا أين؟!.. إنه لا شك في حذائي يتنعم بالدفء. ألا توافقني؟

عزيزي

هذه المرة الثانية التي أكتب لك فيها ولا أرى ثمة جواب. لعلك نسيت ذلك المجهول سعد. ربما فأنا أشك أنك ما زلت تتذكرني. وإذا كان يقبع في تفكيرك ثمة رأي بأنني ابتعدت عنك عمداً فأنت مخطئ. ولكن قد تقول لما سكت كل هذه المدة. والجواب لأنني كنت في ذلك الوقت أرضاً بدأت تتفتح في أعماقها بذور الشك بحريتي. وبذور الحقد على البشرية. وبذور الكراهية والبغضاء لكل شيء وفي المقدمة أنا.

وأخبارك التي كنت أتوق لمعرفتها. لم أعرفها للأسف منك. إنما سمعتها من تقصيّ الشديد من زكية. ومن رسائل سليمان ومن حسن طيبا. هل فهمت يا عزيزي. لأنني يا عزيزي لم أعرف بالضبط مدى ما تحتل في نفسي إلا بعدما سافرت. وكذا لم أعرف مدى ما تهيمن لور على كياني كإنسان إلا بعد أن تركتها. وأنا الآن يا ابراهيم خلوّ من أي عاطفة بشرية إلا لهذه المجموعة (أنت، لور، محمد أخي، خير الله، عدنان، أبي). وقد تعجب إذا قلت لك أبي ولكن صدقني أن أبي لم يعد ذلك الإنسان الذي تعرفه قبلاً فهو قد أصبح يستمع لمشاكلي برغبة ويحاول معي حلّها بتحرر غريب وبعصرية عجيبة. وأنا عندما سردت له مجمل أخبار المجلة قال لي بالحرف الواحد (إنني مستعد لأن أعطيك كل ما يترتب عليك). وهو سيعطيني نقوداً لأسافر إلى الشام عقب الامتحان مباشرة. وسيوفر لي أيضاً مالاً ليعلمني صحافة وسيساعدني في ما استطاع لإصدار مجلتنا الكبيرة التي نحلم بها. وهو لا يضغط عليّ إذا لم أذهب إلى المعهد. وأنا أذهب أين أشاء دون أن يسألني أبداً أين أذهب. فقد سافرت منذ مدة، خمسة أيام

لعند حيدر برفقة عدنان. وأما كيف أصبح كذلك؟! لست أدري. وأنا ألقي عبء وجودي على هذه المجموعة التي ذكرتها كلها (ما عدا لور) لأنهم بالفعل قد وقفوا إلى جانبي بإخلاص في أشد مراحل أزماتي. فتصور أن خيرو عرض عليّ أن أنقل أمتعتي إلى غرفته فنعيش معاً ردحاً من الزمن. وكذا عدنان أعتبره ويعتبرني أخاً رائعاً. وأما عن أخي محمد فأنت قد سمعت مني كثيراً عنه وعن معاملته الطيبة لي.

المجلة لم تفشل ولكن فكرة صدورها قريباً قد أقلعنا عنها والرخصة قد دبرناها. وينتظر صدورها في أول تشرين أول. وأنا وقتما آتي إليك إلى دمشق أعلمك بكل شيء. بكل شاردة وبكل واردة عنها. ولكن أحب أن أقول لك إنني ضعت تماماً في عملي بالمجلة بعدك فأنا بعد سفرك أصبحت لا أعي كيف أتصرف. يوماً في اللاذقية. ويوماً عند نديم محمد في بيت الحج. ويوماً عند حيدر. ويوماً في بانياس. ولكن لماذا؟! وماذا جنيت؟! لست أدري.

المهم أن أهرب من واقعي وكانت النتيجة أنني أصبحت أعشق الخمر.

ابراهيم!!

قد تعتقد أنني أكتب لأستعطفك. لا، لأنك بالنسبة لي حقيقة باقية سواء شئت أم أبيت فأنا لا يمكن أن أعتقد أنك نسيت ذلك المجهول سعد.

ماذا عن عملك؟! اكتب لي رسالة ضخمة وأرسلها إلى القرية. فأنا أريد أن تسليني قليلاً ريثما أنهي امتحاني فأجيء إليك. وكذلك أرجو أن تعتذر لسليمان عن رسالتي التي كتبتها لكما. فالخط غير مقروء لأنني كتبتها بقلم محطم الريشة. وكذلك فهي طافحة بالثورة لأنني وقتما كتبتها كنت في نوبة من جراء الحالة التي أنا فيها.

لكم أشتهي لو أستطيع كالماضي أن أقول لك: لور قطتي الرائعة تهديك تحياتها. رحماك يا لور. لا تنسى أن تكتب لي!! **سعد**

***

(من طرطوس إلى دمشق، 1957/5/30)

برهوم، لماذا لا تكتب لي؟! لماذا لم تصلني بعد تلك الرسالة الموعودة وربما لي العذر أن أحسّ أن وعدك كان مجرد زلة قلم ربما بالنسبة لي على الأقل!!!

للمرة الرابعة أكتب إليك رغم أنني أؤدي امتحاناً وقد تعتذر بفقدان الأخبار التي يكتب عنها. قد.. ولا أجزم. فإذا كان كذلك فأنت تخاتل ولا شك ربما نفسك. وربما أنا. وربما لا أحد. لأن في حياتك الكثير الذي يكتب لي. أو قد تعتذر بضيق الوقت وأنا أوافقك ولكن مع هذا لا يمكن أن تقنعني أنك لا تستطيع اقتطاع نصف ساعة من وقتك للكتابة لي في صحرائي القاحلة.

أنا سعيد لأن دورة الفتوة في دمشق ولذا انتظرني 13 حزيران فأنا سأمر عليك في دمشق وربما استطعت قضاء يوم كامل عندك. وسأضع حقيبتي عندك أو عند سليمان ريثما أعود في الأضحى فأباشر عملي في دمشق الرائعة. سأعمل. مهما كان نوع العمل. وسأتمرن على الصحافة. وسأبقى ربما حتى منتصف أيلول في دمشق فأعود ثانية إلى جوّي الكئيب جوّي الحزين كألحان نزار الفرنسية. وتدمدمين لحناً فرنسي الرنين / لحناً كأيامي حزين.

مقتطفات عن المجلة.

- في الصيف نعدّ الرخصة

- في أول تشرين الثاني يصدر أول عدد منها.

- في الصيف سنجمع نقوداً للمجلة. وسنستدين. وسنستأجر شقة لذيذة للمكتب وسنتفق مع المطبعة في دمشق. ومع الكتّاب ومع حضراتنا.

- ما زال لدينا أمل بعودتك إلينا في تشرين لتباشر عملك في الترتيب الفني والمقالات السياسية والريبورتاجات والتحقيقات.

- لم يبق ثمة إنسان في طرطوس إلا وسمع بالمجلة. وقد أثارت ضجة كبيرة في أوساطها. والآن لعلهم يعتقدون أنها ماتت كغيرها من الأفكار الجريئة المهووسة.

- لطف الله يحارب مجلتنا بقسوة وربما لأنه ليس من أسرة التحرير.

- اندفع محام شاب لا يمارس المحاماة لإخراج الرخصة بلا قيد أو شرط..

- عرض علينا محمود مرداش غرفة في مكتب الحزب للمجلة. كما عرض علينا مساعدته لنا!!

- أعتذر عن صغر الرسالة. انتظر التفصيلات الكثيرة! سعد

يوه يا ابراهيم.. يوه (كلمتي المفضلة في أحاديثي العادية السخيفة التافهة. ربما سبقتني عليها. ولكنها الآن لي).

***

(من طرطوس إلى دمشق، حزيران 1957)

ابراهيم

(للعقلاء فقط!)

لكم أغاظتني تلك اللهجة الباردة المفتعلة التي كانت تتحداني.. وتتحدى ثورتي وانفعالي.. هذه اللهجة التي كانت تتلوى بين أسطر رسالتك هي التي تمردت في أعماقي فأمسكت قلمي أكتب رسالة

لعينة مزقتها وأحرقتها وذروت رمادها. رسالة تصرخ في كلماتها ثورة غريبة. ويئز في سطورها شرر صارخ.. شرر حاقد.. ناقم.

ولولا هذه العبارة التي تقدمت رسالتك صدقني لكانت وصلتك رسالتي المجنونة هذه العبارة هي (اطمئن يا صديقي). نعم هذه هي العبارة التي كانت تضج في منعرجات نفسي معان عميقة من الرضا.. والروعة.. والتطلع إلى المستقبل اللذيذ. والتقليب في صفحات الماضي.. معان عميقة بهرتني وأذهلتني..!!

كنت أتمنى ألا أناقشك نقاطاً أوردها قلمك سهواً أو عمداً لست أدري ولكن سأضع أمامك حقائق قد أكون مغالياً في تسميتها حقائق وبالرغم منها هي..

- وأنت الفضولي أكثر ما تكون الفضولية، هذه عبارة سقتها في رسالتك لفكرة في نفسك عني وجدت أن هذا أفضل ما يعبر عنها ولكنك مخطئ يا ابراهيم لأن ما كنت تحسبه فضولية كان يمكن وهو الأصح أن تقول عنه (إنك تطلب من أصدقائك دائماً براهين وحججاً يدللون بها على صدق عاطفتهم نحوك) وهذا موضوع صعب المنزلق لا يمكن البحث فيه لأنه وشيج الصلة بماضي الحافل بالصدمات في حياتي الصداقية!!

- (كنت أفكر ألا أفاتحك به) لماذا؟! قل يا عزيزي لماذا لم تكن تفكر بمفاتحتي به.. خوفاً من ثورتي وأنا سعد الإنسان الذي تعرفه وتعرف أفكاره كابراهيم أم لأنك صامت هادئ لا تحب أن تتبسط فتقول لي شيئاً عن نفسك.. أم لأنها هي لا تريد أن تفاتحني بالموضوع. أو أن الأسباب الثلاثة مجتمعة تدفعك لكتابة هذه العبارة.. ربما.. وهي فلسفة الحل.. ولكن صدقني أنني ضيعت ساعات في حل أحجيتك وتأخرت بالكتابة لأجد الحل ولكن عبثاً..

ابراهيم

(للمجانين فقط!)

ما زلت أنتظر رسالتك ولكنك على ما أعتقد غير جادّ في وعدك لي وإن أظهرت جديتك في وعدك لزكية برسالة عنك.

إنني أحب التقليب كثيراً في الماضي نكاية فيك. لا تصدق أنني أريد أن أكتب ولكنني مفلس لا أدري عما أكتب. فأفكاري ما زالت تشتعل وتتأجج في الأعماق اللامتناهية في ذاتي ومغامراتي هامدة. ولا شيء جديد سوى أن سكينة قد تدلهت بحبك بعدما أوصلت لها رسالتي وإن كانت ما تزال تمنحني شفتيها برغبة ولذة. ولكن على ما يظهر أنها تحبك حباً سماوياً أفلاطونياً مفعماً بالأحلام والآمال والتخيلات العذراء.. ها.. ها.. ها..!!

لا تعتقد أنني أمزح إنما أؤكد لك يا ابراهيم أنها قالت أكثر من مرة إنها تدفع سنة من عمرها لتراك!!

ألا تؤمن معي أن صدمتي العاطفية سلبتني كلمة إنسان أنا الذي أهزأ من كل عاطفة ومن كل صدمة عاطفية. ومن كل حب لاهب. ومن كل تضحية غرامية. ولكن للأسف ما زلت أرسف بقيود البهيمية!!

فأحلامي مليئة بلور. لعن الله لور. إنني أحبها وهذه حقيقة راهنة يا ابراهيم. فأنا أعبدها، أعبدها على بعضها. أعبد كل ذرة في جسدها. في نفسيتها في كيانها.

أوه يا لي من سخيف أليس كذلك؟!

أنت استبقت الزمن وقتما قلت لي في إحدى رسائلك من القرية - جننت ولك سعد لعنك الله - فأنا الآن على ما أعتقد في حالة إشباع بالجنون والهوس.

منذ زمن لم أسهر ليلة حمراء واحدة. ومريم قد ودعتها إلى الأبد بعدما عرفت وأيقنت أنها قذرة إلى حد بعيد. ربما بالنسبة لسعد فقط. لا بالنسبة لحسن هولا أو غيره.

كيف حياتك يا لعين! إني أريد أن أعرفها بشوق ولذة تعدلان شوق ولذة ماجلان وقتما شاء الدوران حول الأرض اللعينة التي لفظتنا من أعماقها إلى سطحها السطحي.

لا تخف يا ابراهيم فأبي لا يقول لي إلا حامد ونوس.

صدقني أن كل رسائلي تعجّ بالبلاغة وباللغة العربية الفجة إلا لك وأتمنى أن تعرف السبب.

ألف شكر.. ألف شكر.. ألف شكر لأنني أخيراً جننت.

دورة الفتوة كما يشيعون في 15 حزيران. ما رأيك؟ فأنا لن أجيء إلا حوالي الأضحى بهذه الحالة. وأظنك ساعتئذ تستطيع مساعدتي!!

أعتقد أن أوقات فراغ سليمان كثيرة. لأنه يكثر من الصفحات ومن الرسائل فشكراً له.

انتظر من سعدى كتاباً لست أدري ما هو.

لا.. لا أريد.. المرة الخمسون إني لا أريد / ودفنت رأسك في المخدة يا بليد / وأدرت ظهرك للجدار أيا جداراً من جليد / وأنا وراءك يا صغير النفس نابحة الوريد / شعري على كتفي بديد... / ماذا أريد وقبيل ثانيتين كنت تجول كالثور الطريد / والآن أنت بجانبي / قضض من اللحم القديد / ما أشنع اللحم القديد... نزار

وأنا للمرة المليون قرأت ديوان نزار لأني مفلس بالكتب والمجلات ولعل لذلك ضلعاً في جنوني. **سعد**

***

(قصاصة مرفقة مع رسالة من لطف من طرطوس إلى دمشق، 1957/9/19)

هالو ابراهيم، ماذا عن الصفحة الأدبية؟! وماذا عن المندوب، والمواضيع التي تكلمنا عنها بصدد الجريدة؟ سمّ لي بعض الكتب الصحافية واعطني عنوان معهد الصحافة بمصر. وهل يمكنك أن تبعث لي ولو كتاباً واحداً عن الصحافة؟ عندي بعض الجديد ولكن إلى مناسبة أخرى. لا تنسى أن الصفحة الأدبية ليست لوجه الله. اكتب لي إذا استطعت بعض اللقطات الصحفية الخفيفة. سعد

***

(من القرية إلى دمشق، 1957/9/28)

إذا لم أكن قد نسيت فأنا أجزم أني لم أطلب منك شيئاً عن حياتك الشخصية... ولكنك وقد تبرعت بالكتابة عن حياتك فأنا مضطر لتصفحها..!

اسمع... لقد طلبت وأكرر طلبي... كوكتيل معارف جديدة عن الصحافة... (كتب الجامعة المصرية... معاهد المراسلة... الكتب التي كنت تنوي شراءها) فماذا عنها؟

حياتي رائعة!! أتمنى ألا تنسى طلبي هذه المرة يا ابراهيم... **سعد**

***

(مسودة رسالة من دمشق إلى طرطوس، أيلول 1957)

سلامي إليك

أنا لم أتأخر بتلبية طلبك إلا للضرورة. وهل تظن أن شيئاً أحب إليّ من تلبية طلب لك، وخاصة مثل هذا الطلب؟

عن الكتب: اشتريت كتاب (المدخل في فن التحرير الصحفي) للدكتور حمزة. وأعتقد أنه أحسن كتاب وضع في العربية عن الصحافة. قرأته مرة واحدة للمطالعة، والآن أقوم بدراسته وتلخيصه. واشتريت كتاب (الصحافة في العالم)، وهو مترجم عن الفرنسية، وفيه أشياء جديدة؛ وكتاب (الصحافة والصحف) لصحفي مصري قديم اسمه عبد الله حسين، لم أقرأه بعد؛ وكتاب آخر اسمه (الصحافة بين الهواية والاحتراف). وسأشتري عندما أجد بجيبي (شارع الصحافة) لمي شاهين، شاهدته في إحدى المكتبات، وأعجبني جداً، وكاتبته تعمل الآن محررة في «أخبار اليوم» تتحدث فيه عن ذكرياتها، وعن المنافسة بين الأهرام والأخبار وعن تاريخ الأخيرة. ورأيت كتاباً آخر لمؤلفه حمزة اسمه (مستقبل الصحافة في مصر) يستحق القراءة.

معاهد المراسلة لا تنفع، ولا تستحق الكتابة عنها.

كتب الجامعة المصرية لم أسأل عنها ثانية، لأنها خرجت من مشاريعي نهائياً. تستطيع إن أردت أن تسأل «روز اليوسف» عنها. أظن أنها تجيبك.

وهذه بعض المعلومات الخفيفة تكملةً للرسالة:

الجريدة صاحبة أكبر توزيع في الشرق العربي هي جريدة «الأخبار» التي تصدر عن «أخبار اليوم». ولكي تعرف السبب، يجب أن تطالع بعض أعدادها وتقارنها مع الجرائد المصرية الأخرى كالأهرام مثلاً. ولا توضح هذه المسألة كثيراً دون وضع عددين من الأخبار والأهرام على منضدة والمقارنة بينهما عملياً. وطبعاً هذا مفيد لمن يريد أن يصدر جريدة ويوزع أكبر عدد منها.

وعلى ذكر "الأخبار" دعني أخبرك بعض الأشياء عنها. وربما لا تهتم بهذه الأشياء، مثلما أهتم بها أنا، لعدم قراءتك للجريدة. ولكن لا

بأس: تحتل مكاتب الأخبار بناية مكونة من تسعة طوابق (أي أكبر من بناية سميراميس في دمشق) قرب محل جروبي في القاهرة (طبعاً تذكره من قصص إحسان والسباعي)، يعمل في التحرير أكثر من 300 محرر. وتحتل المطابع طابقين غير مفصولين بسقف. أنشئ مؤخراً في هذه البناية ناد خاص بالمحررين يضاهي أحسن ناد في الشرق يضم مطعماً ومشرباً وألعاباً، بأسعار غاية في التخفيض. مكاتب رؤساء التحرير: التابعي، أمين أخوان، هيكل (سابقاً)، عبد القادر. كل منها لا يستطيع رائيه أن يصرفه، والواحد منا لا يستطيع وهو هنا أن يتخيله بتاتاً. كل من هذه المكاتب يحوي أكثر من خمسة تلفونات. علي أمين ومصطفى أمين شكلهما واحد. حسنين هيكل شاب ذو شخصية قوية، أسمر، عريض الكتفين، شعره أكرت، قصير. صحفيو دمشق يرددون هذا المثل: الصحافة في مصر تطعم جاتوه، والصحافة في سورية لا تطعم خبزاً. فراتب المحرر هناك قد يبدأ قليلاً، لكنه يزداد بسرعة حتى يصل إلى 500 - 1000 ليرة، وبعض المحررين يتقاضون 1500 ليرة. روز اليوسف تعمل على إصدار جريدة يومية. ما هو أكبر توزيع بين المجلات المصرية؟ وكم توزع الروز وصباح الخير وآخر ساعة بالضبط؟ الروز توزع أكثر من أي مجلة أخرى في العالم العربي. وبعدها آخر ساعة. وتوزيع الروز ثابت، وتوزيع آخر ساعة يرتفع ويهبط تبعاً لقوة أعدادها وضعفها. والفرق قليل بين توزيع المجلتين. وتوزيع الروز خارج مصر يفوق توزيع آخر ساعة بكثير. والصباح كان توزيعها يزداد في كل عدد منذ صدورها. ومنذ عشرة أشهر توقف عند حد معين. حد يقل عن الروز وآخر ساعة بقليل. أما هذه الأرقام فهي غير مفيدة بالنسبة لك: راتب حسنين هيكل أقل من ألف جنيه بقليل. وراتب بهاء 160 جنيه.

أما من أين استقيت هذه المعلومات؟ فمعظمها من أحمد بهاء الدين نفسه. فقد قابلته. وإذا أردت أن أكتب لك مرة ثانية تفاصيل هذه

المقابلة الممتعة. وفي مرة ثالثة - إذا أردت - أكلمك عن الصحافة في دمشق.

أريد أن أعرف التفاصيل المسموح بها عن حياتك. حب. قراءة. صداقة. مشاكل. آمال (صحافة). مدرسة. الخ... كل شيء. هل حياتك رائعة حقاً؟ أم حديثك بالرد؟

هذه بعض قصاصات عن هيكل. إن اهتممت بها أم لم تهتم، فأريد أن تعيدها إليّ من كل بدّ.

على الهامش: أفكر لماذا لا تتقدم إلى البكالوريا هذا العام؟ هل فكرت أنت؟ أعترف أني لا أعرف شيئاً من أمور المدرسة. لكن أتمنى أن تخبرني هل هي فكرة سخيفة، أم ماذا؟ طبعاً التفكير بهذا الأمر يتعلق بمشاريعك في المستقبل ومدى انبساطك وزعلك في هذه الأيام. أقيم منذ يومين عند عبد الوهاب.

***

(من القرية إلى دمشق، 1957/10/9)

ابراهيم، لقد حطمني اليأس. إنني يائس تماماً. ولعلها المرة الأولى منذ أشهر ثلاث أفصح فيها عن اضطرابي النفسي. وعمق ألمي. من الحياة التافهة التي أعيشها.

أشهر ثلاث.. وأنا أتعذب بمشاعري... وأتألم بحالة نفسية غريبة كنت أجد أن من الأفضل ألا يعرفها إنسان قط. وحاولت أن أخفي قلقي تحت ستار من الإيحاء الذاتي بأني سعيد. وقلتها لك مرتين إني سعيد جداً. وقلتها لخيرو. ولرفاقي الذين أمقتهم. حتى ولنفسي على صفحات مذكراتي. ولكن مع هذا بقيت حقيقة مشاعري ماثلة أمامي تعذبني وتكويني وتصرخ في وجهي. إنك تعيس. معذب.

لقد يئست يا ابراهيم. يئست تماماً إلى حد التفكير في الهرب. الهرب من واقعي الكالح. من بيئتي السوداء. من مجتمعي. من أهلي. من الزمرة. التي تعاشرني. ولكن أكيد أني لم أهرب لأنني أتشبث بقوة بمستقبلي.

أستيقظ في الصباح. فآكل وأسمع راديو. ثم أرتدي ثيابي وأطلع إلى الدكان فأجلس على طاولة القمار حتى العصر. فأعود إلى البيت لآكل ثم أعود ثانية إلى المقامرة.

نفس الروتين. نفس الحلقة المفرغة التي تدور في فراغها حياتي. الفراغ. الملل. اليأس. السخف. الغثيان. كلها معان أصبحت تصبغ حياتي وتشير إليها من بعيد. ماذا أفعل؟! قراءة بسيطة. كتابة أبسط. أحاديث سخيفة.

إنني أموت موتاً بطيئاً. إنني أحترق. لأنني ما خلقت لأعيش في الحصين. ما خلقت لأعيش بين هذه الجماعة القذرة التي تشكل سكان القرية.

صحيح أن المدرسة اقتربت. وصحيح أن الروتين اللعين سيتبدل. ولكن مع هذا فسأنتقل إلى روتين جديد. سأنتقل إلى نوع آخر من الحياة التافهة التي تثير الغثيان.

القلق حقيقة ثابتة في حياتي. والاضطراب النفسي العميق شيء واقعي في وجودي. والسبب هو البيئة التي أعيش فيها. مشاكل. أقاويل. رأي عام. سمعة. مخاصمات. مهاترات. قتال على الطاولة الخضراء. اتهامات. كل هذا شيء يسير من الصفات البارزة في المجتمع الحصيني. إنني لا أستطيع أن أعيش هذه الحياة. جلوس. فراغ. ذباب. يأس مريع قد يدمّر حياتي.

أين الحياة الصاخبة التي أحلم بها؟ أين الآمال الكبيرة التي تنبسط أمامي؟ أين أحلامي؟ أين مستقبلي؟

كل هذه الأشياء جنى عليها الضياع الذي أشقاني في هذا الصيف.

أنقذني يا ابراهيم... بعدما أنقذت نفسك. أنقذني من يأسي ومرارتي. أنقذني من السوداوية التي بدأت تهيمن على حياتي. ماذا أفعل؟! كيف أعيش...

نعم... إنني أسألك هذا لأنني في غمرة يأسي وقنوطي أصبحت عاجزاً تماماً عن تقرير مصيري وتحديد سلوكي الشخصي. ولا تعتذر. ولا تماطل بالجواب. ولا تسأم. لأن صلتنا تحتم عليك أن تكتب. وأن تفكر وأن تحلّ. وأنا عندما كتبت لك تلك الأسطر القليلة، كتبتها بمشاعري اللعينة. كتبت بريشة يأسي. لأنك كنت مرحاً في رسالتك متفائلاً. والسبب أنك تعيش كما تحب وكما تريد. أما أنا فأعيش لا كما أريد، ولكن كما تريد الصدفة التي أوجدتني في هذا المجتمع.

ابراهيم...، لو قرأ هذه الرسالة إنسان آخر، لكان من المستحيل أن يفهم حالتي فهماً تاماً. ولكن حياتنا المشتركة خلال سنتين كاملتين تجعلك تفهم. تفهم كيف أعيش. وأفكر. وأتصرف.

تصوّر نفسك تتحدث مع جماعات لا تعتبرها عادية. ولا تعتبرها تافهة فقط. بل تكرهها. وتمتعض منها. وتكاد تتقيأ من أحاديثها وميولها ورغباتها. تصوّر نفسك تعيش مع جماعات بشرية حيوانية. لا يمكن أن تتحدث لحظة واحدة إلا بالجنس ويا ريت لو كان جنساً راقياً يمكن التحدث عنه. بل أحط أنواع الجنس الرخيص. قل.. بربك كيف يمكن لي أن أستمر في هذه الحياة؟ اليوم أشكو من جماعات الحصين وغداً أشكو من جوّ المدرسة الصبياني الكالح.

... لو... كم أتمنى لو كنت الآن قربي. لأن أي إنسان عاش معي شهراً فقط سيعرف (من تعبيرات وجهي) مدى ما أعاني. سيفهم (من تجعيدات جبهتي والنظرة الضارية التي تتمدد تحت أجفاني واللمعة

المعذبة البائسة التي تتقلص لها عضلات وجهي) أني محطم. بائس. أكاد أموت!!

أخي في الميول

لا تهملني. لأني أنتظر. أنتظر منك نصيحة غالية. هل تسمع. قد تكون نصيحتك حياتك في الحصين. أو حياتك في دمشق. اكتب لي عنها. اكتب لي عن هذه الحياة التي تحياها. لأنها ربما أيقظت آمالي التي ضاعت وانتثرت كالشهب المارقة. **سعد**

***

(من طرطوس إلى بيروت، 1957/10/30) (4)

هالو ابراهيم، وبعدين متى تفصّل؟ فأنا أنتظر بانفعال شديد ما تنوي فعله والمستقبل العريض الذي ستدخله.

اسمع. أنا واثق جداً أن من الممتع جداً.ومن المريح لأعصابي المتعبة أن أجلس وإياك ساعة أو ساعتين ندردش ونتناقش ونبحث. ولكن أهلي، طفري، أنظمة مدرستي القاسية كلها تكاتفت بالاشتراك مع الحالة السياسية الخطيرة لتجعلني أقرر أنه من المحال مجيئي إليك.

هل تعلم أنك زدت من اضطرابي وقلقي بغموضك المسرحي؟!

ماذا تنوي أن تعمل؟ فصّل! فأنا أنتظر. اكتب لي قبل أن تخطو خطوتك الحاسمة صفحات عدة تفصّل فيها مشروعك الكبير الذي أحلم بمثله.

أهلك يعتقدون أنك ما زلت في دمشق، فلا تخف شيئاً قط.

---

4 كنت أعمل خادماً في فندق رخيص وأخطط للهرب عن طريق مرفأ بيروت.

رسالتك لم تصلني حتى الثلاثين من تشرين الأول، وصدقني أنني وأنا أكتب لك في حيرة هل أذهب أو أحجم. هل أتمرد على كل العوائق. على كل العقبات وأذهب إليك أم لا.

والحق لست أدري بالضبط ماذا أفعل. وربما لم أكن مغالياً إذا قلت لك إنني أكاد أنفجر. لأن أخي بالعربي الفصيح يمنعني من الذهاب. لأن الكذبة التي اخترتها للسفر لم تقنعه. هل تفهم؟

أرجوك. أسرع بالتفصيل. لأنني منفعل جداً بالغموض الذي يكتنف مشروعك.

لا شيء جديد... سوى أن كرهي يتزايد ثانية فثانية لحياتي التافهة التي أعيشها.

لا تنسى التفصيلات العاجلة لأنني أنتظر بفارغ الصبر، كما لا تنسى شرح كل الخطوات الجديدة التي تخطوها.لأنني واثق أنني أقرب إنسان من مشروعك. وبالتالي من مستقبل حياتك الأفضل. **سعد**

عنواني الأمين: طرطوس - حي الرمل - التاجر اسكندر الضابط ومنه إلى سعد

***

(من طرطوس إلى بيروت، 1957/11/10)

صدّق...

إذا لم أكن قد جننت بعد فأنا في طريقي إلى الجنون.

اسمع...

هل فتشت صندوق بريد الفندق جيداً؟ لا أعتقد لأنني منذ مدة طويلة وأنا أنتظر جواب الرسالة المضمونة التي بعثتها لك رداً على رسالتك

الثانية. ولقد وضحت فيها الموانع التي تمنعني من السفر إليك وهي تتلخص بـ:

1 - أخي محمد لا يسمح 2 - أنظمة المدرسة قاسية جداً لا تسمح بالغياب 3 - الحالة السياسية تجعل السفر لعيناً.

وشرحت لك فيها أيضاً قسوة انتظاري وقسوة تفكيري بمشروعك الجهنمي. وأنا وقتما استلمت رسالتك الثالثة كنت مطمئناً إلى أني سأحظى بمشروعك بعد لحظات. ولكنها كانت خيبة مريرة لي.

وأنا عندما قرأت كلمة بعدين في أول رسالتك ازداد إيماني بأن رسالتي قد وصلتك لأن أول كلمة فيها (وبعدين.. متى ستوضح نواياك ومشروعك).

قل لي يا أخي.. ماذا تعمل؟!

لأن خيوطاً كثيرة قد تجمعت في رأسي عن سفرك إلى بيروت ولكنها لم تصل بعد وتكون وحدة. ولذا يمكنك تقدير حالتي القلقة.

لا حب.. ولا ما يحزنون. لا قراءة جيدة. لا كتابة. لا جنس. وبذا تستطيع أن تقدّر نسبة موتي الحياتي.

الناحية الجنسية تقض مضجعي وتحيل حياتي عاتمة! الإفلاس يمنعني من القراءة. اليأس يقعدني عن التفتيش عن مغامرة شيقة. اضطرابك وغموض نصيحتك يفجرني. كرهي للمدرسة في زيادة مطّردة. ولعي بالسياسة لم يزدد. أفكاري السياسية العربية المتحررة. وأفكاري الاجتماعية الثائرة الملحدة ما زالت تدمدم في أعماقي. الوحيد الذي بقي لي في هذه الأيام خيرو.

لا تنسى أنني ما زلت منتظراً. فمتى أفهم ما يكتنف حياتك. ومتى تتضح الخيوط في رأسي؟! اكتب لي بسرعة عن حياتك ومشاريعك وعملك في بيروت. لماذا تركت دمشق؟ لماذا تعمل في أوتيل؟ لماذا

لم توضح لي مشروعك في رسالتك الثانية؟ لماذا تعجلت عليّ في الإجابة على رسالتك الثانية؟ ماذا ينتظرك؟ وماذا ينتظرني؟ كل هذه الأسئلة تحتاج إلى إيضاح.

وأخيراً فكر معي. لماذا لم تصلك رسالتي المضمونة رغم أن عنوانها صحيح؟

سلّم على المحلات العامة في بيروت. واشبع عنّي وعنّك. **سعد**

***

(مسودة رسالة من بيروت إلى طرطوس، 1957/11/13)

وصلتني جميع رسائلك.

أرسلت لك رسالتي الثانية في 10/24، ووصلني جوابها في 11/7. وبعد يومين أو ثلاثة كنت أعددت لك ست صفحات جواباً. وفعلاً اشتريت طابع البريد، ولكني لم أضع الرسالة الجواب في صندوق البريد. لماذا؟ بسبب سؤال سئلته عندما سمعته مادت الأرض من تحتي. لم يعد بإمكاني التفكير. ذهلت، جننت. قال محدثي، قبل أن أضع جواب رسالتك في البريد بدقائق: «متى تسافر؟». تلعثمت، وتأتأت، وتظاهرت بعدم الاكتراث، وكأن الأمر لا يهمني، وقلت: «من أخبرك؟». قال: عن فلان عن فلان عن سعد ونوس «رضي الله عنه».

لا أستطيع، ولا يستطيع أي كاتب، أن أصف لك مشاعري أثناء تلك المحادثة القصيرة. ولكن رد الفعل الوحيد الذي استطعت القيام به، هو أن أبقي الجواب مكانه في جيبي، مشمئزاً منه، آسفاً على جهدي المبذول فيه.

ولكني لا أعرف، بعد أن وصلتني رسالتك المؤرخة، على الغلاف، في 10 الجاري، لا أعرف لماذا تساهلت، ووضعت لك الجواب نفسه

ضمن هذا المغلف. في آخر ص 6 خطوتي الجديدة: أن لا أخبرك شيئاً فيما يتعلق بمشروعي. ستسمع أنت، بل وستسمع كل القرية أخباراً عني لن تستطيع، ولن تستطيع القرية أن تجد لها تفسيراً.

***

(مسودة بداية رسالة من الإسكندرية إلى طرطوس، 1958/6/2)

عزيزي سعد،

لا أدري من أين أبدأ. ولا كيف أبدأ. هل أخبرك أني سعيد؟ وأذكر لك أسباب هذه السعادة؟ أم أخبرك أني بائس؟ وأفصّل لك دواعي هذا البؤس؟ هل أشرح لك عملي هذه الأيام؟ أم أكتب لك عن عملي قبل شهر؟ هل تريد أن تسمع أخبار القراءة أم أنباء الحب؟ هل أروي لك مشاهداتي في الإسكندرية كما يرويها أي سائح؟ أم هل أدوّن لك تطورات نفسيتي؟ هل أنت مشتاق لأن تقرأ عن أيامي السابقة لمجيئي إلى مصر؟ أم تشتاق لأن تقرأ عن مستقبلي بعد مغادرتي مصر؟ [5].

لا أدري! ربما تتمنى أنت أن تعرف تفاصيل وأجوبة هذه الأسئلة جميعها، وكل شيء عني، ماضي وحاضري ومستقبلي.

***

(من طرطوس إلى الإسكندرية، 1958/7/1)

---

[5] كان سبب سفري إلى الإسكندرية هو محاولة الهروب على ظهر سفينة إلى أوروبا دون جواز سفر، حيث لم يكن بالإمكان الحصول على جواز سفر قبل تأدية الخدمة العسكرية. وكانت تلك محاولتي الفاشلة الثالثة، بعد محاولة أولى باجتياز الحدود السورية - التركية سيراً على الأقدام في منطقة كسب، ومحاولة ثانية بالصعود إلى سفينة نقل في مرفأ بيروت. بعد عقود بات مئات الشباب العرب يقومون بمثل هذه المحاولة... رغم مخاطر غرقهم أو اعتقالهم وإعادتهم.

... هذه المرة لا أجد بدّاً من بعث هذه الرسالة بالبريد المضمون. طالما لم تصل الرسالة الأولى التي كتبتها بعد آخر مكتوب أرسلته لأهلك. أذكر أن الرسالة التي لم تصل، أعجبتني بعد قراءتها. أعجبني شمولها لأخبار فترة طويلة، واحتوائها على أنباء سنة كاملة. ومهما كان فأظن أنني لن أستطيع كتابة تلك الرسالة مرة ثانية وبنفس الجودة. وطبيعي أقصد جودة المحتوى لا جودة المجمع اللغوي.

نبدأ كالمعتاد بالقراءة. عرفت من رسالتك أنك قرأت وتقرأ بغزارة. أما بالنسبة لي فالحال واحدة تقريباً لولا المرض الذي أصابني في الفترة الأخيرة. مرض لم يتفق فيه طبيبان، ولذا لا أستطيع أن أسميه لك.

بلا شك أقرأ الصباح والروز باستمرار. وكذا هذه الأيام أقرأ أخبار اليوم وأحياناً يرسل لي أحمد السوريتي الأهرام أو الجمهورية. أو المساء. وكتابي. ومطبوعات كتابي.. والآداب والثقافة الوطنية قبل أن ينقطعا. أي قبل أن تنهال القنابل على باب ادريس في بيروت.. و..

أما الكتب فقد اشتريت هذه السنة حوالي 25 كتاباً منها عينة جيدة من الكتب السياسية مثال.. الجلادون وعارنا.. في الجزائر لسارتر والعقد النفسية التي تحكم الشرق الأوسط (هيكل) الذي اعتبرت قراءته ضرباً من البطولة الخرافية في رسالتك لأهلك. وكتاب عن نتائج حرب السويس لمستشار وزارة الخارجية في وزارة إيدن. كما كنت أقرأ السياسة والكفاح اللبنانيتين قبل الحوادث.

لا.. القراءة كانت جيدة هذا العام. إنني أنتظر الكتاب الذي تعدني به عن الصحافة.

بعدها نتكلم عن السينما التي أصبحت تزاحم القراءة قليلاً. ويكفي أن تعلم أن عدد الأفلام التي حضرتها هذه السنة حوالي 97 فيلماً كان

بينها أفلام لم نكن نحلم بحضورها قبل سنوات. أنستازيا الحائز على أوسكار، تمثيل بول براينر وانجريد برجمان. سأبكي غداً الحائز على جائزة كان، تمثيل سوزان هيوارد، والعملاق وغرام بعد الظهر وشاي وحنان... و.. وعندكم اليوم في الإسكندرية أفلام أتمنى من كل قلبي أن أحضرها.. دماء ثائرة لأفا وستيوارت، الأخوة كارامازوف بول براينر وماريا شل. حب وعبودية لكلارك وإيفون دي كارلو.. على كل حال.. أحضرها أنت واكتب لي عنها... أما من أين عرفت هذه الأفلام.. فمن أخبار اليوم.

منذ أكثر من شهور وأنا أترقب منك رسالة وحتى الآن لم تصل. رغم أنك كنت تكتب لي من بيروت. وكذلك ترقبت في فترة معينة أن تطرق باب غرفتي في طرطوس. ولكن لم يحدث شيء من هذا القبيل.

كتابتي في تحسن مستمر. والكتابة غدت بالنسبة لي حالة مرضية تقريباً وقد كتبت خلال الشتاء الماضي حوالي 300 صفحة منها القصص القصيرة. ومنها المذكرات. ومنها المقالات.

لولا خير الله كنت انفجرت هذه السنة تقريباً. وأنت تعرف خير الله. ولا أجد ما أقوله عنه لم أقله سابقاً. والجديد أن صداقتنا بلغت الأوج هذا العام. وأظنها ستستمر.

أنا أنتظر رسالة ضخمة تفصيلية عن حياتك. وأظن وقد استقر بك المطاف أصبح من اللياقة أن تكتب هذه الرسالة.

أنباء الجنس.. الأنباء الشيقة..

- يكاد الجنس يكون هذه السنة صفراً.

- لم ألمس ملكة هذه السنة. والأسباب طويلة لن أقولها، لأن المجال لا يتسع لسخافات كهذه.

- حاولت هذه السنة أن أعيش قصة حب مع بنت في حارتنا ولكن فجأة حطمت كل شيء بيدي لأنني عرفت أن هذه العلاقة لن تثمر مواعيد جريئة.. وقبل.. ولمسات.. و..

ماذا عن المستقبل؟! مستقبلي. مستقبلك. مستقبل الشلة التي عشنا معها؟

أما عني فأظن أن شيئاً هاماً سيحدث في مستقبلي. شيئاً بعدما تبينت كل خطوطه بقرار رسمي بالسفر إلى إيطاليا أنا ومحمد، عاد فانطمس الآن على الأقل بسبب عدم سماح وزارة المعارف لمحمد بالسفر. ولكن أظن أن كل البشائر موجودة تطمئننا بالأهمية التي ستكون لمستقبلي. وأظن أنني سأتمكن في رسائل قادمة توضيح كل شيء.. كل شيء تماماً.

وأما عنك؟ فماذا ستكتب لي؟

إن كل ما كتبته يصلح عناوين. مجرد عناوين لما أريد أن أخبرك عنه بعد غياب سنة. ولكن حالتي الصحية والنفسية لا تساعدني فإلى رسالة قادمة.

لا تنسى أن تكتب قليلاً عن السياسة في رسالتك القادمة لأنني أصبحت أحب السياسة. أحبها بقوة. وأنا لا يمكنني أن أنام يوماً دون أن أسمع أكثر من خمس نشرات أخبار. **سعد**

***

(مسودة مطلع رسالة من الإسكندرية إلى طرطوس، 1958/7/4)

عزيزي سعد،

ما هو سبب انقطاعي عن مراسلتك؟ كيف استطعت أن أبتعد عنك بعد أن كنت أقرب الناس إليّ وأحبهم إلى قلبي؟

أنت تظن وتعتقد وتخمّن ويشط بك الخيال إلى أسباب، أعرفها وأنا بعيد، وأسارع إلى القول إنها أسباب وهمية، لا وجود لها إلا في مخيلتك وحدك.

أما الأسباب الحقيقية، فاستخلصها أنت بعد أن تنتهي من قراءة ملخص لحياتي في الإسكندرية في سطور قليلة:

بعد وصولي إلى هنا بأيام استلمت حسابات في دكان نقل، دكان كبير، وزبائن كثر، أكثر الزبائن من الجنس اللطيف. أفتح الدكان في الساعة الثامنة صباحاً، وأغلقه في الثانية صباح اليوم التالي. لا أتزحزح عن الكرسي لحظة طوال 18 ساعة تمر كأنها 18 دقيقة أمضيها في حسابات صعبة سريعة في منتهى الدقة، وصرف فلوس، وضحك مع الستات والبنات، ومعاكسة بنات الحارة. يعني إيه؟ يعني طوال رمضان، لا أقدر أن أحك رأسي، كما يقولون. وبعد رمضان؟ ويا ريت رمضان لم ينته! بعد رمضان بقيت مدة في الدكان، ولكن الشغل خف بل انعدم، ولا ستات، ولا بنات. ثم انتقلت إلى المكتب...

***

(من القرية إلى الإسكندرية، 1958/8/10)

صباح الخير

أستيقظ في الصباح وأول فكرة تتصدر الزحف المقدس الذي يجول في رأسي هو رسالة إليك. وأنهض. وبعد الفطور أجلس إلى الطاولة، وأمسك القلم. ولكن سرعان ما أعيده إلى الطاولة وأحجم عن التفكير بالكتابة إليك. لماذا؟

لأن صدري يؤلمني كثيراً. لأن ظهري أحسه يكاد ينقصف. لأن مزاجي قاتم بسبب آلامي وأوجاعي.

وأمسك الصباح، أتصفحها ثم ألقيها بضيق. وأمسك الأخبار، أتصفحها ثم ألقيها بحمق. وأمسك الروز، أتصفحها ثم ألقيها بيأس. والسبب آلامي وأوجاعي التي عجزت الأشعة عن معرفة كنهها، وعجز أفحل الأطباء عن تشخيصها. والأكثرية مجمعة على أن آلامي نوع من الإيحاء الذاتي. وألعن فرويد في سري، وأسب علم النفس، وأشتم الطب. والأوجاع والآلام ما زالت هي نفسها... نفسها لا تتغير.

ضيق في صدري. أوجاع قاصمة في ظهري وخاصرتيّ عندما أستيقظ في الصباح، مع أن المفروض أن يكون جسدي مرتاحاً عند اليقظة. وعلى الطاولة إلى جانب أكداس الصحف والمجلات.. أكداس أخرى أكرهها وأتشاءم منها.. أكداس العقاقير والأدوية.

وإلى جانب كل ما مضى أمامي تشخيص جديد لطبيب جديد: إن كل ما بي من الجنس وفي الجنس وبالجنس. (وإن كنت شاطر، ابقى شوف مين المظبوط).

الجنس وما أدراك ما الجنس؟! إن هذه العبارة لك. كتبتها في رسالتك. وهي تدل دلالة واضحة على...

كل مشاكلك تهون. وكل متاعبك تذوب، لو استطعت تأمين النهود والسيقان والشفاه.. والجسد اللاهب الذي يصهر برودتك.. ويصهر متاعبك.

إذاً ولجت الباب الواسع... وتعرفت على العالم المثير الذي كنت أحدثك عنه فتصمت... لأنك لا تعرف عنه شيئاً قط... تعرّفت على الأحضان التي تقلب أوضاعاً بكاملها.. وتغير معالم برمتها.. وتؤثر.. وتعبث.. وتهدم.. وترفع.

أمسكت أخيراً بتلابيب الحقيقة الكبيرة التي كنت تفتش عنها.

الجنس.. نصف.. بل ثلاثة أرباع.. بل كل الحياة.

السعادة تفقدها بلا جنس.. والهدوء والتفاؤل والاستقرار تضيعهم بلا جنس.. وكل شيء.. جنس.. وجنس.. وجنس...

يا ابراهيم روح إيه وشكل إيه... في الجنس كما أعرف.. يحذف التعقيد.. تعقيد الشخصيات.. وتعقيد النفوس.. وتعقيد الطبائع.. والشروط.. أنا معك في الشروط التي تطلبها أرواحنا باستمرار.. ومعك في أن أشكالنا دائماً تعجز عن تدبير تلك التي تتوفر فيها الشروط المطلوبة من أرواحنا. وإن عثرت عليها أنا مرة... ولكن.. كل امرأة يجب أن تعرف كل ما نريدها أن تعرف. كل امرأة يجب أن تكون مثقفة.. وخفيفة.. ومرحة.. ونشيطة. كل امرأة يجب أن تكون متوافقة تماماً مع النموذج الذي تتصوره أرواحنا...؟ أنا صحيح مثلاً لا أنحدر كثيراً هذه الأيام لأشبع رغباتي الجنسية ومع هذا فأنا لا أضرب عن الاتصال بواحدة ليس لها ثقافة ساجان.. وجمال برجيت باردو.. وخفة جينا لولو بريجيدا.

وفي القرية هذا الصيف مبسوط.. وإن كانت القرية وما ألاقيه في القرية لا يمثل واحداً بالألف من أحلامي وآمالي. ولكن طالما سأقضي الصيف في القرية فأنا أحاول أن أكون مبسوطاً جنسياً.. واجتماعياً.. وثقافياً.

فأنا مثلاً على علاقة مع بنت خفيفة.. تحب الضحك كثيراً.. وتطالع.. ولها ثقافة لا بأس بها.. وتتلاءم معي جيداً.. كما أن لي اتصالات مع نساء كلهن تقريباً من الأجناس التي تعرفها في قريتي.

ومنذ حوالي أسبوعين أقوم بمحاولة أظن أن تباشير نجاحها بدأت تلوح لي. إنها امرأة شابة.. جميلة.. ناعمة كثيراً.. ورشيقة.. وهي بلا زوج لأن زوجها بأمريكا. وقد أخذت الكلفة تبتعد.. وبدأت التلميحات تظهر.. وتباشير القبول تلوح. إذا نجحت هذه العلاقة فهي علاقة ممتازة. وسأسعد بها كثيراً. وأظن أنني سأنجح.

الآن أتركك.. لأنني أحس أن آلامي شديدة وأخاف أن تنقلب لهجتي فجأة سوداوية متشائمة.. هذا الذي أخافه.. والذي اقتلعته من نفسي بعد عناء منذ مدة ليست قصيرة... اوريفوار.

أمامي الآن الورقة التي أرسلتها لي في مكتوب زكية وقد كانت بمثابة منبه جعلني أعود بسرعة إلى الوريقات أكمل لك رسالتي...

لقد حدثنا... الذي كان في مصر يدرس بالكلية العسكرية حديثاً مشوقاً عن بنات الليل. إنهن كثيرات.. كثيرات جداً.. ورخيصات.. وجميلات أحياناً بشكل صارخ.. وقد أرشدنا إلى الطريقة التي كان ييسر بها اتصالاته الجنسية.. إنها بالتاكسي.. يخرج معها إلى خارج المدينة وهناك...

وأظن أنها طريقة ميسورة، هذا إذا كان صحيحاً أنهن رخيصات بالصورة التي كان يحدثنا عنهن.

والبنات.. البنات السمراوات.. الخفيفات.. المثقفات.. لماذا لا تحاول أكثر.. لماذا لا تنسى أنك مفلس.. وأنك إنسان ضائع في مدينة كبيرة... وأن شكلك عاجز تماماً عن تأمين واحدة من هذه الكثيرات.

صباح وميمي.. ألم تكن مغفلاً معهما؟ لماذا تهرب منهما؟ لأنك من مستوى أقل؟ لأنك لست أرستقراطياً تملك سيارة وفيلا وخزانة صغيرة حبلى بالملايين؟ وقتما قرأت رسالتك قلت في نفسي: لو كنت أنا! ولكن تذكرت أنني في القرية مبسوط. تذكرت أنني لا أضحي بالقرية من أجل لبنى عبد العزيز. لا تضحك إذا كان حولك زبائن، فقد يثير ذلك استغرابهم.

متى نلتقي؟ منذ زمن وأنا أريد أن نلتقي. ونسهر على فناجين القهوة الوسط والأحاديث التي لا تنتهي. ليل وليل آخر وليالٍ متعاقبة. منذ زمن وأنا أود أن نلتقي. لنتعاون في تنظيم الخطوات التي تدنو بسرعة. هل فهمت خطوات ماذا؟ خطوات مستقبلي ومستقبلك.

خطوات حياتنا المقبلة. منذ زمن وأنا أتمنى أن أجلس وإياك لنتحدث عن ما بعد البكالوريا. إلى أي بلد أجنبي أسافر؟ أي الفروع أختار؟ وطبيعي ليست الفروع متباعدة ومتنافرة، بل هي تنحصر في نقطة واحدة. نعم لا تتعجب إنني الآن أستطيع أن أجلس على الطاولة وفي فمي سيجارة وأمامي خريطة للعالم. أقلب وأفتش وأختار وأنتقي البلد الذي يعجبني وأحدث نفسي بهذه الصورة. إيطاليا.. لا.. إن جامعات إيطاليا ضعيفة. السويد.. صحيح أن موسى صبري قد أغراني بالسويد. ولكن لا أعرف شيئاً عن جامعاتها. أمريكا.. بريطانيا.. باريس؟

أستطيع ذلك تماماً يا ابراهيم.. أستطيع أن أضع قدمي في البلاد التي توافق ميولي وتعجبني أنا. لا تقفز عن كرسيك. وأظن أنك قفزت قبل أن تلمح عينك تحذيري. ولكن تحاشَ ذلك بعد الآن. لأنني وأظنك لاحظت أحدثك بلهجة لا مبالية وكأنني منذ كنت في اللفائف أدرك تماماً أن الظروف ستتيح لي يوماً أن أجلس هذه الجلسة أمام خريطة العالم أنتقي الجو والبلد ونوع الدراسة الذي يروق لي. ظروف وصدف. وأنت تؤمن بالظروف. تؤمن بأنها كل شيء تقريباً. صحيح. هل كنت آمل يوماً مستقبلاً أخضر كهذا؟ ولكن هذا ما حدث فعلاً.

أراك الآن وعلى وجهك تعبير اللهفة للتفاصيل. وأنا حائر هل أبدأ في كتابة التفاصيل. ولكن ذلك قد يطلب صفحات كثيرة وأنا أريد أن أنتهي بسرعة، لتصل رسالتي بسرعة. وأنا أصر على فكرة وصولها بسرعة.

متى نلتقي؟ الجندية ليس لدي أي خبر موثوق عنها. وإن كنت أرجح أنها بناء على اعتقاد رشيد ستكون في أول يناير. وعلى كل إذا كانت الجندية هي كل أسباب مجيئك، فسأكتب لك أو أبرق عندما يتأكد موعد التحاقك.

هل لديك نية بالمجيء إلى القرية في مدى معين؟ لا تجبني. لأنني أعتقد أنني سأفاجأ يوماً مفاجأة حلوة. ولكن لنكن واقعيين. إلى أين تأتي.. إلى القرية؟ وماذا تفعل؟ تجلس على الكرسي جامداً تبحلق في النافذة، أو تستمع نشرات الأخبار من نسوة التنانير؟ تتطلع في القمر الذي نسيته في الإسكندرية؟ تركض وراء امرأة قذرة، لتتصدر في اليوم التالي أنباء الفضيحة المروعة؟ لا.. صدقني أنني لو كنت مكانك لا أترك الإسكندرية رغم أنني أتمنى ضمنياً أن تأتي لنرتوي أحاديث وأحلاماً وآمالاً.

وأشياء أخرى أقولها لك من دون قصد: إن حلم والدك الأكبر أن يراك وبعدها معلهش إذا مات. وأمك بدأ يتسرب إلى نفسها قنوط فظيع بأنها لن تراك. وزكية تضرب لك ودع معتمدة على سطور رسائلك والنتيجة دائماً أنك متضايق في الإسكندرية وتريد أن تأتي وعلى هذا الأساس كانت برقيتهم إليك. وقد ضحكت كثيراً على فشل تكهناتها وحساباتها.

يوه.. ما يصحش كده... يمكن أصير هيكل في السياسة. وأنا لسه برضه فايش عالسطح. أثناء السنة الدراسية كنت أقرأ باستمرار جريدة السياسة وجريدة الكفاح، وبعد انقطاعهما بفترة بدأت أقرأ باستمرار - وأنا أصر على كلمة باستمرار - الأهرام وأحياناً الأخبار. واليوم أقرأ الأخبار والأهرام عندما يكتب فيها هيكل ولقد قرأت له تحقيقه «ماذا تريد أمريكا من لبنان»، وتحقيقه الآخر الذي أدهشني وجنّني «رأيت الدنيا على حافة الهاوية»، لم يفتني جزء واحد من الأجزاء الستة. كما أقرأ أخبار اليوم وعلى صفحاتها تعرفت على السويد في تحقيق موسى صبري. وفي رسالة من استوكهولم.. نداء الجنس كنداء البطن. وقد قرأت منذ أيام «العقد النفسية التي تحكم الشرق الأوسط» كمان تاني، خصوصاً عندما وضحت لي عقدة دالس «المقامرة المكشوفة» بالأدلة الواقعية في الأزمة الأخيرة.

وكنت أود كثيراً أن نتحدث عن الأزمة الأخيرة ولكن الحديث سخيف على الورق. وخصوصاً أحاديث ضخمة وكبيرة كهذه.

وربما قلت لك في رسالتي الماضية التي أعقبت رسالة ليست قصيرة كتبت فيها أشياء كثيرة كنت أتمنى أن تقرأها بعض الكتب السياسية التي اشتريتها هذه السنة كعارنا في الجزائر والجلادون ورأيت بنفسي عواقب كارثة السويس وأزيلوا اسرائيل هذا هو الحل. أما عن الكتب غير السياسية، فقد اشتريت هذه السنة الكثير منها. وإن لم أقرأها كلها بعد. والسبب انهماكي في قراءة المجلات والجرائد.. ومرضي الذي عوقني كثيراً. ولقد كبرت مكتبتي وتضخمت. وهي ما زالت تنمو باستمرار.

التفاؤل... لقد هنأتني على اللهجة المتفائلة التي كانت بادية في رسالتي. ولكن لو كانت رسالتي في شباط.. في آذار.. في نيسان.. في.. في.. لاستقبلت نفس اللهجة المتفائلة الآملة التي تنظر إلى الغد بابتسامة وإلى المستقبل بضحكة وتصميم وعزم.. وحب.. وسعادة.. والتفاؤل هذا مبدئي.. وإن مرت فوق حياتي في ظروف معينة سحابات قاتمة من التشاؤم والسوداوية.. ظروف كانت حياتي فيها ملل.. قرف.. صراع مع أهلي.. مشاكل.. فراغ.. أما الآن فقد تخلصت بنفسي وبمساعدة ظروف أخرى من كثير من الأمور التي كانت تدهن حياتي بذلك اللون الباهت الكئيب.

إنني مثلاً أحس وبعمق أن حياتي في المستقبل ستكون حسنة.. وستكون ناجحة.. وستكون طافحة بالسعادة.. والانبساط. وأحس أنني لن أكون إنساناً عادياً.. رغم أن كل الدلائل تشير إلى أني - وعلى الأقل الآن - إنسان عادي في كل شيء.

وأحس أن حلمي الكبير سيتحقق.. وسأتفقد يوماً بحنان وبشعور طاغ مطابع مجلتي.. مجلتي التي سأصدرها مهما كانت النتائج.

وأحس أن الحياة تسير باطراد نحو الأفضل. وتبقى الآمال ذلك المحرك الذي يبدع كل شيء فينا.. الذي يبدع كل معاني حياتنا.. يتحرك ويدور ويضج.. وتظل الابتسامة المتفائلة ترقص على صفحة وجهي. والحياة تدور في أعماقي بقوة وعنف.

وكما قلت.. أتمنى كثيراً أن نلتقي لنتحدث كثيراً. وقد تذكرت الآن فكرة: إذا كنت ستأتي، قل لي في الرسالة القادمة. هذا إذا أمكنك التحديد. وإذا كنت لن تأتي، أيضاً قل لي. لأن هناك أشياء كثيرة أريد أن أقولها. وأضنّ بها على الورق. وعندما أتأكد أنك لن تأتي، سأجد نفسي مضطراً للكتابة إليك بهذه الأشياء الكثيرة التي أحب أن نتبادلها ونحن مع بعض. لا تنسى ذلك.

والكتابة ماذا عنها؟ يقول سارتر (يكفي أن تكون مصرّاً لتبدع كل الأشياء). وأنا مصرّ.. وواثق.. ولدي كل المؤهلات التي تخلق مني أديباً... فما هي العوائق؟! وقد بدأت قصتي تنضج وبدأت تجد لنفسها شخصية؛ لا أقول إنها تبلورت كلياً؛ ولكنها في طريقها الحتمي إلى التبلور والنضوج. وقد كتبت في السنة الماضية حوالي 15 قصة قصيرة.. وقصة تبلغ حوالي 65 صفحة وما زلت أكتب.. ما زال في رأسي خطوط وأفكار. وآخر قصة كتبتها.. حوادثها مستمدة من ثورة لبنان. ولن أزيد لأن ذلك قد يفقد القصة نكهتها ورونقها.

وقصصي أفكار ونفسيات وليست حوادث كلها صدف وظروف تتحرك في أطر جامدة من الضياع.. ضياع الهدف.. وضياع الالتزام.. وضياع الدراسة التحليلية لمجتمع قومي وإنساني... وهذا النوع كثير وعديد تلتقي به في كل المجلات تقريباً إذا كنت تضيع وقتاً بقراءته.

وغير القصص.. هناك مذكراتي.. التي تخرج عن كونها سجلاً لحياتي ثانيةً بثانية. إنها عمل فني أتوخى منه أيضاً الدراسة والتحليل.. والمحاولة.. محاولة الإسهام في الثورة التي تطورنا..

وتنسف بعض تقاليدنا وعاداتنا، وتبني.. تبني باستمرار لغد مشرق.. ولمستقبل زاهر.

ولقد كتبت منذ بدء السنة الدراسية حتى الآن حوالي 300 صفحة مذكرات أظن أن ما يخصني منها حوالي 100 صفحة على الأكثر، وحتى الذي يخصني ليس مجرد سرد جاف. إنه عيوب تبحث عن الحل.. وأخطاء تصححها النتائج.. و.. و..

وقد فكرت أكثر من مرة بإرسال قصة إلى مصطفى محمود في زاوية البوسطجي لأعرف الدرجة التي وصلت إليها في كتابة القصة ولكن التبييض كان يقف عثرة أمام هذه الفكرة. وأنا ما زلت أفكر وقد أجد لديّ يوماً رغبة حقيقية في التبييض وساعتها تستطيع أن تعرف إلى أين وصلت بكتابة القصة.

والشيء الوحيد الذي أقوله بثقة إن قصتي ستكون شيئاً جديداً على الأدب كما كانت مسرحيات سارتر الهادفة.. التي تعني أكثر مما هو ظاهر وطاف على السطح بكثير.

وإلى الغد.. يوم يلتمع فيها اسمي.. وتشع حوله أضواء الشهرة والنجاح.

وحياتي الاجتماعية خلال سنة كاملة تقريباً سواء في طرطوس أو في القرية... ماذا أكتب عنها؟

خيرو.. عزيز عبد القادر.. عزيز ونوس هم الثلاثة الذين كنت أقضي معهم أكثر فترات فراغي طوال هذه الشهور العدة. وهم ثلاثة يتباينون تقريباً في كل شيء. ولكن أصبحت أحب أن أكون مرناً في حياتي الاجتماعية. وربما كان هذا سبباً كبيراً في تبسيط حياتي وتبسيط مشاكلي. وشيء آخر أيضاً أفادني هذه السنة كثيراً وأراحني من الإشكالات التي كانت تلتف حولي باستمرار هو اللامبالاة. اللامبالاة بكل شيء.. بأحاديث الناس.. اللامبالاة بصراخ أبي ونقاشه

المستمر لي. اللامبالاة بالمدرسة.. بالأساتذة.. بالأولوية.. بالفروض.. بالقرارات.. اللامبالاة بالمشاكل.. بالأزمات.. بالإفلاس.. بالحرمان الجنسي أحياناً..

كانت لديّ أشياء معينة لم أكن لا مبالياً فيها لأن ذلك يعني أنني لا مبالياً بأروع مقومات وجودي.. هذه الأشياء هي القراءة والكتابة وأصدقائي والسينما وبعدها فليكن الطوفان!!

أنا الآن في القرية.. وتعرف أنني في القرية لا يمكن أن أبقى في البيت باستمرار. وقد كانت الحقبة الأولى من طلوعي إلى القرية مرح وضحك مستمر على قفشات حسن، وقد سافر حسن.. ذهب إلى الجندية. فمن بقي؟ إنسان واحد فقط هو عزيز عبد القادر وأنا أتلاءم مع عزيز جيداً وألتذ بالحديث معه. أما الباقي.. باقي الشباب الذين أتحدث معهم مجرد أحاديث.. لا أتلاءم معهم مطلقاً.. مطلقاً. والسبب أنهم لا يقرؤون ولا يكتبون.. ولا.. ولا.. فقط يحاولون. تعرف ماذا؟!... الهزء مني لأني أقرأ.. ولأني أكتب.. ولأني آمل وأحلم.. ولأني أطمح.. ولأني أريد ألا أكون إنساناً عادياً.

وهذا شيء يضحك.. يضحك للغاية.. أليس كذلك؟!

بقيت علاقتي مع لطف.. تلك العلاقة الغريبة التي أعجز عن العثور على صفة معينة ألصقها بهذه العلاقة.. إنه يعاديني عداوة باردة.. تتبدى بالغيرة وبمحاولة التحطيم.. أما لماذا.. فصدق.. لا أدري.. ألأنني أقوى منه؟ أم لأنه أقوى مني؟

متفرقات:

- كان المفروض أن أكون الآن في رمال المسلمية. ولكن الأوضاع السياسية أدت إلى تأجيل الفتوة وأظن إلى حذفها.

- لولا صحتي كان هذا الصيف أغزر صيف ثقافياً ومرحاً وانشراحاً.

- ما زلت أحب الشرب. ولكن تدبير الشلة التي أتلاءم معها يقف باستمرار عائقاً في وجه تحقيق رغبة الشرب.

- هل ترسل لي بعض الكتب السياسية؟ إني ألح على ذلك.

- قد أتأخر في الكتابة إليك ثانية. ولكن مهما كان، فأنا سأكتب إليك قبل أن أنزل إلى المدرسة رسالة كبيرة عن تلك الأشياء الكثيرة.

- عنوان رشيد ليس ثابتاً بسبب الأوضاع السياسية.

- في رأسي تنبؤات سياسية كنت أريد كتابتها. ولكن عدلت عن ذلك.

- المجلات لا تصل إلى طرطوس بانتظام وهذا ما يثيرني هذه الأيام.

- لقد بدأت أتعرف على النشاشيبي. قرأت له تحقيقه مع عصمت إينونو. وبعض اليوميات.

- هل تعرف معنى هذه العبارة.. (فقد كان لساني يلعن في صمت سنسفيل جدود أبيه)!!

- اليوم سأسهر الليل في دورية من دوريات الفتوة.

- نحن في سوريا نعيش وكأننا في حرب. لقد سئمنا حرب الأعصاب وسئمنا التهديدات وسئمنا الحياة القلقة التي نعيشها باستمرار. هذا ما قاله الرئيس جمال في خطاب 23 يوليو.

- الراديو نصف حياتي في القرية. وأنا أحب الموسيقى كثيراً.

- لا خبر أكيد وشبه رسمي عن الجندية. وإن كان رشيد يؤكد أن دورتك في كانون.

- تقريباً نحن متفقان في تشبيه المجلات. وقد أرسلت للسوريتي كي يرسل لي الجيل.

- وأنا كمان أود ألا تفوتني أحداث كبيرة أخرى أكون فيها بعيداً عن السياسة.

متى نلتقي؟ **سعد**

صباح الخير

أستيقظ في الصباح وأول فكرة تتصدر الزخم المقدس الذي يجعلني أسعى هو رسالتك اليوم.. وأنهض.. وبعد الفطور أجلس على الطاولة.. وأمسك القلم.. ولكن سرعان ما أعيده إلى الطاولة وأحجم عن التفكير بالكتابة إليك..

لماذا..؟

لأن صدري يؤلمني كثيراً.. لأن ظهري [illegible].. لأن مزاجي قاتم بسبب آلامي وأوجاعي......

وأمسك الصباح.. أتصفح ثم ألقي بصحفي.....

وأمسك الأخبار.. أتصفح ثم ألقي بصحفي.....

وأمسك الرعب.. أتصفح ثم ألقي بيأسي.....

والسبب آلامي وأوجاعي التي عجزت الإسعافات عن معرفة أسبابها.. وعجز أطباء مستشفيات عن تشخيصها... وأكثرهم يجمعون على أن آلامي نوع من الاكتئاب الذاتي والذي ضربني في [illegible].. وأصبح علم النفس.. وأسقم الطب.. وأنه علاج والألم [illegible] ..... نفسي ومنقبض

صباحي ~~[illegible]~~ صباحي.. أصبح قاتماً في ظهري.. وخلاصة عندما أستيقظ في الصباح مع أن المفروض أن أكون جسدياً مرتاحاً بعد النوم... وعلى الطاولة إلى جانبي الكراسي الصحف والمجلات.. الكراسي أخرى [illegible] وأتناول منه.. الكراسي المتقاطعة والأدوية.....

وإلى جانبي كل [illegible] أدوية تشخيصها جديد لطبيب جديد...

(إن كل ما لدي هو الجنس وحمى الجنس بعد الجنس).....

وإن كنت سأنتظر البقية سوف [illegible] المظبوط.....

الجنس وما أدراك ما الجنس..؟!

إن هذه العبارة لها [illegible] تتبع في [illegible] العقل.. وهي تشير دلالة واضحة على......

كل [illegible] الخلاف [illegible].. وكل [illegible] تنبعث [illegible] أستطيع أن [illegible]

النفوس والـ [illegible] [illegible].. والحب ما العجيب الذي [illegible]

(1)

***

وإنني أستطيع الاستمرار في التعب والدوران على العقبات لا أعرف لتوعي
صحيفة خاصة بالفطرة . .

ابراهيم . !

إن والدك طيب . . وهو يكرر لي باستمرار أنه سيقدم لك على طبق من
الراحة حياة لذيذة وعندما تنهيها لوجبتك الى التريث . . او الى دمشق . .
وهو يقول لي باستمرار . . ان الجندية تربية . . ٢ أشهر ونصف فقط . . فلماذا
لا يستطيع قبل العسكرية فترة من الزمن وخصوصاً انه في شوق شديد
لرؤيتك . . واقول لك ايضاً أنه يقول كل هذا وهو يبكي . . إنه يبكي شوقاً
من حبك . . ومن رؤيتك حتى غدت اغلى أمانيه رؤيتك . . هذا بالنسبة
لأبيك . فكيف بالنسبة لأمك . . . . . .

وقد أرسل لك الكثير برشيد تحت الخداع أمك وابيك . . وقد كتب لك
الف سبب . . وهذا أفعل . . هذه هي المحاولات العزيزة . . لكن الا هذه
المحاولات التي حطمت أعصابي . .

يا أخي طال تعبي وترجيني . . أرجوك بجرأة أن تأتي . . لأن ذلك سيريحني
وسيجعل الحياة اهلك هنا . .

هل تأتي . . ؟! . . أرجو أن تفي وتأتي !

والكرام استعدادي للتحويل اي مبلغ تريد الى مصر اذا كنت في حاجة لذلك . !

. . . .

لقطات . .

• قال لي الطبيب النفسي لمآل خوجة . . ماذا ترى في المستقبل . . ؟
قلت وبصوت كبير وطلاني اهتف من أعمق أعماقي . . . أنا لا أرضى أن أكون
إنساناً عادياً . . ولو تأكدت أنني سأعيش حياتي مغموراً لما توزعت
عن ارتكاب أكبر حماقة وأكبر قذارة في وجودي . . او انتحر
قال لي وبصوت هادئ واثق . . ثق أنك لن تكون إنساناً عادياً . . .
ولقد تصاعدت هذه الكلمة مع كل أحاسيسي . . وخفقت في كل ذراتي ووجدت
في طاقة ضخمة للعمل والانتاج . . وسأستمر . . وسأصل إلى أعلى
السلم . . لأنني أريد ذلك . . ولأنني انسان . . والآن ماذا
أخوى سوى الأرض . . !

• رشيد مبسوط جداً في دمشق . .

• التقيت بحسن أبو ديب في حلب . . وكما تعرف . . يبقى حسن في كل الحقبات
. . وفي كل البيئات . . وهو لا يبالي بعذاب الجندية . . . . وقد هلت ساعتين
في الحديقة وتحدثنا كثيراً . . وعلقنا على الشوارد التلذذ . . والحديقة أروع
ما في حلب . . انها تحفة نفيسة . . . . وهي المكان الوحيد الذي يحتوي رغيد الحياة . .

• زكية ستذهب الى دمشق قريباً . . وربما لولا أحلام بجميلة طالما عشت منذ
زمن ليس قصيراً . . .

1958/9/10

(من القرية إلى الإسكندرية، 1958/9/10)

سعيدة!

المفروض أن أكتب هذه الرسالة منذ خمسة عشر يوماً على الأقل ولكن مشاغل كثيرة حالت دون ذلك، رغم رغبتي الحقيقية في الكتابة إليك. وأنا لا أحتج بالمشاغل كمبرر مختلق، ولكنها الحقيقة. فمثلاً سفري إلى دمشق ثم حلب ثم اللاذقية. ولهذه الرحلة التي كنت آملها ممتعة غايتان، الأولى الفحص الطبي لجسدي اللعين الذي أضعفه المرض منذ أربعة أشهر تقريباً. ونتيجة هذا الفحص؟ لقد زرت عيادة أكبر طبيبين في سوريا. الأول صبري القباني. وكان رأيه في مرضي أن القراءة والتفكير المستمر هما السبب. وقد أعطاني مقويات فقط. والثاني كمال خوجه الطبيب النفسي المتخرج من جامعة باريس وهو في حلب، وكان رأيه أن أعصابي مرهفة ومنهكة والسبب عقلي الذي يكبر جسمي ويكبر الحيّز العاطفي فيّ. وقد أعطاني دواء. وويلاه من الأدوية! كم ابتلعت منها خلال الأربعة شهور الماضية.

والغاية الثانية هي التفرج والاستمتاع بأجواء جديدة. وقد كان بوسعي أن أسعد وأن أستمتع إلى حد بعيد بهذه الرحلة لولا وجود أبي وأمي معي! ولكم أعجبتني دمشق هذه المرة. إنها كالفتاة التي تتحرر فجأة وتحطم قيودها دفعة واحدة. تماماً هذا أحسن تعبير ملاءمة للطفرة المفاجئة التي تحسها بالمدينة المحتشمة.. دمشق. وخصوصاً في المعرض. وبالمناسبة، إن المعرض كمعرض لا يساوي أكثر من صفر. ولكن كمتفرجين وكحياة ونشاط وانطلاق يساوي كثيراً. وقد لا أكون مبالغاً إذا قلت يساوي 80 أو 90. إن غزارة المتفرجين تفوق أي سنة مضت. وكذلك ذلك الانعتاق الذي تحسه بين المتفرجين وكأن شيئاً ما قد حدث!

ولقد تحسرت كثيراً على دمشق وعلى ليالي دمشق وقتما غادرتها إلى حلب. وكم كان البون شاسعاً بين دمشق وحلب. إن حلب أكبر من دمشق ومع هذا أصغر من دمشق بكثير. إنها كفتاة جميلة وبلهاء وساذجة. ودمشق كفتاة حلوة ونشيطة وخفيفة الظل. ويكفي ذلك ليشعرك بالفرق الكبير بينهما. وحلب مدينة الشيش كباب. هكذا يسمونها. ولكن للأسف لم أجد في حلب أي شيء من أجواء الشيش كباب الصاخبة. وأظنك سمعت هذه المعزوفة التي رقص على أنغامها العالم كله، إنها المعزوفة التي سطلتني طوال هذا العام! وطبعاً تعرف لماذا؟ للصخب الذي يضج في نغماتها. وأنت تعرف ولعي بالأجواء الصاخبة. أجواء الروك أند رول والتشاتشا. وقد كان أقذر ما في نادي الضباط الذي سهرت فيه مع رشيد هدوءه الذي يشبه العدم!

القراءة.. الروز. الصباح. الأخبار. أخبار اليوم. الجيل. الآداب. مطبوعات كتابي. كلها ما زلت أقرأها بانتظام. وإن كنت أعتزم قطع اشتراكي بالجيل والآداب. وأما لماذا الجيل؟ فلأنها لم تعجبني مطلقاً. إنها أضعف المجلات التي أقرأها إطلاقاً. ومن ناحية ثانية إن المجلات بالإضافة إلى مرضي تضيع عليّ قراءة الكتب. والكتب التي أريد أن أقرأها قبل افتتاح المدرسة كثيرة منها هذه المجموعة: ما العمل؟ (ستالين). هكذا تكلم زرادشت (نيتشه). ساجان في حياتها العاطفية (جورج هوردن). تأملات ديكارتية (ادموند هوسلر). أصول الحرية (روجيه غارودي). هذه هي الوجودية (روجيه غارودي). أولادنا كيف نصارحهم (صبري القباني).

وكما تلاحظ أفتقر كثيراً لبعض الكتب السياسية. وكل ما عندي منها للقراءة كتاب اشتراه خيرو وسأقرأه قريباً هو أمريكا عام 1958 لفتحي خليل. وقد قال لي خيرو بأنه قوي.

وعن مقالات إحسان عن السويد.. أهل الجنة ليسوا سعداء.. فإنها كما قلت سخيفة جداً. وإذا كنت أنت تفكر في الرد عليها، فقد كتبت أنا الرد ولكن لا أنوي إرساله إلى الروز أو الصباح.

وأنا لا أفهم عنترية موسى صبري بتحدي أبو التحرر أنيس منصور!

قصتا إحسان الأخيرتان لا تستحقان حتى تقليب صفحاتهما. أما القصة الجديدة البنات والصيف، فقد كانت جديدة ورائعة في بدايتها. في البداية فقط عندما كان يصور الملل والفراغ. والرغبة الجامحة في الشيء الجديد. ولكنها تدنت وسقطت في صف باقي قصصه عند كلمة فجأة! هل تذكرها؟

ما رأيك في مسرحية الجحيم ليس فيه مرآة؟ إذا لم تكن قد قرأتها، أسرع واقرأها أكثر من مرة. وإذا كنت فاضي أكثر من مرتين. وإذا كنت قد قرأتها مرة، فأسرع أيضاً لقراءتها ثانية وتأمل هذه العبارة: إن الجحيم هم الآخرون.

إن إعجابي بسارتر وبفلسفة سارتر يزداد يوماً بعد يوم. وأيضاً بتلميذته ساجان. وقد قرأت ابتسامة ما مرات عديدة. وكذلك كتابها الأخير بعد شهر.. بعد عام.

القراءة ما زالت حالة مرضية. وستبقى حالة مرضية كالكتابة. لأنني بلا قراءة وبلا كتابة إنسان يعشش فيه العدم.. تماماً كابراهيم. وقبل أن أنسى، إذا جئت إلى القرية فحاول أن يكون أول ما تقوم به زيارة مكتبتي التي أعتز بها والتي أصبحت أكبر مكتبة بين عدة مكتبات.

وعن زيارتك لمسقط رأسك الغالي القرية! كتبت لك رسالة مزقتها كان فيها هذه العبارة أو هذه الفكرة. حاول ألا تأتي، لأن ذلك لن يسعدك مطلقاً. حاول أن تبقى في الإسكندرية أو دمشق أو القاهرة. المهم لا تأت إلى القرية لأنه حتى القراءة تشوط نكهتها في القرية.

حتى يوميات النشاشيبي وأنيس منصور وتحقيقات موسى صبري ستفقد نصف طعمها في القرية. ويا ساتر لو سمعت أمك بذلك!

ولكن.. أرجوك الآن أن تأتي. أرجوك لأن ذلك سيريحني كثيراً من مناقشات أمك وتذكير والدك بإرسال برقية إليك واستفسارات زكية عن صحة ما قلته لهم بعد رسالتك الأخيرة التي كلفتني فيها بالمهمتين اللعينتين. ويا ريتك ما فعلت. لأن أعصابي تحطمت تماماً من الاستفسارات والفروض والمحاولات. وأمك وأبوك منذ يومين على الأقل وهما يرجواني بحرارة أن أرسل لك برقية. ومنطقهم هذا هو أعرضه عليك فلعله يقنعك وأرتاح. في الإسكندرية لا تأتي بأي نتيجة سوى عيش الكفاف. وهم يقدمون لك في القرية كل شيء. الطعام الجيد والسكن والكتب والمجلات والمصروف. وإذا شئت فإنك تستطيع السكن مع رشيد في دمشق ومعكما زكية. ورشيد قد استأجر غرفة منذ زمن، غرفة يقولون عنها محترمة. وسمعت من زكية، من زينكو، من عبد الرزاق أنك مفلس وليس معك أجرة الطريق إلى سوريا. وإذا كان هذا صحيحاً، فأنا مستعد يا أخي لتحويل 25 ليرة أو أكثر إلى مصر لتأتي فإنني لا أقل عن أهلك شوقاً. وكل ما تطلب في القرية ستجده جاهزاً وكأنك ساكن في شقة بميناهاوس. فلماذا لا تأتي؟ إنها عروض مغرية.. مغرية جداً. وشيء آخر: إن عدم مجيئك يخلق الآن خناقة في بيتكم. وها هي الحكاية: أخوك محمد يريد أن يتزوج وأمك تعارض بشدة حدوث مثل هذا الحدث الجليل في غياب ابراهيم. والخناقات ما زالت. فهل تفكر في حسمها؟ وأنا لن أستطيع الاستمرار في اللف والدوران على أهلك لأنك تعرفني صحفي فاشل بالفطرة.

ابراهيم!

إن والدك طيب. وهو يكرر لي باستمرار أنه سيقدم لك على طبق من الراحة حياة لذيذة ومحترمة ترضاها لو جئت إلى القرية أو إلى

دمشق. وهو يقول لي باستمرار إن الجندية قريبة: 3 أشهر ونصف فقط. فلماذا لا يرتاح قبل العسكرية فترة من الزمن وخصوصاً أننا في شوق شديد لرؤيته. وأقول لك أيضاً إنه يقول كل هذا وهو يائس. يائس تماماً من مجيئك ومن رؤيتك حتى غدت أغلى أمانيه رؤيتك. هذا بالنسبة لأبيك فكيف بالنسبة لأمك؟

وقد أرسل لك أكثر من برقية تحت إلحاح أمك وأبيك. وقد أكتب لك ألف سبب. وماذا أفعل؟ هذه هي المهمات العزيزة. لعن الله هذه المهمات التي حطمت أعصابي. يا أخي ما تيجي وتريحني! أرجوك وبحرارة أن تأتي. لأن ذلك سيريحني وسيجعل لحياة أهلك طعماً.

هل تأتي؟! أرجو أن تضحي وتأتي! وأكرر استعدادي لتحويل أي مبلغ تريده إلى مصر إذا كنت في حاجة لذلك.

لقطات..

- قال لي الطبيب كمال خوجه: ما رأيك في المستقبل؟ قلت وبصوت كبير وكأنني أهتف من أعمق أعماقي: أنا لا أرضى أن أكون إنساناً عادياً. ولو تأكدت أنني سأعيش حياتي مغموراً لما تورعت عن ارتكاب أكبر حماقة وأكبر قذارة في وجودي.. الانتحار. قال لي وبصوت هادئ واثق: ثق أنك لن تكون إنساناً عادياً. ولقد تصامَتْ هذه الكلمة مع كل أحاسيسي، وخفقت في كل ذراتي وفجرت فيّ طاقة ضخمة للعمل والإنتاج. وسأشتهر، وسأصل أعلى السلم.. لأنني أريد ذلك.. ولأنني إنسان. والإنسان أقوى قوى الأرض.

- رشيد مبسوط جداً في دمشق.

- التقيت بحسن أبو دياب في حلب. وكما تعرف، يعيش حسن في كل المجتمعات وفي كل البيئات. وهو لا مبال بعذاب الجندية. وقد جلست معه في الحديقة وتحدثنا كثيراً. وعلقنا على الشوالات اللدنة. والحديقة

أروع ما في حلب. إنها تحفة فنية. وهي المكان الوحيد الذي تمور فيه الحياة.

- زكية ستذهب إلى دمشق قريباً. وربما لولا أملها بمجيئك لذهبت منذ زمن ليس قصيراً. وزكية تعيش هذه الأيام على هامش ضيق. رغم تأكيداتي لها بأن الحياة نحن نصنعها ونبدع فيها مصائرنا فيها لأننا بشر. إنها بلا آمال، وبلا أحلام. والإنسان بلا أمال موتور بلا بنزين. أي أنها قطعة بشرية فقط. مجرد قطعة. هذا إذا تغاضينا عن الغثيان الذي يدمر حلاوة الحياة في نفسها. قد يكون ذلك بسبب فشلها في مشروع الخطبة. وقد يكون ذلك بسبب الجو الذي تعيش فيه وأعيش فيه وعشت أنت فيه. وقد يكون بسبب تقدم السن... و.. والثابت أنها هذه الأيام تعيش على الهامش وتحس أنها على الهامش. ويثيرها ذلك. وتحاول ولكن عبثاً. ولست أدري بالضبط لماذا عبثاً؟ لذا ليس عجيباً أن تتمنى وبقوة أن تأتي. ولكم طربت بنبأ مجيئك. لأن ذلك يعني بالنسبة لها أملاً! وكدت أبوح لها بالحقيقة عندما رأيتها ترتب المكتبة وتنسقها وعلى وجهها ذلك الجذل الصبياني. لا.. دعها تأمل فقد يفيدها ذلك.

- في رحلتي تعرفت على شاب دانيماركي في دمشق يقوم بزيارة العالم على دراجة نارية. وقد تحدثت معه أكثر من ساعتين. وكان الحديث صعباً في البداية. ولكن ما ساعدني أنه لا يعرف الفرنسية جيداً. ولكنه يعرف الإنكليزية كأهالي لندن. وهو مثقف أدبياً وفنياً. وقد حدثني باستفاضة عن الأدب وعن الأفلام والموسيقى وأبطال السينما. كما أنني حدثته باستفاضة عن السياسة.. عن جمال.. وعن فلسطين.. عن ثورة العراق.. وثورة لبنان. ولكم استغرب عندما قلت له إن أي شخص يستطيع مقابلة رئيسنا عبد الناصر. لأن الفارق كبير بين البطل النظيف عبد الناصر وبين الملوك الخونة. وهو يقول

إن شعب الدانيمارك، وإن كانت الدعاية الصهيونية قوية، يعطف على العرب. ويرى أن القومية العربية حقيقة واقعة.

- إنني أنوي تعويض ما فات أثناء مرضي في الشهر الباقي من العطلة.

- الوحيد الذي أتلاءم معه في القرية هو عزيز ابن عمتي. أنظف أصدقائي. وقد سافر إلى دمشق ليعمل. فماذا بقي لي؟

لم يبق شيء أريد أن أكتبه الآن سوى تكرار طلبي في مجيئك، وفي طلب ما تحتاج له. سندردش كثيراً إذا جئت. وربما لا يكفينا شهر واحد.

وكما قلت لك إلحاحي في مجيئك ليس رأيي إطلاقاً.. ولكن... **سعد**

وإني لن أستطيع الاستمرار في التعب والدوران على العمل لا أعرف لو...
صحتي فلا تشغل بالك الفطرة . .

ابراهيم . !

إن والدك طيب . وهو يكرر لي باستمرار أنه سيقدم لك على طلب من الراحة حياة لذيذة وبعد عودتك لوجهتك إلى القريتين . أو إلى دمشق . وهو يقول لي باستمرار . أنا الطيب ... ٢ أشهر ونصف فقط . فلماذا لا يرتاح قبل العسكرية فترة من الزمن وخصوصاً أنك في شوق شديد لرؤيتك . . وأقول لك أيضاً أنه يقول كل هذا وهو لا يشكي . . إلا نسي لحظة من جميلك . ومن رحلتك حتى غدوت أغلى أطباء رحلتك . . هذا بالنسبة لأبيك ... بالنسبة لأهلك . . . .

وقد أرسل لك الكثير من تحيته تحت الجامع أهلك وأبيك . وقد كتب لك الف سبب . وهذا أفضل . هذه هي المعلومات العزيزة . . لكن الدهشة المعلومات التي حطمت أعصابي . .

يا أخي لا تيئسني وتزعجني . أرجوك وبحرارة أن تأتي . . لأن ذلك سيريحني وسيجعل الحياة أهلاً بهما . .

هل تأتي . . ؟! . . أرجوك تضحي وتأتي !

وأكرر استعدادي لتحويل أي مبلغ تريده إلى مصر إذا كنت في حاجة لذلك . !

. . . .

لقطات . .

- قال لي الطبيب النفسي خلال جلسة . . . ماذا لديك في المستقبل . ؟
قلت وبصوت كبير وكأنني أهتف من أعمق أعماقي . . أنا الذي أريد أن أكون الـ... عادياً . . ولو تذكرت أنني ... أعيش حياتي محموماً لما توقفت عن انقلاب أكبر جماعة والبرمجة ... في وجودي . . الانتحار
قال لي وبصوت هادئ واثق . . ثق أنك لن تكون إنساناً عادياً . . .
ولقد تهدهدت هذه الكلمة مع كل أحاسيسي . . وضغطت في كل ذراتي ووجدت في طاقة ضخمة للعمل والإنتاج . . وسأستمر . . وسأصل إلى أعلى السلم . لأنني أريد ذلك . . ولأنني إنسان . . والآن ... أقوى شيء الأرض . . !
- رشيد مبسوط جداً في دمشق . .
- التقيت بحسن أبو ديب في حلب . . وأكيد تعرف . . يعيش حسناً في كل الحيثيات . . وفي كل البيئات . . وهو لا يبالي بعذاب الجنسية . . . . وقد ... عدد في المدينة وتحدثنا كثيراً . . وعلقنا على الـ... اللذيذة . . والحقيقة أروع ما في حلب . . إنك تحمل شيئاً . . . وهي المكان الوحيد الذي يحمو ... الحياة . .
- زكية ستذهب إلى دمشق قريباً . . ويبدو لي أنها بحيث ما ذهبت منذ زمن ليس قصيراً . . .

***

(من القرية إلى الإسكندرية، 1958/10/3)

بلا مقدمات..

- الوقت ضيق ولن أستطيع كتابة كل ما أريد. هذا إذا تغاضيت عن انعدام الرغبة الكلية في الكتابة هذه الأمسية الحارة.

- لن أكتفي بهذه الرسالة، بل سأكتب رسالة أخرى طويلة وهامة. هامة جداً قبل أن أنزل إلى المدينة.

- هل وصلت آخر رسائلي إليك، وقد أرسلتها إلى شباك البريد. أخبرني!

- أتمنى أن أسمع مزيداً من أنبائك. وشيئاً عن مشروعك للمستقبل. هذا إذا كان لديك مشروع ثابت.

بلا مقدمات

- كنت أنتظر بعد انقطاع طويل أن تكون رسالتك مطولة ولكنني أصبت بخيبة أمل.

- الحر ثقيل. رغم أننا في تشرين ورأسي مشوشة.، وأفكاري مضطربة.

- من أخباري: الجنس.. جيد جداً. القراءة.. زفت. الكتابة.. تحت الوسط. فترات استماعي للراديو خفّت جداً. علاقتي مع أهلي.. حسنة. ومع الناس الذين يحيطون بي أيضاً طيبة. نصف أوقاتي حلم بالمستقبل وتصور للغد. صحتي ليست حسنة.

- نتف.. نتف: تزوج محمد منذ أيام فقط. جاء رشيد البارحة إلى القرية ليهنئ محمد. كان العرس مظلماً لأن نورك كان بعيداً. هذا تعليق أهلك. زكية في القرية. وأحوالها تتحسن أكثر. ونوس.. طالب في الجامعة.. طالب فقط. لا أقصد أنه ارتاح من مشاكل التعليم، إنما

أقصد أنه سجّل اسمه فقط في دوسيهات الجامعة. رشيد مبسوط في دمشق. أحدث الصفات التي ألصقوها باسمك: كذاب. لا يلامون.

- 18 تشرين سأكون في المدينة. أنت فاضي للقراءة.. وللرد.. وللتعليق.. وأنا لديّ الشيء الكثير للكتابة:

أحياناً يضطر الإنسان للقيام بأعمال ليست مبررة وخارجة عن نطاق رغبات الفرد وأمنياته. وهذا ما يحدث لي بالضبط منذ شهر على الأقل، منذ جئت من دمشق.

إنني أحيا حياة تثير الغثيان. حياة أكرهها وأمقتها ومع هذا فأنا مسوق إليها. لا تستغرب ولا تتخيل قيوداً في يدي، بل تذكر أني مريض. لقد كان الشيء الوحيد الذي اتفق عليه أكثر الأطباء هو الانخراط الكلي في حياة اجتماعية لاهية، والانقطاع عن القراءة والوحدة والتفكير المستمر بمشاكل صعبة تتعب الدماغ وتشوشه.

أستيقظ. آكل لقمات بسيطة هي غداء وفطور بنفس الوقت. وأقرأ ساعة أو أكثر ثم أخرج إلى الدكان حيث أجد الشلة. الشلة التي وجدت نفسي فيها فقط. ووجدت أمراً بالبقاء فيها والاندماج الكلي مع أفرادها. وهذا ما كان يغيظني ويجعلني أحس أنني عصفور وقع في الدبق، رغم أن أفراد الشلة طيبون!

لقد كانت حياة قاسية.. قاسية تماماً كالمرض ذاته.. روتين.. أحاديث سخيفة.. غيظ مكتوم.. تفكير بالغد.. مشادات خفية تنتهي بسرعة.. قمار.. قمار.. لقد أصبحت مقامراً. هل تفهم ما يعني ذلك؟ إنني كمحمود أكبر مقامري القرية. إنني كالذين نقرأ عنهم في قصص جوركي. إنني شبح أصفر في إحدى علب الليل. شيء محترم!

الفراغ.. الروشتة القذرة التي كانت تمزق أعصابي لحظة بعد لحظة. التي كانت تجعلني أشعر بالغربة. إنني غريب عن نفسي. إنني أفعل أفعالاً لا أعرف كيف أبررها. أسهر حتى الفجر إما على المائدة

الخضراء، أو بالأحاديث التافهة التي تثير تقززي. أستيقظ بعد الظهر، وكلي إنهاك وإجهاد، ووخزات شديدة كالأشواك، وإحساس بالقرف والضياع. أسرع إلى الشلة وفي رأسي ضباب وآمال وصور لغدي الرائع وثورة على الوضع العفن الذي ألقتني فيه الظروف.

كل هذا عناوين فقط. وأنا ذاتي لا أريد أن أفصّل، لأن ألماً قاسياً.. ألماً حقيقياً يكويني كلما تذكرت هذه الفترة الغالية التي مرّت هكذا.. هكذا بلا إنتاج جيد.. بلا قراءة كثيرة.. وكتابة أكثر.

ولكن كل ما بقي هو أن تعرف أنني بدأت أغيّر نظام حياتي.. لأنني سأنفجر حتماً إذا استمر هذا النظام أسبوعاً آخر.

ولطف؟! أين كان لطف طوال هذه الفترة؟ لقد كان القطب الثالث في الشلة. ولكن بالنسبة للطف فإن الأمر مختلف. إنه مثلاً ليس مهووساً بالقراءة هوسي، ولا يهتم كثيراً إذا لم يقرأ. هذا إلى جانب أنه قد يستسيغ الحياة التي كنا نحياها. وعلاقتي معه كانت حسنة في الفترة الأخيرة، وإن كنت لا أعتقد أنها وصلت إلى الحد الذي أسميه «تفاهم» و«اتفاق»، رغم وحدة الآمال تقريباً. والأسباب دعها الآن لأنها ماض طويل وكبير.

هذه السنة (الدراسية) سأنال البكالوريا. وبعد البكالوريا.. ماذا بعد البكالوريا.. هذا ما سأتحدث عنه وبصورة مطولة في الرسالة القادمة، لأنه موضوع طويل ومرتب، ولا أريد أن أمسخه الآن بكلمات معدودة، خصوصاً أننا سنتناقش بما بعد البكالوريا.

والسنة القادمة في المدينة لن تكون مليئة بالمفاجآت والأشياء الجديدة. إنها ستكون سنة أخرى، كالسنتين الماضيتين. وأنا لا أعتبر السنوات التي مرت قبل الكفاءة سنوات عشتها بآمالي وأحلامي أو بجزء منها. إنها ليست شيئاً وأنت تعرف ذلك. وأقول أن السنة الجديدة لن تختلف كثيراً عن السنة الماضية. وحياتي في السنة الماضية حسنة. حسنة

وليست ممتازة. فمن ناحية المال، لن أفلس مطلقاً كما لم أفلس السنة الماضية. ومن ناحية الجنس لن أجوع. وأنت تعرف ذلك. ولكن ما ينقصني هو البيت الجميل أو الغرفة الجميلة.. الخالية من بشر آخرين.. والجو.. وهذا هو المهم.. الجو الكبير.. الصاخب.. الجو الذي يشعرك أن حياة تجري في أوصالك.. أنك لست جماداً.. أن دماء غزيرة تقفز في داخلك.. وتنط حولك.

وبعدها تأتي المشكلة الكبرى.. المدرسة وجوها.. والحياة فيها. وليس جديداً عليك أن تعرف كرهي البارد الشديد للمدرسة وللجو المدرسي الذي أعيشه في المدينة. هذا إذا أضفنا القسوة التي اتسمت بها أنظمة المدرسة حديثاً، والتشديد على الغياب وعلى المحافظة على النظام وعلى الفتوّة! ومهما كان.. فإنها سنة ستمر!

لن أزيد. وصدّق أنني لم أكتب شيئاً يسيراً مما أود كتابته. ولكن الحر يكاد يزهق أنفاسي.

انتظرها! إنها أضخم ما كتبت... رسالة تطوي في سطورها الماضي والحاضر والمستقبل.. رسالة لن أفرغ منها حتماً حتى 17 تشرين.
أوريفوار سعد

- لا تنسى أن أفراد الشلة طيبون ولكن حياتي مع الشلة هي القذرة.

***

(من طرطوس إلى الإسكندرية، 1958/10/20)

هذه الرسالة

قلت لك انتظرها فهي أضخم رسالة. هناك خيوط كثيرة في رأسي.. خيوط متشابكة لأفكار.. ولحوادث.. ولمستقبل. وكانت هذه الخيوط تتجمع كلها في مقدمة رأسي كلما أمسكت ورقة لأكتب لك رسالة.

ولما كان مستحيلاً أن أنقل هذه الخيوط وأرسمها على الورقة كما أريد، كنت أقصيها بعيداً وأنا أتمتم إلى رسالة قادمة.

والآن أظن حان الوقت لأحاول تنسيق تلك الخيوط ورسم امتداداتها على الورق!

ولكن ما يحيرني هو هل أنجح.. والجو الذي يحيط بي هذه الأيام لا يساعدني مطلقاً حتى على كتابة اليوميات.. اليوميات التي أحرص على كتابتها منذ سنوات!!

***

هذه الفقرة حاول أن تحفظها. إنها مهمة جداً. إنها كيان. وإنها سر وجود. أو مبرر وجود.

لن أزيد في التعريف. لأن الفقرة ذاتها تحمل في سطورها أكثر من تعريف.

في يومياتي آراء كثيرة. هذه باقة منها:

- أنا كل شيء.. أنا... أنا القدر.. أنا كل شيء لأني إنسان.

- لا تيأس! فأنت أقوى من كل العوامل والظروف والعوائق.

- تستطيع أن تقامر بكل شيء إلا بوجودك لأنه واجب وأمانة.

- لماذا لا أبدع؟ ألست إنساناً؟

- أنت المسؤول الوحيد عن ماهيتك. عن شخصيتك الإنسانية. وبالنسبة لي لن أرضى لنفسي ماهية باهتة الألوان. بائسة الصور. هل قرأت هذه الآراء جيداً؟ إذاً دعنا نبدأ:

لن أتلكأ أمام التسمية. وماذا تعني التسمية إذا استطعت أن تفهم بلا تسمية؟

ما هو؟!

إحساس. وهم. حلم. أمل. استشراف. لست أدري بالضبط ما هو. ما كنهه. ذلك الذي يسيطر عليّ منذ سنوات عديدة. ذلك الذي يشكل نصف بل ثلاثة أرباع حياتي طيلة هذه السنوات.

أفكاري. آمالي. مقاييسي للأشخاص. استشرافي للغد. كل ذلك مصبوغ بصباغ خاص. صباغ أفضل أن أقول عنه أخضر. صباغ ليس إلا مظهراً من مظاهر هذا الذي أحار في تسميته وتقييده في حروف صغيرة.

ثانية ما هو؟!

إنه - بلاغياً - سوط يفرقع باستمرار فوق نفسي فيملؤها بالطموح وفوق نشاطي فيثيره وينفحه بحماس شديد عنيف. حماس يجعلني ألتهم الكلمات وأنا أقرأ وألتهم الساعات وأنا أكتب.

ثالثة.. ما هو؟!

إنه - فلسفياً - تعال عن الواقع. ومحاولة جادة في الإبداع والارتفاع عن الممكنات. والتمرد على الظروف والصدف. وإدراك عميق لحقيقتي كإنسان بوسعه أن يكون أي شيء. وأن يفعل أي شيء.

رابعة.. ما هو؟!

إنه - وهذا أحسن التعاريف - رغبة جامحة قد يسميها علم النفس مرضاً. وأمل. وإصرار.

انتبه.. رغبة وأمل وإصرار إنها كلمات يكمن في أعماقها سرّي. وتشتعل في حروفها ثورة تمرد جامح على الواقع.

رغبة. أمل. إصرار

وهي: لو تأكدت أنني سأعيش حياتي مغموراً أو إنساناً عادياً تافهاً، لما تورعت عن الإقدام على ارتكاب أكبر حماقة وهي الانتحار. هذه

العبارة بالإضافة إلى الآراء التي قرأتها في البداية هي هيكل السر الذي أنهكني تعريفه.

هذا السر هو الرغبة الجامحة بالشهرة. بالأضواء. بالعظمة.

هو الأمل بالشهرة. بالأضواء.. بالعظمة.

هو الإصرار على بلوغ الشهرة. على بلوغ الأضواء. على العظمة.

***

إنني أحس أحياناً أنني لم أبعث هكذا لأنضم إلى قافلة الملايين الذين عاشوا وماتوا وكأنهم لم يعيشوا ولم يموتوا. الملايين الذي حشروا وتكاثروا وماتوا على الهامش الضيق.

أنا لن أكون كذلك ولا أريد أن أكون كذلك.

أنا إنسان يريد أن يتألق. يريد أن يبدع. يريد أن يكون شيئاً جديداً لا نسخة تكرارية عن ملايين وملايين.

أنا إنسان سيتألق وسيبدع. ولم لا؟ ألست أقوى قوى الأرض؟ ألا يكفي أن أكون مصرّاً لأكون أي شيء ولأنال أي شيء؟

أجل. سأتألق. وسأبدع. وسأكون عظيماً لأنني مصرّ على ذلك.

وبعدها. هل تعلم أنني لا أتصور إنساناً بلا طموح وبلا آمال وبلا محاولة؟

هل تعلم أنني أحس بالضياع إذا كنت مغموراً في أي شيء كان؟ هل تعلم أنني - ليس فقط لا أستطيع أن أتحدث مع إنسان بلا طموح وبلا آمال وبلا محاولة - بل أكرهه. أمقته. أعتبره جزءاً من العدم البارد الذي يتحدث عنه سارتر في الغثيان.

فإذا علمت ذلك، تستطيع أن تفسر معنى ذلك الصباغ الذي يصبغ أفكاري. آمالي. مقاييسي للأشخاص. استشرافي للغد.

إنه سرّ. وأنت تعلم صدى السر. الكتمان. الكتمان الشديد. احفظ ذلك وسيجسد لك الغد ما ستحفظه. سيجسد!!

***

- لنا حكاية طويلة وعميقة ومشتركة مع المستقبل فانتظر!!

- في الأيام القريبة سيتمكن العلم من تحقيق الخلود والسرمدية للإنسان، ولكن بعد أن نحذف من قواميسنا كلمات الطفولة.

***

- عندما تأتي إلى القرية.. تذكر أن لديّ للقراءة أشياء لذيذة.. لذيذة أحبها وتحبها!

- يبدو أنني لن أستطيع إنهاء الرسالة قبل أن أنزل إلى المدينة.

- لولا أختيّ وأخي لكنت سعيداً جداً في طرطوس. إن الحياة مع هذه الوجوه الثلاثة تبدو لي مستحيلة.

***

باريس. روما. لندن. القاهرة؟!

صحافة. سياسة واقتصاد. لغة أجنبية. علم نفس؟!

مستقبلي يبدو واضحاً لأول وهلة. إنه ليس أكثر من كلمتين. بين ثماني كلمات. شيء بسيط وهين. هذا ما يبدو الوهلة الأولى. والحقيقة أمر آخر. ولولا أنها كذلك لما كتبت لك الآن عن المستقبل بهذه الصورة. أربع مدن مع أربعة فروع وأمام كل مدينة علامة استفهام وأمام كل فرع علامة استفهام أخرى. أي المدن أختار وأي الفروع أنتقي؟ باريس رائعة وتجسد أحلامي الغالية التي تمور في نفسي منذ بعيد. بعيد جداً. باريس مدينة تتلاءم مع حبي للصخب والضجيج ومع حبي لنمط معين من الحياة. ولكن! في باريس مشاكل ومشاكل.

في باريس ديجول. وفي باريس كراهية العرب والحقد عليهم. وفي باريس الجمهورية الخامسة وفي باريس أزمات وغلاء وثورة الجزائر الحرة الأبية.

روما جميلة. تبدو لي فتاة خفيفة الدم صاعقة الجمال. كجينا لولو بريجيدا. روما أيضاً لا بأس بها من حيث حبي لنمط الحياة فيها ولجوها ولمجتمعها. روما.. كذلك تجسد أحلامي منذ بعيد.. بعيد جداً. ولكن! في روما لن أجد الجامعات التي أتمناها ولن أجد اللغة الفرنسية التي أريد أن أتعلمها مهما كان. وفي روما لا أستطيع أن أتعلم صحافة إذا شئت؛ لأن جامعاتها ليس فيها أي فرع اسمه صحافة. هذا ما قاله لي الملحق الثقافي في قنصلية إيطاليا. وأظنني قلت لك ذلك قبلاً!

ولندن. إنها كاليزابيت. امرأة محافظة في طريقها إلى الشيخوخة. هكذا تبدو لي لندن. هذا إذا تغاضينا عن لغتها الإنكليزية. ولذا أظن أن من الصعب اختيارها مبدئياً.

القاهرة! إنها الرصيد الصغير الذي يبدو ذا قيمة كبيرة عندما تفلس!

لن أزيد، رغم أن ما كتبته عناوين وينقصه التركيز.

ولنبدأ الآن بعملية الفرز الأولية لاختيار المدينة الأقل عيوباً. إنها روما لا شك. إذا بقيت الأوضاع في باريس كما هي الآن. ويا ريت تتغير!

ألا توافق على هذه النتيجة؟ ناقشني إذاً، وهو ما أريده. أما من ناحية الفرع الذي سأختاره في روما أو في باريس، فسأتركه إلى مناسبة أخرى. اعطني رأيك. فقد يفيد!

- لا تنسى أن تأتي قبل كانون ثاني بأيام على الأقل. وأنا أفضل بشهر!

- قريباً.. ناشر وقصة.. انتظار.. خوف.. قلق.. و؟!

- بعد هذه السنة ستدخل حياتي في أجواء ما فتئت أحلم بها منذ ولادتي

***

قبل أن أبتدئ بهذه الرسالة كنت أعتزم الوقوف لحظات طويلة أمام الماضي. ولكنني الآن عدلت عن هذه الفكرة تماماً، لأن الماضي كيفما كان لا يعنيني. أو لا يجب أن يعنيني مطلقاً! وأما الحاضر فهو حياتي في طرطوس. وحياتي في طرطوس هذه السنة تتسم بالجدّة. إنها شيء جديد ومغاير للسنوات الماضية - بالنسبة لي فقط - وهذا ما يدهشني.

لقد نجحت..!

وهذه الجدّة ضرورية لأستسيغ هذه الحياة التي أكرهها. أقصد حياتي في المدرسة وفي البيت. إن هذه الجدّة التي تتناول نظام يومي. وتصرفاتي. ومعاملتي للناس المحيطين بي هي بهار يعطي للأكل طعماً مقبولاً.

وأنا أقرأ. وسأظل أقرأ وأحضر سينما أيضاً بغزارة. وأكتب. وسأظل أكتب وأواظب على المدرسة. ولن أغيب لأن الأنظمة قاسية. قاسية جداً. وأمامي موديل هائل هو طلاب حرموا السنة الماضية من تأدية امتحان البكالوريا بسبب غيابهم. وأنا أستطيع أن أفعل أي شيء إلا أن أبقى سنة أخرى في هذا الجو القذر!

وبدأت أحضّر لعلاقة جنسية تكفيني طوال هذه السنة إذا لم يتيسر غيرها! وميزاني المالي لا بأس به. إنه مضبوط حتى الآن. وأتمنى ألا يصيبه خلل ما. المدرسة والطلاب. جحيم. وهذا تعرفه. البيت ليس سيئاً كما كنت أظن ولكنه لا يرضيني على كل حال. وستذوب الأيام والشهور. وستذوب هذه السنة وأتحرر من الجحيم.. فانتظر.

***

- بعد هذه السنة لن يكون هناك ملل وفراغ ويأس وجمود.

- البنات والصيف.. ضعيفة. لا يكفي هذا النقد. ولكن أيضاً لا مجال للزيادة.

- إنني لا أؤمن بالله ولا أؤمن بديجول، ولكنني لو خيّرت بينهما لاخترت الله لأنه أكثر تواضعاً (سارتر).

شيء رائع!

- سألني: ما رأيك بالشيوعية؟ قلت: ليس لي رأي بالشيوعية، ولكن لي رأياً بالماركسية. إنها تمسخ الإنسان!

***

الصفحة الأخيرة:

لطف الله سيعود! إنه لم يجد في الجامعة الفرع الذي يريده. إنه سيعود إلى القرية، وخصوصاً أن أمه قد أرسلت إليه برقية ليعود. وهنا تبدأ الفكرة. لماذا لا يذهب لطف معي إلى روما مثلاً؟ إنه يستطيع أن يؤمن 2000 ليرة سنوياً و2000 ليرة تستطيع أن تيسر للطالب حياة أرستقراطية كاملة في إيطاليا. وأظنك تسمع عن رخص الحياة في إيطاليا. إنها البلد الثاني بعد تركيا. اعرض عليه الفكرة، فقد تروق له.

***

حياتك في الإسكندرية لا أعرف عنها شيئاً. فلماذا لا تكتب لي بالتفصيل عن تلك الحياة. مع الانتباه إلى وصف الحياة العامة في مصر. وأظنك تعرف السبب. إنه الحل الرابع في مستقبلي. القاهرة.

منذ زمن لم تكتب لي. لقد كتبت رسالة واحدة ثم لم تكتب بعدها. أو كتبت، ولكن ليس رسائل بل تحيات فقط. اكتب! فأنا أودّ أن تكتب. وأن أقرأ.

لقد طال الوقت ولم أفرغ بعد. فإلى رسالة قادمة. البقية في الرسالة القادمة

عنواني الجديد: طرطوس - تجهيز البنين

***

(من طرطوس إلى الإسكندرية، 1958/10/29)

عزيزي ابراهيم،

لقد أرسلت لك الرسالة الطويلة. أو جزءاً من الرسالة الطويلة. ولماذا لم تصل فهذا ما أستغربه رغم أنها مضمونة.

الخبر المهم: لقد تأكد نهائياً أنك ستساق إلى كلية ضباط الاحتياط في شهر كانون الأول. وقد طلبت شعبة التجنيد في طرطوس من أهلك تقديم ثلاث صور لك، فقدمها محمد، وذكر لهم للمرة الثانية عنوانك في الإسكندرية. وقد طلبوا منه إبلاغك للحضور قبل حلول كانون الأول. هذا هو الخبر المهم.

وللخبر ذيول. منها أن أهلك لن يرسلوا لك شيئاً عن الخبر. وتعلّل أمك ذلك أنك لو سمعت خبر تجنيدك من رسائل أهلك، فلن تصدقه. وهي تضرب مثلين على هذا التعليل. المثل الأول عندما لم تصدق خبر مرضها إلا عندما أخبرتك أنا به. والمثل الثاني عندما كذبت خبر زواج محمد، حتى أكد لك لطف الله في الإسكندرية أنه شرب كثيراً في حفلة الزفاف.

ومن ذيول الخبر ثانية أن أهلك مغتبطون جداً، ولسان حالهم يقول: وبعدين معك؟ إن الجندية ستجبره على العودة إلى بلدته بعد غياب سنتين كاملتين.

وثالث ذيول الخبر أن زكية قد تخطب في الفترة التي ستكون فيها أنت في البلد، وبعد أن أجلت الخطبة، معارضة في ذلك جميع الأهل.

وهي تقول دائماً: خطبتي مستحيلة في غياب ابراهيم. ألا يكفي أن محمد تزوج دون حضوره؟

وصل لطف الله، والناس في دهشة من أمره. وهو صامت لا يتكلم، كأنه أبو الهول. لا يتكلم عن نفسه، بل يتكلم عنك أنت. عن حكايتك مع البيروتية. وعن حكايتك مع سمراء كامب شيزار. وعن... وعن إفلاسك، وهذا عزائي.

رشيد مبسوط في دمشق، وسيبقى فيها إلى نهاية خدمته. وعبد الرزاق زهقان من الجامعة. وهو يلومك.

عفواً لن أسرد لك الأخبار المستجدة بعد رسالتي الأخيرة. وأتركها حتى ندردش بها عندما تأتي.

على الهامش: وزعت فروع مدرسة الضباط على حلب وطرطوس ودمشق. وهذا يعني أنك قد تكون قريباً منا إذا حالفك الحظ.
تحياتي. **سعد**

***

(من القرية إلى حلب، 1959/9/11) [6]

الدنيا حر. أنغام الراديو مريضة. هزيلة. تتقيأ صفرتها وبرودتها على ضفاف أذني فترفزني! قميصي يلتصق بجسدي. مادة الالتصاق سيول العرق التي تزحف على جسدي كأسراب النمل الجائعة القارصة.

رأسي فاضي إلا من أصداء خافتة لرسائلك التي كتبتها لي طيلة حياتك والتي قرأتها البارحة ولست أدري لماذا.

---

6 كنت في كلية ضباط الاحتياط.

الذباب يحتشد حولي. إنه ينفذ مؤامرة مرسومة لإخراجي عن طوري. ولحشو فمي بأقذع الشتائم. ولتفجير كل أعصابي!

إنني سأكتب لك. ماذا سأكتب؟ عندما أمسكت الريشة، كانت في ذهني فكرة. لأقولها قبل أن أنساها.

- عندما فرغت من قراءة آخر سطر من آخر رسالة كتبتها لي وجدت لساني يتمتم رغماً عني... (إن ابراهيم - الجديد - ليس إلا كمية رخوة.. مقرفة.. مفزعة..).

وليتني سأحمل الرسائل معي إلى دمشق لتتأكد بنفسك من ذلك!

هذه هي كل الفكرة ولم تشغل أكثر من أربعة أسطر. أتكفي وحدها؟

لنفتش عن غيرها... أخباري؟ تريد أن تعرفها؟

- أنا في غرفتي. لا أبرحها. أكتب. أقرأ بعض الكتب الفرنسية. من جملتها كتاب أذهلني عندما قرأته في الأصل الفرنسي اسمه رسالة من امرأة مجهولة. وبعد يوم أو يومين أفرغ من كتاب «ابتسامة ما».. أكل جيد. نوم بسيط.. تمرين يومي على الرقص.

وإنني سعيد في حياتي الحاضرة. في عزلتي. ونظامي. الساعات الوحيدة التي أحس فيها بعض الضيق هي ساعات الظهر إذ يشتد الحر وتكثر أسراب الذباب وتنفتح مسامات جلدي لتزفر صمغها وسوائلها الفظيعة!

على العموم إن الخريف هو فصلي. فصل حدة نشاطي وتطلقي. وغرفتي تعجبني جداً. جداً.

هذه هي كل أنبائي لم أحذف منها إلا الأحاديث التافهة التي ألوكها مع حسن عندما يكون عندي!

عفواً لقد نسيت أن أقول أن معدل تدخيني في اليوم يتراوح بين 30 و40 سيجارة وعلى إبليس أمر صحتي ومصيري!

وفكرة جديدة.. بس يا خسارة مش أكثر من سطرين.

- أنا أحرق نفسي على طريقتي خوفاً من أن يحرقوها على طريقتهم هم. وأخسر بذلك آخر فرصة لي بارتشاف بعض الحرية (ولو كانت مريرة وآسنة).

... من جديد رأسي فاضي. والريشة بيدي تهتز بعصبية. وذبابة تقرض لي كل هدوئي. وظمأ شديد لا ترويه المياه الفاترة التي لا أعلم من أين نستوردها بعد عطل الموتور.

أوه. لقد تذكرت.

- روى لي - أظن من محمد محمود الذي زارني منذ يومين - أن سمعتك سيئة في الحارة، وأن بعض البنات غاضبات. شيء رائع. تهانيّ الحارة.. مع تمنياتي لك بإجازة ثانية أشد نجاحاً من سابقتها!

- الضجة التي تريد أن تحدثها ها قد تحققت ولكن على مستوى متواضع نوعاً ما. مستوى حارة (التحتانية). فامضغ نصرك لوحدك وسأمضغ - أنا - اشمئزازي لوحدي!

- اكتشفت الآن شيئاً سخيفاً. إن المدة الطويلة التي انقضت دون أن أكتب لك فيها شيئاً أقامت نوعاً من الجليد على عقلي. جليد يشلّني. ويبعثر كل أفكاري. عفواً. أريد أن أقول. يجمد كل أفكاري.

سأستعين بنصف دستة فناجين من القهوة الحارة علّ الثلج يذوب. والأبواب الموصدة تنفتح. وريشتي تقلع عن اهتزازها العصبي المنرفز.

إلى اللقاء بعد إعداد إبريق القهوة... قهوة مزّة!

***

سأبدأ مرحلة جديدة في الرسالة. سأكتب بخط سكوب خشية ألا أتمكن من ملء أكثر من ثلاث صفحات. السكوب لا يلائم خطي. والقهوة

ساخنة جداً. وبي رغبة شديدة في ختم أشنع رسالة كتبتها في عمري. سأقاوم. لأنها فرصة ثمينة للكتابة لك. منذ زمن طويل لم أستشعر رغبة ما في الكتابة لك.

.. السيجارة الرابعة مع الفنجان الرابع. وعقلي تيبس. نضب معينه. جاف. ذبابة تقع في الفنجان. تحترق. إنني مبسوط. لقد احترقت ذبابة. يا لغباء الذباب!

- سأعترف اعترافاً رخيصاً.

إن مشكلتي تتلخص في أنني أحاول صيد السمك فوق سطح الماء. السمك يعيش داخل الماء. وتصيده يوجب الغوص. إن الماء ساقع. إن رغبتي ميتة في الغوص. هذه الرسالة محكوم عليها بأن تكون مجموعة طحالب طافية على سطح الماء.. قضاء وقدر! واللا ايه؟ الريشة غاضبة. إنها تزوم مني وتلتوي بحمق. إنها تشوه سطحية أفكاري.

- حطمت أكثر الأصنام التي كنت أتوسل بها لتمزيق الوقت. لأنني لا أريد أن أمزق الوقت. ولأن هناك انسجاماً جديداً بيني وبينه. تريد أن تعرف الأصنام؟ بلاش. لحسن تغضب أو تثور. أو تزداد شقة خلافنا. إن أصنامي... بلاش...

هل يسعدك أن تعرف أن أبلغ درس تلقيته في حياتي كان بهدلة وشتائم بصقها قلمك في إحدى الرسائل الواردة من بيروت... درس بليغ سألقنك إياه يوماً ما... وبلا ثمن طبعاً... إنك قدمته لي مرة بلا ثمن أيضاً... واحدة بواحدة.. والبادئ أفضل.. واللا ايه؟

وحكمة الرسالة هي... (بعضهم يفضل أن يحترق بإباء وصمت ومستنقعات المياه الآسنة بحار حولهم. وبعضهم يطفئ ظمأه من مياه الديدان والحشرات. والأوساخ غير آبه بخرافة الإباء. الاثنان سخيفان. ومع هذا فإنهما حكيمان لأنهما لا يترددان.

مسكين ذلك الذي يقف بينهما. يأتكله العطش. ويذهله الإباء. يلوي عنقه. ويهوي نحو الماء الآسن. ثم يعود مقشعراً. إنه لن يجد شيئاً. ولن يحقق شيئاً. وحتى عندما يموت عطشاً سيموت بلا قضية!

ألا ترى معي أن من الحمق المبالغ فيه محاولة تصنيف الناس وتقسيمهم ووضع الأطر المحددة لهم. أنا أرى ذلك، ولذا فإنني أجد نفسي مضطراً لنسخ حكمتي الأولى بحكمتي الجديدة هذه: بين طحالب المستنقعات نماذج بعدد سكان الأرض. والحكماء بينهم من يتصرفون بأنفسهم. بمنطقهم. لا بمنطق الوصايا العشر، والتعاليم الألف، وترهات الفلاسفة والحكماء والأدعياء والأنب. وسواء بعدها شربوا أم احترقوا أم ترددوا أم ابتدعوا، فإنهم ذوو قضايا وغايات. أما زالت الحكمة سخيفة؟ ربما!

ما رأيك في أن نختم الرسالة. واللا لسه بدري!

- قالوا.. من هو أشد الناس يأساً؟ قلت ذلك الذي لا يرى من نفسه إلا الجانب البشع. ذلك الذي يكره نفسه!

- تضحكني هذه الوجوه التنكرية التي تلبسها حسب مناسباتها. إنها تخبئ حقيقة صغيرة وعميقة هي أنك بلا حقيقة! مع بعض التجاوز قد أقول إن لك حقيقة واحدة هي انعدام الحقيقة!

- إنني لن أستطيع أن أمنع نفسي من احتقار نفسي لو أقعدني الفشل كسيحاً على هامش الحياة.

- عندما استعرضت بطلات قصصك الغرامية، عرفت لماذا استسخفت فكرة تعلمي الرقص.

آه.. لو أستطيع أن أكتب فقرة واحدة بلا عناء وبلا تعب! إنها أشق رسالة أكتبها في عمري. وإنني أقسم أنها الأخيرة طالما كتل الجليد مكومة فوق أفكاري وعلى خيوط علاقتي بك. إن الثلج مقرف وشنيع.

وإن السيبيريين بشر متفوقون بلا ريب وإلا لما استطاعوا أن يعيشوا بين أكوام الثلج وأهراماته!

- كيف علاقتك بعبد؟ هل تلتقيان أم لا؟ وتمرينك في الجريدة هل يسير بصورة طيبة؟ ونزهاتك المسائية (الأسبوعية) هل تلقّمك بعض الدفء؟ أرجو ذلك.

- هل تأكل جيداً؟ وتقرأ جيداً؟ أتوسل إليك ألا تجيبني على أي سؤال منها.

- متى سنلتقي؟ لقد طال فراقنا. إنه يمتد لأكثر من سنة ونصف مضت. هذا إذا لم أخطئ في التقدير الزمني.

أما وقد أصبحت ميازيب لا يسيل منها إلا الضجر والتعب، لا أجد أمامي إلا أن أقول أوريفوار. **سعد**

***

(من القرية إلى حلب، خريف 1959)

أنت لا تعرف معنى أن أكون بلا قلم حبر. إنها أكبر مصائبي.

الفرق بيني وبينك بالنسبة لنبأ نجاحي هو نفس الفرق بين كلمتي سررت - أسفت.

من مدة قريبة كنت في دمشق أؤدي فحص المقابلة. أستطيع أن أحدثك أياماً طويلة عن أربعة أيام قضيتها في دمشق. قد تقرأ لي مقالات ممتعة في (جريدة) النصر.. وبضع قصص في الآداب. هذا إذا كان عندي النشاط الذي يساعدني على تبييض المسوّدات. كما أنني أعتزم كتابة بضع مقالات عن مفاسد الشيوعية ومباذلها عن موقفها من الفرد. من الإنسان. سيكون للمقالات صبغة فكرية خالصة.

إنه الخريف. دفء. برودة. نشاط. فيض من النشاط. والحيوية.

سأكتب لك قريباً بالحبر. وستكون الرسالة طويلة. إنني سأغير خطواتي. سأرفض المنحة رغم حبي الشديد للقاهرة. وسأدرس شيئاً آخر. وفي مكان آخر. إلى اللقاء. **سعد**

***

(من القاهرة إلى حلب، ختم البريد 1959/11/2)

عزيزي ابراهيم

أنت تعلم أنني لا أحسن الكتابة بهذه المناسبات. ولكن تأكد أنني كنت أشاركك آلامك كلها. لا أعرف ماذا أقول لك. قد لا تكون معّبرة ولكنني لا أملك غيرها. إنني آسف ومتألم.

هذه الكلمات أكتبها من دمشق. وأنا هنا منذ أيام في طريقي إلى القاهرة لدراسة الصحافة على حساب الدولة.

لست مبسوطاً بهذه المنحة. سأكتب لك قريباً من القاهرة.

إنني معك يا ابراهيم في صدمتك. وأتمنى أن تحمل رسالتك القريبة كلمات هادئة تدل على أعصاب. على قوة احتمال!

إلى اللقاء. **سعد**

***

(من القاهرة إلى حلب، 8 تشرين ثاني 1959)

القاهرة - مصر الجديدة - شارع محمد تيمور - بناية 16 - شقة 9

.. أنا الآن في بوفيه كلية الآداب الذي يكتب عنه المحرر المختص بـ (من مفكرتي).. والذي لا أجد أي شيء أكتب عنه إلا كلمة قذر. لا ينفع.!

.. طرأت لي وأنا أقرأ جريدة الأخبار أن تكون رسالتي لك يوميات. يوميات قد تكون أبلغ في التعبير عن كافة أحاسيسي ومتاعبي وأفكاري في هذه الفترة!

لست أدري من أي يوم أبدأ. ربما ليست مهمة البداية لهذه الدرجة. ولكن أريد أياماً متسلسلة. تتدفق فيها أحاسيسي بصورة فيها شيء من النظام.

لنبدأ من هنا.

الأربعاء. دمشق في 28 تشرين أول.

رفيقي في هذه الأيام التي أعيشها في دمشق قبل السفر هو هاني بغدادي - صديق من طرطوس - إنه خفيف الروح. له طابعنا تقريباً وعلى هذا كان من الطبيعي أن تتوثق علاقتنا بسرعة.

إنني أقضي معه كل الوقت في مرح دائم. ومزاح. ومطاردة فتيات جميلات. وحضور أفلام سينما ممتعة. وضحك. ضحك مستمر جميل.

كان بديهياً ألا تخطر القرية في بالي وألا أتذكر أهلي وأصدقائي الذين غادرتهم بسرعة وبصورة مفاجئة. حتى أنني لم أودع أخي.

كانت حياتنا عبارة عن ضحكة كبيرة متواصلة. ولامبالاة لطيفة جد لذيذة. حتى أنني نسيت متاعبي في إخراج شهادة صحية من مستشفى المجتهد.

ومساءً خطر لي أن نسهر مع عبد الرزاق في ملهى. أو في مكان ذي أضواء خافتة. أو على الأقل في سينما.

وجدنا عبد الرزاق في البيت وكان مريضاً بحساسية في الكبد سببها شرب الويسكي الثقيلة.

على كلٍ لم يحاول أن يقف أمام نزوتنا بل وجد نفسه مسوقاً للذهاب معنا. طبعاً بعد أن قدم لنا كأساً من الكونياك الشديد الذي أدمع عيوننا.

حاولنا دخول ملهى السريانا أرقى ملهى في دمشق. كان معطلاً ولست أدري لماذا.

لم نجد أمامنا إلا ملهى الكروان. وهناك سهرنا سهرة ممتعة جداً، جداً. وقد تأكدت ساعتها أن عبد الرزاق ممتاز، هذا على الرغم من أنني دفعت الحساب. اقرأ تاريخ هذا اليوم تعلم السبب! ولم يكن معنا مزيد من النقود وإلا كنا ولا شك قد حصلنا متعة أكبر. ك. وك.!! في الساعة الواحدة والنصف خرجنا من الملهى ونحن نتمايل تقريباً. وأبخرة الويسكي والكونياك تنعقد سحباً ضبابية في رؤوسنا. عندما وصلنا الفندق، كانت تنتظرنا مفاجأة. لقد كان محمد في غرفتنا. أخي محمد الذي جاء فوراً إلى دمشق عندما علم أنني سأسافر إلى القاهرة وذلك ليودعني. وأثناء الحديث أعطاني رسالة منك وأخرى من عزيز. وفي هذه اللحظة أصابني شعور طاغ باحترام محمد وبالحنين للماضي. لحياتنا مثلاً في القرية وفي طرطوس.

احتسينا الشاي ونمنا وفي نفسي مزيج عجيب من الأحاسيس غير المفهومة.

السبت. دمشق في 31 تشرين أول.

في اليومين الفائتين لم يكن هناك شيء مهم إلا وخزة ألم أصابتني عندما ودعت أخي محمد. وإلا تفكير غير واضح في المستقبل. وخلال اليومين لم أستطع أن أرى عبد الرزاق لانشغالي. ولانشغاله!

اليوم سيسافر هاني. وسأصبح وحيداً مع أحاسيسي وذاكرتي!

لم أبالِ بالأمر في البداية، بل كنت منهمكاً في إتمام الشهادة الصحية. وعندما أزفت ساعة السفر، أحسست بوخزة في نفسي وظننت أن الأمر لن يتعدى ذلك.

ودعني هاني وهو يضحك وخرج ليسافر.

بقيت وحدي في الفندق. والوحدة مؤلمة قاسية. إنها تضع أمامك كل شيء عارياً. ذكرياتك، مخاوفك، أفكارك. كلها تتدحرج في نفسك بصورة سريعة مشوشة. فتملأ هذه النفس بشتى الأحاسيس المنهكة.

لقد كانت لحظة صعبة. لحظة بدأت فيها متاعبي مع ذاكرتي وحنيني. إنني أتذكر كل شيء بحنين طاغٍ. وبشوق صاخب. أمي. أبي. أهلي. أصدقائي. حياتي في طرطوس وفي القرية. كل شيء يندفع إلى رأسي بشكل قوي عنيف وهو مفعم بالكآبة. وبالحزن. وبالألم.

وتدحرجت دموعي لأول مرة منذ زمن بعيد. بكيت بحرقة. وشعرت أنني أعيش في الجحيم. جحيم حقيقي.. وأن حياتي في القاهرة لا توازي ساعة أقضيها مع أصدقائي في المنشية أو في السينما.

أردت أن أحارب وحدتي. فذهبت إلى مقهى الحجاز المقر الدائم لسليمان أبو دياب ومحمد رشيد. كان من حسن حظي أنني عثرت عليهما. لقد خيبا آمالي، فمتاعبي قد ازدادت بعد رؤيتهما. قالاها ببساطة. بساطة عجيبة وكأنها مجرد خبر عادي. عادي. - هل سمعت؟ - ماذا؟ إنني لم أسمع شيئاً قط. - لقد توفي زوج عمتك. - أكيد؟ - أكيد. هكذا ببساطة قيل لنا النبأ.

ووجدت نفسي غارقاً في لجة عميقة من الكآبة والخوف. والحيرة. مات. مات. الموت. الفراق. الصدفة. القدر. كلمات كثيرة كانت ترن في داخلي رنات حزينة باكية مفزعة كرنين الأجراس.

.إنني وحيد. وإن خوفاً هائلاً ينطلق مسعوراً في نفسي. وإن الحياة تبدو لي شيئاً بلا طعم وبلا شكل. شيئاً مفتعلاً سخيفاً. والعذاب ينساب في داخلي كمياه باردة جداً جليدية.

وفكرت فيك. فكرت فيك بحزن وبشعور آسف باكٍ. ورغبت في الكتابة. ولم أجد شيئاً أكتبه إلا كلمة آسف. إنني أكاد أنفجر من

العذاب. إن أعماقي مضغوطة. مشحونة بالديناميت وإنني سأفعل شيئاً. سأحاول أن أثبت لنفسي أن هناك حياة ما.

تذكرت عبد الرزاق. كان مريضاً. وكان في طريقه إلى الطبيب. غصت في إحدى دور السينما. لم أفهم شيئاً. ولم أشعر بشيء. وعدت إلى الفندق.. وتقلبت على الفراش. وعذابي يكويني. ولم أنم حتى الثالثة. إنني خائف.

الإثنين - دمشق في 2 تشرين ثاني

قررت أن أعود بعد تردد طال كثيراً. إن أعصابي لا تستطيع أن تتحمل أكثر من ذلك. لقد أتلفها انتظار الطائرة. وأتلفها الحنين. وأتلفها الألم. كل شيء في لحظاتي اجترار ماضٍ. وكل شيء في ذاكرتي دوران محوري. وكل شيء في نفسي أحاسيس وانفعالات سعيدة تقترن بلحظات معينة في الماضي. سأعود إلى القرية. إنها الجنة ولا شك.

وفجأة تذكرت والدي. تذكرت غبطته بنجاحي في المنحة. وتذكرت سروره لأنه سيرتاح ويترك العمل ومتاعب العمل. تذكرت ديوننا. تذكرت حالتي اليائسة قبل المنحة. وأصابتني موجة شديدة من العرق اللاهب. وبدأ التردد من جديد. أعود - لا أعود - أعود - لا أعود! والتقيت صدفة بشخصين أعرفهما. واحد نصحني بالعودة وألحّ في ذلك. وآخر نصحني بطرد كل هذه الهواجس والسفر! وبدأت أتخبط في القرارات. وفي الموازنة بين العودة والسفر. إن الأسباب كلها عاطفية لا نفع لها. وكانت الكلمة الفاصلة لموظفة في الوزارة. لقد كنت خائفاً جداً من أن تكون دراستي خارج القاهرة. وهذا من الأسباب التي كانت تدفعني للعودة. ولكن الموظفة أكدت لي أنه لا يوجد قسم صحافة إلا في جامعة القاهرة. وارتحت. وقررت السفر.

حجزت تذكرة في الطائرة على حساب الحكومة. وأمضيت اليوم في ترتيب أمتعتي. حاولت أن أقابل عبد الرزاق فلم أعثر عليه. مررت على عبد الوهاب في الجريدة. تحدثنا قليلاً وأثناء الحديث أنبأته أن والدك قد توفي.. فضحك وقال - لا تعجب نعم ضحك - سأكتب له رسالة تنسيه كل شيء. قلت: كيف؟ قال، سأقول له مثلاً يا ريت الموت لكَ وليس لوالدك. ولست أدري لماذا شعرت في هذه اللحظة بضجة الحياة قوية صاخبة حولي. وتأكدت من أن الحياة أقوى من الموت وأعتى.

رغم أنني سأستيقظ في الرابعة والنصف، فإنني لم أنم حتى الحادية عشرة.

الثلاثاء - دمشق. القاهرة 3 تشرين ثاني

كان نومي متقطعاً تقطعه الأحلام المرعبة. وفي الساعة الرابعة والربع تماماً استيقظت على صوت أذان الفجر. نهضت وفي نفسي رائحة غريبة. لم أشك إطلاقاً أنها رائحة الموت.

بعد ساعتين. وبعد الرسميات الجمركية والحكومية أقلعت الطائرة. كان قلبي يدق بعنف. إنني خائف!

لم يطل خوفي، بل سرعان ما انقشع بعد أن أصبحت في الجو. وحلّ مكانه دوار. وجع رأس. وغثيان منعني من تناول الفطور اللذيذ الذي قدمته لنا المضيفة الحسناء.

في الجو.. بعضهم يتذكر الله. وبعضهم يتذكر العقل البشري. أما أنا فقد كنت مشغولاً بدوار رأسي فقط.

حطت الطائرة في مطار القاهرة. بعد نزولي اتجهت إلى دائرة الجمارك. ناداني وأنا أسير. التفت بعجب. أراه. إنه لطف الله الذي كان في طريقه إلى سوريا بالطائرة التالية. تحدثت معه قليلاً قبل أن يسافر. وعلمت أنه سيعود بعد شهرين فقط إلى مصر ليتابع دراسته

بالجامعة الأمريكية هنا. ودعته وأنهيت عملي في الجمارك. وصعدت الباص الحكومي الذي سيأخذنا إلى فندق متوسط نبيت فيه.

أثناء الطريق غمرني شعور فاضح باحتقار هؤلاء الصغار الذين يملؤون الباص. إنهم شباب. وإنهم أصحاب بكالوريا ومع هذا فقد كانوا جد تافهين بكلماتهم.. بحركاتهم. أوه. النجدة!

بعد وصولنا بحوالي ساعة علمنا أن أربعة منا لم ترد أسماؤهم إلى الوزارة. بالتأكيد كنت المحظوظ - عفواً المنحوس - رقم 1. ذهبت إلى الجامعة علّني ألتقي بأديب الذي يدرس في نفس جامعتي. وفي قسم الصحافة أيضاً. المهم أنني التقيت به ولكن لم ينته الأمر هكذا. لقد ترك الجو الجامعي في نفسي انطباعات معينة لا بد من ذكرها. المقاعد قليلة جداً بالنسبة للطلاب. فالممرات مليئة بالواقفين. إن الذين يسوء حظهم بمقعد من الخلف لا يمكن أن يسمعوا شيئاً. والطلاب فوضويون جداً. إنك تحس أن آخر شيء جاؤوا من أجله إلى الجامعة هو الدراسة. ضحك وهمس وهرج ولا شيء آخر. والبنات لن أقول عنهن شيئاً إلا..

إنهن بلا طعم وبلا رائحة وبلا شكل. وإنهن لا يعرفن معنى حشمة. وإنهن مهووسات بالجديد. لقد كانت أسماء نصفهن بالضبط قد قدمت لي بعد المحاضرة الأولى. ألا يكفي أنني سوري؟

كنت متعباً جداً من السفر. ومن ليالي دمشق. بحثنا عن شقة. وجدناها في مصر الجديدة. شقة لا بأس بها بـ 12 جنيهاً في الشهر. أنا وأديب. كان التعب كبيراً إلى حد أنه ابتلع ذكرياتي وحنيني.

الجمعة.. القاهرة 6 تشرين ثاني

ألم شديد يشلّ كل حركة فيّ منذ البارحة رغم العقاقير والأدوية. والوزارة لم تعمل لنا أي شيء حتى الآن. وأنا زهقان جداً من الجو الغريب الذي أعيشه.

إن القاهرة لم تعجبني في البداية. إنني أحسها كريهة. وإن حنيناً طاغياً يملأ نفسي. وإن البكاء مستمر.

وفكرة صغيرة تنمو في رأسي. إنها فكرة العودة!

الطعام لا يعجبني. وهو قذر وهذه ظاهرة موجودة في القاهرة وتلمسها بسرعة. والضجة هائلة جداً أحس أنني ضائع فيها. وآلامي لا تتوقف إطلاقاً. وذاكرتي مجنونة لا ترفض أن تنسى. إنني وسط دوامة مغلقة سوداء مشحونة بالعذاب! إنني سأعود لا شك!

ماذا سأفعل في القرية؟ أمضغ القلق والفراغ واليأس. وأتلذذ بتعب والدي وإرهاقه! وأسقط في فراغ هائل مظلم. وتبتلعني الحيرة. وتتدحرج الدموع. دموع كثيرة لم أكن أعلم أين كانت تختبئ طوال هذه المدة. طوال هذه السنين!

.. تغديت عند علي علي أنا وأديب وضرغام. جميعهم اشتركوا في التأكيد لي بأن أي واحد سيصيبه شعوري عندما يترك أهله وقريته لأول مرة!

.. أقذر شعورين عرفتهما في حياتي هما الحنين والتردد. إنهما الشعوران اللذان أعاني منهما الكثير.

بعد الظهر هدأت أوجاعي قليلاً. ولذا نزلت وأديب إلى ميدان التحرير عاصمة المدينة الهائلة. قضينا فترة طويلة في أحد المقاهي نقرأ الجرائد وندردش ثم - هكذا وبحركة مباغتة - هل تعلم ماذا فعلت؟ احزر!

أخذت موعداً من فتحي غانم!

عرفنا الدار وصعدنا إلى غرفة الانتظار.. والدار قديمة كما تعلم. ولكن الحركة حارّة جداً في الداخل. والمكاتب كثيرة. والمحررات

والموظفات أكثر. بقينا ننتظر حوالي نصف ساعة ونحن نتتبع الحركة الحيّة الحلوة حولنا.

أذن بمقابلتنا. دخلنا فنهض وسلّم علينا بلطف بالغ جداً. وباختصار شرحت له أننا نريد عملاً. وبدا أنه يريد أن يدبّر لنا عملاً. لقد وعدنا بالعودة إليه يوم الإثنين القادم. ودعناه وأنا أحس أنه مجرد خيال. خيال سرعان ما يطير.

أكدت لنفسي أنني سأبقى في القاهرة واقتنعت بذلك.

حضرت فيلماً عربياً فيه شيء من التجديد - احنا التلامذة - حوالي الساعة الواحدة نمت سعيداً. سعيداً جداً.

تحياتي وإلى اللقاء في موعد آخر حيث تقرأ تتمة اليوميات.

إن الحياة أقوى من كل شيء! إنها أعنف من الموت! سعد

أهم ما في اليوميات القادمة هو أن القاهرة جميلة. جميلة جداً!

***

(من القاهرة إلى حلب، 1959/12/7)

ابراهيم، تأكد أن الرسالة ستتم. قد تتم حديثاً. وقد تتم كتابة. وقد تتم قراءة بحضوري. المهم أنها ستأتي.

مشتاق لرسائلك الصغيرة. على الأقل. قل لي وصلت رسالتك وأنني ما زلت حياً. قل لي أي شيء. فأنا أريد أن أقرأ لك شيئاً.

عنواني: القاهرة - جامعة القاهرة - كلية الآداب - قسم صحافة - سنة أولى

أؤكد للمرة الثانية أنني مشتاق لرسالة منك. ولأخبارك كلها... تحياتي. **سعد**

***

(من القاهرة إلى قطنا، سورية، 1960/6/8) ([7])

ابراهيم..، أقسم لك.. هذه هي الورقة الثالثة التي أكتبها. ومصير الأُخريين التمزيق. ومن يدري ماذا يكون مصير هذه؟

حاولت أن أكتب صفحات كثيرة. أن أجلس معك في حديث طويل لم يتح لنا أن نتبادله رغم بقائنا ما يقرب من شهر ونصف في نفس الغرفة. ولم يكن ذنبي. بل كان ذنب هذه الطاقة الهائلة على الرياء. وهذه القوة الخارقة على معانقة التفاهة. وهذه الإمكانيات العظيمة على الابتسام في وجه أخت نوفل. وعلى تضييع بضع ساعات مع عبد الرحيم. وفات ما فات. وأسخف ما يمكن أن أفعله هو أن أنبش ما فات. خصوصاً أن لحظتي الجهنمية هذه لا تتيح لي ذلك.

المهم أنني مزقت الورقة ولم أتمّها. وكتبت ثانية. كانت كلمات. كلمات صغيرة فيها اشمئزازي من الحياة. وفيها جوعي. وفيها خوفي. وفيها ألمي. وفيها شعور بتباين دوامتينا أنا وأنت. واختلاف دربينا. ومزقت الورقة. ولم ترق لي. وها أنذا أكتب على الثالثة. وماذا سأكتب؟ هل أبرر إرسالي خمس رسائل لعبد مع العلم بأنني لم أرسل لك حتى الآن شيئاً ما؟ لا.. لن أفعل. لأنه ليس وقتها.

إنني سأتحدث في هذا ولكن قطعاً ليس الآن. ليس في هذه اللحظة التي أشعر فيها بالجوع يعصف بمعدتي. وبجيبي خاوياً حتى من «تعريفة» أشتري بها رغيفاً. وأنا في فترة امتحان. ورأسي مليئة. وبماذا يمكن أن تمتلئ إلا بحمم البراكين.

وغداً. غداً ينتهي الامتحان. ويبدأ عذاب آخر. عذاب يتألف من بضعة خيوط سأنثرها أمامك وحاول أن تجمعها أنت. ولا تسألني أسباباً.

- يستحيل أن أعود إلى البيت بعد انتهاء الامتحان.

---

7 كنت قي معسكرات قطنا برتبة مرشح.

- يستحيل أن أستمر في دراسة الصحافة.

- يستحيل أن أعود إلى القاهرة بعد هذه السنة.

- يستحيل أن أقتل أمي بيدي.

ولا أعرف ماذا أفعل. والدوامة أبداً تدور ودوامتي شديدة الاختلاف عن دوامتك.

والمرض. والصداع الدائم. ورغبتي الأبدية في حرق الدنيا. في إشعال الناس. في تفجير كل مخزون الدول من القنابل الذرية. ودرس... درس مشوش مضنٍ.. وإحساس فظيع بالضياع. واليوم مساء كنت أسير. وكان عليّ أن أسير لإفلاسي. إفلاسي حتى من قرش أركب به المترو. وكان بيدي سيجارة. سيجارة «تاطلي سرت رفيعة». وتأججت في صدري أمنية حمقاء قوية كتنهدات الجبابرة. أمنية مزعجة تصرخ فيّ كي أطفئ سيجارتي في أجمل عينين ألتقي بهما.. في عينيّ أنثى. في.. في.. لست أدري. أريد أن أقتلهم جميعاً. أن أخنقهم. وتبعثر كل شيء. ولست الآن.. أقسم لك لست إلا حركة مأساوية عنيفة.. سخيفة.

وهذه عناوين ما لديّ.. ألا تكفي؟ أعتقد..

إذا لم تستطع أن تقرأ خطي، فدع الرسالة حتى نلتقي وسأقرأها لك. ولن أستطيع أن أنمق الآن سطوراً وكلمات.

صديقي...

عندما كنت في دمشق، كانت تمر عليّ لحظات أحس فيها أنني بعيد عنك.. بعيد جداً.. كنت أحس أن عقلك نسيج غريب.. وأن شخصيتك هي آخر ما يمكن أن يتفق معي.. ولمتك أكثر من مرة.. وفي اللحظات الأخيرة وعدتك بالكتابة. ولا قوة لديّ على كتابة أمور جافة كهذه. ولا أريد إلا شيئاً واحداً، هو أن تقوم ببعض التعديلات في

مواقفك وحياتك. ولن تخسر، وستربح كثيراً، إلا إذا كنت تعتبر أن خسارة عبد الرحيم يهون أمامها جناح مرموق في الجحيم المزعوم.

إنك يا ابراهيم لن تخسر عبد الرزاق فقط، ولن تخسرني فقط إذا استمرت حياتك وعقليتك على هذا المنوال. ستخسرنا كلنا، وستجف حياتك، وتخلو من كل ما هو عميق أو متين، وتتحول ساعاتك إلى علاقات باردة متكلفة مع الناس كلهم. وليذهب الناس جميعهم إلى الجحيم! وليبق لي صديق واحد! إنه أهم من الناس جميعهم.

وأخبار قلبك؟ وتحياتي الحارة لزكية وتوفيق... ولك! وتصبح على خير وإلى اللقاء!

ادع معي ألا أحرق الرسالة صباحاً وقبل أن أضعها في مغلف.
سعد

***

(من القاهرة إلى قطنا، 1960/6/20)

.. كانت الرسالة شيئاً جديداً لم آلفه منك.. كانت خرقاً للعادة.. وتفوقاً على النفس السلبية التي لا تشكو.. ولا تتأوه!

.. كانت الرسالة طوراً جديداً... لأنها صريحة جداً رغم كلماتها القليلة وهذا ما لم يكن عندك...

والكلمات أكبر من مجرد الكلمات.. واليأس.. والقلق.. والسأم.. أكثر من مجرد احساسات صغيرة تنتاب النفس بين آونة وأخرى... إنها تعبير عن تحطم نفسي.. عن انهيار.. عن قنوط متجلد فظيع... عن مرارة حياتية أعاني منها منذ زمن موغل في البعد.. وأنا أشكي وأكفر.. وأشتم.. وأعبر عن حنقي باستمرار.. وأنت صامت.. هناك تسمع ولا تشكي.. تقرأ ولا تكتب. وأحار.. وأصمك وصمات بالغة في القذارة.. وانهار صبر أيوب.. واشتكى ابراهيم واقتنع أن من

السخف اجترار كلمات بلهاء كهذه الكلمات.. (إذا لم يكن ما تريد فأرد ما يكون)..

ولكن مع هذا اطمئن.. اطمئن فكل بداية هي لحظات من هذا النوع.. لحظات قانطة متخمة بالتشاؤم واليأس.. والسأم.. والاشمئزاز.. والرغبة بالفرار من هذا الجلد المطاطي الذي يكسونا...

اطمئن.. فإن الإنسان يستطيع أن يفعل المعجزات... ولم لا.. أليس هو أقوى قوى الأرض... والطريق أمامك فسيحة.. وفرصتك أكثر اتساعاً وعمقاً من فرصتي...

أما عن حالتي أنا... فلن أكتب الآن حرفاً واحداً.. لأن الحر ثقيل.. وتفاقم شعوري بحالتي يجعل الكتابة عسيرة جداً في هذا الموضوع.. وإذا شئت فاقرأ الرسالة التي كتبتها لعبد ففيها أكثر من تعبير.. تعبير قزم تافه إذا ما قيس بالطبعة الحقيقية التي هي شعوري طبعاً...

ولدي بضعة مشاريع..

وفي رأسي أكثر من فكرة.. ونتيجة الامتحان الانتصافي كالعادة... وجيبي فارغ تماماً..

وقد أسافر إلى دمشق قريباً.. ولكن (كطرد بريدي) في علبة من خشب حقير!

ولا أستطيع أن أفعل شيئاً.. وخمول.. وانتظار رسائل.. وإنني ما زلت أحب قراءة الرسائل...

هذا يكفي على أمل أن نلتقي ثانية وبشكل أكبر.. وأوسع...

بشرط أن تكتب...

تحياتي - للعكروت - عبد.. سعد

إنني أنتظر رسائله بشيء من الحرارة (اللاكاذبة)

ولا تنسَ أن تقول له هذه العبارة...

(عبد.. كانت رسالتي السابقة مجرد شعور بالغثيان وأخشى أن تكون رسالتي التي تليها قيئاً طازجاً بالغ القذارة... فكيف ستكون رسالتك؟). **سعد**

***

(من القاهرة إلى قطنا، 1960/10/11)

ابراهيم

- كنت أتمنى أن أراك. لم أستطع إذ أنني سافرت في نفس يوم وصولي إلى دمشق.

- حاول أن نكتب لبعض بصورة مستمرة.

- أخباري حسنة حتى الآن.. أسكن غرفة حسنة في شقة مفروشة فرشاً جيداً (فريجيدير، راديو مع بيك آب، بيانو). والشقة مريحة وهادئة جداً. وهي لموظف مصري مهذب ويبدو أن من الممكن التفاهم معه. وقد اتفقنا على أساس أن تكون الشقة مشتركة تماماً، وأدفع فيها كما يدفع. وفي الشقة خادمة تغسل وتطبخ وتخدم تماماً. وأجرة كل هذا 7 جنيهات بما فيه الكهرباء. لا.. يبدو أن الحظ قد لطشني هذه المرة. على كل هذا أول يوم لي. ولا أعرف ماذا بعد.

- نجحت وإنني في السنة الثانية.. وايه يعني؟!

- إذا كنت ستتزوج، فانتظرني عشان نتجوز سوا. وان ما كنتش مصدق، اسأل عبد.. والله العظيم بتكلم جد.. وده طبعاً سر.. وحا تحافظ عليه جداً.. والّلا ايه؟

- إنني لم أعد أحس بالقلق. إن العاهة بعد فترة تصبح ليست عاهة لأن المرء يعتاد عليها تماماً، ويرتب حياته على أساسها. هذا ما حدث معي بالضبط.

- ما زالت علاقتي مع الناس مشوشة تماماً. ومن ذلك مثلاً علاقتي مع لطف التي اهترأت من أكثر من مكان. والسبب (أنا). وعلاقتي بعدنان انتهت إلى الأبد كما أعتقد. وعلاقتي مع خيرو لاقت نفس المصير. ولا تسألني السبب، فإنني بدوري أعيش نفس علامة الاستفهام.

- ما زلت أكره الواقع وقد تعبت من الأحلام. وإنني بلا أرض وبلا سماء. أي حالة أشنع!

- أحوالي المادية تعبانة شوية. ومش عارف امتى حتكون مرتاحة!

- عنواني: القاهرة - مصر الجديدة - 26 شارع نخلة المطيعي - شقة 27.

- اكتب لي إن كان لديك رغبة. واشرح لي كل ما لا تريد شرحه.

سعد

***

(مسودة رسالة من قطنا إلى القاهرة، 1960/10/28)

عزيزي سعد

من زمان وأنا تتملكني رغبة قوية صادقة في أن أكتب لك. أكتب بصورة مغايرة للطريقة المألوفة. أكتب بكل هدوء، وكل روية، وعلى مهل، وبتأنٍ. وكأنني مستلق على سرير، ببطن ملآن، ونفس راضية، استرخاء كامل، وأنت بجانبي، تسمعني، بصفاء ذهن، وانطلاق روح، ومرح، وتعليقات من النوع الذي أحبه منك.

أكتب كل شيء، وأي شيء. كل ما يخطر ببالي، وكل ما يمر في ذهني. عن حالي، وعنك، وعن غيرنا. أكتب بصدق، وبكل ما تعني هذه الكلمة. أكتب رسائل وأرسلها بالبريد، وكأنني أكتب مذكرات

أحتفظ بها في صناديق من حديد مقفلة. وباختصار.. أكتب لك وكأني أكتب لنفسي.

والآن، أحس أن أمامي فرصة طيبة. فلأحاول.. كمرة أولى..

مهما حدث، فإنك ستبقى قريباً إليّ (وقد لا يكون هذا التعبير كافياً. لكنني لم أوفق إلى أفضل منه. والمهم هو المعنى. وأنت تعرف أنني أتوخى فيك الفهم من مجرد إشارة).

«مهما حدث، فإنك ستبقى قريباً إليّ».

كنت أشعر بذلك شعوراً داخلياً، وبصورة قوية، وكنت متأكداً من شعوري هذا في أحلك الأوقات التي مرت بها علاقتي بك.

و«مهما حدث»، وما قد يحدث.. أعنيهما بأوسع ما تشملانه.

وفي الحاضر صدق حدسي.

وحدسي.. في المستقبل. في أي وقت، وفي أبعد يوم، وفي أية حالة، ستبقى قريباً إليّ. والذي أرجوه هو أن يصدق حدسي.

وعن هذا الموضوع بقي لي ملاحظتان.. الأولى: أن ما حدث وما قد يحدث ليس أمراً غريباً ولا شاذاً. بل هو طبيعي جداً في نظري. وقد يبدو أحياناً أنه لا بد منه.. كالتوابل على الأكل، وكخلافات الأزواج. وما حدث وما قد يحدث، ليس برأيي قوياً، ولا عميقاً، ولا جذرياً، بل هو سطحي، عادي، عرضي. إنه ككل شيء في هذه الحياة. لا يمكن لشيء أن يسير في خط مستقيم كالمسطرة.

والملاحظة الثانية: وهي قابلة للتعليق وللنقاش وللرد عليها من جانبك، وهي أن ما حدث إلى الآن في طريق علاقتنا من شبه ميل أو بعض انحراف، إنما كان سببه الأصلي الأصيل العميق ليس أنا بل أنت.

وقد تبدو هذه الملاحظة في نظرك سخيفة على قدر ما هي بديهية. وقد تبدو غير صحيحة. لا أعرف كيف تراها أنت. ولكن دعني، في هذه المناسبة، أشرح وآخذ حدي - ولو بكلمات قليلة - فيما يتعلق بهذه النقطة. وسأقسم هذه الكلمات القليلة إلى بندين، الأول: إن عدداً لا بأس به من آرائك عني مبني على استنتاجات مغلوطة. وأرجو أن تصدق هذا الكلام وأن تتأكد منه، مع أنني أشهد لك باستنتاجات أخرى في منتهى الروعة. والبند الثاني: وذكره قد يكون غير لائق، وهو أنك لم تساعدني في محنتي. وقد يكون هذا الكلام غريباً عليك. وقد تتساءل عن الطريقة التي كان يمكن أن تساعدني بها في محنتي. وأنا أقول لك إنك معذور في ذلك لأنني أنا نفسي أجد في هذا الكلام شيئاً من الغرابة، ولا أعرف سبيلاً محدداً واضحاً كان يمكن أن تساعدني به. ولكن عندما كنت أفكر في هذا الأمر، كنت أفترض أن لي حقاً عليك في أن تساعدني. وأما كيف؟ فهذا ما كنت أفكر فيه، بل كنت أتركه لك لتجده.. ربما في نصيحة، أو في محاولة فهم، أو في رسالة، أو في سؤال، أو في مناقشة.. الخ..

وأنا الآن - ولا قبل الآن - لا ألومك أبداً، وأعذرك في مثل ظروفك، وبعدك عني.

وقبل أن أمضي في رسالتي دعني أعلّق على نقطتين وردتا في رسالتك، الأولى: إنك لم تعد تحس بالقلق. والعاهة أصبحت ليست عاهة لأنك اعتدت عليها ورتبت حياتك على أساسها. وتعليقي على هذه النقطة هو أنني سررت جداً. والثانية: عن علاقاتك بأصدقائك. وتعليقي هو أنني أسفت جداً. إن خسارة صديق ليست بالأمر السهل في نظري. وإيجاد صديق جديد لمن أصعب الأمور وأندرها. وأصدقاء المدرسة والمراهقة والأحلام لا يعوضون. ثم إن الأمر معك ليس طبيعياً أبداً. فبدون سبب ظاهر، ولا عذر، وفجأة، تترك

مجموعة أصدقاء. وبرأيي إن أمراً كهذا لا يجب أن يمر دون دراسة وتمحيص.

وغير هاتين النقطتين أعجبني من رسالتك قولك: «ما زلت أكره الواقع، وقد تعبت من الأحلام.. وإنني بلا أرض ولا سماء».

ودعنا نمضِ في الرسالتين.. رسالتي كتابةً ورسالتك تعليقاً.. على موضوع الزواج..

لقد أخبرني عبد قبل أن تكتب لي.. وأخذنا الموضوع على أنه سخرية مني. ولكن الذي جعلني أفكر فيك أكثر من مرة هو حالتك قبل سفرك التي قال عنها عبد إنها كانت في غاية السوء. ولا أدري لماذا ربطت في تفكيري بين حالتك هذه وبين عودتك إلى القرية وبين التي تحبك ولا أعرف اسمها.. بنت عزيز بربر.

هل تصدق؟ إن لدي شعوراً داخلياً قوياً بأنني أجرحك في ذكر اسم هذه الفتاة على هذه الصورة. هل في هذا شيء يقرب من الصحة؟ أم أنه مجرد تخيلات؟ الإجابة عندك.

أما أنا فموضوع زواجي موضوع شائك. حساس. دقيق. هام. صعب. طويل. هل أبدأ لك من البداية؟ لا أعرف. في البداية.. بداية معرفتي بالجنس وبالزواج. ومع مرور الأيام، والسنين. ومع ليالي ولحظات عهد المراهقة. ومع التخيلات والأحلام. ومع الحرمان الشنيع. في تلك البداية، وعلى هذا الطريق، الطويل، المليء بالحفر والمطبات، ومع ما فيه من حفريات ودوافع لمثل هذا، لم أفكر أبداً بالزواج. وكان أبعد شيء عن فكري هو الزواج.

(أرجو أن تسمح لي أن أقاطع نفسي وأقول إنه من المستحيلات التعبير عن الأفكار بالجمل والكلمات).

وكنت في عزوفي عن الزواج مصراً. صادقاً. وغير آسف. ومؤمناً بأن ذلك هو الطبيعي. بل لم أكن أسمح لأحد أو حتى لنفسي مناقشة مثل هذا القرار، ولو بكلمة عابرة أو بخاطر.

وتسير الأيام بي.. تطير، أو تمشي كالسلحفاة. وألاقي من الظروف ما لاقيت. وتتبدل الأفكار. وتتغير الأحلام. وكصاعقة، ومن غياهب المجهول، ومنذ أشهر قليلة ينتفض موضوع الزواج. ولا أدري كيف يصبح أمر زواجي أمراً واقعاً لا محالة من وقوعه.

والآن، كيف الحال يا ترى؟ حالي مع الزواج، وحال الزواج معي؟

هنا الحساسية، والدقة، والصعوبة.. هنا ذروة الرسالة..

مرة.. أرى أن الزواج أكثر ضرورة لي من الأكل. وأنه واقع لا محالة. وأنه قريب جداً. ومرة.. أرى أنه أسخف وأحقر عمل أقوم به في حياتي هو أن أتزوج. وأن أي شيء ممكن أن يحدث لي ما عدا هذا. مرة في خط الاستواء. ومرة في القطب الشمالي. وهاتان المرتان لم تمرّا عليّ مرة أو مرّتين. بل كل يوم يجب أن أمرّ فيهما. بل كل ساعة. ولا تظن أني أرى نفسي بين خير وشر. أو بين حسن وأحسن مثلاً. أو بين سيئ وأسوأ حتى. بل إنني أرى نفسي بين نارين. بين شرين. بين أسوأين. بين جهنمين.

يعني.. باختصار.. أنا متردد.. بأكثر مما تحمل هذه الكلمة من معاني.

السفر..

ساعات.. لا أعقلها.. أنني سأعيش هنا. مستحيل. لا أصدق أن هذا سيكون. أني سأعيش طول عمري هذه الحياة.

وصدقني يا سعد إذا قلت لك إني أحس أن شيئاً ما داخليّاً، لا أعرف كنهه، ولا أدري مقصده، هو الذي يدفعني إلى السفر. وأؤكد لك أنه لو هيئ لي هنا أرغد حياة، فإن ذلك لن يقعدني لحظة عن السفر. هذه

هي الفكرة.. وكما قلت قبل أسطر إنه من المستحيل التعبير عن الأفكار باللغة.. على الأقل بالنسبة لي.

وهذه هي رغبتي. ولكن أنت تعرف الظروف والتعقيدات والممنوعات في هذه الأيام.

ونقطة ثانية.. هامة، بل أهم من الممنوعات، على الأقل خلال نحو سنتين هي قضية أهلي وحاجتهم لي. ولا يمكن بعد الآن أن أتناساهم. مصلحتهم قبل مصلحتي. ولو حتى انفجر رأسي. ولو جعلت نفسي أغبى أهل الأرض وأسخفهم. هذا مبدأ جديد أرجوك أن تأخذ علماً به وتفهمه.

ولولا هاتين النقطتين.. لو كان السفر مسموحاً، ولو كان أهلي بغنى عني مادياً.. لما كانت هناك مشكلة. ولما كان هناك مجال للتساؤل أو للاختيار أو للتردد. ولكان قراري بديهياً، قاطعاً، فورياً: السفر.

أما والأمر هكذا، فلأفكر بشيء آخر يلهيني ويملأ بعضاً من فراغي.. هكذا كنت أحدث نفسي - دون أن أشعر - خلال الأشهر الأخيرة. ومن هنا نبتت فكرة الزواج.

اصطلحت من جديد بيني وبين نفسي على تقسيم أوقاتي على قسمين، الأول هو قسم ساعات السفر.. وهي الساعات التي أكون فيها مصمماً على السفر، والثاني هو قسم ساعات الزواج.. وهي الساعات التي أكون فيها مصمماً على الزواج. وفي ساعات الزواج ترد إلى خاطري الأفكار التالية، التي تحاول إقناعي بالزواج: 1 - الحرمان الجنسي الشنيع. 2 - الحرمان العاطفي الأشنع. 3 - جوع البطن الأبدي. 4 - شؤون غرفتي، وأنت تعرفها جيداً.

وفي ساعات الزواج أحاول أن أقنع نفسي أن بعضاً من هذه البنود سيتبدل ولو إلى أسوأ.

وهناك غير ساعات السفر وغير ساعات الزواج ساعات «بين بين»، أفكر فيها لغير صالح الزواج على النحو التالي: قد يسهل أمر السفر بطريقة ما بعد عام أو عامين. وليس بالأمر السهل عليّ أن أترك من تزوجتني. فكيف يكون الحال ساعتها؟

وأستطيع أن أنهي الكتابة عن موضوع زواجي بنقطتين هامتين. أكيدتين صادقتين، الأولى: أقدّر أن زواجي لن يتم. الثانية: إن الظروف ستكون المؤثر الأول والأخير على هذا الموضوع.

وبعد..

كانت هذه الرسالة رسالة زواج. وأشعر أني أطلت. وقصدت من ذلك أن تكتب لي أنت بتطويل عن نفسك.

ومتفرقات الرسالة قليلة، منها: أنا مع لطف دائماً، لأني لا أجد غيره. عبد الرزاق مشغول إلى قمة رأسه بدراسته. ولا أحب أن أعطله. اشترى آلة التسجيل. وضحكنا هو ولطف وأنا من أصواتنا. إذ لم يعرف أحد منا صوت نفسه. معظم أيامي استنفار.. بقيت ثلاثة أسابيع لم أر فيها دمشق. والآن أنزل إليها طوال ليلة كل 48 ساعة. منذ 6 الشهر وأنا آكل بالدين. قريباً سأذهب بإجازة إلى القرية.

وهذه ليست رسالة كاملة. ولو أردت أن أكتب لك رسالة كاملة، فلن أنتهي من كتابتها قبل شهر. وفي النهاية تأكد أني بانتظار رسائل كثيرة منك.

***

(من القاهرة إلى قطنا، 1960/11/12)

صديقي..

الحب لدي مهما تباينت صوره يقترن بالدفء!

وقد كانت رسالتك دافئة. وكلماتك حارة. ولأول مرة منذ أمد بعيد أشعر بالدفء معك. ولنمض..

ولا أعدك بالكثير رغم أن لدي الكثير هذه الأيام. ولا تتساءل لماذا. فهذا ما يطول شرحه. ولكن سأكتفي ببعض إشارات وقد تتمها أنت.

.. العربة منطلقة.. في طريق أمين ومستقيم.. والركاب كلهم يمارسون وسائلهم المختلفة ليتغلبوا على ملل السفر.. وطول الطريق. وفجأة!

تنحرف السيارة.. تنقلب.. يموت كل الركاب. ويبدأ العابرون الذين يلتقون بحطام السيارة يتساءلون برعب.. وبقشعريرة كيف حدث هذا؟

إن أحداً لا يستطيع أن يساعدهم في الجواب فقد مات كل من احتوتهم السيارة.. إذاً كيف السبيل؟

لا سبيل هناك إلا بعض الفحوص والكشوف.. وربط الأحداث.. والاعتماد على الخبرة.. وفي النهاية قد لا يكون هناك نهاية.. وقد يظل سر السيارة كلمة صامتة وميتة في عرض الطريق.

ومنذ فترة.. لن أستطيع تحديدها تماماً.. انقلبت عربتي.. تدهورت وتحطمت وسط الطريق المستقيم العريض. وكان عدد الضحايا كبيراً.. كبيراً جداً يبكيني مجرد تصوره.. وتساءلت.. وأحرقت نفسي في لهب علامة الاستفهام وحتى الآن لم أصل إلا إلى شيء واحد... هو أن العربة لم تتحطم نهائياً وأنها ستستطيع السير ولكن على درب آخر.. على طريق ثان يذهلني مجرد تصوره.

والجثث ما زالت رائحة عفنها تقلقني أحياناً.. ولكنني لا أملك الجرأة على التخلص منها.. إنها حبايب طالما ركعت على أقدامها.. طالما عبدتها.. طالما أخلصت لها... إنها ماضي..!

لا تفهم أنني أصبحت شجرة مقطوعة منهوشة الجذع تنتظر قدرها مع الموت.. ولكن صدقني لا أستطيع أن أقول أكثر.. أو أعبر بصورة أحسن.

ولنمض...

حكاية زواجي كانت إحدى ضحايا السيارة المنقلبة.. وإنني الآن أقهقه على تلك الأيام القصيرة التي دللت فيها مولوداً جديداً في نفسي (اسمه.. الزواج).

إنني فعلاً أعيش في نفسي.. وإنني فعلاً مهتم بشيء واحد هو اكتشاف نفسي وخدمتها. ولكن إلى جانب كل هذا أنني أؤمن بالناس.. أؤمن بقدسية العلاقة بيني وبينهم.. أؤمن بأنني أولاً وأخيراً لست إلا ضرورتهم.. ولست إلا وجوداً حياً متشابكاً بوجودهم.. متفاعلاً به إلى أبعد الحدود...

ومثل هذا التشابك الحتمي عندما يكون في مجتمع غبي.. وسط آلاف من المفاهيم المريضة لا بد من أن يكون قاسياً.. وذا ضرائب لا يمكن التغاضي عنها... ولهذا كانت فكرة الزواج إحدى ضحايا السيارة.

وسبب آخر...

هل أنا أهل للزواج؟

أنا أعلم ماذا سيحدث.. ستمر الأيام.. وستنتفخ كل الثغرات التي حسبنا يوماً أنها لن تمتلئ.. وسيبدأ الملل وسأفتش عن وسيلة أجذب بها أطراف الستارة المرفوعة..

ولسنا في السويد.. ولن يمر هذا بشكل عابر.

وسبب ثالث..

من بين الذين استشهدوا في حادث السيارة شاب مريض رغم ظاهر حيويته ونشاطه الدافق.. إنه ولعي بالسراب...

وأنت تعلم مطبات مثل هذه العبادة اللامجدية.. عبادة السراب.. وحبي سراب تبدد بعد فترة قصيرة من وجودي في القاهرة.. وإنني أحس أن من الجبن البقاء أكثر وراء هضبة الكذب السحري.. الكذب اللذيذ الذي يكنز في تضاعيفه بعض الأمل!

وسبب رابع

إنني واثق من شيء واحد.. هو أن الزواج سيزيد الأمور تعقيداً.. خصوصاً في مثل ظروفنا وبيئتنا!

والبنت التي خمنت أنها البطلة ليست هي..!

هذا عني.. أما عنك فإنني لا أستطيع أن أقول أي شيء، فقد أقلعت منذ زمن بعيد عن الادعاء بفهم الناس... وأن الإنسان يكفيه أن يفهم نفسه ويا له من مجهود! ولا تفهم من هذا أنني ألبس نظارة (السلبية) إزاء مشاكلك.. ولكن يستحيل يا ابراهيم أن أستطيع كتابة كلمة واحدة حول الموضوع.. لأنني لا أعرفك. وان من قبيل فدح الخطأ أن أقول لك إنني أفهمك حق الفهم.. واستنتاجاتي عنك وعن كل الناس أملاح ذابت تحت الأمطار.. وإنني مشغول بشيء واحد هذه الأيام هو أن أفهم نفسي ولكن ليس بعيداً عن ضجة الوجود.. بل وسطها.. وفي أحشائها...

ورأيي الأخير هو.. أنك وحدك من يقول هذا خطأ.. وهذا حق.. وكل ما عدا ذلك فكلام فارغ... وإنني هذه المرة لن أقيس أفعال الناس بمقاييس حياتي الخاصة وظروفي الشخصية.

فقط..

أرجوك - كصديق - أن تفكر طويلاً قبل أن تقدم.. لتكون صالحاً لمجابهة كل المسؤوليات.. وكل النتائج.

ولنمض..

القول بأن الحياة مستحيلة من دون سفر.. عويلنا من حياتنا.. احتقارنا لكل البنات والاعتصام في حضن الفراغ العاطفي بإباء.. كلها ماركات متباينة لبضاعة واحدة اسمها الفشل.

إننا لا نعرف ماذا نريد.. ولأننا لا نعرف ماذا نريد نطلب المستحيل. ولا أقصد بالمستحيل (السفر.. والبنت.. و..) ولكن المستحيل الذي تمناه كاليغولا.. وأفنى حياته في نشدانه.

هل تذكرت المستحيل الذي كان كاليغولا مجنوناً به؟ هكذا نحن.. إننا حفنة من الباحثين عن المستحيل.. وهو بحث شريف وحار ويستحق كل الاحترام وكل التقدير ولكن.. ولنكن شجعاناً بما فيه الكفاية لنقول.. إن النتيجة الوحيدة التي ستقبضها أنفسنا هي الفشل.. هي ضياع الحياة ضياعاً لا تعويضاً له.

أنت ستسافر.. أنت مؤمن أن حياتك عدم بلا سفر.

ولكن لماذا يا عزيزي؟

لقد اكتشفت أن من الممكن جداً أن يحيا الإنسان - بالطريقة التي يريدها - في بلدنا نفسه.. إذا كانت لديه الجرأة الكافية للعيش.. في القاهرة كل الجو الذي تريده.. في طرطوس ذاتها كل الحياة التي تعجبك.. إننا لا نحتاج إلى الجو.. ولا نحتاج إلى المكان.. إننا نحتاج (إلى قوة الحياة).. إلى (الحافز الحياتي) العظيم الذي يكتسح. وقد رأيتهم في القاهرة.. رأيتهم يعيشون حياتنا التي نريدها أو التي يخيل إلينا أننا نريدها. ولا أؤكد لك أن مجتمعنا يحوي كل ما نريده من المجتمعات ولكن كل ما أحب أن أقوله هو أن مشكلتنا ليست البيئة.. ليست وجود البنت المثقفة.. ليست الآمال العريضة.. المشكلة هي فقدان الشجاعة على الحياة.. فقدان شهادة الحياة ذاتها. ولهذا فإننا نقوم بعملية التزييف المشهورة.. عملية (تسمية الجبن قرفاً من الحياة.. وانعدام الشهية هرباً من الواقع وسخطاً على هذا الواقع).

أنا مثلك لا يرضيني هذا الواقع.. أنا مثلك لا أحب رطوبة حياتنا في زحمة هذا الواقع.. أنا مثلك قرفان.. ومعدوم الشهية ولكن هذه الأعراض ليست ضرورات واقع معين.. إنها ضرورات نفسية معينة.

كلنا نعمل لنسافر.. أكثر الناس يحلمون بالسفر ولكن قليلين أولئك الذين يأملون بأن يكون السفر الطريقة الوحيدة الممكنة ليعيشوا.

إن القوة أن نعيش في عالم ليس فيه ما يساعدنا على العيش.. أما أن نعيش في عالم فيه كل ما نريد ونأمل، فإنه في منتهى عدم الكفاءة للحياة.

قد يكون شرحي لهذه الفقرة غامضاً ورديئاً.. وما ذلك إلا لأن الكتابة هي آخر ما يصلح للتعبير.

ولنمض..

وقفت طويلاً عند الفقرة التي تقول فيها إنني لم أساعدك في محنتك.. هذا حق. وأنا قد اتهمت نفسي هذا الاتهام وتعذبت به ولكن صدقني لقد كنت مثلك أجهل الطريقة.. أجهل كيف أساعدك.

وعندما كنت أصطدم بهذه العقبة كانت أطرافي تهدأ.. ونفسي تهتز.. وأقول في سري.. إنه سيفهم.. إنه سيفهم. ولكنك لم تفهم فماذا يمكنني أن أفعل؟

أما عن خلافنا الذي سميته كالتوابل.. فسأضيف كلمة قد تفيد..

لقد كنت أفهم أية علاقة بين إنسانين أنها اتفاق كامل حول كل شيء حتى أنه ليمكن أن يقال عن الإثنين إنهما توءمان. توءمان في كل شيء. وفي فترة ما شعرت بقوة أن نظرتنا للحياة متباينة جداً وأننا لا نرى الأمور بنفس الطريقة ولهذا اختلفنا.

الآن أنا أعرف مدى سخف هذا الفهم للصداقة.

إنني أصبحت متأكداً من شيء واحد هو أننا في اللحظة التي نصبح فيه توءمين سنفقد كل الحماس بتعلقنا ببعض.. إنني لا أبحث عن نسخ متقنة الصنع عني بل أبحث عن ناس صادقين مع نفوسهم.. مع حياتهم.. مع أفكارهم.. إنني أرثي لذلك الذي يصبح صورة مهزوزة لكل إنسان يتكلم وياه. إنه ليس شيئاً.. إنه معدوم وسط الحياة.

وفكرة ثانية..

إن الثقافة.. إن الاطلاع.. إن العمق.. ليست هي الصفات الكافية لقيام علاقة مثمرة وناجحة.. أصبحت هذه الصفات مجرد غبار مجنون وسط العاصفة إذا لم تبلل جفافها ببعض الأخلاقية.

إن الطيبة وإن الإخلاص وإن القدرة على الحب صفات أعمق وأشد صلاحية من صفات الثقافة والاطلاع والعمق.

ولو وضع الاثنان أمامي لاخترت الطيب بلا تردد..

وإنها مضحكة تلك الأيام التي كنت أقول فيها.. إن الأخلاق خرافة غبية وسخيفة...

بلا أخلاقية يتقبض كل شيء ليصبح شيئاً مرمياً في حضن (المستحيل).

وأما ما هي الأخلاقية؟ فهذا ما يطول شرحه. ولهذا ثق أن جبل الجليد قد ذاب تحت الشمس.. وأننا نلتقي من جديد بصورة أعمق وأوعى.

ولنمض...

إنك تتساءل الآن.. أين حياتك في القاهرة.. لماذا لم تحدثني عنها حتى الآن؟

وإنني آسف يا ابراهيم.

إن حياتي في القاهرة ليست بناء يوصف بكلمات ميتة وجامدة.. ليست شيئاً جافاً يكتب عنه بضعة سطور وصفية ومحفوظة.

لا.. إن حياتي حركة.. استمرار.. حيوية.. حبال طويلة من الانفعالات.. من الأفكار.. وفي اللحظة التي أكتب فيها عن حياتي تموت حياتي.. ولا يصلك منها إلا الجثث.. إن هذا كعملية وضع الحركة في صندوق حديدي مثبت بالأرض. ما الذي سيحدث للحركة.. إنها ستموت وتتلاشى. وحتى عندما أمسك دفتر يومياتي لأكتب لا أنجح في كتابة شيء.. إن حركة حياتي لها سرعة صواريخ لم يصل إليها العلم حتى الآن. فكيف يمكنني أن أعبّر عن مثل هذه الحركة بالكلمات.

إنني أعيش وإنها أبلغ كلمة لديّ.

ولنمض..

ماذا؟

إن الحاجز يرتمي أمام السيارة معلناً أنه لم يمكننا المضي أكثر.. فإلى اللقاء. **سعد**

***

(من القاهرة إلى قطنا، 1960/12/23)

صديقي

بعد أن قرأت رسالتك فتر كل حماس للكتابة إليك.

إن من أصعب الأمور أن ترفع الغطاء عن جسد الميت وأن تبحلق في عينيه المفتوحتين على عدم. المتجمدتين على موت وأن تحدثه.. والموت يلفظ حديثك صدىً موحشاً يرتمي في أذنيك وفي أحشائه كل نغمات الموت الفظيعة وكل برودة الانتهاء المفزعة.

رسالتك مددتك تحت ناظري منتهياً ميتاً.. وجوابي كان رفع الغطاء.. ربي ما أفظع ذلك!

إذاً لقد انتهيت وشبعت انتهاءً.

يا خسارة!

إنني لم أعثر عليك حتى فقدتك ثانية.. وبسرعة تكاد لا تصدق. ولكن سأخاطر وأهمس في إذن القبر همسة.. فقد روت الأساطير أن بعض القبور تسمع وتعي. ولم يبق لي إلا أمل واحد هو أن يكون قبرك من تلك القبور الأسطورية التي تسمع وتعي!

قدر الحمار سيء.. وقدر الإنسان أسوأ. والفارق كلمة واحدة تميز الإنسان عن الحمار.. هي عدم الاستسلام...

وحتى هذا الفارق يتلاشى عندما تتجمع ثورة الحمار عناداً (وحرناً) في وسط الطريق.

فكيف.. كيف خطر لك أن تسقط حتى تحت وضع الحمار وتفكر في الاستسلام للموت؟!

بعض الناس يفشلون.. ينتهون على حد تعبيرك.. وقد يذوون في زحمة الانتهاء ولكن يتركون مع هذا أثراً خالداً هو أنهم آخر من أوقن بأنهم فعلاً انتهوا...

أما سيادتك فقد كان أول من أيقن بذلك هو أنت... وتريد أن أكون الثاني.. ولا أعلم متى أصبحت أنا قسيس أموات.. وحانوتي جثث؟!

والنهاية يا عزيزي ليست الزواج.. ليست عدم القراءة.. ليست الانهيار الذي صورته لي بكلمات مكتومة.. ممزقة.. ومنهارة... النهاية هي باختصار (شعورك بها) هي إحساسك بالموت ذاته.

هذه هي النهاية التي انطمرت فيها أخيراً. هذا هو الوادي العفن الذي كنت تتدحرج على سفحه الأملس ككرة معدنية!

غريبة!

هل نسيت؟ لقد قرأنا معاً وفي مزرعة الحنفية بالذات. أنا مثلك لا أؤمن بالحكم المحفوظة.. والأمثال الارتجالية. ولكن عبارة همنغواي أكثر من حكمة محفوظة وأكبر من مثل ارتجالي. إنها بنزين الرحلة الطويلة الشاقة.. إنها شرفنا.. وشارة امتيازنا.. هل تذكرتها؟ - إن الإنسان قد يدمر ولكنه لا يهزم -

إن الشيخ كان يعلم أن محاولاته وسط جماهير كلاب البحر ليس إلا العبث ذاته. ومع هذا ظل يكافح حتى وصل الشاطئ بهيكل عظمي لسمكة هائلة.. لا لشيء إلا ليصون وسام الشرف الرفيع.. وليهتف لحظة ارتمائه على خشبة سريره المكوم في أحد أركان كوخه الحقير - لقد انتصر الإنسان أخيراً.

وقطارك يسير بسرعة.. هذا غريب! ما الشيطان الذي يدفع عربات قطارك المجنون؟ ألا تعلم؟ إنه قدمك المهووسة التي تضغط بلا رحمة على زر السرعة.. قطارك مسرع لأنك تريده أن يصل إلى آخر الشوط وبأسرع من الخيال.

ولماذا؟

لأنك يائس...

وما اليأس؟

إنه الجريمة التي تصم الإنسان وتسحب منه وثيقة استحقاق الحياة!

رسالتك قذفتك بعيداً عني آلاف الأميال وإنني ألح عليك بكتابة رسالة مستعجلة.. بشرط..

ألا تكون الرسالة عبارة عن خبر مفاده أن جثتك دخلت مرحلة التعفن.. وأن الديدان بدأت تتغذى منها.

أريدك أن تكذب على نفسك.. وعليّ وأن تقول أن ما تحسه مجرد مرحلة تخدير وأنك بدأت تستفيق.. ايه.. يا الله شد حيلك.. واكتب لي عن بعثك.

اكذب... اكذب على نفسك.. إن هذا الكذب بالذات أشرف وأنظف من الحقائق التي أسرفت سيادتكم في وصفها! واللا ايه؟

كنت أود كتابة بعض الأشياء الهامة ولكن كما قلت.. من الشنيع أن تتحدث إلى الموتى. **سعد**

***

(من القاهرة إلى قطنا، 1961/1/7)

كل ما أعلمه هو أنني تعبان جداً.

طمأنتني رسالتك وهذا ما كنت أرجوه لك.

أتمنى أن نلتقي.. وحدنا.. لبعض الوقت.. إننا سنستطيع أن نتكلم بعض الأشياء أليس كذلك؟

قل لعبد الرزاق.. هل يستطيع أن يأتي إلى القاهرة؟

أود أن تكون الإجابة كلمة واحدة وفي ذيل رسالتك القادمة!

....

بلاش لباقة كمان مرة وإنني أحب رسائلك. **سعد**

***

(من القاهرة إلى القرية، 1961/5/5)

يا صديقي..

لا أعلم ماذا يمكن أن تكون جهنم غير هذا العذاب الذي يحرقني.. ويؤرقني يومياً حتى السادسة صباحاً.. ويمزق نفسي بلا رحمة.. وبنوع من الحقد المبهم الأسود.

منذ تركت القرية وأنا أتلقى كل يوم ثلاث وجبات كاملة من التعذيب النفسي المرهق الذي يجعل قضية الحياة ذاتها غير مهمة. وقد أصبح هذا العذاب قدري وإنني أحياناً أعزي نفسي فأقول.. إنه قدري.. ولا جدوى من محاولة الهرب منه.. إنه قدري.. إنه قدري على كل حال.

وأسباب عذابي معقدة ومتشابكة بحيث يصعب علي أن أفصلها.. أو أشرحها لك.. سأقول مثلاً.. إن شعوري بأن عشرين سنة قد مرت من عمري دون أن أفعل شيئاً يكويني.

وسأقول.. إن إحساسي بالعجز.. العجز عن القيام بأي عمل.. حتى تحقيق صحفي تافه كما يفعل كل زملائي.. يحرقني..

وسأقول.. إن السباق الذي أعيش فيه من دون إيمان.. السباق مع الزمن - مع رفاقي - مع الموت.. هذا السباق يضغط على أعصابي.. فيجرحها ويخنق جروحها بالفلفل.

وسأقول.. إن الهوة العميقة التي تفصل بين تطلعي وبين إنتاجي تطويني في أحشائها مع القشعريرة والاشمئزاز.. والخوف.

وسأقول.. إن عدم معرفتي للطريق الذي أريده فعلاً وإن توزعي بين ألف رغبة يشويني على جمر من قلق.. ونار من كآبة.. وضياع..

وسأقول.. إن اكتشافي المفاجئ لتفاهة الحياة التي بهرتني خلال الفصل الأول ونهشت من عيني أشتاتاً من الدهشة.. ويقيني بأن هذه الحياة ليست ما أريد.. وليست حقيقية.. ولا مجدية ويجب أن أبحث عن شيء آخر.. عن أساس آخر أقيم حياتي عليه. إن هذا الاكتشاف أرعبني وألقاني على حافة تذبذب مخيف فوق المتناقضات.. أنا

متناقض أكثر من اللازم. وإنني لا أعرف الوسط في عواطفي.. فإما أحب حتى العبادة وإما أكره حتى الحقد.

وسأقول.. إن مشاكل الحياة ذاتها من سكن وفلوس.. وأزمات.. تزيد كل هذا.. وتفاقم نتائجه.

ولكن... ما معنى كل ما قلت؟ إنها تقسيمات لهيولى نفسية واحدة لا تقسم.. ولا تجزأ.. هيولى متناقضة.. متعددة المظاهر.. متحدة النتيجة.. النتيجة أبداً وعلى الدوام.. عذاب لم أر طيلة عمري ما هو أسوأ منه.

في لحظات أمسكت ورقتي وبدأت أبحث عن عمل صحفي أنشره... لماذا؟ بصراحة... لا لإيماني.. ولا لرغبتي... ولكن لأن هنالك آخرين يفعلون ذلك وأنا أحس أنني أكثر استعداداً منهم.. وهنا تنفجر عيون العذاب في أعماقي...

أضروري هذا؟ ما دمت لا أؤمن بهذا العمل.. ولا أعتبره خلقاً حقيقياً يبرر وجودي.. إذاً لم أفعله؟ للناس.. لكيلا يقول الناس.. ماذا يفعل سعد؟ لماذا لا يرسل إلى المجلات والجرائد بعضاً من إنتاجه..

وتمزقني هذه النتيجة.. وأحس أنني في منتهى السخف.. وفي منتهى الغباء.. لأنني أسير في حياتي على أضواء هذه المصابيح الصفراء.. المقرفة.

وفي لحظات.. أمسك ورقة وأبدأ أكتب.. إن في رأسي زحماً من الأفكار والأحداث ولكن كيف أنظم هذا... كيف أبرزه في عمل مكتمل ناضج يبررني أمام نفسي.. وأمام الناس. وأبحلق في النافذة... وأرسل نظرات حائرة عبر الفضاء.. ولا أجد لدي إلا السيل المعجون بآلاف الأشياء.. المحتوي على كل شيء.. وأحس أن هذا السيل قطعة من الحياة نفسها.. وأنه خير تعبير على أنني أحيا.. وأنني أنفعل

بحياتي.. ولكن ما جدوى كل هذا.. إن الناس لا يحبون إلا الأشياء المنظمة المنسقة التي تبدأ بعرض.. ثم تحليل.. ثم عقدة ثم حل العقدة.

وإنني لا أملك من مثل هذه الأعمال المنظمة أي شيء.. إن لدي أفكاراً متناقضة.. ومتزاحمة وبلا قوالب معينة كالحياة... وما دام الأمر كذلك.. فإنني لا أستطيع أن أكتب شيئاً.

ولا يرضيني هذا التعليل وأبصق في وجه ذاتي كلمة.. عاجز... وألتهم وجبة العذاب بصبر وجلد.. وأنا أحملق في السقف.. وقد تلاشى الليل.. وأقبل صبح جديد ليس أحسن من سابقه.

وإنني لا أعرف الصبر.. عندما أجلس لأكتب أريد أن أنجز كتاباً كاملاً في جلسة واحدة.. وإلا معنى ذلك أنني لست موهوباً.. ولا صالحاً للكتابة.. وإن النحت من صخر لن يقود إلى شيء.. هذا على الرغم من أنني أعلم جيداً أن أرنست همنغواي قد ظل على كتابة (160) صفحة سبع سنوات كاملة.. ولذا لم يكن مدهشاً بعد ذلك أن تنال هذه الصفحات القليلة جائزة نوبل للقصة.!

وأشياء.. وأشياء.. ولا أعلم ما النهاية؟

وبالنسبة للجنس والبنات فإنني ناسك لسبب آخر غير الأخلاق.. هو عذابي.. وفقدان الاهتمام بمثل هذه الأشياء التي لن تقودني إلى شيء حقيقي. لن تقودني إلى الخلق.. والخلق هذا هو لعنتي هذه الأيام.. أريد خلقاً ينعش وجودي.. ويبدد سحاب الضجر من عيني.. ويعطي حياتي معنىً وجدوى وطعماً.

وتمنيت مرة أن أستسلم لليأس.. ولكنني لا أستطيع فأنا أعند من بغال أصيلة. وإن الصيف القادم.. أو العام القادم سيكون جذرياً في حياتي.. فإما الآن.. وإما ليس بعد!

هذه ورقة صفراء من عمري... ما كنت أود أن تقرأها.. ولكن يبدو أنني بحاجة لأن أنفس بعض عذابي.. وعنواني: جامعة القاهرة - كلية الآداب - قسم صحافة. **سعد**

***

(من القاهرة إلى القرية، 1961/5/21)

عزيزي.. بدأت أستقر.. وبدأت أهدأ. ومعظم أفكاري تتجه نحو الامتحان الذي ينتهي في 13 يونيه.

رسالتك وصلت وكانت مدهشة رغم إيجازها.

نصائحك.. وكلماتك حول الشهرة صورت مشكلتي تصويراً ميتاً. ما كان يحدث لي في الظلام غريب.. ومفعم بالحياة.. ومدهش. وقد كان هنالك أكثر من حاجز يفصل بين كتابتك وما كان يحدث ولا ألومك في ذلك فهذا ما تستطيعه.

كان كل شيء يتم في الظلام بعد أن أطفئ النور.. وأرمي جسدي فوق السرير. منذ زمن وفي طرطوس كانت تحدث أيضاً أشياء رهيبة في الظلام. وكنت دائماً أتساءل في الصباح.. هل كنت أحلم.. أم أن ذلك وقع فعلاً.. وأتذكر بضعة أحداث.. وأتوه بين تأكيد اليقظة أو النوم وأتعب من تيهي فأنغمس في سيول اليوميات بلا مبالاة مفتعلة.. وكنت على الدوام أملك قدراً كافياً من التمثيل.. وحتى الكذب.. وتقمص شخصيات بذاتها. ولم أكن أفرق بين صديق أو غيره. وتموت الأيام تلو الأيام وأنا أحترق بالرعب وبالقلق والظلام حقيقتي.. ومسرحي الفعلي. والغريب أنني لا أتذكر كل ما كان يحدث في الظلام.. غير أنني مع هذا أرتعد وبدون أن أشاء ذلك كلما طاف بذهني بعض من أحداث الليل الرهيبة.

عندما جئت إلى القاهرة فوجئت بأن شيئاً بعد لم يختف وإن علي أن أمارس حياة جديدة في الظلام. انسلاخات.. سقوط مفاجئ في واد

من اللاشيء.. إحساس بأن زحفاً من أنصاف الفضائل المشوهة يقتلعني من جذوري.. رغبة متيبسة في حلقي تريد أن تصرخ... رغبة يرتعد الناس من مجرد تصورها.. يبسملون ألف مرة عندما يلتقون بها.. ينزوون في عربات من الميوعة المرعبة عندما يرونها.

رغبة لتوي.. أنا أتقلب على الفراش. على الحائط وجه متعب.. فوق الوجه تهتز أغصان من الحزن.. عربة تزعق في أذني..... في العربة. لحظة حساب.. لحظة تصفية.. أنا أختنق.. ماذا فعلت.. أين أنت.. لماذا؟

لقد أرسل شيئاً إلى بعض الصحف؟ من؟ هو.. الحقد يتمطى.. جسده الضخم يضغط على كل محتويات جوفي.. إنه جزء من حقيقتي.. جزء متسلط كالآلهة. الحقد يلتهم كل الأشياء.. لاشيء بعد.. ستنتهي لا محالة.. ضحك.. شماتة.. الشماتة هي كل أعدائي.. هي الرعب الذي أعيش حياتي بين أنفاسه خوف التعرض لها. لماذا؟ لأنك بحقيقتين بثلاث حقائق.. بلا حقيقة. الناس. كم أنا متعب بينهم.. لماذا؟ الفشل.. هذا هو كل شيء. عربة تزعق في أذني.. الحياة الميتة في العربة.. فوق الجثة تذوب كل رغباتي بكاء... البكاء يخفت العربة تمضي.. إنها ليست عربتي...

وأنقلب على ظهري.. عيناي مغمضتان مرهقتان.. كلهم يكتبون.. كلهم ينتجون.. كلهم يفعلون شيئاً. إلا أنت.. اسفنجة مليئة ثقوبها بالتفاهة. دلوع.. تتدلع على الحياة.. على أمك.. على المستقبل.. وعلى الصفيحة الحجرية التي لا بد منها فوق الحفرة التي تضحك.. وتضم كل شيء معك.. سيكون هنالك إنسان من الذكاء بحيث يكتب الكلمة من دون تردد. (لم.. ولن.. وما الفرق؟)

ستبكي أمي. هذا حقيقتي.. أمك غبية وستبكي.

عيناي مغمضتان.. في السقف تتمايل رؤوس كثيرة.. أريد أن أصرخ. إنني لن أفشل.. الرؤوس تضحك.. إنني لن أموت.. الرؤوس تقهقه.. العربة تضج من جديد.. أنا أقفز من فراشي.. العربة تدوي...

أتعلم ما هي؟

غرفتي تطل مباشرة على خط الترمواي.

وعندما يغمر الغرفة ضوء المصباح الباهر.. وأتطلع حولي مشدوهاً.. أتساءل.. ما معنى كل هذا. وأحرق ما بقي من علبة السجاير.. وكما قلت سابقاً.. أنتظر الفجر... وأحاول محاولات فاشلة.. أن أكتب... ثم أحاول محاولات أخرى يائسة أن أبكي وتتتالى الليالي!

هذه لمحة.. بأصدق كلمات وجدتها في مخيلتي.. عن بعض ما كان يحدث لي.. وانه يبدو لي مخالفاً لمجرد النصائح.. ولمجرد كتابتي عنه.. عنيف.. باهر.. مرعب.. يستعمرني بلا رحمة. يمتد ليسع كل ما يمكن أن يوسع.. وأحياناً يتقلص لينهش نفسي بكلابتين من الخوف.. والتقزز.. وأحياناً الدهشة.

وشيء آخر...

عدت من جديد إلى فقدان التوازن وسط الناس والحياة. وبدأت تجيش الثورة في داخلي ثورة ليس لها نفس الصورة القديمة ولكنها لا تختلف عنها كثيراً.

ضيعت الفترة الماضية بعنادي.. وضياعي... وكان يمكن أن أقرأ فيها الكثير.

أريد شيئاً من التنظيم والهدوء النفسي... ربما تيسر لي ذلك بعد الامتحان...

إنني متعب يا ابراهيم أكثر مما تتصور.. متعب إلى حد الإرهاق.. وإلى حد الشعور بالمرض. ونشاطي ضعيف جداً.. وباهت.. إن لم يكن معدوماً.

ممارسة الحياة ليست بالسهولة التي تتصورها.. ألم تقرأ ما كان يقوله ميرلو بونتي الفيلسوف الوجودي الذي مات منذ أمد قريب جداً.. (ما أسهل الكتابة.. وما أصعب الحياة!) والمؤلم أن كلا الشيئين يبدو لي صعباً للغاية... وماذا بعد؟

هذا آخر ما يربطني بالزمن... ماذا بعد؟

عندما كتب لي عبد الرزاق أنك تحزم حقائبك لتسافر إلى الأرجنتين..([8]) أحسست بسيولة عاطفية تجري في نفسي باردة.. هادئة.. وديعة. وحاولت أن أكتب لك.. أن أصوّر لك تلك السيولة.. أن أحاول تفسير (معناك) في حياتي.. وفي نفسي.. كنت أحس أننا مرميان على رأس دبوس. نهاية من نوع رائع لها طعم البداية. هذا أثارني.. وأحزنني بآن واحد.. وشعرت أنني أفتقدك تماماً.. تماماً. ولم أستطع أن أكتب فاكتفيت باحتساء القهوة والتفكير... وحرق السجاير..

....

فقدتها هي الأخرى.. ماذا أفعل؟ إنني أحبها.. من دون مكابرة.. ولم أكتشف ذلك على وجه يقيني إلا عندما فقدتها. كتب لي أخوك أحمد.. أنها رفضت شابين يتقدمان لخطبتها وهي تقول.. - سأنتظر سعد. وكم بدت لي هذه العبارة رائعة.. إنها أكثر مما أستحق.. وقارنت بين إخلاص هذه الصغيرة الساذجة وبين عدم معرفتي لأي إخلاص..

---

[8] كان لي عم في الأرجنتين اتفقت معه على السفر إليه. بعد ذلك غيّرت وجهة سفري.

وشعرت بالخجل من نفسي وبأنني أريد أن أضمها إلى صدري بقوة وبدون تراخٍ.

لقد حدثوا والدي بشأن الخطبة.. ورفض والدي بالطبع.. ولو حدثوني لرفضت أنا بالطبع.. ومع هذا فأنا أحبها.. ولا أحتمل أن تكون خطيبتي أو زوجتي - الآن على الأقل - ويقول أحمد أنها ربما خطبت... بصراحة.. إنني لست مستعداً لنسيانها.. ولست مهيأ لصراع لا مجدٍ فضلاً عن أنه سيزيد مشاكلي. ولكن مستقبلها.. مستقبلها ليس بالأمر التافه.. إن من الأنانية ألا أقيم وزناً لذلك. أوه.. (أبداً... المتاعب!).. وفي الصيف سيكون عليّ أن أقرر بالنسبة لها.

....

قد أكون في القرية بين (15 - 20) حزيران. ومن الآن حتى ذلك الوقت سأعيش وبصورة متواترة شنيعة نفس العذاب بين حتمية المذاكرة.. وانعدام الرغبة بذلك...

اشتريت حوالي 35 كتاباً ليست جميعها جيدة قد أرسلها بطرد أو أسافر عن طريق البحر وربما اشتريت أيضاً بضع كتب أخرى.. والمشكلة في ذلك هي نقل هذه الكتب والمجلات من القاهرة إلى سوريا.

لدي للحديث عندما نلتقي بعض الأشياء الجديدة تتعلق بحياتي هنا...

فإلى ذلك الحين.. ولك تحياتي سعد

كنت أود أن أتحدث وبصفحات كثيرة عن (جنس ويلسن.. وخلقه.. وقراءاتك.. ولكن لا وقت.. ولا رأسي فاضي...)

***

(من القاهرة إلى القرية، 1962/12/2)

أنا متأكد أن الرقابة ستمنعك من قراءة ما كتبته في مجلة الآداب وهو يقع في 3 صفحات كاملة تقريباً.

نشر هذا التعليق كان جيداً بالنسبة لي. لأنني أرسلته في 14 تشرين الثاني، ولم أكن أتوقع أبداً، وهو آخر ما جاء المجلة بالتأكيد، أن ينشر في هذا العدد.

وصلتني رسالتك التي بعثتها لأديب.

انشغلت ببعض الكتابات في الأسبوع الماضي. وأنا أكتب الآن في مقالة (الرمز في رواية السأم). ربما فرغت منها في الأيام القليلة القادمة. إن جو الشقة التي أحيا بها غير ملائم إلا للفوضى والضجيج والتفاهات الشبابية السخيفة.

لا تقل لي: لماذا لا تسكن غيرها؟ لأنه السؤال الوحيد الذي لا يسأل. من ناحية الفلوس. كالعادة. وإن كنت قد عشت في هذا الشهر لحظات كثيرة، وجنيت لذاذات عديدة لم أكن أتصورها. وبدءاً من هذا اليوم يبدأ الصوم الاضطراري العظيم. وربما كان هذا الصوم ملائماً للعمل.

لن تصدق: ولكنني، بدأت أقرف المضاجعة. ولا شيء غريب ما دام الحي الذي أسكنه لا يوجد فيه إلا الطلاب الغرباء، والنساء المومسات.

لا ترسل لي الحرب والسلام.

كتب نجيب محفوظ لن تصلك لأنها لم تصدر. وبالنسبة لكتابي لن يبين شيء قبل نهاية امتحان الفصل الأول، ومحاولة حمل فلوس من سوريا مع أي طالب مسافر. وقد يكون أديب.

مشتاق للكتابة إليك عن أشياء أخرى، أكثر حميمية. عن أفكار.. عن اختمارات نفسية طالما كنا نجد متعة في الحديث عنها. لكن الوقت غير ملائم بالمرة.

على كل، لا تقطع اتصالك بي أينما كنت.

وعنواني هو الجامعة. نفس عنوان أديب.

بالنسبة للقراءة: كان الشهر الماضي فقيراً من هذه الناحية، والسبب هو انشغالي بالأمور المعيشية، والإشباع الذي كنا نحلم به خلال الصيف. إشباع جسدي محض.

ومنذ الآن سأبدأ، إنني نشيط، وحالتي لا بأس بها. وما زلت أحس بانضغاط في القلب كلما تذكرت أننا لن نتقابل في زمن طويل إلا من خلال كلمات لا غناء فيها.

اكتب لي. توّاق لقراءة رسائل منك. **سعد**

***

(من القاهرة إلى القرية، 1962/12/16)

على الماشي.

القاموس على الطاولة جاهز للإرسال. ولكن، والتاريخ الآن 12/15/ يستحيل وصوله إلى دمشق حتى في 25/ 12. وأنت تقول حتى 20 فقط.

تستطيع يوم سفرك أن ترسل لي عنوانك في المعهد، ولا بأس إذا أرسلته منذ الآن، وستصل إلى فيينا فتجده بانتظارك، أو يلحق بك. واشرح لي، كيف أتصرف. وأنا - من دون ابتذال - تحت الطلب.

أرسلت لك رسالتين، ولم تخبرني، أو تشر في رسالتك إلى وصول أي منهما. أم أنهما لم تصلاك؟!..

وصلت رسالتاك صاحباهما (أديب ولطف). ولم - والسبب أنا - أفد أي تواصل إنساني جديد.

كتبت مقالة السأم. ولن تقرأها إلا بعد أن تسافر.

أعتزم كتابة 3 قصص قصيرة من نفس النمط السابق. رمزية وطويلة قليلاً. وقد بدأت إحداها.

حياتي - بكلمة واحدة - تسير. أحاول أن أمتلكها. في المدينة الكبيرة، وسط هذا الضجيج المصمّ يمكن للإرادة أن تنجز كثيراً في تحقيق التفوق الذي تمتلك به الذات نفسها، وبصرها قاهرة بذلك كل المؤامرة الحضارية الرامية إلى تسطيحها، وبعثرة تمركزها في بؤرة وعي يقظ لا ينخدع، ولا يهوى النوم أو الانسياق مع الحركة الدائرة حولنا. الانسياق أشد أمراضنا فتكاً، وليس التعميم مجانياً، أو شوفينياً.

على كل، يكفيني أن ترسل لي عنوانك وحسب وقتما تصل. لكي أكتب إليك أيضاً، وأيضاً. **سعد**

***

(مسودة)

إلى سعد

وصلتني رسالتك الأخيرة بالمصادفة.

كتبت لك رسالة وسأرسلها بعد أيام قليلة.

أرجو أن ترسل القاموس فوراً إلى عنواني هذا:

Hammer - Purgstall - Gesellschaft

Dominikanerbastei 6/6, Wien, Austria

(من حلب الساعة التاسعة ليلاً 1962/12/29)

هذه الكلمات هي آخر ما أفعله في سوريا. سأنام بعدها مباشرة على حلم السفر الذي سيتحقق غداً. غداً في السابعة إلا ربع صباحاً يتحرك بي القطار. أترك هذه البلاد وأنا غير آسف على أيما شيء فيها. وفي نفسي فرح، وأمل، وتفاؤل.

وداعاً لك، أنت الوحيد العالم بسفري. وإلى اللقاء... هناك. **ابراهيم**

***

(من القاهرة إلى فيينا، 1963/2/18) ([9])

1963/1/10 القراءة في هذه الرسالة معقدة.. وهذه بعض التعليمات.. اقرأ وجهاً وجهاً.. ثم عد من الوراء إلى الأول على الوجه الثاني..

كانت رسالتك عوناً ممتازاً لي في أزمة عصبية. حتى أنني قرأتها ما يربو عن مئة مرة.. وإنني لن أسرد لك ما أعانيه لشدته.. لكثرته.. لقذارته..

بعد شهرين من الممارسة (الدينوية.. اشتقاقاً من دينو بطل السأم) للعبة الجنسية، وبعد سقوطي فريسة خدعة عاطفية لإحدى المومسات الجميلات الاسكندرانيات.. وكانت تسكن معي وتشاطرني الفراش سقطت في حمأة المرض. مرض جنسي لعين يبتدئ بالبروستات ولا أعلم أين ينتهي. علاجه طويل.. مرتفع الثمن.. وبعد يومين يدق جرس امتحان الفصل الأول. ولم أقرأ شيئاً. دوامة وسخة، في

---

9 تتألف الرسالة من ست أوراق مكتوبة على الوجهين ومرسلة إلى عنوان معهد اللغة الذي درست فيه اللغة الألمانية بين مطلع كانون الثاني ومنتصف آذار 1963.

لهوستها أعيش مشتتاً ضائعاً. مرهقاً. لا أعرف أين، ماذا، لماذا. كل شيء يحتمل عبورية تتفوق على أشد ألوان العبث أصالة. بالإضافة إلى شعور مقيت يفجره تسلط الأنا الآخر، ويقظته المحمومة من أجل التقييم، التأنيب، الإيحاء بدونيّة تتناهى حتى تصل إلى عتبة الرغبة الغامضة في التواري.

أنت الآن في عالم جديد. على عتبة تغيير فذ.. وأنا.. كالفأر أجاهد ضد حالة، ألقاني فيها اشتياق شاذ للانتحار. نعم. وإلا كيف يمكن تفسير ذلك الإغراق اللامعقول في كل ما يحطم القوى، ويقتل الجسد.. والغريب، أنني خلال هذين الشهرين لم أكن مسدود الوعي، بل على العكس، كنت مستيقظاً إلى أبعد الحدود. وبقدر استيقاظي كنت أوغل في تخريبي الذاتي لصحتي. ومع أقداح النبيذ، ودوامات البيرة كنت دائماً أفكر فيك.. في الدفء الذي كان ينبعث من جلساتنا، في الوثوق الذي كان يخيم على أفكارنا التي تتشوف المستقبل، وكنت أتألم.. نوع من شعور قديم، بالإحساس بالمسؤولية أمامك. حتى أنني كنت في لحظات الصحو أكافح كي أرضيك.. كتبت مقال السأم، وهو طويل ومركز، ولا أعرف إذا كانت الآداب ستنشره، وكتبت مسرحية مرويّة، تجربة جديدة ذات موضوع رمزي أيضاً. واسمها (مادوز تحدّق في الحياة) ومادوز ساحرة قيل إنها تحجر كل ما يقع بصرها عليه.. وفي رأسي بضعة أفكار تنتظر الورق. لكن. وكان ينبغي أن أعرف سقطت أخيراً. وحالتي النفسية يختلط فيها اليأس، بالخوف، بالشعور بالتفاهة. ولا تدقق بمعاني هذه الألفاظ، فهي دائماً أحاسيس مرحلية، ومؤقتة. ولا ريب أن هذا يؤكد أن ليس ثمة يأس بالمعنى الحرفي.. أو القاموسي، وإنما هي فترة. فترة قذرة إلى أبعد الحدود. وخلاصاً. أريد أن أسافر إلى سوريا. لأرتاح.. لأقرأ. بيد أن رسالتك أخافتني. وبالمناسبة لم يكن قلقك بلا مبرر، فقد أوقفت في المطار، وأجري معي تحقيق أرعش مفاصلي، وأخيراً في لحظة إنسانية مزيفة سألني أحدهم، - في أية سنة أنت. وأجبته في لسانس. فالتفت

إلى زميله وقال: ماذا.. أنضيع مستقبله.. فأجابه الآخر: خذ رسالة نزيه واحفظها وسجل اسمه حتى يعود. وبالرغم.. فإنني هذه الأيام أفكر كثيراً في السفر.

أسكن مع ثلاثة من الصومال. كلهم طيبون، أتاحوا لي من التجارب ما لم أكن أحلم به.. ولولا ما أنا فيه الآن ربما كنت أكتب لك بتفاؤل عن الوقت الذي ضاع ظناً بأنه مبرر بالأهمية المعطاة بيننا للتجربة الحياتية...

وبعد...

كالعادة، ها أنذا أنفرد في الحديث. واستطراداً، لن يتلاشى أبداً شعوري بالذنب، أو بالخجل الذاتي من التهام - ذاتي - لعلاقتنا، أو للطاقات الكامنة في صداقتنا منذ البداية.

دعنا من - أنا - وتكلم.. الآن، آن أن تنفتح أكثر. ولا أحسب أن حياتك ستكون ممارسة للكليشهات التي نتسمر هنا على خشباتها، وبالتالي، فلديك الكثير مما تتوق له عيني... أو سيكون لديك.

حتى الأحلام فأنا أحب قراءتها. ولدي أمل، وربما اعتقاد بأننا سنلتقي هناك، على الضفة الأخرى من العالم حيث نبحث عن تماسكنا وتبلورنا الحقيقي.. ولا أستبعد أن نقتسم غرفة واحدة في ألمانيا.. ننكب فيها على كتب نيتشه وهيجل وهيدغر.. ونعيش حياتنا - المنظمة - دون ريب. تنظيمك امتياز رائع، أعرف - الآن - جيداً أهميته.

....

بعد فترة..

المرض ما زال مشرشاً في أعماق جهازي التناسلي.. ولا أعرف ماذا أفعل..

اليوم دخلت أول مادة في الامتحان. ولا بأس..

اليوم أيضاً جاءت المومس الصغيرة من الإسكندرية. وقليل عنها.. صدقني أن تجرد سيسيليا - رغم موهبة مورافيا - في التحليل لا يرقى بأي حال إلى تجرد سميرة.. أو موضوعيتها المرعبة..

هي مومس - لا جدال - ولكن، وحتى الآن بعد شهر ونصف لم أستطع أن أقبض على مومسيّتها. فهي تملك قدرة عجيبة على مواجهة الأسئلة بطبيعية لا مكترثة تكاد تبلغ حد الوثنية.

وفي الأيام الفائتة، كنت أحسب، أن أول ما سأفعله عندما نتقابل هو صفعها بجماع قوتي.. ولكن أتعلم ما حدث عندما جلست إلى جوارها بعد عودتي من الامتحان.. لقد قبلتها بجماع قوتي وشعرت صادقاً أنني أستطيع التهامها من دون مشقة. التهامها، وإيلاجها في داخلي.. حتى قعر تكويني... وتهيجت، وكدت أحطم كل وصايا الطبيب وتحذيراته. لكنني توقفت، وأحسست فجأة بفيض من اليأس شبيه بذلك اليأس الصامت والمنطوي على مقاومته الذي كان يدوّم في صدر بطل (ولا تزال الشمس تشرق). ولم أتأوه. ولم أتنهد، ولكنني شعرت بدوار.. بسقوط مخيف في قيعان عميقة معدنية، ملساء جدرانها، عاتمة جدرانها.

ونظرت إليها: صغيرة، بيضاء، ذات وجه طفولي يثير في الصدر شبقاً عنيفاً لقتلها، لمضاجعتها، على السواء. وزاد تجردها يأسي.. وأحسست، مع إهمالها، مع صغرها، مع عدم الاهتمام الأصيل الذي يطبع حياتها كلها، مع العمى المقبول والمتفق عليه بكيفية سهلة، أحسست باصطدام عنيف بالفراغ.. بالكيفية المهتزة للحياة التي نحياها جميعاً... وأردت أمزقها. أردت أضربها. أردت آكلها. لكنني قمعت بشدة، وقلت لها ببساطة: أريد.. وترددت بضع لحظات. كنت على عتبة اختيار قذر. إنني أعرف مؤثرات الكلمة عليها، وأعرف أنها مومس قليلة الخبرة. وببساطة عجيبة تنزلق لا مكترثة بكل

شيء، متمشية مع العجز الذاتي عن إدراك الأخطار، ولعل الحياة بالنسبة لها لا تساوي إلا ألعاباً مضحكة لا تثير شيئاً ولا تعني شيئاً.

وفكرت لحظة: إنني سأعطيها سبباً آخر للانزلاق.. وانتابتني موجة اليأس أيضاً عارمة، أصيلة كحياتي.. وببطء شديد ألقيت الكلمة: أريد أن تتركي البيت...

ونظرت إليّ. عتاب، وعدم اكتراث.. مع حرص غامض على البقاء. يحسن أن تعرف أنها كانت ترفض أخذ أية نقود مني إلا حين ألح، وكانت تتركني ساعات ثم تعود ومعها باقة نقود.. وكان ذاك طريقاً للتأكد من مومسيتها خارج المنزل، لكنها كانت تعرف كيف تجيبني بسرعة وبهدوء عن مصدر النقود.

وقالت بعد لحظات صمت: - كما تريد.. ثم انثنت نحوي، ووضعت شفتي بين شفتيها، وراحت تمص بكامل قواها... وعاودني الدوار والشعور بأنني مهمش، ومحطوم. المرض يتغلغل في الأسفل، والرغبة المركبة تتوغل في الداخل، والحيرة تقرحن هدوئي.. وقبلتها، وعصرتها.. وعضضت نهديها حتى صرخت شبقة ثم قفزت وقلت لها: - أجل.. أجل أريد أن تخرجي..

وغادرت البيت. وغرقت في ظلام. في تعب واهن، كاليأس حين تمدد كثافته ببعض الطراوة..

الحكاية معقدة لا تفي بها كلمات.. ولكن، اعتماداً على قدرتك على الفهم كتبت الأسطر الفائتة..

بالنسبة للقراءة.. لم أقرأ شيئاً كثيراً في الفترة الماضية، بل انصرفت إلى الحياة، والكتابة قليلاً...

بالنسبة للكتاب.. وقل ما تقول يا صديقي، فأنا ما زلت أجاهد ضد الشعور بالتفاهة، وبسطحية كتابتي، ولو تغلبت في جهادي فسيمكنك أن تقرأها مطبوعة قبل نهاية هذا العام.

وأرجو أن تجد نشاطاً كافياً للكتابة باستمرار، وبلا كلال أو ملال...

أرسلت القاموس منذ زمن - حوالي 10 أيام - وأرجو أن تكون قد استلمته..

أنا متأكد أن برامجك الموجودة في تصميمك ستنفذ بحرفيتها، ومتأكد أيضاً، أنك ستعرف كيف تفيد من تجربتك الغنية هذه.

ولك أشواقي، وتمنياتي المخلصة بالالتقاء بذاتك الحقيقية التي تبحث عنها جاهداً منذ الطفولة.

....

اليوم.. مساء. تذكرت أنني لن أجدك في القرية. وشعرت بنفور حزين من السفر. إن رحيلك هو بمثابة التعميق الذي لا يعوض للشعور المقيت بوحدة عاقر. الوحدة الخلاقة ليست بانتفاء الحب والصداقة والإخلاص، وإنما في الاعتزال التأملي المحوط بجو دفيء عابق بالحنان. وبالتمتين الرائع للعلاقة الإنسانية. سعد

حاشية - 1 -

2 / 7

لا تأسف.. شهر كامل ولم أبعث الرسالة. ذلك ينبئ بأحوالي الشديدة السوء. أليس كذلك؟!..

أخبار قصيرة..

- الامتحان جيد.

- المرض.. تقدم لا بأس به. ولكن: بعد خسارة ما يربو عن 40 جنيهاً، وبعد علاج سيستمر حتى آخر آذار، وبعد عودة إلى التبغ، وانهيار عصبي لا أعرف نهايته. وإن كنت أعرف بدايته.

2 / 9

يبدو أنني لن أرسل هذه الرسالة قبل أن يتغير العالم، وينقلب رأساً على عقب.

حسناً. هذه أيام ممتازة على كل حال. وعندما ستكون هذه الرسالة بين يديك، ستكون الأنباء قد دوّت في أذنيك.

المنطقة العربية تزلزل زلازلها من جديد. ثورة في العراق.. وبهجة عارمة. وتدفق خفي بدأ يتنامى، يظهر، يهدر. إن حنيناً لماضينا، للحظات تاريخنا العظيمة، أخذ يسري في الصدور غاسلاً اليأس، الخوف من أبدية الاستنقاع الذي تخوض في وحوله أوضاعنا العربية.

وأعتقد جازماً، أن قدر أمتنا رهن بالدفق العاطفي ذاته. إن العقل هنا لا يساوي شيئاً. العقل - باختصار، ولن أستطرد طويلاً - عبارة عن تخطيط متجاوب مع الخاصية الجذرية في الإنسان كوجود اقتصادي. أو بالتعبير البرجماتي إنسان نفعي. ومن هنا فإن السيطرة العقلية على السلوك عبارة عن حركة تثليج تنأى عن الآخر، وتنعزل في جوف الأنا. السيطرة العقلية عبارة عن تفكيك ينجزه الانعزال المتصادي أصلاً مع واقع (النفعية) التي تشكل أساسية من أساسيات الوجود الإنساني.

واجتماع زعماء العرب حول طاولة لمناقشة إمكانية الوحدة، عبارة عن مهزلة تاريخية. وعلى المستوى الحسابي، عبارة عن نحت في (الصفر). والصفر في كل العمليات الحسابية، ومع كل تشكيلاتها لا ينجب إلا صفراً في الرياضيات.

وهكذا فإن اندفاعاً عاطفياً. لحظة ثمل نشوان، تثقب فيها الشعوب جلودها، وتهزم صميمية (الحساب) في وجودها، وتنطرح صوب الشق الآخر، صوب تعانق يفهم فقط على ضوء (السهولة التي تتسم بها العلاقة الإنسانية في أجيج الأبخرة التي يسكبها الخمر في الجوف،

سهولة التواصل النابعة من تفكك عقلي يحدثه خمر مسفوح في جو ضبابي بإحدى الحانات...). هو ما نحتاجه

حقاً، ليست هذه العلاقة بالمتانة المطلوبة. ولكن ليس علينا أن نأمل في متانة نظرية خالصة تذوب فيها (الأنا الإقليمية). وفي أقوى الوحدات ما زالت (الأنا الإقليمية) تمارس وجودها، كواقع لا مفر منه.

ولذا فعند الصحوة تتحطم العلاقة عادة، حينما نكون قد طحنا من قبل في هذا (الذوبان) اللامعقول.

وهذا ما حدث في سوريا. لقد غالينا في أحلامنا أبان لحظة النشوة التاريخية، وتطرفنا إلى حد الأمل بالانصهار، وكان ذلك، الثقب الذي فجّر البالون. لأن الصحوة، غداة ليلة الخمر، تتسم عادة بانسحاب متعب إلى الداخل، إلى الأنا من جديد. وإذا لم نكن قد تركنا منفذاً صغيراً لمثل هذا الانسحاب، إذا لم نكن قد تنبأنا من قبل، أن علينا أن نخلّف درباً صغيراً يتيح (للتقلص الانعزالي) التمدد عبره، فإن الانفجار مصير محتوم لا مفرّ منه.

وعلى هذا، فإن البشائر المطلة من سماء منطقتنا تبشر بدفق جديد، وإنني لأعتقد أن بالإمكان - وإلى حد بعيد - إذا استفدنا من كيفية العلاقة الإنسانية عبر النشوة، أن نصنع اتحادات قوية في هذه المنطقة. اتحادات عميقة، قوية، لها أسس، ولها مستقبلها أيضاً.

حاشية رقم - 2 -

وصلتني رسالتك الصغيرة من غربتك. وكانت مؤملة، آه.. تغيرت الخلفية أخيراً. تغيرت الصورة، أو حيثيات الصورة التي نجول عبرها في هذه الحياة القصيرة. تغيرت. ولكن، مع هذا، فثمة لا مبالاة. عدم اكتراث عابر.. أترى، يشبه هذا كلمة مسرحية يطلقها بطل في قمة مجده - اللعنة.. ليس ثمة ما يستحق الاكتراث.

لا أظن، لأنني واثق أن ينابيع الدهشة لم تنضب عندك بعد. والدهشة - في رأي أرسطو - بداية كل تفكير فلسفي. ودهشتك كانت دائماً في عيني أصيلة، ومتفردة باختيارها ونوعيتها، وأنت تتساءل فيما إذا كان عدم اهتمامك كامن في الأشياء، أم في نفسك؟

الحق، أنه أعمق الأسئلة. لماذا؟ الأشياء هي هي. بجمودها، بكثافتها، بعدميتها المستورة بقشرة وجود مزيفة. والتغيير الوحيد الذي يحدث هو نحن. المشكلة لا يمكن إلا أن تكون في داخلنا. ذلك لأن الأشياء تعيش انتظاراً ملولاً لنظراتنا، لإضفاء نفوسنا عليها. وهنا يتوقف العالم بأسره ليحكم علينا. ذلك لأنه سيرى نفسه من خلالنا، ثم سيرانا من خلال انعكاس - هذه الرؤية - عليه. والحقيقة، أن هذا في جوهره لعب لفظي، بيد أننا لا نستطيع أن نستبعد الرياضيات من تفسير أوضاعنا، أو على الأقل، بالنسبة لي، إن التركيب الرياضي يسهل عليّ ربط أفكاري.

والمهم، أن حالة عدم الاكتراث، لا بد أن تكون نابعة من داخلك، وهي حالة مزوّرة من وجهة نظري فيك، والضروري أن تتبع هذا الشعور، أن تنفذ إلى باطنه، وتحلله، وهو في رأيي دوماً بداية طيبة للانطلاق.

(أودّ أن أكتب بلا انقطاع، لكن البريد لا يحتمل. ولذا سأوجز قدر الإمكان...).

ابراهيم، أنت أفضل مني.. أنت تمسك بنفسك في يديك بصرامة لا أملكها.. أنت تمشي إلى هدفك باستقامة ترعدني بقدر ما تدهشني. ولذا فيجب أن تؤكد على مسألة نجاحك، لأنه حتمي.. حتمي، بقدر ضبابيته لديّ.

وفتياتك. شيء عابر... وفتاتي الاسكندرانية عادت لي، وهذه المرة تخلصت منها إلى الأبد. إنني - هذه الأيام - عنين مضجر، ويزداد

الأمر سوءاً حينما تعرف عنف الرغبة التي ترمضني. عنف الشهوة التي تفقدني توازني تماماً. وشبقي - على كل - في جوهره، وبعد مراقبة طويلة، ليس إلا شبقاً إلى الملكية، شبقاً إلى إمساك العالم بين يدين ثابتتين. يا إلهي!.. كان مورافيا فذاً أكثر مما يجب في السأم.

وعلى فكرة، لقد صدر عدد الآداب الذي كنت أتوقع ظهور الدراسة فيه، ولكن لا شيء. لا أعرف إذا كان سينشر في عدد الرواية الممتاز، ولكنني لا أخفي عنك، أنها وخزة شديدة ألا ينشر هذا المقال. إنه جيد.. جيد.. جيد!!

انشغلت في الفترة الأخيرة بتأملات مرهقة حول (مسألة الزمن)، وإنني لأحس قدرة على كتابة مقال ممتاز عن هذه المسألة محللاً - الحاضر عند كامو كمنفذ، والماضي عند فولكنر كقدر، - ومعطياً وجهة نظر جديدة في (دون جوان).. وتحليلاً عينياً، ومكثفاً للمشكلة حينما تدفع إلى منتهى تمدداتها في تجربة (دلال طيبا) حيال موت مؤكد وقريب. ولكنني سأؤجل ذلك، آملاً أن تكون أول دراسة نظرية لي، وبعد قراءة هيدجر خاصة، وإعادة قراءة كامو، وقراءة فولكنر. وربما لن يتحقق ذلك إلا عندما نلتقي في ألمانيا، وينبغي أن تضع هذا الأمل في حسابك، وإذا وضع في حسابك فسيتحقق لا محالة.

وجدت المنظور الذي أنفذ فيه إلى مأساة مارلين مونرو. إنه مسرح من غرفة مرايا.. تجول خلاله مارلين الراقصة، ومارلين الأخرى المفكرة في ازدواج رمزي متجسد، وبضع من الذكريات تحيا في ركن من المسرح. ذكريات تشرح المأساة، وتشخصها، ثم تنهيها في حركة إيقاعية بانتحار، يكشف للنظارة أخيراً أن كل ما رآه كان خدعاً معزولة عن الزمان والمكان، وأنه ليس هنالك إلا شخص واحد، هو مارلين البائسة، الممددة على فراش هو كل ديكور الغرفة.

ولكن متى سأكتب ذلك؟ الفصام بين خيالي، وحركة يدي على الورق يحطم أعصابي. ويعذبني!

لم أسافر إلى سوريا. ولن أسافر على ما يبدو. غيابك وحدة قاتلة بالنسبة لي. وسرّ، إنني، ولا أعلم لمه، لا أطمئن كثيراً لباقي شلتنا، أشعر أنني مسحوق بينها، لا آخذ قيمي الحقيقية!

يكفي.. يكفي. وسأكتب قريباً. قبلاتي لك ولصديقتك. **سعد**

***

(من القاهرة إلى فيينا، بلا تاريخ، وختم البريد غير واضح)

لقاءاتي الحقيقية مع الناس منذ جئت القاهرة نادرة. وأشد هذا النادر حقيقية هو هذه اللحظات القصار التي أكتب لك فيها.

اليوم وصلتني رسالتك. ويلوح عليها طابع رد الفعل المباشر.

إذن لا أعرفك؟ فكرت برهات، ثم قلت لنفسي مندهشاً: أليس هذا حقيقياً؟ وأصدى الجواب: نعم. وقد لا يهمك في هذه اللحظة معرفة السبب، ولكنه يهمني جداً. إنه شقّان. واحدهما يتعلق بي والثاني بك. فأمّا ما يخصك، وهو ليس عتاباً، فإنه - بالتأكيد - تلك الأسوار التي تحيط نفسك بها. هذه الأسوار التي سحرتني في مطلع حياتي، وطاردتني كتهمة الضعف والتفاهة. ولا زالت حتى الآن تمارس بعضاً من سحرها عليّ. وربما، لم تتعمد إقصائي خارج أسوارك. ولكنني كنت مقصياً على الدوام إلا في غضون لحظات هائلة، وغنية كانت تعقب بضع كؤوس من العرق. وأظنّك تتذكر تلك اللحظات جيداً. وفي الفترة الأخيرة، في بضعة الأيام التي سبقت سفري، كثرت تلك اللحظات فعلاً، ولو طالت الأيام، فلربما انفتحت لي نافذة صغيرة أندسّ منها، لنتماسّ ولنتلاقى فعلاً.

وأنا، جزء كبير من السبب يقع على عاتقي. ترى هل حاولت مخلصاً أن أقوّي حماسك لفتح النافذة؟ بأمانة.. أقول لا. وتعليل ذلك يحتاج إلى نفاذ طويل إلى تركيبي ومشاكلي مع نفسي. وقد ألمحت لك مرة عن هذا. واكتفيت بالإلماح، لأن دقة ملاحظتك، وقدرتك على كشف

الآخرين قمينتان بمعرفة وافية عن هذه الفجوة، ولا أرتاب أنك عرفتها وتعرفها.

ثمرة البلوط التي تتيبس. ثمرة البلوط التي لا تستطيع التمدد خارج قشورها. ولأنها لا تستطيع أن تتمدد فهي عاجزة عن تغيير مطرحها المعفّن الذي سقطت فيه. الأرض الرطيبة، حيث يحلو مد الجذور، وتمططها، ثم الهواء. النقاء، والسماء اللانهائية حيث يحلو مد الغصون والفروع. العالم بشتى طقوسه، وكليّاته حولها يمارس إغراءه الذي لا يكابر. إغراءه الذي لا يقهر. ولكن الجلد السميك وقشرة البلوط القاسية تقف كاليأس والتحدي. وإحساسي عن نفسي لا يختلف كثيراً عما تعانيه ثمرة البلوط البائسة.

قشوري السميكة يا صديقي. وقفت حائلاً. وإنني لأقاوم. ترى ماذا ستصنع الإرادة؟ يدغدغني حلم آخر.. أن أكون ثمرة فستق. ثمرة الفستق جريئة، وتستطيع أن تقهر قشورها، وتنبثق لتوجد في العالم أو لتنال العالم. نيل العالم وعد غيبي، ما زال في أعماقي كالسحر. وسيظل فيما أظن، ولكن بعد أن يتعمق ويزداد اتساعاً. ينبغي أن نضم شتى جوانب المسألة. وذلك هو رهاننا - على حد قول كامو. أما جوانب المسألة فهي ضروب التوتر. نحن نتوتر مع العالم. هذا صحيح. ولكننا نتوتر مع بعضنا أيضاً. ونتوتر مع إمكانياتنا أيضاً. ونتوتر مع تراثنا أيضاً. ومن هنا، لا بد أن نتمدد عبر هذه التوترات كلها رغم الصعوبات والمشاق.

وإذا كان السذج يجادلون في الخلافات الفاصمة بين التوتر الميتافيزيكي، والتوتر الاجتماعي التاريخي (الديالكتيك الماركسي)، فإنهم، لا مشاحة، يتجاوزون ما ينبغي، ليعوموا دأبهم في السطحي والفارغ.

وبإيضاح أكثر، لا يمكن الاعتراف بتفارق ضربي التوتر، وما يبدو تفارقاً ليس إلا التباين النوعي، الذي لا يجوز أن تخلو منه مسائل

كلية وعامّة كهذه. وإذن، فمهمتنا أن نزيح التطرف بين كامو وماركس. ليست تلك محاولات توفيقية، ومصالحات تافهة. وإنما هي تصحيح جذري للأوضاع. تصحيح للضرورة. فحلّ التوتر التاريخي على حساب الميتافيزيكي اعتساف لا تغذيه إلا الحرية، ومستوى التواجد العميق. تواجد الإنسان في العالم من خلال الصدام مع المطلق والأبديّ. كما أن حل التوتر الميتافيزيكي على حساب التاريخي، ليس إلا القصور، ودفن البصر في الغيم المزيّف. وكما قلنا مراراً. الجائع قضية توازي الضياع على مستواه التجريدي. وعليه، لا بدّ من الشمول. نظرة واسعة تضم الشطرين، وتفاعلهما في منظومة التوتر العمومية. هذه المنظومة التي تبدأ من الصراع مع العدم، لتنتهي بالصراع من أجل المتفوّق.. ضامّة في سيرها شتى ضروب التوترات، والتناقضات.

وهامشان على كامو:

الأول: كامو حين صوّر قضية الإنسان على أنها التوتر بين الوعي، واللامعقول. وأصاب مرة ثانية حين حدس بأن من اللامجدي حلّ هذا التوتر بإلغاء أحد طرفيه. ولذا فبالضرورة، ينبغي أن نبقي عليه، ونصونه ككنز ثمين يتضمن وجودنا الأعمق. ولكن الذي فات كامو هو أن إبقاء طرفي النقيض في مواجهة، وبهويتهما الواحدة عبارة عن اجترار ساكن. اجترار يعطيك بضع لحظات غنية ثم يقف فارغاً من نفسه، والذي لا بد منه، هو تغيير شكلية التوتر بصورة متصاعدة، متعالية. والتقدم بهذا المعنى ليس تضحية بالتوتر، كحقيقة، وإنما بأبطال التوتر وموضوعاته. سيظل هناك توتر بين الخير والشر. وكل ما نستطيع أن نفعله هو أن نغير الشرور ومغازيها. إذا كان القتل بمعناه الفردي أو الجماعي هو أخطر شرورنا هذه الأيام، فمن خلال معنى التقدم، يصير الكذب فيما بعد

أشق شرورنا بعد أن يلغى القتل.. وهكذا. مثال ليس دقيقاً، ولكنه موضح فيما أحسب.

الثاني: لقد عقل كامو، اللاجدوى الميتافيزيكية، ولربما كان قد عقل أيضاً اللاجدوى الاجتماعية، غير أنه لم يبرهن على هذه بالقوة التي برهن على الأولى. وقد فاته في تحليلاته أن يضعها في الصلب، كالأولى. ومن هنا، انفتحت فجوة. ينبغي أن تسدّ.

- لقلة، وندرة لقاءاتي مع ناس حقيقيين، يتعيّن عليك أن تتحمل ثرثرتي كلما التقينا.

- لكسلي التقليدي، يستحيل أن أعمل مسوّدات. وإنني أحرص على تلقائية الكتابة. فلا تهز رأسك سواء على الخط، أو على الخلط. ولنتابع.

علينا قبل كل شيء أن نفضح الثغرات. ثم نبني. ذلك تخطيط ممتاز وسليم. بيد أنه صعب. وإنني لأشك أحياناً أن عمراً عادياً يمتد على أربعين سنة لن يتجاوزها بسبب مشاكلي الصحية المستمرة، لا يكفي على الإطلاق لهذه المهمة. لكي تنجز شيئاً، ينبغي أن تطمح بكماله. وعجيب أمر الذين يقنعون بـ (الذي يأتي، كيفما أتى). والكمال في هذه المسألة يحتاج دون ريب إلى قراءة ملايين الصفحات، ثم كتابة الآلاف. وأمام الاثنتين يرعدني شعور بعدم القدرة. ليس، عدم الثقة بالنفس - وهي متوفرة لديّ -، وإنما الخوف من الزمن. يا للرب. ما أتعس علاقتي بالزمن. أو إنني - حتى الآن - لا أعلم كيف أشكّل هذه العلاقة على وجهها المثالي. أو - على الأقل - وجهها الممكن. والعلاقة بالزمن ليست مجرد تنظيم الوقت. إنها أعمق، وأشد قسوة. ولكنني آمل أن يحمل لي الغيب معجزة. هذا رغم يقيني بأن المعجزة التي لا يستطيع (الآن) إنجازها، يصعب على الغد تحقيقها. والسوف تعني بالضرورة وكما قلت لك مراراً اللّا.

ثمة ملاحظة هنا يجدر قولها. عندما تنتهي شكاوانا فهذا يعني أننا حققنا كل ما نبغيه. ذلك مستحيل عرفه من سبقنا. أو أننا تبلّدنا. ذلك مصير لا نقبله. وأظنك توافقني.

وبعد..

تريد أن تقرأ وتقرأ، ثم. دعني أذكرك بأنك لم تقل شيئاً. وحتى مشاريعك، لا أكاد أعرف منها إلا مظاهرها، وجوانبها المادية. ولا أؤكد أنك تتعمد ذلك.

وعن ماذا تفعل الآن.. لا شيء أيضاً.

وتذكر ذلك رجاءً، حينما تكتب لي مرة أخرى.

اهتممت بمجيئك إلى سوريا بسبب وحدتي. وما دمنا سنستطيع اللقاء في فيينا، فذلك أفضل لا ريب. وعلى كل ليس في الأمر ما يدعو إلى الحنق. إنني مشتاق إليك حقاً.

نبذات..

- مرضي لم يشف، يلوح أنه مزمن. فاقت تكاليفه الخمسين جنيهاً.

- رغم المرض. رغم الإفلاس. رغم رداءة الصحة المهلكة. فإن شبقي لا يفتر ولا يشبع. وكأنني مسجون في قفص رغبة أبدية. البارحة جاءتني إحداهن.. واحدة تنسجم معي، وتعلّق أهمية على العمل الجنسي ذاته. قضيت معها حوالي ساعتين، وكنت لوحدي في الشقة، ومضاجعة، ومضاجعة. بعد أن نزلت، وكنت أشرب كأس بيرة على الشرفة. ومرّت في الشارع امرأة جميلة، وتقبضت أحشائي في اشتهاء مرير.. هو كاليأس.

وذلك طبيعي.. وصحيح. إن الجنس - في جوهره - يأس، وتلاش. وإنني لأوافق مورافيا جيداً على وصفه د. هـ. لورنس بأنه أجهل الناس بالجنس. حقاً: الذي يصف الجنس بأنه استقرار سفينة راسية

في عالم السحر والتفتح ليس إلا موهوماً، كاذباً لا يعرف ما هو الجنس.

الجنس - بمعزل عن كل الغرائز - ليس عملية بيولوجية أبداً، لأنه يضم في كيفيته كل الحيز الدرامي من الحياة الإنسانية. إنه الملكية. والخوف. والحزن. والتوق الباطني لفرح الحياة. إنه يأس الدراما البشرية. يأس التصادم بين شهوة الأخذ وفجوة اللاشيئية. ولذلك، عبثاً يحاول المرء إشباع رغابه. فعلى ظهر كل موجة من أمواج رغابه، تتقافز موجة أخرى. ويظل المنبع يفوّر أمواجه حتى ينتهي الإنسان، ويحشرج قانطاً، هامساً: لا فائدة. لم أحقق شيئاً يستحق حياتي. لم أنل تعويضاً يستحق عذاباتي.

وعلى ضوء ذلك، تصير كل الحلول الكاموية والمورافية مشكوكاً فيها. ولا تعدو آمالاً، لو تتحقق. ولن تتحقق إلا إذا حدث تغيير جذري في التركيب الإنساني. أو في التركيب العالمي.. أعني العالم ككثافة خالقة للّاجدوى.

ويهمني في هذا الصدد، وإلى أبعد الحدود، أن تحدثني قليلاً عن انعكاس المسألة الجنسية على نفسيتك، وسيفيدني ذلك في ترتيب أفكاري قليلاً، وتحريرها من ذاتيّتها الكليّة، ولعلك تناقشني بغية آفاق أوسع لأفكارنا.

- كتبت قصة قصيرة.. رمزية.. جديدة الشكل. فهي لقطات من أحاديث ناس عشية انتحار الإنسان الذي جاء المدينة من المجهول، لا يعرف الكلام والأفكار، ثم.. دافعت المدينة عن حضارتها فعلمته الكلام والأفكار... إلا أنه انتحر قاطعاً لسانه، مخرباً فمه بنصل السكين. القصة عبارة عن محاولة لكشف اللغز، وبما أنها استجواب للناس، فقد تحاشيت تضمينها أي إيماءة ذاتية عن السبب. وعلى القارئ أن يستنتج، إذا لم تكن القصة فاشلة، أو إذا لم يكن مضيعاً مخه.

- يزعجني قليلاً يا ابراهيم أن العالم في ذهني ليس واقعياً. ورغم كل محاولاتي الدائبة لملاحظة (الكائن)، وللانغمار في الجسدي، في الواقعي، فإنني لم أنجح حتى الآن في تركيب أي عجينة واقعية، ملموسة. عالمي، ألوان رمادية ونثار منفرط، وأجزاء أحلام غريبة، وذباب، وغرابات يخيفني ألا تكون حقيقية، أو أن تكون أشد تطرفاً مما توحي به غرابة المعتاد. ولعل هذا هو السبب الذي يجعل كتابتي لرواية واقعية شاقاً إلى أبعد الحدود. إن الناس، لا يوجدون في ذهني ككائنات طبيعية، مألوفة، بل ككيانات غير واضحة، ولكن من السهل أن أعطيها مضمونات فكرية.

ولذا، وهذا مؤكد، لن تكون روايتي جذابة. ستمتلئ بلا معقولية في التصوير الشخصي، وسأحاول - لأول مرة - وهذا سر - الانسياق مع خيالاتي دون محاولة تزييفها، وسأضيع من عمري سنتين في إنجاز رواية تمثلني فعلاً. وسأتحاشى ما استطعت التزييف الإرادي للخيال. سأكتب، بجرأة عن هذا الذي يرى السماء شبكة عنكبوت، والذي يهلوس مع نفسه، ويمثل، ويقهقه، ويدخل شبكة العنكبوت، ثم يقع على الأرض.. ويسمع داليدا، ويقف على النافذة، فيدخل حمام بيتهم القديم ليمارس لعبته. ويبصق. ويحسو عرقاً. ويسب والده. ثم يدخل إلى والده ليقبل يده. وهو ما زال على النافذة. إنسان من الداخل. إنسان بلا مضمون واقعي. ولكنه خيالات وتداعيات. وسأكتب عن ذلك الذي يخنق أمه، ويقبل أمه. ويبكي. ويرى الثعابين في الشارع، ويقفز ويركض، ثم يسقط مصطدماً بالناس. يهمس! ليس إلا الناس... وهكذا. أمثلة من وحي اللحظة. وما يميزهم جميعاً أنهم خياليون بقدر ما هم حقيقيون... لا أعرف النتيجة. ولكن لا أعلق أملاً كبيراً على النجاح.

- أتممت مسرحيتي القصيرة التي حدثتك عنها سابقاً. ثلاثة شخوص على المسرح. يعرفون أنهم على المسرح. وأن عليهم أن يمثلوا.

التمثيل مستحيل مع المعرفة. حينما تطل لحظة حقيقية تنفضح على الفور، لأن الحقيقي مصادر على مسرحهم. ويحاول أحدهم الهرب بالرواقية، والثاني بالذكريات، والثالثة بالحلم. لكن الصوت القاسي وهو يردد عليهم من كل صوب.. من المجهول. من الخارج والداخل: أنتم على المسرح. هذا الصوت يفسد محاولاتهم ويردهم إلى الجحيم بلا جدوى. مسرحية بلا ناس. لأنها تجريد محض. وإنني لأحس - كما قلت منذ سطور - هذا العيب.

- ما زال سفري نائياً. فاكتب ولا تخف. (لن أعود إلى سوريا قبل أول تموز).

- رجاء اكتب لي بعض الرسائل الحقيقية فقد شبعت من الساندويتش.

- لا أظن أنك ستضن بتعليق صغير عن مقال السأم. خاصة وأنه مكتوب لك، ولك بالذات.

- بودّي لو أكتب أيضاً، ولكن لا أمل في الشبع. لا أمل... وتكفي خمس صفحات.

- وصلتني رسالتك التي تتحدث فيها عن كافكا. يأكلني الشوق لقراءة ترجماتك.

وتحياتي لك، ولفئرانك، ([10]). **سعد**

---

[10] يقصد فئران قصة كافكا: «حكاية صغيرة».

***

(من القاهرة إلى فيينا، 1963/4/10)

إنني لموقن، وكنت دائماً موقناً، أنك مخلوق لأكثر من هذه البعثرة السطحية التي تنغمر فيها منذ بدايتك. وإنني لموقن، وكنت دائماً موقناً، أنك تستطيع أن تكون، وبلا صعوبة، تلك الإمكانيات الهائلة،

النشيطة، الحجرية التي سمتها سيمون دي بوفوار (دوبري)، ذلك الرجل الذي ينتشر خلال جدران أربعة مسدودة صماء، متجاوزاً جدرانه، مصدياً في أركان العالم كله. ذلك الإصرار الذي يتفوق على فعاليات الوجود العادي، ويعكف على امتصاص فذ، من أجل العطاء. من أجل انبثاق فذ هو الآخر. وطبيعي، وعادل.

يا صديقي

قلت إن لحظتينا متوافقتان. وأعني، أنني في هذه الأيام أيضاً، أرتعش في مصيدة شعور مرّ بالخيبة. بأنني لن أكون. ولا أقرأ. وأكتب ما لا يساوي شروى نقير. وأنفض أفكاري قبل أن تنعقد في شيء واضح. ومناهل المعرفة يدوخني اتساعها. لا أعرف كيف أبدأ فيها، ولا كيف أسير. ويوماً أقرأ في الاقتصاد، ثم فجأة في المسرح، ثم بغتة في الفلسفة اليونانية. ثم - ولا أعرف - في لاشيء.

ويمكنني بسهولة، أن أسقط التبعة على جوّي الرديء.. على البيت، على الرفاق الفارغين بقدر ما هم طيبون. على مشاكل الفلوس، والمرض.. والخادمة الرديئة. والطعام اللامنظم... و... و... لكن. ذلك ما لا أجرؤه.

هنا أختلف معك. أنت ببساطة، وباتفاق رائع مع نفسك تقول. الخارج سالب. الداخل بالتأكيد إذن لاشيء. ثم وبمرونة عجيبة تتصدى للخارج. أما أنا. فببساطة جبان عن مواجهة الخارج. إنني لا أستطيع أن أضيع زمناً في جمع النقود. لا أجرؤ على بعثرة وقت في تكوين علاقة حب. إن الخارج سالب، وقد يظل سالباً، ولكي لا أخسر مبرر استمراري لا بدّ أن أعكف على الداخل. كيف. إنني لأحس أن داخلي أسهل تناولاً من الخارج، ولذا لا بدّ أن أطوّعه كي يعمل تحت أسوأ الظروف. وقد فشلت حتى الآن. وإزاء الفشل لا ألقي التبعة خلف حدود جلدي، بل أصبها على ذاتي. ويبدأ تبلور انقسام. وأتحوّل إلى خلية من تصارعات. بعضها مجد، بعضها عقيم كالموت. ومن هنا

تتشكل صورة الجحيمية التي أحياها الآن، والتي عشتها، والتي سأعيشها لا بدّ، ما دمت عاجزاً عن تسويد وعيي على إرادتي. وتسويد إرادتي على سلوكي. وخلق نوع من الانسجام النسبي. والمشكلة هي بالتأكيد مشكلة حرية. كيف أكون حراً؟

وهنا، أريدك أن تنصت.

إن الالتزام بالمعنى السارتري ليس حلاً جذرياً للمشكلة، بالنسبة لي، وبالنسبة لجميع الذين يحيون في دواخلهم توترات أرفع من المعتاد. الالتزام هو عبارة عن خلق مشكلة جديدة تستغرق الاهتمام من أجل تنويم المشاكل الداخلية، أو تخطيها - هي لعبة، كتلك التي يمارسها بعض الساسة الذين يواجهون متاعب في الدواخل، إذ يرمون بشعوبهم في مشكلة خارجية، قد تكون ذات أهمية، وقد تكون عقيمة. وسواء كانت مهمة أو لا، فإن أهميتها ليست معنية بذاتها. كالعمل الحزبي هو غاية من خلال كذبة ذاتية تتزيى بجملة قيم ومبادئ. وعندما تتحقق هذه القيم يصير على الحزبي أن ينتحر هرباً من عودة جديدة إلى الداخل. أو يضيع من خلال هذه العودة. إذا لم ينجح في نصب أهداف جديدة تبرر له احتفاظه بالجلد التوحيدي المقدس. أعني الجلد الحزبي.

وهكذا، فالالتزام هو هروب من مشاحنات الباطن، أو قضاء على هذه المشاحنات بواسطة تأجيلها، أو توجيهها إلى عمل خارجي. والحرية هنا، ليست إلا الطفرة الكاذبة التي يتمتع بها كل مخدوع. حقاً. إنها العمل. ولكن أي عمل - أليس هو العمل الذي ينقلب الإنسان بواسطته إلى شكل فارغ يعطي. إنه - بأدق تعبير - تضحية بالإنسان، من أجل السهولة. ومن أجل بضع قيم جماعية. لا أنكرها، ولكن أرفض العمل لها بهذا الأسلوب. هنالك دنيا واحدة، تخبئ حريتنا. هي دنيا الداخل. والداخل وحسب.

لكي أكون حراً عليّ أن أفهم ذاتي. وإنه لشعور حقيقي ذلك الذي يحسه المرء إزاء عمليات استبطانه، شعور ليس مزيفاً، ولكنه حقيقي. وهو شعور مستمر، يتدفق في عروق ديمومته، مؤدياً بالوعي إلى حريته. وكلما ازددت تغلغلاً في باطنك ازددت حرية. وإذا كان المرء يمارس سلوكه اليومي من خلال ضرورات نفسية معينة فلا بدّ من تحرير السلوك من هذه الضرورات.. أي لا بد من مقاومتها. ومن هنا ينبع تيار ديناميكي في الذات، تشكل انطلاقته تلك الارتطامات الموصولة بين الأنا الموجب، والهو السالب. ومن خلال هذه الديناميكية يتأكد الإحساس بالوجود. تلك فكرة أخرى. (إنني أتوتر إذن أنا موجود..).

ها.. لقد استرسلت كالعادة. ولكنها أفكار تجيش في رأسي هذه الأيام. وهي تجيش من خلال ذلك التناقض الطبعي بيني وبينك، بين جرأتك وجبني حيال كل ما هو خارجي. وكما قلت لك، إنني آمل ببضع سنوات في السوربون أو في برلين أتابع فيها أفكاري التي ستتنسق يوماً ما. في كتب حقيقية عن الوجود. والحرية. والزمان. والتوتر. وأسارع فأضيف، أنني إذا ظللت مسحوقاً هكذا بداخلي وخارجي، لن أفعل أكثر من بضعة أحلام، وحيرات، وعذاب سيظل من بعدي شاهداً ضدي، وليس ضد العالم. إن تضخم إحساسي بحياد العالم موئس، بقدر ما هو مخيف، إذ إنه يضعني وجهاً لوجه مع (اللامفرّ).

نشرت لي دراسة (السأم) في العدد الممتاز عن الرواية. وسأرسلها في طرد مع هذه الرسالة ([11]). لم تخبرني إذا كان القاموس الذي

---

11 على الصفحة الأولى من مقال (الرمز في رواية «السأم»)، المنشور في عدد (؟) من مجلة «الآداب» (ص 97 - 101) كتب سعد بخط يده: «لولا موقع المقال من المجلة، وكثرة الأخطاء المطبعية، لكنت فخرت قليلاً بنشره في العدد الممتاز. سعد». وعلى الصفحة الثانية كتب: «لولاك لما كان هذا المقال أنجز أبداً.. ولعلني بعد كل ذلك قد استطعت ألاّ أخيبك. سعد».

كلفني إرساله جنيهاً كاملاً قد وصل أم لا؟ لقد أرسلته بالطائرة مضموناً، ومستعجلاً. **سعد**

***

(من القاهرة إلى فيينا، 1963/6/5)

وبعد؟

ماذا خلف الصمت؟ أهي إحدى مفاجآتك؟ المدينة نهشت لباب أعصابي ولم يعد بمكنتها أن تصبر، أو أن تتعايش مع التوقعات. سيّما، وأن انتظار تقريرك المسهب قد عيل، وبدأ يدب اليأس فيه.

صمتك يوازي الخوف، ويوازي الوحدة في الظلام. ولن أتابع لئلا أنقلب بضع وأوأت عاطفية متطرفة. حسن، صمتك يزعجني!

أنقطع لحظة لأضاجع.. سأحاول بعد قليل أن أمحو من رأسك تأثيرات هذه الرخاصة التعبيرية. تلكأت المرأة في الصالون. إنني مشبع ذهنياً، تماماً كحجرة حميمية متقدة. العالم موج يتلاطم، زخم يهز أركان الجدران.

....

كانت الساعة تشارف الرابعة والنصف بعد منتصف الليل. وصوت المؤذن يسيح في صمت الفجر كهمسة ريح كاذبة في عباءات شجر الكافور القديم. وكانت إلى جواري. بريجيت. أو شبيهة حرفية. عارية، تستر جسدها ملاءة صومالية حمراء. في الظلام كانت سوداء. ونهدها الأيمن يختلس من الملاءة سانحة عري مرعد. كانت نائمة، هامدة الغرور، ساكنة الشعور بجمال نهدها. وكانت يدي اليسرى بأنامل شاردة تحك الحلمة الصغيرة التي لم يرضعها طفل

بعد. ولن يرضعها فيما أحسب. قالت في الليل قبل أن يذيب النوم انتفاخها النفسي: - أطفال؟ يا عبيط، الطفل يلاشي الجمال.

وإذن. الجمال يساوي العقم. فكرت في ذلك فطغى عليّ حزن هائل، كان صوت المؤذن الأجوف يعمقه، ويرميه في اتساع لانهائي من الفراغ. من اللاشيء.

ليس في جسدي إلا الوهن، والتعب. لكن ذهني يعمل. البشرية تضطرب في ظاهر من التوتر الكاذب بين صوت المؤذن ينفجر في الصمت والغلس، وبين الحلمة النائمة تداعبها أناملي الشاردة. هنا. في صبح منسيّ كهذا. وفي خلاء صوتي يمكن أن يقبض المرء على أشياء هائلة. يمكن أن ينفذ. وبلحظة راسخة. إلى ما وراء هذا التكتم الذي نصطدم فيه طيلة الوقت. تكوّم العمارات في دوّامات الضوء وانتشار الألوان، وضجة الناس كلها. في لحظة من السكون تتبلور في جذرية عائمة.. كأصابع شجرة كافكا المغروسة في الثلج، والتي تظهر له أشد متانة وعمقاً.. ثم تنعطف في استدراك تكشفي كحلم اليأس، لتنفضح، ولتظهر كوجود شكلي. شكلي إلى أبعد حد ([12]).

الناس. والحجارة المكوّمة في عمارات، وتبدلات الضوء والظلام. وشتى الروائح والأصوات. ومختلف المذاقات. كلها تمتلئ بالوجود في هنيهة الحزن التي تصيب جسداً خارت قواه، يلاصقه جسد يستطيع أن يعطي أيضاً. ومن خلال نومه ما نرغب. ولكن. وأرجو أن تفهمني.. في الحزن. يكون امتلاء الوجود عميقاً إلى حد يستحيل معه، بلوغ القيعان. وبدون بلوغ القيعان ينفجر يأس. هو تواز مباشر لليأس النابع من انعدام الوجود.

وإذن لا فائدة.

---

[12] نص كافكا "الأشجار".

هكذا فكرت. وكانت خصيتي توجعني منذرة بالمستقبل المسودّ. الجسديّ إسار للذهني. ولكنه - مع هذا - الضرورة التي تولد الذهني. أو تخلقها. وارتباطهما متكامل، متجاوب. والعادة أن الإنسان يلجأ إلى الذهن حين يعجز الجسد عن (امتلاك العالم) أو كما أقول في مقال السأم. عن عقد ارتباط وثيق معه. وإنني لأمجد في حسد اليونان. الذي كان يعتنق عندهم الجسدي والذهني من دون انفصامات. أو توترات، وبدون أية ارتدادات أو خيبات.

الجنس يا صديقي، يفتحني ولكن على حسابي. جسدي خار. ولا فائدة. كالطفل ليس ما يشبع فضوله. وليتني أعلم عمّ أبحث. في الشارع تقتلني الرغبات. ثم تمسخ الرغبات في البيت عندما توجد الأنثى. تأخذ الرغبة شكلاً مغايراً.. تصير ضرباً من البيولوجيا المتطرفة التي تبحث عن تطمين لثقة مزعزعة أو خائفة. أما في الشارع، فإن الرغبة تكون كالملوحة العطشى. كحالة من يشرب من البحر على ظمأ، فتلتهب أمعاؤه.. وتتحدد أمانيه، ومتطلباته الجسمية والذهنية بلا نهائي من الماء العذب. بمحيط مترام من المياه... وأتساءل أيكفي اللانهائي؟

يا للسماء! لا... ألف لا. هنالك واقعة مانعة ورهيبة. إن الفم صغير. والبلعوم محدود الاتساع.. وفي اللانهائي سيرتشف الملتهب الجوف. الماء جرعة جرعة.. وستمتلئ معدته. وسيرفض الجسد قبول المزيد. لكن النفس الملتاثة لا تقتنع. يدوّخها اللانهائي إثارة... ولمّا لا يمتلك المرء ما يقهر به رغاب النفس (الميتافيزيكية) تبدأ تعاسته الحقيقية. فيغامر بمعزل عن الأمل. ويظل يعب حتى تنفجر معدته. فيموت. والموت هنا احتجاج رهيب على الجسدي. وعجز عن حالة التوازن التي يرثها الناس فيحيون بلا أزمات.

وفي رسالتي السابقة حدثتك قليلاً عن الجنس. غير أن هذه النتفات لا تساوي شيئاً. وتمنيت أن تكتب لكنك لم تفعل... ترى ألن يتاح لنا مناقشة هذا الموضوع بشكل مستفيض؟

إذا كنت تذكر كتب ولسن: كان الجنس بالنسبة له في وضعه المثالي اغتصاباً. وكان قبول المرأة، وإبداء رغبتها يلغي رغبته، ويكشف جلياً تفاهة العمل الجنسي. وهذا ما أعطى جرترود أهميتها. ذلك أنها كانت ممتنعة عليه.

والواقع أن الامتناع كفيل بإضفاء معنى على الجنس. إذ يعطيه مغزى الاقتحام. أو الفعل. ولكن ليس هذا في جوهره إلا سطحية عادية. تتماشى مع حب الإنسان لتجاوز العقبات، فمن خلال الحواجز يجد نفسه، كوجود يقاوم عقبات محددة. أما المعنى الأساسي للجنس، فإنه يكمن في كونه وسيلة يائسة لارتشاف اللانهائي. إنه التوق للامتلاك، للتجميع، للاقتحام، للسيطرة على العالم. وهو لا يستطيع أن يتحرر من وضعه الرامز. بل لا يمكن فهمه إلا من خلال لمح الرمز.

وعندما تحاول أن تتأمل مشكلة الدون جوان بعيداً عن التفسيرات الدينية الشائهة، تجد أنه مشكلة خذلان جسدي. إن قواه تقصر عن شبقه، وتتخلف عن انطلاقة توقه. وبذا يفقد ارتباطه مع الآن. وباللحظة التي يعجز فيها المرء عن معاقرة الجسدي ينفصل - ما لم يمتلك أقسى الإرادات وأوعاها - عن الحاضر. والانفصال عن الحاضر هو تزحزح من ضفاف اليقين إلى انفلاتات الخيال.. إلى الماضي أو المستقبل. وقد خبر الدون جوان مدى الأكذوبة الفاضحة التي تسم حياة الذين يحيون في الداخل فحسب. أي في المخيلة. وأعني الحالمين سواء إلى الخلف أو إلى الأمام! ولهذا يجأر الدون جوان.. ينتحب من أعماقه، لأنه لا سبيل إلى الحياة بتوازن ما لم نستطع وبدقة أن نتحول إلى آلات صمامها الإرادة، زيتها العقل. تعمل بدقة. تسير بدقة. تموت بدقة. ويقول الدون جوان لمرافقه: ذلك

مضحك. أضحي بالحياة، من أجل الحياة. ينبغي أن أعود إلى أشباحي. تلك قدر لا مهرب منه.

وأشباحه هي مجموعة الشعور بالمأزق. مأزقه الزمني. المنبعث من مأزقه الجسدي. والجنس هو الرابطة التي تصل المأزقين، وتربطهما في مشكلة وجودية. تشكّل في رأيي أعقد مشاكلنا طرّاً.

عندما أفرغ من الامتحان. سأبحث عن شكل أصب فيه أفكاري عن الدون جوان في مسرحية ستكون مقدمة لدراستي عن الزمن. منذ أسابيع قرأت في كتاب لزكريا ابراهيم عن الإنسان. أفكاراً لباسكال، وغيره عن المشكلة الزمنية تشابه أفكاري. وقد أزعجني ذلك لمدة أسبوع. فقد أحسست أنني لم أجدد بعد في شيء. ولكن ما يطمئنني هو اتجاه تفكيري إلى ربط جميع شتات المشكلة، ومحاولة مواجهتها مرة واحدة دون الاكتفاء بغنائية الشكوى. وبالمناسبة:

نشرت لي الآداب في العدد الماضي أي عدد أول حزيران.. المسرحية التي حدثتك عنها سابقاً، والمسماة (مادوز تحدّق في الحياة). وهي تقع في حوالي ست صفحات. ويبدو أن الآداب بدأت تحترمني، إذ إنها نشرتها كثاني قصة بين ست قصص.

والغريب، وقد واجهت هذه التجربة مرات ثلاثاً. شعرت عقب قراءتها مطبوعة، كما شعرت سابقاً مع غيرها، أنها لا تستحق النشر. أو لا تساوي قيمتها. ولكن بمقارنتها بما ينشر، أستعيد بعض الثقة.

في عدد أول مايو، نشرت الآداب قصة لحيدر بعنوان "العلقة". ويلوح أن القوقعة التي صلب نفسه فيها، لن تتحطم أبداً. إنها، أيضاً، ثورة.. ولكنها ثورة فارغة رخوة، مبنية على الكليشهات تماماً كالاغتياظ الذي يزحم صدر موظف في الأربعين يستيقظ غب قيلولة مزعجة. إنه حانق، ورافض، وكاره، ومهتاج.. ولكن لمه؟. ليس من

يعرف. وربما لأن ذبابة سمجة قد ضايقته أكثر مما ينبغي أثناء قيلولته!!

لست متأكداً أن عنوانك لم يتغير ولذا لم أبعث لك الآداب الجديدة. وحين أعرف ثبات عنوانك ستقرأ دون ريب مادوزتي التي تكشف عن إخلاصي للتجديد.. وعن رخاوتي أيضاً في هذا المضمار.

والمشكلة، كما قلت لك مراراً، أنني لا أقول: عبد القدوس كتب كذا، ولكن يعنيني ما كتبه كافكا مثلاً أو فوكنر. ولعل شمول النظرة سيودي بي، إلا أنها الخاتمة المثيرة للاحترام والرضى فعلاً. أضطر الآن للتوقف. غداً أدخل المادة الثالثة في الامتحان...

ثانية: أنا في مصر حتى أول تموز... ثالثة: لا أحتمل عدم كتابتك... وتحياتي. **سعد**

***

(إلى فيينا) [13]

(تعليقك عن مقال السأم أرعدني. ترى ألم تتحمس لي أكثر مما يجب؟

صار شعوري بأنك ستقرأني يفزعني.

أتظن أن هنالك فاجعة أشد رعباً من تلك التي ستصيبني يوم تمط شفتيك إثر قراءة شيء لي متمتماً: لا جديد؟)

(أيضاً، وبدون صبيانيات، هي وكل ما يليها في مجموعتي الأولى لك)

---

13 على الصفحة الأولى من مسرحية («مادوز» تحدق في الحياة)، المنشورة في عدد (؟) من مجلة «الآداب» (ص 34 - 39) كتب سعد بخط يده وبقلم الرصاص هذه الأسطر.

***

(من دمشق إلى فيينا، 1963/7/28)

أنا في دمشق. أعمل في جريدة اسمها الثورة. ولقد أنهيت دراستي وتركت القاهرة ولم تظهر النتائج بعد. متضايق جداً. فالعمل يدوخني. إني لا أعرف أين أنا. ومن المدهش حقاً أن عاماً كاملاً ومليئاً يتكوم خلف ظهري دون أن أستطيع استحضار لحظة واحدة منه في ذهني.

سأترك الجريدة مفضلاً وظيفة حكومية، فذلك أفضل بالنسبة لي.

بدأت عقيب رسالتك الأخيرة رسالة طويلة عني وعنك وعن كامو. ولم تتم. وربما لن تتم في زمن قريب.

وهوامش لكنها أساسية:

1 - يستحيل أن أعمل عملين.. بسبب القانون، وبسبب عدم احتمال أعصابي. ولأنني لا أريد أن أدفن حياً.

2

- راتبي 325 ليرة. أتتصور؟ وسيزيد كل عامين 20 ليرة. وسأحال على التقاعد في الثانية والخمسين.

3 - عدم كتابتي لك لا يعني توقفك أنت أيضاً.

4 - محتاج كالظمآن إلى الاستقرار، إلى التموضع في المكان والزمان برسوخ يومي حتى ولو كان بليداً.

5 - أخشى كثيراً من ضياع العمر في اللاشيء.

6 - القرية جحيم. يا لحظك!

7 - لشد ما أنا مقتنع بالسفر من أجل إتمام دراساتي. أريد أن أصفي نفسي وحياتي وأبدأ مثلك عمراً حقيقياً. قراءة منظمة. تنسيق فئران

أفكاري واصطيادها في دراسات نظرية. ومسرحية. وقصصية. ثم أو أولاً. حياة ثرة.

8 - سأتم قريباً قصة في 30 صفحة تقريباً، عنوانها (هيكل جوبيتر)، أحاول فيها أن أفضح أوضاعاً دينية صميمية، لا تتعلق بالقشور ولكن بالأساس. من خلال الطبيعة الاقتصادية للحياة الإنسانية. وبواسطة الرمز المعدّل بالواقعية.

بدأت أتمايز أسلوبياً، ولكنني أؤكد لك لست متحمساً جداً لأسلوبي. إني متردد أيضاً.

9 - هل وصل الكتاب والمجلة؟ قل لي بضع كلمات عن المسرحية. (لقد أثارت هنا بعض الجدل، والاهتمام) ([14]).

عنواني: دمشق - جريدة الثورة - خلف القصر العدلي.

ولو تركت العمل قبل أن تصلني رسالتك فسيتسلمها أديب لأنه يعمل في نفس الجريدة.

***

(من القرية إلى فيينا، 1963/8/15)

كتبت لك بضع رسائل ومزقتها.

أحوالي قذرة. يا لرسالتك الأخيرة! كانت - وتسلمتها ليلة عودتي من دمشق - أغنية تمرّدها حزين. تفاؤلها كئيب. تشاؤمها صامت كإيماءات همنجواي.

كانت لعينة. لكنني أحببتها، وحسوت نيابة عنك كأساً مزدوجاً من العرق.

---

14 «مادوز» تحدّق في الحياة.

سنلتقي؟ ه..! أتعلم. ليس لدي الحماس - حتى على مراودة - هذا الحلم. إنني لن أبرح قبوي. وليت علاقتي مع نفسي معقولة! كل شيء مقلقل ينبئ بتهدمات بشعة.

ورحلتنا حول العالم نكتة، لا يستحق عمر سخيف أن يدشن بها.

لن أواصل. لعلني سأستطيع الكتابة لك قريباً.

بعد حوالي شهر سأصير موظفاً بـ 315 ليرة. والدي مهترئ، وينتظر أن ألقي له حبل نجاة.

على العموم. هنالك دوماً ما يقال في خاتمات الروايات والأفلام - والرسائل أيضاً -

إن الإنسان لا يموت بسهولة. وذلك وعد. أم أنك كففت عن تصديق الخاتمات الطوبائية!!

تحياتي للفروج التي تتعلم السباحة في قيعانها! إنها أنظف بقاع العالم. وصدقني...

عنواني، الآن، طرطوس – القرية. **سعد**

(من القرية إلى فيينا، 1963/8/27)

لا أعلم إذا كانت طوبائيتك المتطرفة متعمدة كتعزية، وحفز لي. ولكن دعني أقل لك بصراحة إنني لا أكاد أفهم - على الإطلاق - اتفاقك المذهل مع الزمن. هذا على الرغم من أن ما كنت أعلمه عنك هو العكس. خمس سنوات أخرى. ماذا يعني ذلك؟ ثم نبدأ.

أبهذه البساطة حقاً؟ لا.. ذلك مستحيل ولعل السبب بالدرجة الأولى هو هذا (الهجاس المرضي) الذي يأتكلني. إنني أحس أحياناً وكأنني

أنفق كما تنفق الكلاب. صدر وظهر وحنجرة. وآثار بروستات لن تزول.

إن اتفاقنا مع الزمن رهن بقدرتنا الراهنة، أو بإحساسنا بهذه القدرة. فلما تنعدم الثقة الداخلية بالحيوية الكامنة، تختل علاقاتنا الزمنية ويولد هذا الخوف المدمر الذي ينقلب قلقاً مريعاً. قلقاً يتلبس هذا القناع الهوسي القائم على أساس من معاناة التهديد. تهديد داخلي بالدرجة الأولى.

ولكي يتضح قولي أذكر لك مثلاً بسيطاً، ولكنه تعبير جيد عن الحالة المرضية (تظهر لديّ يومياً الرغبة في مغادرة طاولتي إلى البحر، إلا أنني أحجم دائماً، ممتنعاً عن التفريط بيوم لا أقرأ فيه شيئاً، ولا أعمل شيئاً).

إن محدودية جسدي يا ابراهيم تشكل أبشع عائق أمام لانهائية روحي. وفي رأيي ليس ثمة مأساة في الوجود الإنساني أشد قسوة من هذا التصادم اليائس بين محدودية الجسد ولانهائية المعطى. وبينما كان هذا المعطى عبارة عن عدد نساء العالم رامزاً إلى عمومية الجمال لدى (الدون جوان) فإن هذا المعطى بالنسبة لي هو هذا التراكم اللامحدود من لمحات الجمال التي تتضمنها الأنوثة، ومنظر البحر في الغروب، وسيالة الفكر التي تحفل بها مئات الكتب. إنني أقرأ ولكن ماذا؟ قطرة من محيط. لا شيء من غزارة. وهكذا يظل هذا القصور خوفاً مهدداً يبهظ الوجود بثقل شتى المشاعر السوداوية الكالحة.

إنني يائس. ولكنني لست منهاراً لأنني أحاول تجاوز يأسي عبر فهمه. وكما قلت لك مرات أنسق الآن تأملاتي عن العلاقة الإنسانية بالزمان. هذه العلاقة الفظيعة التي تختزلها معادلة ناتجها سلب محض، ولكنه السلب الوحيد الذي يمكن أن يخون نفسه في عطاء إيجابي.

ومشكلتي الآن أن هذه التأملات ذاتية أكثر مما ينبغي، ولذا ينقصني أن أعرف.. أن أعرف الكثير. وكيف السبيل. آه.. ما أضأل الأربع وعشرين ساعة!..

ثم عن الأهداف.

الشهرة؟ صدقني.. أن الفرصة قد انبذلت في السنة الأخيرة بأكثر مما حلمت طيلة عمري. ولكنني لم أغتنمها مطلقاً. لماذا؟ آه.. يا للعنة. ألم تعرف بعد أن ما أبغيه هو الولوج.. النفاذ وليس الانتشار السطحي الهامشي المطنّ. العمق. هذه بغيتي، ولأنه بغيتي لا أكتب الآن. ولأنه بغيتي لن أكتب في أية صحيفة يومية. ولأنه بغيتي رفضت العمل في جريدة واخترت عتمة الوظيفة وظلاليتها. الشهرة؟ يا للعنة!

رشيد في الجندية (احتياط برتبة ملازم). ومعنى ذلك أن الحالة حسنة قليلاً. وقد أكد لي أكثر من مرة أنه لن يتقاعس لحظة واحدة عن إرسال ما تحتاجه. وأما عن خيبة الأهل فإنها أقل مما تحسب. ورشيد طيب بصورة أنه يتضايق بشكل جهنمي لو علم أنك لست مبسوطاً. وأحوال البيت عادية جداً، لا تغيير فيها تقريباً.

وبعد..

اليأس ثانية. اليأس ليس شيئاً مخيفاً كما كنا نظن دائماً. لأنه مظهر أساسي للوجود الإنساني. وبتعبيرات أشد تحديداً. إنني يائس لأن لديّ طاقة حية عالية التوتر وهائلة. أي أنني يائس لانعدام إمكانية استنفاد كل هذه الطاقة. وبذلك يصبح اليأس حكماً قبلياً على الإنسان بصفة عامة. أو إذا شئت الدقة على ذوي الطاقات العالية.

ولا يعني هذا أنني أملك قدرتك على التكيف. لا. إن المضايقات (التافهة) التي تشترك هي الأخرى في ممارسة منعها لانطلاق الطاقات يدوخني فعلاً، وليس من السهل علي في شتى الأحوال أن أكون موظفاً دون كلمة احتجاج!

حياتك تثير شهيتي.. إنك محظوظ. ذلك خير ما يمكن قوله.

أما عن وضوح الغايات، فإنني أتفق معك في هذا، وأظن أنني أعرف أهدافي، بل أعرف أيضاً موضوع الرسالة التي سأنال فيها إجازة الدكتوراه في الفلسفة. والمشكلة مشكلة وقت لا غير.

سأتسجل في الجامعة السورية. سأقرأ. سأكتب ذلك ما يمكن الجزم به اليوم ودائماً، ولكن كيف أستطيع أن أوحي لك بقسوة المثبطات. ينبغي أن تتيقن أنني لا أكتب في هذه الرسائل شيئاً!!

أقرأ هذه الأيام (فرويد). يا لها من متعة. ولدي من كتبه ما يلي: محاضرات تمهيدية في التحليل النفسي. معالم التحليل النفسي. حياتي والتحليل النفسي. الأنا والهو. القلق. 3 رسائل في نظرية الجنس. ما فوق مبدأ اللذة. تفسير الأحلام.

فهل تستطيع أن تذكر لي كم ينقصني بعد من كتبه التي لم تترجم. وما هي؟

حياتي في القرية عادية ومقيتة. الحرمان الجنسي يذبحني. والبروستات تهددني.

ثمة فتاة حازت الليسانس هذه السنة. بدأت علاقتنا منذ 3 أشهر. العلاقة مليئة بالتفاصيل ولن أكتب لك عنها إلا حينما أحدد بالضبط طبيعة شعوري، وملامح مستقبلنا (أعني مستقبل العلاقة - ليس الزواج -)

- وأخيراً اقتنعت بأن عليّ النأي ما استطعت عمن يسمون بالأدباء.. (هاني.. حيدر.. أبو شنب.. عبد الصبور) إن ساعة مع علي حسن أجدى من أيام يحياها المرء مع - الأدباء -. يا للعنة! وتسألني: كيف تقرف؟ وتقول: لم تعجبني رسالتك؟

صدقني.. إنني لا أكتب الكثير في رسائلي. ولحسن حظك أنني أحترز كثيراً. **سعد**

ولم تشبع رغبتي في الكتابة بعد..

أولاً.. ماذا تقرأ. أم يمكنني أن أستنتج أنك لا تقرأ شيئاً بسبب الأربع عشرة ساعة التي تعمل فيها؟ ثم ليتك تكتب لي أكثر عن نفسك. ماذا ستدرس في الجامعة؟ وطبيعة قبولك أعني قبولك العالم، أي إيجابيتك. هل هي عوم متشتت بلا تركيز، أم أنه تحرّك منظم وهادف نحو منارة واضحة. أنت تقول: المهم هو تحديد الأهداف. وكأني بك تعرف أهدافك بوضوح مثير. وربما كانت لديك فكرة عن الأهداف العامة البعيدة. ولكن في القريب، ما هي الخطط الصغيرة اللازمة لإنجاز المرامي البعيدة الأخيرة.

ولعلك لو أجبت ستفضي بي إليك. إننا دوماً نرتطم، ولكن، ربما، على الشاطئ فحسب بعيداً عن الأغوار. هذا مع العلم أنك، بالنسبة لي على الأقل، أكثر من رغبت وحاولت أن أتماس معه في الداخل، في الدهاليز المعتمة للذات. وبالمناسبة، إنني أتعذب كثيراً هنا من فقدان الآخر. الأهل في القطب، والرفاق أبعد منهم. وليس ثمة من أقدر على فضفضة بعض الضغوط الداخلية في جحره. على كل، أظن أن الكظم ليس سيئاً كثيراً، لأنه سبيل للتفاعل، وللتنامي. إن صمت الباطن ضروري للخلق. الخلق بمعنى القبض على تركيبات جديدة للعالم أي على اختراعها.

ثانياً.. البيت جهنم، وهو جهنم لصيقة بوجودي إلى حد أن سفراً ما لن يخلصني منها. كان يجب أن أكتب لك مرة عن بيتنا ولكن لمه. دعك في مشاكلك.

ثالثاً.. فكرت أيضاً في وصف يوم من هذه الأيام التي أعيشها هنا، لكن لا أظن أنني أستطيع إضافة جديد عما تعرفه إلا إذا ضمنت الوصف تجاربي الفكرية - الذهنية. وحتى هذه، ينبغي أن أكف عن طرحها عارية من أشكالها الفنية إذا كانت هذه الأشكال ممكنة.

ورابعاً وهذا أهم ما في هذه التوالي التي لم تكن ضرورية

تحياتي لبقرتك ذات الإثنين وعشرين ربيعاً، وشكارة أحسن امرأة عندنا. **سعد**

***

(من القرية إلى هايدلبرغ، آذار 1964)

ها أنا أبدّل الورقة للمرة الثانية. وقبل ذلك مزقت بضع رسائل. لقد أفقدني زمن الصمت المديد عفويتي، وإنه لعذاب إضافي أن أفقد بساطتي معك أنت بالذات.

ماذا هنالك؟ قبل الإجابة دعني أتكلم قليلاً عن رسالتك الأخيرة.

أنا أعلم جيداً أنها ليست للنقاش، أو لإثارة الآراء، ولكن كيف يمكن أن نرى عري إنسان دون أن نقول كلمة.

يا صديقي.. كانت سطورك المركزة، والمخلصة مخيفة ومدهشة معاً.

لا شيء يثير الاهتمام بشكل كاف.

أليس ذلك - حين يبدر منك - مرعشاً كملمس طراوة غير متوقعة. الحلزون مثلاً. ألا يرعش ملمسه، حين تصطدم به الأصابع الباحثة في الظلام عن شيء آخر!

ومع هذا، فقد كان التعبير حاسماً يحمل في ثناياه البون الوسيع الفاصل بيننا. أنت تمتلك نفسك بقوة، وتؤمن بنفسك، حتى أن القضية

يمكن أن تتخذ بساطة لا متناهية. أنت في قطب، والعالم في قطب آخر. وبينكما رباط وثيق يكوّنه حكمك الحاسم، بأن لاشيء يثير الاهتمام في هذه الضوضاء المسماة عالمنا.

وإنها لجرأة لامتناهية أن نكف عن احتقار ذواتنا، لنتحول إلى العالم، نلاشيه بازدرائنا. جرأة كالعظمة لا ينتجها إلا أحد أمرين. أن نشعر تكاملنا، أو ننساق لغرور ما فينا. ولن أتصورك مغروراً، ولذا فهو الشعور المليء الواثق بالأنا. الإحساس المدرك بثقلك في عالم هشّ ما أسهل تفتيته إلى هباء منثور!

هنا يكمن تفارقنا. العالم ثقل يسحقني، وبدلاً من أن أتوجه إلى الخارج فإنني أبداً حبيس جدراني الصمّاء. لن أملّ تكرار هذه الفكرة تجاوباً مع شدة معاناتي من مازوكيتي الصامتة التي أمارسها دائماً بلا وسيط، تماماً لكأن شيطاني السادية والمازوكية يسكناني.

أنا لا أملك جرأة التصريح بأن لاشيء يثيرني، وتترجم مثل هذه العبارة لديّ على هذا النحو: أنا عقيم وإنني عاجز عن إنجاز شيء. العطب في داخلي، أما العالم فإنه أضخم وأهول من أن يكون معطوباً أو لا شيئاً.

ولعل الخلاف يتجسم أكثر على هدي عبارتك الصغيرة التي تضيء وسط رسالتك كقمر غامض. هو ضائع لكنه رائع، كامل، كاف...

تسميها «فائض طاقتك».

مبدئياً لا يهمني إن كانت بلا هدف، ولا يهمني إن كانت مخزونة، ولا يهمني إن كانت الفئران تتناتشها. وإنما يعنيني الإحساس الدافئ والغني بهذا الفيض الحيوي. إنه بمثابة تمليك العالم. ولعل شدة اهتمامي بها نابع من فقداني الوراثي القديم لها. إن مما أحتاجه على الدوام هو شعور بطاقة زائدة. وساعتها لن أبالي لو لم أنتج، لأنني سأتحرر من الخوف. والخوف هو عقدتي الأبدية. لا أستطيع الآن

أن أتبسط في الحديث عن هذا الخوف، لأنني ما زلت في مرحلة الاكتشاف، ولربما التقينا مرة في إسهاب أكثر. وأعود.. لديك إذن فائض طاقة لا يلاقي هدفه. ما الهدف؟

من وجهة نظري، الآن على الأقل، ليس هنالك هدف أرفع من الإحساس الدافق بالحياة. تذوق الحياة ليس شيئاً ذا بال، لأنه يشيّء الحياة موضوعاً للتناول. عيش الحياة، كلمة فارغة، لأنها تفصم الأنا عن فعل الحياة وتحيل علاقتهما اقتصادية، والمهم هو دائماً، نوع من الحلولية.. أن يكون كل منا الحياة ذاتها. إننا - فرضاً - الحياة، ولكننا جميعاً نتصرف، وفي شتى الظروف كناس كانوا أحياء، أو يتوقعون أن يصيروا. أما أن نكون الحياة.. أن نكون الدفقة، والنبض، والجيشان، فذلك ما لا نطاله غالباً، وإن كنا نحلم به. وفائض طاقتك يا صديقي، يحررك من الانفصالات اليومية عن الحيوية، لينصبك في قلب الحياة نفسها، فتكون هي.. وهي تكونك. وقد تبدو لك فكرتي غريبة، ولكنها قطعاً ليست كذلك بالنسبة لمن يعاني هذا الانحطاط الدائم في القوى، وهذا الخوف المستمر من السقوط. وثمة أضواء كثيرة ينبغي أن تلقى على علاقة الإنسان بجسده. بأجهزته وأطرافه، بجلده وأنسجته.

أما حياة «الغرباء» التي تحاول رفعها منارة طريق.. فإلى الجحيم.. كان غرباؤك يستميتون عطاءً بغية استحصاد شعور واهن بأنهم أحياء... أفلا ينبغي أن تشعر بتفوقك بعد ذلك؟

ثم.. وأؤكد إنك ستنتجز بدورك. لا تهز رأسك، فالمسألة أعمق من مجرد الرغبة. إن الحياة، حين تصطخب حقيقية، لا تستطيع إلا أن تكشف نفسها في عطاءات غنية.. متوالية. وعندما لا تعطي، تنقلب تدميراً في الداخل. ولأن علاقتك بذاتك تتسم بهذه الصلابة.. فإن التدمير لن يكون.

تحليل رياضي؟. ربما، لكنني أجزم، أنك وأنت تقول لي لا شيء يثير اهتمامي، كان فائض طاقتك يبتسم ساخراً. إنك محكوم بالعطاء. ماذا؟ ليكن أي شيء، وليس المهم النوع.

ولا شك أنه لا يثيرك أن أقارنك الآن بالآخرين، ولكن سأكتفي بالقول وبشكل جازم ينأى عن التدليس الطوبائي: فائض الطاقة، مع تماسك الأنا بمواجهة العالم عبر تصريح ثاقب بأن لا شيء يهز اللامبالاة.. هو تعملق خاص يشيلك فوقنا جميعاً..

إنك في قمة الفعل تصرّح. أما نحن فما زلنا نلوك كلماتنا المحفوظة، ونتماحك بألعابنا الفكرية. ولا تقل لي ما قاله هـ. ج. ويلز «إذا لم تعجبك حياتك يا مستر بولي فبدّلها». ما عاد التبديل بالسهولة التي تتصورها. لقد صار الموضوع الرئيسي لديّ «لدينا» أن نتسوّل من العالم الخارجي اعترافاً نقنع به ذاتنا النابحة بقصورها.

إن القدرة على بداية جديدة يحتاج إلى طاقة خارقة لا أملكها، بيد أنني «أحسد» بكثير من الحسرة من يملكها!!

....

فاتت شهور طويلة لم نتحدث فيها. وكان صمتي يزيد العذاب قسوة. إنه الإحساس بالغرابة حيال المكان والزمان معاً. ليست دمشق بالمدينة التي يألفها المرء سريعاً، ثم ليس الجدب بالأمر الذي يتعايش معه الإنسان بيسر. وتجمعت الصعوبتان تضاف إليهما الأمراض المستترة، وأشياء كثيرة أخرى لكي يضيع الذهن في غيابة ميوعة صفرية مهددة. وكنت أشفقت من الكتابة إليك. ترى لماذا؟ لكي أفاقم متاعبك. أو ربما كان قرفي من شكواي الأبدية الحائل الحقيقي دون الكلام.

أخباري عادية. بنات، وحرمان، وتسليات فارغة، وعمل رتيب، وتدخين كثير، واحتساء قهوة موصول، وعذاب داخلي، وكتابة

«قليلاً»، وقراءة «قليلاً» وعدم استقرار، ووحدة. على فكرة لقد عاد رشيد إلى التعليم، فزادت مصاعبي. إن فضيلة السكن مع رشيد أنه إنسان قليل المتطلبات، قليل الإزعاج، يصغي جيداً، ويفرفش جيداً، وحين يبوح بأسراره يكتشف المرء أن خلف صمته (لا شيئاً رائعاً).

أنشر بعض الأشياء.

منذ شهر نشرت في الآداب «مسرحية» في 7 صفحات، عنوانها «فصد الدم». ورغم أنها - من وجهة نظري - عادية جداً، كل ما فيها لعبة صغيرة بالتكنيك إلا أن أحداً من القلة الذين قرؤوها لم يفهمها والحمد لله. [لم أرسل لك المجلة، لأنني لم أعد أعلق أهمية على هذه الأعمال الصغيرة!]

وحكايتي مع النشر حكاية سخيفة.

أتعلم أن البضعة شغلات الصغيرة التي نشرت في الآداب نفختني بشكل تافه!

إلا أنني استفقت على نفسي. شعرت لفترة أن النشر شرك يتأهب للاصطياد. وكان مصير أدبائنا يبرق في عيني فاجعاً موقظاً. فتوقفت. لم أكتب، لم أفعل شيئاً. كنت كالشهيد، وكان علي أن أقنع نفسي في البدء من جديد. يا إلهي ما أشق البدء من جديد. ولكن كيف يمكن مع هذا تهدئة هذا الجرح الفاغر من الاحتقار الضمني من دون قدرة على البدء من جديد. حقاً ليس بدئي تغييراً للاتجاه إلا أنه رغم ذلك قاس ومخيف.

أعمل في مجلة «المعرفة» وهي مجلة تابعة للوزارة. ومستواها رفيع، ربما أكثر من «الآداب».. وأنشر فيها بعض الأشياء النقدية. وسأتولى تحرير باب ثابت تحت عنوان «قضايا أدبية معاصرة». ولكن ما كل هذا؟ إنه احتيال على الذات. إنه هروب من الخلق الحقيقي. من الدراسة العميقة التي أزمع إنجازها، من الرواية الجيدة

التي أريد كتابتها، من المسرحيات الكثيرة التي أنوي ابتكار اتجاهات جديدة فيها.

وأحياناً يلوح لي ذلك كله كالأحلام. وأشعر أنني سأنتهي قبل أن أفعل شيئاً. عندئذ أتذوق ومن خلال الصدام الفاحش بالنهاية، اللامبالاة الرائعة. في قمة اللامبالاة أتفق مع نفسي ويصبح سيّان أن أفعل أو لا أفعل.

إذا كانت هذه اللامبالاة توفر لي دوماً الشعور بالاتفاق الذاتي، فإنني أريد إذن ألا أتحرر منها. بيد أن لي عقلاً جهنمياً. ليطفئ الله نور العقول. بل ظلامها!

يا صديقي كنت أحسب أنني سأكتب بتنظيم أكثر، وببعض التطويل. غير أنني تعبت.

اكتب لي، وربما سنستعيد بساطتنا الأولى في الكلام مع تحياتي سعد

لو تعلم كم أنا مشوق لقراءة (القصر، أمريكا، القضية)!

لو تعلم كم أنا واثق أنه لن يتاح لي أبداً الاطلاع على الفكر الألماني إلا بواسطتك!

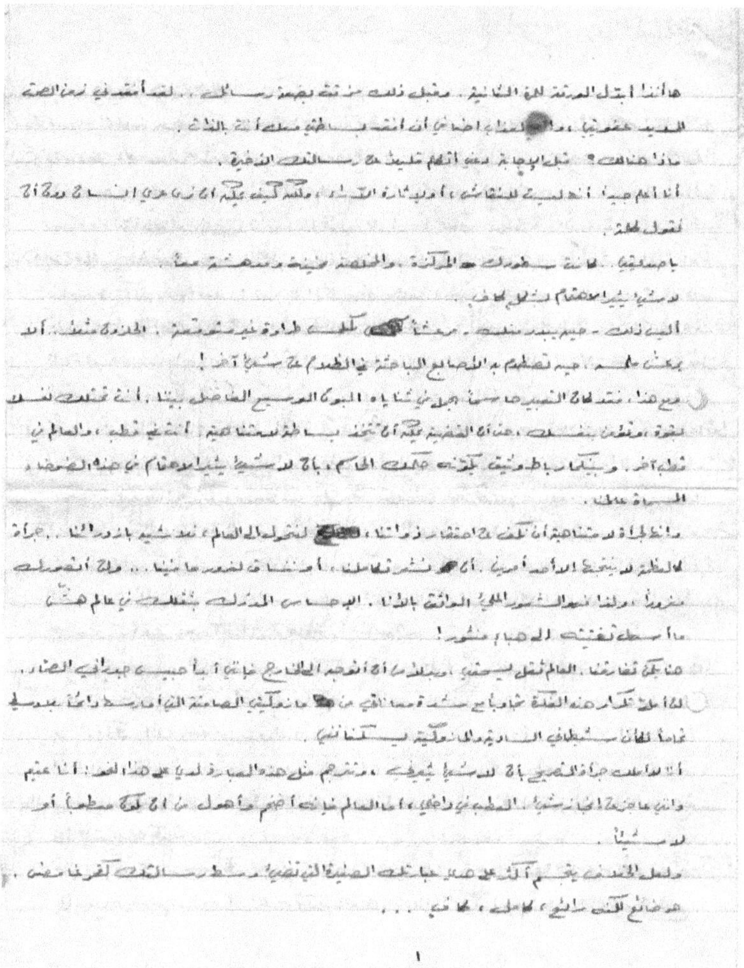

ها أنذا أبدل الورقة للمرة الثانية. وقبل ذلك مزقت بضع رسائل.. لقد أمضيت زمن الصمت
البعيد صغيرتي، و[illegible] العناء أضاف إلي أن أمضي بسلطتي مسك أنه بالذات.
ماذا هنالك؟ قبل الإجابة دعني أتهم تلميذ من رسائلك الأخيرة.
أنا أعلم جيداً أنه ليس للنقاش، أو لإثارة الشك، ولكن كيف يمكن أن [illegible] الإنسان وجه أن
يقول لك.
يا صديقتي. كانت سطورك مرتبكة، والحقيقة خفية ومدهشة معاً.
لا شيء يثير الاهتمام بشكل كاف.
أليس ذلك - حين يبدو منطقياً - يعني [illegible] كلمات طارئة غير مشتركة. الحقيقة متفقة. ألا
يمكن حلم، حين تصطدم بالأصابع الباحثة في الظلام عن شيء آخر!
ومع هذا، فقد كان التعبير ما سمح بجول في ثنايا البوح الموسيقي الفاصل بيننا. إنه تختلف نفسك
بقوة ومنطق بنفسك، هذا أن التفسير يمكن أن تحيط بسلطة لا معنى لها. إنه في قطب، والعالم في
قطب آخر. وبينهما رباط وثيق يكونه هيكل الحلم، بأن لا شيء يثير الاهتمام في هذه الصفحة
المسودة عادلة.
وأظن أنه لا متناهية أن تكف عن افتقار ذواتنا، [illegible] لنتحول إلى العالم، نعد شيئ بأذرعنا.. جراة
الطفل لا ينبغي الا أصد أمين. أن [illegible] نشر نقاط، أو نعيد لنعد صامتين.. وأن أنفصل
مبرراً، ولنا نعد الشعور الحي الواثق بالأنا. الإحساس المدلل بتفلت في عالم هش
ما سحب تفتيت الرهبا منثور!
هنا تكمن ثقافتنا. العالم تقبل لي حقي، وبدلاً من أن أنتهم الخارج فإنني أبا حبيبة [illegible] في الصدر.
لذا لم أكد أحس هذه اللحظة شابة مع شيء قصة لقي من [illegible] ما تعطيني الصامتة التي أمارس [illegible]
تماماً الآن سطحي السابق [illegible].
ألا ترا أنك جاءت النصيحي بأن لا شيء يثيرك، ومثلهم مثل هذه العبارة لدي عن هذا الحد: أنا عقيم
وأنني عاجزة أن أنشئ. العطب في داخلي، أما العالم فإنه أضخم وأجمل من أن يكون سطحياً أو
لا شيئاً.
ولعل الخوف يجسم أكثر من صعوبات هذه الصفحة التي تضيء وسط رسالتك لقرحة مضى.
هو ضائع لكن ماثل، لا جليب، لا مهم...
١

آذار 1964

***

(من دمشق إلى هايدلبرغ، 1964/4/16)

بنفس طريقتك.

لتكن هذه الرسالة شطيرة صغيرة تلتهمها وأنت تحزم متاعك، الذي - يخيّل إليّ - أنه لن يتجذّر أبداً ما دامت الأرض تدور، والزمان يتكوم على نفسه، وفي قنوات الجسم تسري بضع طاقات.

إذا كان كل إنسان معوزاً لبعض الجذور التي تصله بالأرض، فإن البعض معوزون إلى أرض أولاً وبعدها ستكون الجذور. أنت من النوع الأتعس. وأنا من النوع الأقل تعاسة. أنت تبحث عن أرض، وأنا أبحث عن جذر. هذا لا يعني أنني سبقتك بمرحلة، بل يعني أنك كنت أجرأ فلم تقبل البدء من «الراهن» بل بدأت من الخلف، من بدايات الخلف ليكون البناء كلياً، متكاملاً. وما دمت تطمح إلى الأمثل، فلا بدّ من دفع ضريبة أكبر.

بالنسبة للعرق، وللكتب.. فإنني أود حقاً تحقيق أمنيتك.

لو علمت بأي عائد فسأبعث لك معه كل ما تريد. عدنان عبد الوهاب سيأتي في العطلة الصيفية، أتنوي العودة إلى فيينا ولو لأسبوع.

بالنسبة للكتب المسألة أسهل. فهل أرسل لك - بذوقي - أم أنك تريد شيئاً معيناً.

عن المسرحية. سأرسلها. لكن بعد أن تستقر في بلد آخر.

البارحة كانت عندي.. (أعيش في شقة صغيرة لوحدي).. فتاة معقولة. ذات تربية تقليدية ممتازة. تدوّخك قبل أن تأتي إلى الشقة، لكنها بعد أن تأتي، تستنفدك وهي ما زالت تلتهم في بقاياك. كانت منفرجة الساقين تلهث، وكنت مشمئزاً (قبل ذلك ظننت أنني سأمتلك ثلث العالم حين آتي بها إلى البيت). قالت: متى سنتزوج.. قلت لها:

عندما تشائين.. - هل ترسل أهلك الأسبوع القادم؟ - من غير أهلي ألا يمكن؟

ثارت، احمرّت. غضبت ثم خرجت وانتهينا. ليس المهم الحادث. ولكن المهم هذه اللامبالاة. اللامبالاة المخيبة، المفجوعة. هكذا نحن محكومون باليأس. لن نشبع أبداً. ما ننناله يكف عن أن يكون مشبعاً أو حتى مهدئاً للجوع، وما لا نناله لانهائي بشكل مدوّخ، وبين الواقعتين تقعي محدوديتنا. آه.. هي صرخة هذه الأعوام. الصرخة الوحيدة لإنسان يعرف المظهر الوحيد لما يعرف من الحقيقة. مظهر الهزيمة. واللاشيئية.

أتيح لي دفع البدل. لم نستطع تدبير الفلوس.

من جديد، أنا على حافة تغير في مجرى حياتي. لنرى عما تتمخض عنه الأمور. الذين لا يكفون عن مراقبة ذواتهم محال عليهم أن يهدؤوا، أو يثبتوا على شيء. هم دوماً يبحثون عن الجذور.

هذه ليست رسالة. أخباري هي.. هي.. مع بعض الزيادات الطفيفة من أمثال العودة إلى محض الإرادة كل الإخلاص. وكأن المسألة أن نملك القدرة على التنفيذ.

ثم هذا الشعور بأنه لا بد من البدء ثانية، ثالثة، دائماً من جديد لوضع كل وقائعنا موضع البحث. ولا تستغرب، إننا هنا نملك نعمة «أو محنة» الوقت الفارغ.

لنر إذن إلى أين يمكن أن يقودنا جوعنا إلى المعرفة. هل سنضيف شيئاً؟ ليس ذلك على جانب كبير من الخطورة، ولكن لماذا لا تكون لنا طرقنا. أو وسائلنا؟

لكيلا أكون غامضاً.. يتعلق الأمر بوسائط محاولات فهم الإنسان والعالم. والوسائط هي «التكنيك» الأدبي. لماذا لا نحطم وسائل

التكنيك المعروفة، فلعل في تغيير مدارات البحث، وطرقه، إمكان الاقتراب من المنشود.

اللعنة على الفكر. يوماً سأشتغل بالتجارة!

وإذا كنت تبحث عما يثير اشتياقك حين يطوف بك طائف الملك، فإن «حضرتنا» ستكون هذا الموضوع الاشتياقي أبداً. إننا لا ننوي النزوح من مكاننا، وإننا نستطيع أن نخطط جيداً للبضع سنوات الباقية من عمرنا.

سنقرأ، سنكتب. وحين نفشل (أمام أنفسنا) سنتحول غير مأسوف علينا إلى التجارة.

وتحياتي.. مع انتظار عنوانك ورسالتك وآخر أنبائك سعد

سرعتي في الكتابة ناجمة عن نضوبي (أعني النضوب المؤقت) وليس عن شعور نحوك!

***

(من دمشق إلى فرانكفورت، 1964/7/12)

كثيراً.. أكثر مما تتصور تلهفت انتظاراً لرسالتك. وفي أيام داهمتني وساوس. وكنت أقصي ذلك بقسوة لأنني لا أستطيع أبداً أن أتصورك متلاشياً. وقد يبدو ذلك مضحكاً. ولكن فعلاً أنت بالنسبة لي من حقائق الكون الأساسية. وفي مرة أخرى.. ارسل لي عنوانك على الأقل. وكم احتجت قدرتك على الفهم في الأيام الفائتة!

واسمع أولاً هذه الحكاية.. وإذا كنت قد تحاشيت إرهاقك بحكاياي خلال هذا العام؛ فإنك لن تتضايق من واحدة. واحدة غريبة. وشبيهة باللعنة التي تطلقها في رسالتك.

إنها تدرس في حلب «كلية الهندسة»، كانت مغموسة بقصة حب مع أحد أصدقائي «خير الله يازجي».. ومن رسائلي له، ومن كتاباتي،

ومن أحاديثه عني عرفت بعضاً مني. ثم دب بينهما الخلاف.. فشرعت تكتب لي منذ بداية هذا العام. وبعد وضوح رسائلك، وتناسق أفكارك لم ألتق حتى الآن مثل هذا الوضوح أو التنسيق. وفي أسلوبها نكهة من دي بوفوار، ولا أبالغ. وكان ذلك يقتلني إثارة. آه.. يا ابراهيم كانت رسائلها رائعة وستتوثق من ذلك حين تقرأها. ورسالة خلف رسالة، كانت تتسرب أغواري لتتخذ شكل المجهول. وسمت كل ما لم أنله بعد. كانت بعيدة. تحتمل كل الوجوه. كل الأشكال. غنى لا متحدد. وشمول رائع كالدنيا. وبدأنا نتكاشف. ولدت قصة حب في الكلمات. وعشت أسبوعين هائلين. كانت حواسي ممتلئة. وكان دمي يتدفق بالغبطة. ها إن شيئاً ينبت في صميم الجدب. شيئاً مجهولاً، مبهماً، أندفع نحوه بشبق الرغبة في امتلاك العالم. كل العالم. وبلا مبالاة عبثت ببضع قصص في دمشق، بل حطمت واحدة منها، وبدأت في تحطيم الثانية. ماذا يهمّ. ما دامت تلك تكتب لي كل يومين رسالة. وتحدثني عبر التلفون بصوتها الثري بشتى المعاني. ماذا يهم كل شيء، ما دام الحلم يتمازج بالواقع فجأة وبطريقة مدهشة للغاية.... وليتنا صبرنا. ليت الشوق لم يفقدنا الهدوء بهذه السرعة. ولكن.. أكان ذلك ممكناً؟ بالتأكيد لا. وسافرت يا صديقي إلى حلب. أوه. يا لأبالسة الأرض! كانت شيئاً مختلفاً. كانت فتاة.. مجرد فتاة كاللواتي في دمشق. واجتاحني دوار مرير. بقيت معها يومين، ولم أكن موجوداً. تحوّلت إلى انحطاط عام، وعينين حمراوين، وبضعة أحاسيس كدرة تتذوق نهائياً، اليأس الحتمي. اللا أمل. هي ذي عمارات أمان تتقوض، تماماً في اللحظة التي تتجسد فيها الصور الذهنية واقعاً. هو ذا كل شيء مختلف عما هو متوقع. وفي الليل حين أخلو، كانت نفسي تتمزق بألف صرخة محبوسة. وعدت إلى دمشق. لاشيء. لن يكون المدهش. مات المدهش. في عصر ما إلى الوراء، أو إلى الأمام اندثر المدهش.. وانتصر التكرار. التكرار الخاوي، المتعاقب، المستنفذ.

والدون كيشوت كان يملك من القوة الباطنية ما يطوّع العالم لتصوراته وخيالاته. أما نحن فكيف يمكن أن نفلت من موضوعية الأشياء الخارجية، ولدى الصدام معها، تتحطم خيالاتنا، لا الأشياء. وليتني بقرة عجفاء لا تحلب أحلاماً. أو ليتني أملك قوة الدون كيشوت على تصيير العالم الخارجي خيالاتي دون انحراف، أو تبديل! الأمنيتان مستحيلتان. وإذن فلنلتعن إلى النهاية.

وتقول: اللعنة.. ليكن يا عزيزي؛ بيد أن ثمة نافذة أخرى. وحصار «اللعنة» ينبغي أن نتجاوزه لئلا نصبح لاعنين ثم لاشيء. إني لا أبحث عن الجدوى. فقد فقدت الأمل. ولكن أبحث أيضاً عن الطمأنينة. والكتابة هي اليقين الوحيد الممكن.

في هذه الفترة أتطلع إلى الأمام. كففت عن رؤى السفر والتنقل، والريادة المستمرة لعالم مجترّ. أتطلع إلى الأمام فلا أرى إلا ورقاً أبيض، وقلماً ينجرّ على سطور. ما النتيجة؟ طظ. ولكن ما نتيجة كل شيء. ودعنا من الحساب. حين أنجز عملاً أقضي أمسية هادئة. ذلك يكفي الآن.

كتبت بضع مسرحيات قصيرة، ودخلت في مشادة نقدية. وثمة مقالات نقدية قصيرة. المسرحيات لم تنشر بعد. وهي مبتكرة تماماً. وأحسب أنني سأضيف أشياء كثيرة على المسرح العربي. سأحتاج إلى سنة كاملة لتفريغ كل المسرحيات التي تعبث في جمجمتي. وربما أصدرت مجموعة قصيرة في كتاب، وربما انتظرت شيئاً. والحقيقة ليست لدي مشاريع معينة عن النشر. ولكن لدي مشاريع أكيدة عن الكتابة.

وإذا كنت لم أنجز حتى الآن - عملي الحقيقي - إلا أنني بدأت فعلاً أشم رائحته. وأقرأ. وأمسكت وقتي أكثر من ذي قبل. ولعلني - لو استمررت - سأصل قريباً بقعة «الرضى عن النفس». أما أن يكون كل ما حولنا مخيباً.. أما أن تكون حياتنا واقعة يأس شاملة، فذلك

ليس ذنبنا، وليس مسؤوليتنا. أعطينا كمية من السنين، فلننفقها بأهدأ ما نملك. وإني لا أعلم عمّ تبحث بالضبط. وحتى قولتك في رسالة سابقة عن «الغرباء» الذين يثيرونك لا يزالون لا توضّح الكثير. إنك لا تني تشق بأظافرك سراديب في هذا الـ «عالمنا»، وكأنك راهنت نفسك على المضي إلى النهاية. حتى تعطي اللعبة كل أبعادها. عندما تغدو اللعبة تكراراً حاول أن تنجو بجلدك. لا لنبني عالماً نظيفاً، كما كانت تتخيل مراهقتنا، بل لنستنقذ قدرتنا على تذوق المتع الصغيرة: فنجان قهوة في الصباح، كأس بيرة على سطح مقهى ملبّد بالسماء الشفافة، ساعة حديث ودود متفاهم، قبلة صغيرة ترفّ على شفتي بنت منذهلة. سيجارة في لحظة شرود.. منظر خريف في ريفنا. أشياء كثيرة. كثيرة للغاية.

ولا أعرف علاقتك بالكتابة. أتمنى جداً أن تكون وثيق الصلة بالكلمات. ويا لها متعة مزدوجة، أن تكتب وأن أقرأ لك! وإني مهتم بمعرفة أنباء هذا الموضوع فلا تتملص.

أسكن منذ ثلاثة شهور في قبو غميق تتكوّم فوقه دمشق بكاملها.

الوحيد الذي أحكي معه بعد عبد الرزاق وزوجته، إنسان أصيل اسمه زكريا تامر. ويوماً سأرسل لك مجموعتي أقاصيصه، وستستمتع إلى أبعد حد بقراءتهما. وبالنسبة للكتب.. إنني مستعد لإرسال كل ما تطلبه حتى لو كان مكتبة بكاملها.

وسفري إلى ألمانيا في الصيف القادم فكرة جميلة، لا لأنها ستزيد معلوماتي الجغرافية والسكانية والعمرانية، ولا أظن أن ثمة مجالات لتزيّدات أخرى، بل لأنني سألتقي بك. إني أحس أن أسبوعاً معك الآن كفيل بتجديدي. وزرق دمائي بحيوية غامرة. وسأخطط بجدّ لهذه الرحلة. خاصة وأن سفري أصبح أسهل بعد أن أعفيت من الجندية بسبب وحدانيتي لأمي. ووفرت بذلك سنتين، وخسرت تجربة، وبعض الصحة.

لا أساعد أهلي مطلقاً وهذا يزعجني قليلاً. ومعزول عن الجميع، في قوقعة أدور، أمضغ أفكاري وأدخن ضبابي وحين أكون مع الجميع لا أكون إلا داخل قبة المحار. لا اتصال، لا تفاهم، ويتم ذلك بلا مأساويات، وبلا آلام. أحزان صغيرة. لا أكثر. والصمت عالم مسحور كاللانهاية.

بودي لو أكتب ولا أتوقف. لولا أن كلمتك صحيحة:

تباً للرسائل.. ما عادت تغني... وتحياتي.. **سعد**

إذا غيرت عنوانك، أرسل لي العنوان الجديد ويكفي.

***

(من دمشق إلى فرانكفورت، 1964/8/4)

يا صديقي

«محوج لندائك على هذا النحو». حين وصلتني رسالتك كنت في بدء مرض، أسقطني في الفراش بضعة أيام.

آه.. وحيداً في الفراش أنظر من نافذة مفتوحة إلى ذؤابات شجرة بعيدة تغيب ملامحها في وقدة ضياء أبيض، نقيّ كسريرة ماء رقراق. لدي فكرة عن الحياة.. كالهوس الذي يسيطر على المصابين بالهجاسات. ولكنني كثيراً ما أحس.. ودائماً ما أحس أنني بعيد عنها. هاته الشمولية الكثيفة، المسمّاة «الحياة».. يعلمنا الفلاسفة، ألا ننظر إلى الكلّ، وأن نبدأ علائقنا الذهنية من الجزئيات ومع المنتهي، أملاً في بلوغ صورة ما عن اللانهائي. والحيثيات الصغيرة خلوّ ونضوب. علاقة مع فتاة. كتابة على ورقة بيضاء، نزهة فوق رمل بليل. كل شيء يتحطم في التنفيذ. وكل تنفيذ يقصينا أكثر عن «الكلّي». وفي أعماق هذا الهوس ثمة تناقض. وإني أحياناً لأرصد بقناعة ممتازة

الجزئيات.. بدءاً من احتساء فنجان قهوة في الصباح إلى التسكع وحيداً في شارع ظليل خال.

من صلب التناقض، والتوتر.. ننتظر دائماً أن نجد الأمن.

ما قلته عن كتابتك أشعرني بتدان داخلي منك. إني واثق الآن أننا «سنقال» على نحو ما. سواء لديّ أم لديك. وأن «نقال» كما ذكرت ليس غاية تماماً. ولكنه واحد من «السرّابات» التي تسهّل لعبة العيش، وتعطي لأمل التلاقي مع كلية الحياة بعض القوّة.

أما عن سفري إلى ألمانيا، فلا أهمية خاصة له عندي. أريد أن أراك. أما تغيير الجدران! فإلى الجحيم، أينبغي أن أكرر لك ألف مرة أنني لا أقيم وزناً لتغيير سطحي في شكل حجارة الجدران. وفكرة أن أحيا في مكان آخر تلاشت. في الواقع إني لن أكف عن الاعتقاد بمسؤوليتي الشخصية حيال كل الارتكاسات التي تصيبني. وأن يتغير المنظر. ذلك لا يساوي الكثير في جوهره. والتجربة ليست ألعاب «القرود» على مسرح شوارع نظيفة، بل ألعاب الفئران في جحور الذات العميقة.

بالنسبة لما كتبته. يا عزيزي ليس مهماً كثيراً أن أرسله. لا يعني هذا أنني أتملّص من وعد قديم. سأرسل لك. سأرسل لك قريباً.

طي هاتين الورقتين، حكاية صغيرة. في حكاية كافكا تأكل القطط الهررة، في هذه الحكاية، أحاول أن أعرف كيف وجدت الهررة. ومن وضع لئيم ومليء بالتهديد عبر انقسام مخيّب تمّ في الحلقات البدئية، ما الأمل؟

ليست مضامين كبيرة. وليست عملاً كبيراً. ولكنني أحبها. ولهذا أرسلها قبل غيرها ([15]). مع تحياتي. **سعد**

***

(من دمشق إلى فرانكفورت، 1964/11/11)

مع كل عمل ينشر يزداد سوء التفاهم بيني وبينهم ([16]).

لا تسألني لماذا تنشر؟ إني أيضاً أبحث عن ثقب حقيقي يشيلني خارج المنفى.

بدأت مكانتي الأدبية تتبلور. لكن ذلك ليس كما أريد. ليس كما أتخيل.

سأرسل لك قريباً مسرحية جيدة

إني لا أعلم إذا كان ذلك يعوض عن الرسائل.

لكن سأكتب. لأنني رغم الضباب الذي بدأ يسود التحامنا.

- ضباب الأمكنة - رغم ذلك ما زلت مشتاق إليك أكثر من أي إنسان في هذا العالم الهرم. وصلت رسالتك. بحق الله حاول أن تكتب دائماً. **سعد**

***

---

15 قصة بعنوان «هكذا وجدت الهررة»، منشورة في مجلة «الموقف العربي». والرسالة مكتوبة على ورق رسمي لمجلة «المعرفة / رئاسة التحرير».

16 الرسالة مكتوبة بقلم رصاص على نسخة من مسرحية «جثة على الرصيف»، منشورة في مجلة «الموقف العربي».

(من دمشق إلى فرانكفورت، 1964/11/11)

من جديد عبر الكلمات. ذلك مزعج حقاً. الكلمات! وبعدئذ ما الكلمات؟!

قبل البداية لأفرغ جعبتي الهزيلة: مدير البعثات سخر منّا. ولذلك لم أجد ما أخبرك عنه.

أختي زريفه جائعة. محمد مثقل بالديون. أبي يئن. يوسف مشرد. والجميع ينغصون على الحلقوم ابتلاع لقمته. أريد أن أعطي. كنت دائماً محاصراً بهذه الرغبة المبحوحة في العطاء. ولكنني كنت دائماً لا أنجح في عطاء أيما شيء. لو تعلم يا صديقي كم يبلبلني ذلك. إنه يعني بالنسبة لي شعوراً عطناً بالجدب. شعوراً بالعقم. بأنني عالة لا يستحق هواءه.

ولكي نعطي يجب أن نتعلم كيف لا نختنق داخل أنفسنا. وليس تعلم ذلك سهلاً. لا أعرف إذا كنت قد عانيت يوماً من هذا. إلا أنني أؤكد أنها مسألة تفقدني التوازن. بعد كل شيء ما أنا؟ هذا السؤال لا يمكن تحاشيه. وهو في نفس الوقت ليس لعبة تظاهرية. لقد كبرنا على ألعاب التظاهر. وصار مهماً أن «نكون».

من رسالتيك الأخيرتين يطلّ تبعثر واضح. إنك تكتب ما لا تريد كتابته، وتخفي ما تود قوله. وعلاقتك بالدين والتاريخ والجنس ليست سوى ملامح لمعنى ينضج في الداخل، لكنه يتعثر في الخروج. ربما عمداً، وربما طبعاً. ماذا هنالك؟ إني لا أدري. ولكنني موقن أن ثمة ما يقال. الرفض؟ ماذا تعني به؟ أن تقول في وجه الدين: لا.. أن تقول في وجه التاريخ: لا.. أن تبصق على أكداس الثقافة المغشوشة. لعله هذه الاستجابات. إلا أن ما يدهشني هو: وهل كانت هذه المسائل مستترة إلى درجة أن ظهورها الحاضر مثير كأنه اكتشاف في غياب الإبهام؟! وأن ترفض أيضاً إلام يؤدي ذلك. وعمّ ينبئ؟ دعني أقل

لك. في الجو ما هو مريب. عندي أم عندك؟ لا أدري. لم تعد الكلمات مفهومة بالنسبة لي. كما لم تعد اللغة بالوسيلة التقريبية. أشعر أن كومة من سواد نفذت إلى صميم واعيتي، فتلبدت بها، ولم أعد أعرف. إني لا أعرف. وأنا أكتب فقط لأعرف. أتتصور وضعاً مخيباً أكثر من ذلك.

لقد فكرت طويلاً خلال السنتين الماضيتين. وكانت خلاصة هذه الأفكار أن الإنسان محكوم باليأس. ولكن - هي دائماً - ابتسامة شفافة لشمس صباحية، لعجوز ينضح عمره بالطيبة. تشوّش صفاء الفكرة، وتعقم قيمتها. أين اليأس مع ابتسامة الصباح. أين اليأس مع انفراجة شفتي العجوز اللاهي واللامكترث أيضاً. أما اليأس فإنه وليد العلاقة الفاشلة والحتمية التي تربط الإنسان بجمالات العالم، ولقد تحدثت كثيراً في رسالات سابقة عن المظهر الجنسي من هذه العلاقة. ومن التأمل المستمر، تتبلور مظاهر كثيرة والمشكلة أنني في نهاية كل هذا أجد نفسي على عتبة عدم اليقين، على حافة البدء من تشوش جديد يقلب كل شيء ويبدد كل ممكن.

ومع هذا تتحدث أنت بكثير من عدم الاكتراث الشبيه بعدمية من احترقت أملاكه تحت باصريه. وتبحث عن رفضك الشخصي. لكن إن لم ترفض نفسك، ماذا يمكن أن ترفض. دعني أذكرك أنك تقيم وزناً كبيراً لمفهوماتك عن العالم. ولظاهر هذا العالم. رغم أن هذا ليس إلا الحواشي والهوامش. حتى يتبدل العالم، ينبغي أن نتبدل نحن. أعني التبدل، تغير النظرة والمفهوم، ولا أرمي إلى أية فكرة طوبائية مستقبلية.

ولعلني لم أستطع فهمك. إنني هذه الأيام لا أفهم حتى نفسي. بل أكثر ما لا أفهمه هو نفسي. أشعر أنني استدرجت إلى جملة فخاخ لا فخ واحد. أميل حيناً إلى الاستقرار نهائياً والتخلي عن فكرة التبعثر، وهو ميل أقوى من ميلك الحاضر، لأنه قديم لدي، ومتوافق قليلاً مع

طبيعتي ولدي مجموعة أفكار أريد أن أنجزها علّ علاقتي بنفسي تستقيم. ولكن السفر - مع هذا - ممكن. والدي لا يعارض الفكرة، وإن كان لا يساعدني. وأنا أستطيع - بشكل مؤكد - أن أكسب كل شهر مئتي ليرة ثمن رسالتين أبعثهما إلى المعرفة وإلى مجلة أخرى اسمها «الرائد العربي»، ولربما أتيحت لي فرص أخرى، وهي غير مستحيلة، بل ممكنة جداً. ثم لقد تقدمت على مسابقة أجرتها الجامعة العربية لاختيار موظفين لجهاز إعلام عربي خارج بلادنا. ولكن الامتحان يحتاج إلى استعدادات لا آنس رغبة فيها، خاصة وان إنجاز بضعة أفكاري يلح علي كالجنون.

منذ شهر قررت نهائياً أن أسافر في غضون أشهر قليلة، وحاولت أن أكتب إليك لكنني عدلت. والآن متاحة لي فرص كسب المال في سورية. رغم حاجتي المادية أستصعب أن أكون كعبد الرزاق مجرد جامع نقود... و... و.. عشرات الفخاخ التي تشلّني تماماً. أتساءل ماذا سأجد في أوروبا. وقلت لنفسي: مهما حققت فلسوف أظل أحتقر نفسي ما لم تكن مساهمتي الفلسفية في بلدي العاقر من كل فلسفة. ولتحقيق ذلك لا بد من قبول البدء ثانية من جديد. في فرنسا أو في غيرها.

يا صديقي

بدأت أتوه قليلاً. وإنه لمؤلم أنني لم أستطع حتى الآن كتابة رسالة يبتسم فيها لساني. أليس الأوان مبكراً على الابتسام. وحين لا نكون، ما معنى أن تغطي العالم أوسع الابتسامات.

يا إلهي! لماذا كتب علينا أن نتعذب باستمرار.

تشرب بيرة؟ تضاجع كثيراً؟ تثرثر كثيراً؟ ستقرأ بالألمانية؟

ولكنني أشرب. ولدي فتيات طوع البنان، لا أشعر بوجودهن خارج لحظة الظلام. وأثرثر. وبقليل من الجهد أستطيع أن أقرأ بالفرنسية.

ومع هذا، أيمكن أن يهدئ كل هذا الشعور العميق بالاضطراب. بأننا على أرض تدور.. تدور وتدور.

أن تكون عاجزاً عن الحب. أن تكون عاجزاً عن الإحساس بوجود الآخرين. أن تكون عاجزاً عن العطاء. أن تكون عاجزاً عن زرع ذكرى صغيرة عذبة في نفس فتاة تهب لأنانيتك كل شيء. أليس ذلك أسوأ ما يمكن أن يصيب الإنسان؟

يا صديقي. إني لا أكتب إليك لأنني لا أعرف حقاً ماذا أكتب. لأنني لا أجد جواباً للسؤال.. ما أنا.. ما أنتم جميعاً؟ منذ شهرين وأنا أجلد نفسي في مسرحية لن تلاقي أي نجاح لكنني حين أفكر فيها ينهمر عليّ حزن عميق، وشعور لانهائي بالوحدة. إن المسرحية تحاول أن تحكي الانفصال التام الذي ينأى بكل منا عن الآخر. ولعلني كتبت لك عنها. غير أنني لا أتذكر. والمسرحية لم تتم. وأريدها أن تتم. سأعيد كتابتها. لكنها ستكون عملاً يمكنني أن أفخر به. ولربما سأبدأ في كتابة رواية. ولربما لن أفعل شيئاً.

في غضون الشهرين القادمين ينبغي أن أعرف جواب السؤال. وعلى أساسه سيكون المستقبل.

أرجوك لا تنقطع. أعرف أننا منفيان. وأن كلاً منا يجتر أصداءه الشخصية. لكن لنحاول. في المسرحية دائماً يحاولون. ويفشلون. إلا أنهم دائماً يحاولون. وتذكر أنها ليست مشكلتنا. إنها مشكلة كل البشرية (وأبطال المسرحية أعمى أداته الألفاظ، وأبله أداته الهلوسات، وأخرس أداته الإيماءات. ترى كيف يمكن لهذا الثالوث أن يتفاهم؟!).

أرسلت لك مسرحية قصيرة أرجو أن تكتب لي عنها بأمانة. هنا لا أحد يهتم. وإن كان عدم فهمهم يحرك مركب النقص فيهم، فيفسحون لي المكان! وتحياتي الصادقة.. شوقي لك كبير. **سعد**

***

(مسودة رسالة من فرانكفورت إلى دمشق، 1964/11/18)

عزيزي سعد

لديّ خبر سيئ صغير، وما عداه كل شيء بخير. أبدأ به رسالتي لأنه أهم ما يشغلني الآن، وبغض النظر عن استخفافك. الخبر هو: ليس لديّ امرأة.

تأخرت عليك بسبب ذلك. قد لا تكون ظالماً إذا استخففت، لكن الأمر لا يختلف عن استخفافك بألم لوزتين. إن الأمر لديّ لا يقل بحال عن مرض جسدي قاس. سوء الحظ فقط أفلت مني متابعة حكايتين. ولا أمل في تغيير الحالة قبل آذار.

إن العالم بأسره لا يزيد لديّ الآن عن عضو جنسي «قذر». وكل ما أعمله أو أقرأه أو أفكر به أو أكتبه ليس سوى تغطية سخيفة وتهدئة. إن حالتي تشبه تمام الشبه حالة مريض وجد لديه رغبة صغيرة لسماع بضع كلمات من زواره أو مسامرتهم ببضع عبارات بعد أن أفاق من غيبوبة دامت ساعات طوال. أقرأ كتاباً أو رسالة منك أو أكتب لك بهذا الشعور. هذه الحالة مؤقتة طبعاً، لكنها هي هكذا.

أذكر ذلك طالباً المعذرة إذا تأخرت أو لخبطت في الكتابة.

وفي إحدى لحظات الراحة من المرض:

ما لديّ لا يزيد عن «رفض»، وأظن أنني لا أملك أمراً آخر غير ذلك.

إذا خيبت ظنك الآن أو في المستقبل، فليس لديّ ما أقوله سوى كلمة: آسف.

العالم لن يتغير. وأنا لن أقبل هذا العالم. بضع لحظات قتل لهذه النفس سوف تمرّ. هذا كل ما في الأمر. عذابنا، أعني أمثالي، هو قدرنا.

قدراتنا ستصرف.. في كتابة وفي امرأة وفي سفر وعذابات وخمر. ولن يزيد الأمر عن حصاة ألقيت في بحر.

أتصور أن الأمر يعود إلى شيء ما خارج إرادة الإنسان.. في تكوين عقله مثلاً أو جسده، ومن ثم يخرج إلى الوجود معذباً أو قابلاً لهذا العالم، هادئاً.

هذه اللذاذات الصغيرة الأخرى.. امرأة. خمرة. صديق.. زيوت لتشحيم الآلة لكي تتمكن من الاستمرار بضع سنوات.

لم أرد أن أخفي عنك أي شيء. وإذا خفي أمر ما، فليس بقصد.

أفرحني خبر سفرك. إنك لن تجد شيئاً في أوروبا. هذا أمر بديهي. ولن تحقق شيئاً. وأقدّر أنك ستحنّ - بعكسي - وأتصور أنك ستعيد هنا بعض ذكريات مصر. إذا أفسح لك شخص واحد الطريق، فلن تجد هنا حتى من يراك. ذلك يريحني أنا. ألا يراني أحد. وقد لا يريحك أنت هذا. لكنني ما زلت مصرّاً على ضرورة سفرك. وفي أسوأ الأحوال اعتبرها مكان الجندية. مهما كانت التجربة سخيفة، فستبقى أفضل من الجندية. لا تفكر في غير باريس.

لم أقصد سابقاً بالبيرة والنساء والقراءة والثرثرة سوى مجرد أخبار. وأذكر أنني قرنت هذا بأن ذلك تعبير عن الملل.

أتصورك تكتب بلغة عالمية. هل تدري ماذا يدرّ عليك أول كتاب لك هنا؟ إنك تستطيع أن تعيش من رواية واحدة. أليس وضعك في سوريا مقرفاً؟ لكن لا مجال للتغيير. لقد كتب عليك أن تكتب لمئة مليون أمّي. لكن 200 ليرة من مقالين لم أكن أتصورها. يبدو أن الأمر مشجع.

لا تطلب مني أن أكتب لك حرفاً جيداً قبل أن أشفى من مرضي. إن المرض العادي والكبت والحاجة الماسة إلى المال.. أدواء ثلاثة أكون عندما يصيبني أحدها في غيبوبة عن العالم.

هل ظريفة مفصولة عن زوجها؟ اعرف شيئاً من أخبار أختي ظريفة! بإمكان المرء أن يبكي من أجل أمثال هؤلاء!

قرأت ثلاثة كتب جيدة: مسرحية ورواية ومجموعة قصص.

خلفية جيدة. أستطيع الآن أن أبقى هنا إلى الأبد. سكني ليس سيئاً. وجود المرأة وتأمين الطعام أمران بديهيان. وسأثرثر معك بضع ساعات.

مسرحيتك: أن نصبح بعد موتنا جيفةً تأكلنا الكلاب، أو نلقى كومة في حفرة. أن يكون هذا مصيرنا، ولا شيء سوى ذلك. أن تقسو قلوب البشر إلى هذه الدرجة ويحميهم القانون في قسوتهم، بل يكون وجوده ذاته لحماية هذه القسوة.. في خلفية مقيتة.. زمهرير وكآبة تعمّ الدنيا.. أن يكون هذا ما رمت إليه المسرحية، يكون حكمي عليها مشرّفاً.

أما أن يكون المعنى غير ذلك، فيجب أن تقنعني بدلائله. وسأعيد حكمي. وفي هذه الحال لا بدّ أن يشمل هذا الحكم قدرتي على الفهم نفسها.

جرى فهمي للمسرحية على مرحلتين. شعور أولي لدى القراءة الأولى - مثلها لا تكفي قراءة واحدة لأي شخص - وثانياً بعد شيء من التمعن. ولم يتبدل أثرها في المرحلتين.

وأنت تعرف أن المرء يحاول أن يجد في كل ما يقرأه صدى لما في نفسه.

حزن يعم الكون. هل بإمكان أن يلمح ملامح طبقتين متباينتين وحماية القانون للأقوى؟ ومهمة القانون هي راحة هذه الطبقة؟ هذه هي فكرة برشت العامة.

حتى لو كان هذا صحيحاً، فإنه ما يزال... ما زالت دلائل أخرى لم تدخل ضمن تفسيري للمسرحية، مما يدل على أن هذا التفسير غير صحيح أو غير كامل.

أطلب منك بإلحاح أن ترسل لي كل ما تنشره. أما الرسائل، فعلى مزاجك. ولن أعتب عليك البتة.

إنني أشجعك على النشر.

أتساءل.. ربما قرأت أنا كثيراً، ولا شك أنك ستقرأ أكثر. ولكن ماذا تقرأ كل يوم؟ هل يمكن إقناعي أنه يوجد بالعربية ما يكفي عمر قراءة؟

***

(من دمشق إلى فرانكفورت، 1965/10/8)

لن أتكلم كثيراً. أخشى ألا أتوقف لو بدأت.

المهم، وقد كان ذلك منذ أشهر قليلة، مستحيلاً ينبغي ألا نبدد طويل وقت في تمنيه. ليكن. يبدو أن العالم صغير قليلاً. وسنلتقي في غضون شهرين على الأكثر.

دعك من الترتيبات، ومن طريقتك في تنظيم الأمور. وانتظرني فقط.

ماذا هنالك؟

سأترك سورية مدة ثلاث سنوات أو أربع - كما أشاء - بغية متابعة الدراسة. ولدي حالياً راتب ثابت قدره «425» ليرة شهرياً يمكن إذا بذلت بعض الجهد زيادتها.

مبدئياً أفكر في السفر إلى باريس، والبدء هناك بدراسة المسرح. جميع من سألت قالوا لي إياك وباريس لأنك ستحتاج فيها إلى 700 ليرة شهرياً على الأقل. باعتبار الغلاء الهائل.

ومنذ أيام اقترح عليّ أحد المسؤولين عن بعثتي «السفر إلى ألمانيا» بدلاً من باريس. لكن من أين أجيء بالحماس الكافي لدخول عالم «لغة جديدة» وصعبة؟ إلا أن البعثة تقتضي حصولي مسبقاً على تسجيل في إحدى الجامعات الأوروبية التي أزمع الدراسة فيها. ومن باريس يبدو ذلك متعذراً بسبب الفوضى التي تسود جامعاتها ومعاهدها.

أنا سأدرس «أصول الدراما والتأليف المسرحي» أو الدراما والمسرح بشكل عام، فهل تفيدني ببعض المعلومات عن جامعات فرانكفورت أو سواها. وهل تكتب لي ماذا ينبغي أن أرسل لك من أوراق وفلوس لتسجلني.

أما الموعد النهائي لسفري فهو أوائل كانون الأول. هذا إذا لم يحدث ما لم يكن بالحسبان.

ثم لمحة عن الحياة في ألمانيا. وعن مسألة تكاليف المعيشة.

وأرسل لي عنوانك كل أسبوعين لكي أظل على اتصال بك.

هذا حلم؟ أليس كذلك؟

لكن لدي يقين كبير بأننا سنحتسي «العرق» معاً في غرفتك بفرانكفورت. أقرب مما كان يمكن أن نتخيل.

كل رسائلك وصلتني. أما لماذا لم أجب فلهذا حديث طويل أؤجله الآن.

تحياتي. واكتب بسرعة

عبد الوهاب الذي سيعود بعد أسبوعين - على الأكثر - إلى لوزان، يبعث إليك بتحياته معطرة بضرطاته النظيمة!

أديب الذي يغازل امرأة رخيصة من بلكون رخيص، في شقة رخيصة يرسل لك سلامه. **سعد**

***

(من دمشق إلى فرانكفورت، 1965/10/26)

ألهث.. منذ وقت لا أعرفه لم نلتق فعلاً ولو للحظات عابرة على الورق. أف.. لو أعرف يوماً كيف أصف هذا الشعور الذي يأسرني حينما أبدأ بالكتابة. لكي تفصفص اللحم عن العظم يجب أن تملك ما يكفي من الكلمات الدموية. من الكلمات المليئة بحياة تحاكي تلك التي تنبض في صميم الأشجار والأنهار وأقمار بلادنا والزيتون والبحر الصيفي، وأجساد النساء الجميلات، والرجال الأصحاء.

لن يكون ذلك في القريب. وإذن، فماذا علينا إلا لملمة أنفسنا في أقمطة من البكم، والتهدج الآني عبر مزاح تافه يستمر منذ اليقظة، حتى الإخلاد إلى النوم.

رائحتها ما زالت تعبق في الغرفة. عندما كنا ندخن، ونحتسي قهوتنا في إحدى خلوات هذه المدينة البسيطة، كنت أحسب أن خير ما يفعل في هذا المساء الكئيب الذي تلولب فيه عاصفة بريّة جامحة، هو اصطحابها إلى غرفتي الشاهقة الارتفاع. وتمنعت قليلاً. من قبل كنت ألبي موعداً كل ثلاثة مواعيد معها. كانت تجري، وكنت أبداً متأففاً، لكنها اليوم قالت لا. وتفجرت طاقات رهيبة على شفة لساني وفي زاويتي عيني ولم تستطع المقاومة. «إنها فتاة جيدة، صدر لها ديوان من الشعر السخيف، نالت منذ أشهر جائزة - حوار - للقصة القصيرة. وحوار مجلة أدبية أفضل من «الآداب».. تكتب الآن رواية، ولها مذاق حسي كثيف، بدأنا علاقتنا منذ أشهر في فترة كانت تحب فيها شاباً آخر لا تزال فيما أعتقد تتردد على بيته، وستتزوجه..»

منذ قليل، والساعة الواحدة بعد منتصف الليل أوصلتها إلى بيتها لتواجه قدرها مع الأهل، ومن لف لفهم. وإني لنفاية. في اللحظة التي فرغت منها، ماتت، وانقلب ما بيننا جثة. ليس إلا الجثث. خمس

بنات، كلهن جيدات.. لا أشعر حين أفكر فيهن إلا بطعم الجثث ورائحتها. ورئتي تضيء مذكرة بأيام صعبة تقترب. وتقترب، حين يكون على المرء أن يواجه نهايته وحيداً. وبدأت أكتب مسرحيتين طويلتين. كلتاهما بناءان تفوح فيهما رائحة الجثث. رائحة نفاذة تدمر صفاء الأشخاص، وتقتل استجابتهم الحارّة لعالم هائل رغم تناقضاته وسخافاته. المسرحيتان قد أنجزهما قبل السفر إن كان هنالك سفر.

ومنذ شهور أخرج لي التلفزيون مسرحية «جثة على الرصيف» كانت نقطة حبر لا أكثر على ورقة مبللة بالماء. أما المسرحيتان اللتان ستقدمان قريباً، فلا أعرف ماذا سيتركان. ربما لاشيء. إننا مدارات مغلقة في آخر الأمر.

واشترى المسرح القومي مسرحية طويلة لي، يستغرق عرضها ساعتين وربع. اسمها «حكايا جوقة التماثيل». ستقدم لأول مرة في منتصف آذار. وربما ستوافق الوزارة على طبع مجموعة من المسرحيات لي.

ثم ماذا؟ قبل يومين كنت مع صديقة وفتاها. إنها ذكية ومرحة، سألتني ماذا أفعل؟ قلت لها: أكتب. قالت: ثم ماذا؟ قلت: سأسافر. قالت: ثم ماذا؟ وأردفت. يا رب ما أسخف هذا السؤال، لكنه قابع على لساني دائماً. ولم يكن هنالك ما هو جديد حقاً في هذه اللعبة، لكن في هذا التكرار الخائب للمشاكل الأزلية يكمن عدم تلاؤمنا المستمر.

وإذن، لا البنات ولا كتابة المسرحيات. يوماً ما ينبغي أن يقال الكثير عن الموضوع الأول. والاستفهام الغادر هو كيف تتحول الحياة في عنفوانها إلى جثة؟ لماذا تنتهي المشاعر، وينتهي الناس، ويعود المرء إلى جلده باستمرار وحيداً، كئيباً. محزوناً. وتقول.. هيء نفسك للحرمان.. اللعنة.. وماذا يهمّ؟ قضيت الصيف أحلم بفتاة لها وجه شبيه بوجه «ساندرا دي». ثم نلتها. آخر مرة: أمسكت يدي وقالت: أليس غباءً أن أحبك؟ وكان ذلك بمثابة سقوط إلى الهاوية.

عبد الوهاب الذي سافر إلى سويسرا منذ يومين لا يفهم حالات كهذه ويقول: مثلك ينبغي أن يكون في الجنة. الجنة؟ أين الجنة؟ أحلم بها الآن غرفة في أوروبا. لا تصدّق. إني واقعي أكثر منك. وأعرف ماذا هنالك. تعب. ومرض. وضيق وشعور أضخم بعدم التلاؤم. لكن سيكون رهيباً ألا يتحقق حلم طالما راود طفولتنا ومن ثم كهولتنا. للأسف، إننا بلا شباب.

وصلت رسائلك الثلاث. كانت رائعة هذه الحماسة. لكن.. أقسم أنني لم أفهم شيئاً من كل ترتيباتك.. ويبدو أن ألمانيا لن تقدم شيئاً لي. إن جواز السفر جاهز ومشكلة الجندية محلولة. ولكن لكي أعطى البعثة لا بد من تقديم «قبول» في الجامعة التي سأدرس فيها، وأن تكون هذه الجامعة مما تعترف به دولتنا، وأن يكون الفرع المدروس مما توافق عليه الوزارة. ومن غير ذلك لا أمل في بعثة أو سفر.

أرأيت. إن المشكلة ليست اهتماماً بالشهادة، أو بمشكلة الدراسة، وإنما المشكلة وقبل كل شيء في الحصول على الشرط الأساسي للبعثة.

والتسجيل في معهد لغة لا يغني شيئاً. بل لا بد من جامعة، ومن قبول في فرع مقبول، بما يتناسب مع عملي الحاضر في الوزارة. ورغم أن شهادتي في الصحافة فقد استطعت إقناعهم بدراسة «المسرح». وعندما بدأت أسأل وجدت أن المسرح دراسة لا توجد بالشكل الذي أطلبه إلا في جامعات أمريكية. والجامعة الوحيدة التي تدرس المسرح التطبيقي «الإخراج والتمثيل بالدرجة الأولى» في باريس هي «الكونسرفاتوار» الذي يشترط للقبول فيه التقدم إلى مسابقة. وعدد الطلاب المتقدمين كل عام مما لا يترك أملاً لمثلي في النجاح، سيّما مع مراعاة مشكلة اللغة وتأجيل السفر إلى العام القادم.

وهكذا.. كفأر سقط في المصيدة، ولا أعرف ما أفعل. لو لم أسافر - رغم يقيني بأنني لن أجد خمس ما لدي هنا - فسأجن... ولكي أسافر لا بد أن أبحث عن قبول. ماذا أفكر؟

أفكر بأربعة أشياء:

1 - الأدب الفرنسي في السوربون وقد لا تقبله الوزارة.

2 - البحث في جامعات إيطاليا عن اختصاص في المسرح، وقد لا أجد القبول المطلوب باعتبار شهاداتي.

3 - دراسة «علم المسرح» في ألمانيا - برلين - وهذا سيؤخرني حتى نيسان القادم بالإضافة إلى أنهم قد لا يقبلونه..

4 - إتمام دراستي العالية في العلوم الصحفية في ألمانيا، ولا أعرف ماذا يوجد في فرانكفورت بالذات حول هذا النوع من الدراسة.

على كل سأحاول بالنسبة لباريس. والمهم الخروج، ثم بعدئذ أختار ماذا أدرس. وأين؟

لن أرسل إلى ألمانيا أي شيء قبل اليأس من باريس. بعد يومين سأكتب لك. مع تحياتي وأشواقي.

***

(من دمشق إلى فرانكفورت، 1965/12/4)

البعثة شبه تقررت. أنتظر فقط ورقة قبول من سوربون باريس. وربما جاءني خلال أيام.

الوزارة كانت رائعة جداً. قال لي رئيس لجنة البعثات بالحرف الواحد: يا ابني، ولماذا تريد أن تحصل على دكتوراه. الدكتوراه في السوربون عويصة، ولن تستطيع إحرازها في أربع سنوات. نحن نقدّر موهبتك، ونرى أن مجرد سفرك سيكون مفيداً لنا. سافر، واقرأ، وعش في الجو الأدبي والمسرحي في باريس، ثم ارجع لنا بشهادة شكلية كدبلوم الدراسات العالية مثلاً وهو لا يحتاج لأكثر من سنة فقط.

هذا الكلام جاء على أثر - تقرير لجنة القراءة - بخصوص مجموعة مسرحياتي التي قدمتها طالباً نشرها. كان التقرير متحمساً جداً، وفي غضون 10 أيام فقط سيصدر كتابي الأول عنوانه: «حكايا جوقة التماثيل» وهو يضم 4 مسرحيات قصيرة، ومسرحية طويلة.

وإذن.. فسأحمل أول نتاجي وأجيء إلى «أوروباك». وبعدئذ قد نجد ما نفعله. راتبي سيكون «900» فرنك فرنسي شهرياً أي حوالي 800 ليرة سورية. وذلك لمدة 3 سنوات وسيعطونني كل عام 900 فرنك للثياب والكتب. معنى هذا أنه لن توجد هموم مالية. وسأستطيع أن أبتلع الكثير خلال هذه الفترة حياتياً وأدبياً!

قبل السفر سأبرق إليك. إما من سورية أو من باريس لأنني سأسافر بالطائرة. وعلى كل لا أعتقد أن هذه ستكون آخر رسالة من هنا.

على فكرة لماذا توقفت عن الكتابة. هل ظننت أنني أمزح بخصوص السفر أم ماذا؟

تحياتي. **سعد**

ربما.. ليس أكيداً.. قرعت عليك الباب فجأة في يوم قد تنتظر فيه مجيء السيد ابليس ولا تنتظرني.

***

(من باريس إلى فرانكفورت، ختم البريد 1966/3/1)

وهذه محاولة جديدة. لا أعرف رقمها.

البارحة تلقيت عنواناً آخر لحضرتكم. أبادر فوراً للكتابة إليه. على أن آخر رسالة بعثتها إلى ألمانيا لم تعد مخفورة، مرفوضة وإذن فإنك قد استلمتها. أم لا؟

الحقيقة لقد بدأت أتعب من محاولة العثور عليك.. ([17]).

عنواني:

13Rue des ecolesg s Minerve Hotelg s Paris 5

***

(من باريس إلى فرانكفورت، ختم البريد 1966/3/5)

درك تركيا ليسوا أكثر بوليسية منك. وطبعاً لم أفهم شيئاً قط من رسالتك التي ظللت أبحث عنها شهراً ونصف. حتى هذا ليس مهماً ما دمنا قد التقينا.

دعنا نتحدث عن مجيئك. أريد أن أعرف بالضبط متى سيكون ذلك بغية القيام ببعض الترتيبات الضرورية. فأنا أنتظر وصول مستحقاتي المالية من دمشق خلال شهر آذار إذا لم يكن البني آدم الذي يتابع المعاملة هو واحد من قتلى الحركة الأخيرة ([18]). ثم.. كانت رؤيتك، وأنا أركب الطائرة إلى باريس هي من أجمل الأشياء التي راودت مخيلتي، لذلك لست مستعداً الآن لتشويش هذا اللقاء بطرقك الجيمس بوندية. ورسالتك تصلح بداية لأحد أفلام هتشكوك لا أكثر.

---

17 في تلك الفترة غيّرت أماكن سكن مرات عديدة، تبعاً لأماكن العمل. كنت دائماً أبحث عن غرفة صغيرة قريبة من مكان العمل الذي أجده عن طريق مكتب العمل في الجامعة. ولا سيما أن «أمتعتي» كلها لم تكن تزيد عن سعة حقيبة واحدة.

18 حركة شباط الانقلابية في دمشق بتاريخ 23 شباط 1966، التي أدت إلى انقسام حزب البعث في سورية بين «قيادة قومية» و«قيادة قطرية»، أي بين البعث السوري والبعث العراقي.

حاول أن تكون أقل بخلاً حين تكتب.

لا أظن أنني سأقول الآن شيئاً مهماً عن حياتي سوى أنني ما زلت في الفندق حتى الآن، وأتابع دروسي الفرنسية ببعض الجد.

لطف الله في لندن، وأعتقد أنه اتصل بك، لأن عنوانك الأخير جاءني منه. ويقول لي أنه حريص على رؤية باريس في أول نيسان «عطلة العيد»، وأنه قد لامس المطلق في لندن.

في صالون الفندق الآن ضجة رهيبة تمنعني من الاستمرار. وحين سنلتقي سيكون لدينا أشياء كثيرة نقولها. أما إذا كنت ستتأخر فاعلمني لكي أكتب لك أكثر تفصيلاً. لا أظن أن عنواني سيتغير قريباً وعلى العموم حين أغادر مكاناً أترك عنواني فيه. ولا خوف من هذه الناحية. مع أشواقي. **سعد**

***

(من باريس إلى أمستردام، ختم البريد 1966/3/15)

ولكن بحق مليون إبليس ماذا تريدني أن أكتب لك!

استلمت رسالتك في الثانية بعد منتصف ليل 15 آذار أي حين عودتي إلى الفندق.

أتعرف أول ما فكرت به، هو السفر غداً إلى أمستردام. ولكن أتذكر الآن حكاية الفيزا، وفرنسيتي التعبانة وأوضاعي المشقلبة، وأبتلع الفكرة.

معي الآن 350 فرنكاً، أستطيع أن أستدين فوقها ما يوازي 300 فرنك.. ويكون المجموع 650 فرنكاً فإن كان معك أجرة الطريق اركب في أول سيارة وتعال. وألف لعنة عليك.

إني أعرف أن لقاءنا بهذه الطريقة مكركب للغاية. ولكن لا أحتمل قولك (وأظن أن لقاءنا هذا العام يكون قد انتفى).

ثم إني أنتظر وصول النقود خلال آذار. فإن كنت عندي فسيكون محتملاً وصولها وأنت هنا. أو بوسعك البقاء حتى تأتي. وليست هذه أول مرة ندبر فيها حياتنا بالقليل، أو نعاني فيها بعض العسر.

ثم ها أنت الآن في أمستردام. ماذا يمكن أن يفهم؟ وأنت تريد العودة إلى سورية. ماذا يمكن أن أفهم؟

ولطف يكتب لي أنه سيرحل عن لندن 15 يوماً قاصداً سيادتي. ذلك سيكون في أول نيسان.

إذن.. اركب أول سيارة. وإن لم تكن معك أجرة الطريق، اكتب لي رسالة مستعجلة لأرسلها لك. إني أنتظرك. إني أنتظرك ولتحرسك الشياطين. **سعد**

***

(من باريس إلى فرانكفورت، ختم البريد 1966/3/24)

ضائع بصورة لا يمكنك أن تتصورها. حتى أنني خائف على فشل تجربتي في باريس. هذه التجربة التي كنت أعيشها بالحنان الذي يعامل به أب ولده الوحيد. وهجمت الأمراض - البارحة بعثرت خمسين ليرة كشفاً وأدوية. ومن أجل لاشيء - أمراض متنوعة كلها تلقيني أمام الموت، أو السرطان. وانعزلت في غرفتي كحيوان مجروح، ورحت أقضي الليالي الرهيبة التي سأظل أذكرها ما حييت. ليال طويلة تنحلّ فيها نظم الأشياء، وتتبعثر نسق الأفكار، ويسقط المرء في دوامة عرق أصهب. عري متعرق، يذوق فيها نفسه وما حوله، بجدّة باهرة وخوف مدمّر. وفي كل يوم كنت أقول لنفسي: - على كل ليس لك ما تشكوه، لقد عشت بعدها يوماً آخر. ذقت فيه الشمس والقهوة وأربعين سيجارة وحديثاً قصيراً مع فتاة وطعم النبيذ وعاقرت عدداً لا يحصى من الأفكار الصغيرة. وهذا يكفي.

وكانت تهدئني تلك الفكرة قليلاً، متملصاً من الارتباط بأية فكرة عن المستقبل. وأنغمر في الكتابة. عشرات القصص الصغيرة والخيالات كانت تهجم عليّ. تطوقني كما الاختناق. وتدفعني لإمساك القلم بلا ثقة. وقد أرسلت إلى أمستردام رسالة كبيرة تحتوي على ثلاث من هذه التجارب، ليتها لا تضيع. ويومها كان بوسعي أن أكتب لك عشر قصص دون توقف. إني قوقعة الخوف محار جاحظ العينين، يابس الأعصاب لا ينام، لا يهدأ. ولكنه دائماً مع اكتشافات باهرة لعالم يثير أكثر مما ينبغي. إني في نهاية الأمر فان. لا.. ليس القلق المترف الذي كنا نتباهى به في القرية. إنه شيء أكثر حلكة وأشد حقيقية. إنه يلمس. وفي الفراش كنت أشم رائحته مع عرقي الناضح من جسمي وأرقي.

وعلقت آمالاً على رؤيتك. قلت لك مرة. كانت من أجمل أماني سفرتي أن أراك. ولكن ها أنت أشد ضياعاً مني، وكان ذلك يحرقني أكثر فأكثر. وعندما كتبت من أمستردام ترتب لقاءنا شعرت ببعض السرور. أخيراً سيمكننا أن نكون معاً. وأن نتشاكى آلامنا. وأن نتحدث بما نملك من برود عن انقلابات هذه الدنيا المدوخة رغم روعتها.

وانقطعت عن متابعة تجربتي «الفرنسية»، وقطعت بضع محاولات كنت قد بدأتها. والسويسرية التي ضاجعتها لم أستطع رؤيتها مرة أخرى. لكنني مستيقظ الأعماق. أعرف أننا العصافير التي تأكل ديدان الفخاخ سعيدة، ثم تلاقي حتفها.

...... لا بأس. لم أعد أعرف لا المستقبل، ولا الحاضر، ولا الماضي. اليوم - بعد استعمال الدواء الذي يحوي كميات كبيرة من المهدئات والمنومات، نمت كحجر تسع ساعات، وما زلت حتى كتابة هذه الرسالة دائخاً، متعباً.

إني أناضل بشدة ضد الخيبة الذاتية، ورغم أن ارتباطي بالكتابة ليس كما ينبغي - بالضبط رغم إصدار كتاب، وعشرات المقالات والدراسات، وكتابة عشرات القصص، والمشاريع -؛ فإنني الآن أكافح بقسوة لأرتبط بالمستقبل. وإني أكافح لأول مرة وحيداً دون معونة الآخرين. في دمشق كانت لدي بناتي وأصدقائي، في القاهرة كانت لي صداقاتي واهتماماتي. أما هنا فوحيداً ينبغي أن يتم الأمر. وهذا يغني تجربتي أكثر فأكثر.

لا أعرف لماذا، ربما بسبب حالتي الحاضرة، لدي إحساس بأننا لن نلتقي. قد تبقى أنت في سورية، أو قد تتأخر ولا تعود إلا في اليوم الذي أغادر فيه أوروبا.. وقد.. وقد...

حاول أن تلتقي رسالة أمستردام قبل سفرك.

وحاول أيضاً رغم اضطرابك أن تكتب لي رسالة طويلة قليلاً.

من أعماقي، مشتاق إليك، وأحييك. وأقف معك في هذا الذي يحدث غير مفهوم.

على كل، قبل أن تسافر اكتب لي. فسأوصيك، برسالة مستعجلة كي لا أؤخرك على بعض الأشياء من سورية.

أديب سيصل إلى باريس في طريقه إلى لندن أول نيسان، وسيكون لطف الله عندي

يبدو أن هذه السلسلة من التعقيبات اللامجدية لن تنتهي.

عميق تحياتي واكتب لي كما قلت لك فوراً. **سعد**

***

(من باريس إلى أمستردام) [19]

نعم يا صديقي إني خائف. أذكر أنني قلت لك ذلك من قبل. إني أحترق. ألتهب كالجحيم. ومنذ ولدت لم أعان هذه الحدّة في المشاعر. بالتأكيد لن يكون ممكناً أن أقول الكثير. وماذا يمكن أن يقال عن الليالي الطويلة التي تذوب خلال هذه المعاقرة الذاتية العجيبة لعالم يتكشف تحت ألوان مختلفة وجديدة. ماذا يمكن أن يقال عن الصباحات الفاترة، ونضوب القوى وشحوب الوجه، واليقظة المستمرة في رأس يبدو وكأنه قد صمم على المقامرة بكل شيء مرة واحدة. آه.. لن تفهم.. وأنا أيضاً لا أفهم جيداً هذا التنبه الذي يأتكلني بعنف، ويستهلكني بشراهة باعثاً في قعري خوفاً مبهماً كالغبار. أنا أيضاً لا أفهم كيف تمتزج في لحظة واحدة، وفي جمجمة واحدة أقاصي الفرح والحزن والخوف. أنا أيضاً لا أفهم، وكم أخشى أن يخمد هذا الالتهاب قبل أن أعرف سرّه. ولكنني أكتب. البارحة مع بطاقتك شممت رائحة ابراهيم القديم وكنت أحسب أني فقدتك، وقلت لنفسي سأكتب له كل دفتر الرسائل. لكن ها أنذا مع الإطلال على باريس «التي أراها لحظة بعد لحظة أجمل من كل ما قيل عنها» لا أعرف كيف أعبر... ما قيمة أن أصف لك كيف أعيش؟ لا شيء... ولكنني أكتب.. أكتب بوحشية، مقترباً من نفسي. من أعماق مجهولة تزأر فيها الحيتان والكلاب، والعفاريت. ومع هذا الاقتراب أشعر أنني أتخلص من القواعد، أتخلص من هم الآخرين: كيف سيحكمون؟ أتخلص من كل الثياب، لينبهر نظري، وتتدافع أنفاسي أمام مرآة حية، تنكشف في غورها حتى دفقة الدم... لن أزيد.. ولن أتحدث عن حياتي سأرسل إليك بعض ما أكتب. إني ضنين بنشر شيء. وفي نفس الوقت لست واثقاً من شيء. لقد فقدت معونة القواعد، وفقدت تأييد المناهج. ها أنذا في البرية. في الشرايين النابضة لحرية لا يمكن

---

[19] الغلاف مفقود.

تقييمها الآن.. ستقول لي كلمة، وسيكون صوتك حياً أكثر من الجميع.. كنت دائماً كذلك.. إني أريد فحسب أن تفهمني. أما عن التقييم، فذلك شيء آخر، ولك فيه مطلق الحرية. كتابي والأشياء الأخرى المنشورة ستقرأها حين تأتي.

مسودات 3 قصص. «وأرجو أن تحتفظ بها لأنني سأصحح الآن اندفاقات الأصل»

....

والآن يا صديقي. هل أمضي في تبييض حكاياي. الساعة الخامسة صباحاً. جسمي مثانة عتيقة مثقوبة، رأسي يطن. سأنام.. وفي يوم آخر سأرسل لك حكايا أخرى...

لو ترى الفجر في باريس! إني أنتظر مجيئك بحرارة. وقد خيّبت قليلاً بتأجيل لقائك شهراً كاملاً بعد أن توقعته خلال أيام بعد رسالتي الأخيرة. على كل لا بأس. وكما قلت لك. تستطيع أن تأتي في أية لحظة والفلوس ليست مشكلة..

واكتب إليّ لا بطاقة، ولا سطوراً عجلى بل رسالة. وعميق أشواقي. **سعد**

الساعة الثامنة صباحاً. ولم أنم. أعصابي مشدودة. أجفاني يابسة. وصدري حطام دمية هشة. إذا كان للحياة قياس. فقد عشت خلال الأسبوعين الماضيين ما يوازي عمري كله. إن كل الأشباح انبثقت مرة واحدة لتملأني بضجيج هائل ومذهل. تحطمت نسق الأيام، وكذا الأفكار. ومنذ قليل فقط كنت أرى على النافذة التي تغبّشها الرطوبة حكاية جديدة، ثم حكاية أخرى. وشعرت توفزاً يدفعني من الفراش. بدأت واحدة. لكنني منهك.. منهك إلى درجة التلاشي. ينبغي أن أنام 3 أسابيع متعاقبة حتى أعوض ما فقدته خلال فترة التنبه هذه.

إحدى حكاياي تروي قصة رجل وامرأة خرجا من حفلة تنكرية وذهبا إلى البيت. بدأ كل منهما يخلع ملابسه التنكرية.. ويرميها على الأرض. يا لها مفاجأة! كان كلما خلع واحدهم قناعاً بدا تحته قناع آخر، وخلع القناع الأصفر، ثم قناع الكلب، ثم قناع اسكندر المقدوني، ثم قناع سقراط، ثم قناع الفارس.. ثم.. ثم وخلعت قناع الفأرة، ثم قناع الهرة، ثم قناع كليوباطرة، ثم قناع جولييت، ثم قناع النجوم.. ثم.. ثم... وكان كل منهما يتضاءل، يصغر، والأقنعة ترمى، تزدحم في الغرفة ملونة، متضاربة عجيبة... وفي نهاية المشهد، لم يبق من الرجل والمرأة إلا قطرتان لزجتان كانتا ملفوفتين بقناع رمادي أغبر.. وقد انسكبت القطرتان على الأرض، وتمعجتا بالتراب. وفي تلك اللحظة بالذات نشبت معركة عنيفة بين الأقنعة المتناثرة على الأرض... وفار الضجيج والهرج، وتناثرت الشتائم، والبذاءات وبدت الغرفة بركاناً يغلي بالحمم. ورغم أن البواب قد سمع بأذنيه ضجة المعركة، لم يحاول أن يتدخل، كما لم يتصل بالبوليس. فقط هزّ رأسه، ودمدم كلمة غير واضحة!

أما الثانية.. لا.. لا. ذلك سخيف في آخر الأمر أليس كذلك.

مع الإرهاق، وزمزمة الأفكار، وبزوغ الشمس فوق باب باريس، ينحدر الخوف قليلاً، لتربض اللامبالاة. لامبالاة عميقة... واسعة، تجعل من الموت ذاته، أغنية لرجل وحيد، ملذّ سماعها. لا أعرف ماذا ستقول، ولكن ينبغي أن تقول شيئاً. غداً، حينما تعود البلادة اليومية سيدة زمننا ستكون هذه اللحظات هي كل شيء!

وأنا لا أعرف عنك شيئاً منذ زمن طويل. وأرق تحياتي سعد

بعد أن وضعت الرسالة في مغلف، ومرّ نهار، ثم جاء ليل آخر.. ها أنذا أمزق الغلاف لأضيف رجاء... هل تستطيع أن تختصر مدة إقامتك في هولندا... إني بحاجة إليك. طبعاً لا أتوقع منك معجزات، ولا أعاجيب ولكن أن تكون في جواري. أريد أن أهدأ... هذا هو

الليل السادس عشر أو العشرون.. ومع هذا لا فائدة.. إن أشباحي لا تتركني لحظة. ليس أشباحاً كما نعلم.. أوه.. مزق سخيفة من الماضي من الحاضر من عمر الناس كل الناس... لا أدري ما أقول. وليس الكس بالقادر على تهدئة هذا الجنون. منذ أيام نضبت على عانتها، وهي سويسرية، وخرجت من عندها حوالي الواحدة معتقداً أنني سأنام، ولم أنم حتى الصباح...

إذا كنت تستطيع اختصار المدة فسأغتبط فعلاً. وإن لم تستطع ففي نهاية الشهر تعال فوراً إلى باريس أما لطف الله فسنزوره معاً فيما بعد. هل يزعجك أن تغير برنامجك!!...

أنتظر كلمة سريعة منك. **سعد**

***

(من باريس إلى القرية، ختم البريد 1966/4/7)

إذا أردت فعلاً أن تترجم فهناك 3 سبل. وفي الثلاثة أستطيع معاونتك قليلاً.

1 - فؤاد الشايب «رئيس تحرير المعرفة» تستطيع أن تسافر إلى دمشق، وأن تسأل عن وزارة الثقافة، ثم تتعرف على ظافر عبد الواحد، وتقول له: أنا قريب سعد وأريد مقابلة فؤاد الشايب، ثم تقابل الشايب وتعرض عليه ما تشاء ومع هذه الرسالة سأكتب له. إنه صديقي، وسيمكنك نشر بعض المقالات من حين لآخر مع تعويض لا بأس به.

3 - لترجمة الكتب هنالك لجنة التأليف والترجمة في وزارة الثقافة. وفيها الدكتور أنطون مقدسي، وإحسان حصني. والاثنان تربطني بهما بعد «كتابي» رابطة ود، وصداقة، وسأكتب لهما، ويمكنك ببساطة التعرف بهما على أنك قريبي وعرض كل مشروعاتك عليهما. إنهما جيدان، ومثقفان بشكل جهنمي.

3 - وهنالك سهيل إدريس. وهذا السبيل يمكن أن أفيدك به من هنا. من باريس. إذ إن جشع سهيل إدريس يشعرني بأني أمام تاجر ينبغي التعامل معه بحذر. وعلى كل هو يعرفني جيداً، ويمكن الاتفاق معه على أساس ما. والبداية عنده أفضل من البداية عند سواه. وسأشرح لك ذلك فيما بعد.

على كل ينبغي أن تطرق الأبواب الثلاثة. على الأقل من أجل الاطلاع على الجو، ومعرفة الإمكانيات المتوفرة حالياً.

إذا كنت ستعود فعلاً، فسيسعدني أن أقضي عندك شهراً كاملاً من بداية حزيران وحتى نهايته. قد أسافر بعد يومين إلى لندن. وكان لطف الله عندي.

لم أعرف طيلة حياتي هذه الحدة في الوعي. إني أحيا نفسي بما أستطيع.

اكتب لي إلى باريس لكي أرتب نفسي على قضاء فترة الشهر أم لا.

وقد كتبت هذه الرسالة على الواقف.

أتمنى فعلاً لو يكتب لي أحمد بعض أشيائه التي أحب فيها الحماس، والسذاجة أو العفوية والإخلاص.

أما رشيد، فياله إنساناً! قل له: إني مشتاق إليه. وأتمنى أن تكون هنالك وسيلة فعلية للوقوف إلى جانبه في محناته. وسأظل أحترم غفلته حتى نهاية عمري. لكن رغم كل ما حدث، لا أجد ما يمنع من الإلحاح عليه في الزواج، والزواج منها بالذات. وهو يعرف من أعني. زكية نفسها قبل أن تموت، ألحت علي في إقناعه.

أما أنت، فإني أعتمد على شجاعتك.

وأحوالي حسنة. إذا سافرت إلى دمشق، اشتر لي قميصين نوم بروكار للحريم. والقميص بحوالي 10 ليرات فيما أذكر عميق تحياتي. **سعد**

***

(من باريس إلى القرية، ختم البريد 1966/4/26)

مرحبا ابراهيم، لم أكتب لسوى صديق واحد بخصوصك. ولكن لا أعتقد أن عدم الكتابة سيغير من الأمر شيئاً. إني غارق إلى قمة رأسي. وأحاول الآن بعد أن تقرر مشروع سفري إلى عندك خلال حزيران، إرسال بعض الأشياء السخيفة إلى الصحف بغية كسب بعض النقود. وبالمناسبة، رغم أنك لا تصدق أن ما أقبضه شيء ضئيل وهزيل في باريس أؤكد لك أني أحيا حياة الكلاب، وقد تأكدت من ذلك بعد أن عاينت حياة لطف عن قرب، هذا مع أننا نقبض مبلغاً متقارباً إلى حد ما.

وصلتني الـ «الطظ» التي توجت بها كتابي المحترم. وتقريباً أنا لا ألومك. احمل معك نسخة منه، وإذا كانت الأمور حسنة، فسأنهي مسرحيتي الطويلة عندك في فرانكفورت، ولربما حينئذ لن تقول «طظ».

أما عن القمصان الحريمي، فإلى الجحيم بها وبمن سيلبسنها. هات معك فقط زجاجة عرق. وقميص نايلون مقاس 37 أبيض. وكل شيء يصبح حسناً. «وبالمناسبة تحدث مع أبي وأمي قليلاً وقل لهما إني مبسوط جداً».

مشتاق إليك كثيراً. وتحياتي لك، ولرشيد وأحمد والجميع. هل بلغت أحمد رغبتي؟ قل لرشيد أن يدير باله على قردتي الصغيرة. تحياتي لأخي محمد إذا كنت تراه. لدي رغبة في ملء باقي الورقة تحيات وسلامات على طريقة محمد زردا. **سعد**

من الضروري سفرك إلى دمشق، والاتصال بالذين طلبت منك الاتصال بهم، لأن ذلك سيفيدك حتماً في المستقبل.

- الأحد في 1966/4/24

ماذا سأكتب لك أيضاً؟! أي يوم قضيت! الآن، الساعة العاشرة ليلاً. ومنذ لحظات فقط استيقظت. لقد كنت ثملاً أكثر مما ينبغي. الليل والصمت، وأغنية من أيام بعيدة. وباريس تصهل وراء جدراني. باريس تغني للثمالى والمتوحدين، للصمت، والله الذي يبكي في وحدته.

قضيت يوماً عجيباً. الفرح غيمة بيضاء تتمدد فوق أشجار خضراء، وتهمي.. كالمطر الهتون تهمي فوق ناس الآحاد، وخضرة الأشجار، والليالي العتيقة.

كيف أصف لك. لعنة الله على كل الذين كتبوا! هذا الصباح استيقظت وحيداً. حملت أعمال يوريبيد وقاموسي، ورحلت عبر أحد باريس، عبر تدفقها، والغناء العميق الذي يتفجر من قعرها. كنت وحيداً مع كنبي، وكان الغناء يرعش في أعماقي كحداء اليونان القديمة، كتفجعات الجوقات الموغلة في تجذرها التاريخي. كفرعون وهو يرى عظمة أهرامه التي ستضم رفاته حين يموت. كنت ذلك الاتصال اللامتناهي بين الإنسان والأرض. بين الانفعال والسماء التي تهمي. واندفعت أشرب. المجد لهذا العالم! الأشجار خضراء. وما في جيبي لا يزيد عن ليرات قليلة (البارحة أغلقت البنوك قبل أن أسحب نقوداً)، والناس يسرعون، يصطدمون في تفجرات لونية هائلة. توماس مان إنسان كان يعرف رهبة المشكلة. كيف نحيا، ونخلق في نفس الوقت؟ وفي لحظات كان يمكن أن أمزق كل ما لدي، تماماً، لأبدأ من جديد فأعطي أروع أغنية صاغها انفعال البشر في توترهم العميق بين أقاصي الحياة، وأقاصي الموت. وهذيت، غنيت بكل اللغات، وركضت، لا أريد أن ألتقي من يعرفني، لا أريد أن أتحدث إلى أحد.

بالأمس التقيت بأصدقائي القدامى في لندن، ووجدت أنهم ما زالوا حبيسي قواقعهم القديمة. وفي باريس ينتشر الإنسان، ينتشر كبيارق آلهة لم توجد بعد، لكن سأخترعها عبر قلقي اللامتناهي. ماذا يمكن أن آمل أكثر. هنا على الأقل، لا مجال للمبعثرين على تخوم «الوسط»، للموتى الأحياء، للذين يوجدون مجاناً. هنا إما أن تكون... أو تنعدم! ليس لأن المكان يتضمن رقية السحرة، ولكن لأن «العمر» قد بلغ ذروته، ولأن الممكن قد تفجر حتى أقصاه عبر ارتطامه بالمستحيل. وشعرت فجأة بالاختناق، أريد أن أصرخ. تلفنت لها، صحفية فرنسية لم أتعرف عليها بعد، ولكن صديقاً أعطاني تليفونها، وقال لي: احك معها فهي الآن تعرفك جيداً. وحين عرفت اسمي صرخت: احمل معك كتابك وتعال، سأترجم بعض مسرحياتك إلى الفرنسية. لعنة الله عليك وعلى مسرحياتي. ومنذ يومين في حفلة أقامتها سفارتنا، تعرفت على فتاة أمها صاحبة صالون أدبي مشهور، وقالت لي: سمعت عنك، تعال إلى صالوننا، وسيكون جيداً أن نترجم بعض مسرحياتك إلى الفرنسية. ما الخبر! بعض الذين قرؤوا هنا مسرحياتي، كما في دمشق، صدموا، واعتبروني كاتباً حقيقياً ينبغي أن يحكى عنه في كل الأوساط. لعنة الله عليهم. إنهم لا يعرفون أني لا أبالي بما يقولون. لا يعرفون أن دكاترة كباراً في دمشق قلدوني هذا المجد، ولم أبال. لا يعرفون أن واحداً فحسب عرف أنني ما زلت أحبو على شط محيط بلا آخر، وقال «طظ». هذه «الطظ» هي الحقيقة الأساسية لتجربة ما زالت حتى الآن طفولية ومريضة. لكن، الآن.. ولم أذهب إلى الصحفية الفرنسية التي تأمل بليلة جسد أكثر من ليلة فكر.. أشعر أني بلغت الأصول الضرورية لبدء جديد. لأعمال تتجاوز حدود العادي. طبعاً سأضحي. اللعنة، كانت مشكلتي دائماً أن أجمع بين مذاق الحياة، وبين «قول الحياة»، لكن الآن، في ذروة فرح بلا تبرير أكتشف أن الأوان قد آن لاختيار الكلمة، وللتضحية بما هو أساسي. باللذة. كثير من التبغ والقهوة السوداء،

وليصغ القلم، للدمدمة التي تحزّ أعماق الصمت الباطني.. ليغرف ويغرف مصوّراً كل هذه النماذج العجيبة التي يتعانق في صمتها، أعمق التواجد، مع أقسى الانعدام. لأنك لا تعلم أن ذكية ماتت لأنها نضبت، لأنها تريد أن تموت. في أيامها الأخيرة، كانت خالية من كل قوة على الصراع. إننا نموت لأننا نفقد القوة على الحياة.

كنت أظن أنني سأكتب لك كثيراً، لكن هذه الورقة آخر الدفتر، ولن أكتب على ورق آخر... دعني لهذياني وإلى اللقاء.. **سعد**

***

(من باريس إلى فرانكفورت، ختم البريد 1966/5/31)

من جهة تيقنت نهائياً أني لن أصبح إنساناً عملياً حتى مماتي. وإذن فمن المستحيل تنظيم مصروفي ومعيشتي بصورة تجعل أيامي بلا أزمات وبلا مضايقات تافهة وسخيفة. ومن جهة ثانية أنتظر الآن بين يوم وآخر قدوم عبد الوهاب. وأقول لك وحدك أني رغم حبي وحزني الشديدين من أجله.. رغم رغبتي الأكيدة في مساعدته أشعر أن مجيئه في هذه الفترة بالذات ربكة هائلة لي ستمنعني من متابعة تجربتي التي أعيشها، وسط كل الضباب والضيق اللذين يكتنفانها بكل أبعادي. وسيصل فيما أتخيل بلا مليم. وحتى الآن أنا بلا غرفة، وفي الفندق بدؤوا يحاولون مضايقتي للخروج إذ إن الصيف هو أشهر الرحلات، وبالتالي أشهر رفع الأسعار بشكل جنوني. وكل أسبوع ينقلونني من غرفة إلى غرفة أسوأ. وقد احتملت الفندق كل هذه الفترة لأني ظننت أن ذلك سيتيح لي توفير أجرة «شهر» أقضيه خارج باريس ولا أدفع فيه أجرة غرفة.

الآن، بسبب ظروفي، وظروفك كل شيء قد انقلب.

ولا أدري ما سبب سوء حالتك النفسية؟ أهو العمل؟ أم الديون؟ حاول أن تكتب لي مع قليل من التفصيل.

منغمر هذه الأيام في كتابة عدة مقالات تافهة «للبعث»، علّني أستطيع إيفاء الـ 500 ليرة التي تركتها ورائي في دمشق بطريقة برانية. ولكن هذه الديون ليست ملحة، وهي لصديق موكّل بمعاشي هناك. وهو طيب جداً، ويستطيع أن ينتظر دائماً فرصة أحسن لاستيفاء الديون.

تركت مدرسة اللغة. ورغم أنني أقرأ بصورة لا بأس بها، فإني أشعر بالتقصير من ناحية «الفرنسي».. لكي أتقن هذه اللغة جيداً ينبغي أن أقطع كل صلاتي بالعربية. وهذا مستحيل، لأن الكتابة هي بالنسبة لي هذه الأيام أهم وساوسي. وإني أعمل في مسرحيتي قليلاً، وربما استطعت خلال شهر إنهاءها. وبعدها سأكتب مسرحية أخرى جاهزة في رأسي، وسأفاوض سهيل إدريس على إصدار كتاب جديد لي في أواخر الصيف. بعد هذا الكتاب لدي مشروع آخر مهم. إني أأتكل من الداخل. ينبغي أن أكتب كل يوم عشر ساعات لكي أجيب على الخصوبة التي أستشعرها في خيالي هذه الأيام.

وقد كانت عندي «امرأة فرنسية» في الثلاثين، سخيفة إلى حد مميت. ألم أذكرها لك في رسائل سابقة. المهم أرسلتها للشيطان، وها أنا بلا رفيقة. ذلك يضايقني أيضاً، ويتخذ لدي انعكاسات خاصة، سيتسع لنا الوقت يوماً ما للحديث عنها تفصيلاً.

وبالنسبة للقائنا. في زحمة هذه الظروف، لا أعرف ماذا أقول عنه. طبعاً ألغيت فكرة مجيئي الآن. وطبعاً يسرني وأرحب وسط أية ظروف كانت بمجيئك إلى باريس. ولدينا خلال الشهر القادم فرصة أوسع للتقرير، لكن لا تعتقد أني سأنظم مثل هذه الأمور. لأنها لا تستحق عناء التنظيم، والتصور. قررت السفر إلى لندن قبل سفري إليها بيوم واحد. وهكذا سيتم الأمر بالنسبة لألمانيا وأرجو أيضاً أن يتم الأمر بالنسبة إلى مجيئك إلى باريس. لدي هنا أصدقاء لا بأس

بهم. وأستطيع أن أستدين بعض النقود. ولن نجوع جئت أنت إلى هنا، أم رحلت أنا لعندك.

أرسلت رسالتين أدبيتين لا بأس بهما واحدة للمعرفة وأخرى للآداب. نشرت المعرفة في الشهر الماضي قصة قصيرة لي، لا أعرف إن كنت قد قرأتها. وهي واحدة من القصص التي أرسلتها لك إلى هولندا وعنوانها «الورم».

احتفظ من قناني العرق بقنينة واحدة، حتى نحلّ بها عقدة لساننا حين نلتقي. وأما الباقي فاشربه وأما قميص النوم فاعطه لإحدى مومساتك إذا عدت تمارس هارون رشيد معاصر على بنات ألمانيا.

هناك أشياء كثيرة يمكن أن أكتبها عني، عن باريس. عن المسرح والكتب والسينما. لكن ليست لدي الشهية. وإني أكتب بالعربية أكثر مما ينبغي.. يوماً، سأتحدث عن «الكلمة» بالنسبة لإنسان يكتب. هذه العلاقة الغامضة التي يتلازم فيها أقصى الكراهية مع أوثق الارتباط.

مشتاق إليك كثيراً.. واكتب لي بسرعة...

لطف، تغير عنوان سفارته، وطلب مني إعطاءك العنوان. أنا الآن في صالون الفندق، وليست لي المروّة الكافية للصعود إلى الغرفة.. فإلى رسالة أخرى.. عميق تحياتي. **سعد**

***

(من باريس إلى فرانكفورت، ختم البريد 1966/6/9)

عندما وصلت إلى الفندق هذا المساء. كنت أنوي أن أكتب لك عشر صفحات على الأقل، كنت مليئاً حتى الطفح، وكنت أشعر أن وقتاً طويلاً قد مرّ لم نتكاشف فيه حتى أعماق النفس. هناك حيث كل شيء مزوبع، رملي، لا يمسك.

ها قد مرت أربع سنوات على آخر مرة التقينا فيها. كان ذلك على سطح بيتكم، وكان القمر رائعاً في السماء، وكانت الدنيا أبواباً سرية، لم تتفتح بعد، لكنها ستتفتح. في الغد سافرت إلى القاهرة، وبعد فترة قصيرة سافرت أنت إلى أوروبا، ودارت الأرض أربع مرات حول شمسها الرائعة. كم يبدو ذلك مضحكاً وشعرياً في نفس الوقت.

ولكني لم أكتب، كنت قد بدأت رسالة سخيفة لجريدة «البعث» منذ أيام ولم أنهها، وشعرت أن الأوان قد حان لتكملتها، فأقصيت فكرة الكتابة إليك قليلاً. الساعة الآن واحدة بعد منتصف الليل، رأسي مليئة بالفناء. أشعر بالندم لأنني لم أبدأ الرسالة منذ عودتي. ولتذهب الجريدة والمقالات السخيفة إلى الجحيم. كل ذلك.. لنكسب قليلاً من النقود! لعنة الله على النقود. لو أنني رجل لما احتجت أبداً لمثل هذه الجهود المهروقة. ولو أنني رجل لما كنت الآن، هذه الرخاوة المرضية الناعبة.

لعلني استعجلت. ينبغي أن أركز هذه المرة. في بطني ثلاثة أنواع من الأدوية، وكتبت بضع صفحات من التفاهة، ودماغي مثانة مهترئة. إني محار تهمي دموعه إلى الداخل. محار يتلزج بدموعه لأنه لا يستطيع ذرفها على الرمال!

وأحاول أن أتابع ما بدأته رغم يقيني أن اللحظات قد تبدلت، كما أن مشاعر البارحة قد تميع صفاؤها.

أتصدق، هذه هي المرة الثالثة التي أحاول الكتابة مرة أخرى إليك؟ وطبعاً لن أستمر في هذه التجربة الخاسرة. إني لن أكتب. رغم أنك الوحيد، وفتاة أخرى في دمشق. هما اللذان يمكن أن أكتب لهما كل شيء. ما دمنا سنلتقي، فقد تكون الأمور أهون شفاهاً. وقد يتغير كل شيء ونتحدث قليلاً عن الكتب ثم يعود كل إلى جلده وحيداً كأسماك البحار.

من جديد أصبت «بالمرض الجنسي». بعد الفرنسية كانت ألمانية، ولمرة واحدة، ووقعت. ومع السيلان «الكلي» والهزال سأستمر في الكتابة وتناول الأدوية حتى لقائنا.

لم يكتب لي عبد الوهاب شيئاً بعد. ومهما كان، فإنها مسألة ضرورية جداً أن أقضي خارج باريس شهرين منظمين ما أمكن. لو أتيح لي ذلك إلى جوارك، فلا شك أنه أفضل. والبقاء حتى أول آب. ربما كانت مسألة شاقة. لنحاول أن نجد طريقة في منتصف تموز مثلاً.

مع تحياتي وأشواقي سعد

طبعاً ستخبرني قبل وصولك بأسبوع طبعاً.

بعد أن وضعت هذه الرسالة في مغلف فتحتها لأضيف.. بقدر ما تستطيع أن تبكر في المجيء يكون أفضل. وإعلامك لي ضروري لأجد كيف سأدبر لك غرفة في الفندق.

***

(رسالة مستعجلة من باريس إلى فرانكفورت، ختم البريد 1966/6/29)

برهوم العزيز، خلال الأسبوعين الماضيين، كتبت لك أربع رسائل طويلة. وطبعاً لم أرسل ولا واحدة منها وإن احتفظت بها.

تماماً في اللحظة التي بدأت أحزم فيها أمتعتي بعد أن حصلت على الفيزا وقررت الرحيل كما قلت تماماً جاءتني رسالة من عبد الوهاب من أنقرة يقول فيها بأنه بدأ رحلته الميمونة إلى باريس لكنه حائر الآن فيما إذا كان يتابع سفره أم لا، خاصة وأنه سيصل بلا فرنك تقريباً. ويسألني أن أكتب له بسرعة إلى سفارتنا في صوفيا، بما يبدد حيرته ويساعده على اتخاذ القرار النهائي (!!). كتبت له تعال. مؤمناً

أن عودته ستكون تحطيماً نهائياً له. أعدت فتح حقائبي. وعدت إلى الانتظار.

مرضي يتفاقم. أقضي وقتي بين الطبيب ومخابر التحليل والصيدليات. لكن لا فائدة. إني متعب لدرجة أني أفكر بالموت وجهاً لوجه وبنوع من السآمة لا الخوف. نتائج التحليل كانت غامضة بدليل أن كل الأدوية لم تفدني شيئاً. اليوم أخذت موعداً من أخصائي مهم. وسأبحث عن فلوس تكفي عبقريته للتحرك واكتشاف ما لدي.

أرأيت.. طظ في كل الأمكنة بما فيها باريس؟ ألهث عندما أفكر أني لن أكتب هذه «البضعة» أفكاري السخيفة التي تموء في ذهني دون انقطاع. أي أريد أن أتخفف نهائياً إلى حد القدرة على التلاشي بلا صخب.

برهوم العزيز.. كنت مشتاقاً فعلاً للمجيء إليك. ويقيناً سآتي. لكن - الآن على الأقل - أصبح من الصعب أن أقرر متى. هناك قرار عبد الوهاب. ثم مرضي. ثم بعض الأشياء الأخرى. لكن الفيزا التي حصلت عليها صالحة طوال تموز. وخلال شهر تحدث أشياء كثيرة... تحياتي وأشواقي. **سعد**

عنوان لطف:

Embassy of Syria 5g s Eaton Terrace London S.Wg s 1

اكتب لي إذا كان لديك شيء.

***

(من باريس إلى فرانكفورت، ختم البريد 1966/7/1)

برهوم العزيز، لكي لا تقلق أكتب لك الآن، بعد أن قضيت ساعتين مع طبيب لبناني، لم يدخر وسعاً في فحصي، ومحاولة فهم مشاكلي

الصحية. كانت النتيجة: لا شيء خطير.. هنالك التهابات قديمة في الكلي ومجاري البول. والتهابات مزمنة في المعاء الغليظ. وسيكون ممكناً مع اتباع نظام صحي معين، ومحاولة الهدوء النفسي، والمعالجة الطويلة أن أشفى من هذه الالتهابات. وقد وعد أن يشرف على العلاج. سيحوّلني إلى طبيب أخصائي بالجهاز البولي. وسيساعدني في إجراء تحاليل جديدة في إحدى المستشفيات. ومن المنتظر أني خلال شهر أو شهرين سأنتهي من معظم ما أشكو منه. وطبعاً بشرط أن أساعد الدكتور. وللبدء بمساعدته ينبغي أن أقلع عن التدخين ثم يأتي الباقي.

وأنا لا أعرف كيف سأقضي هذه الفترة، ولا ما هي طبيعة العلاج، ولا كم سيتراكم علي من ديون. لكني سأحاول فعلاً أن أنتهي من هذه الدوامة الدبقة التي تسببها لي صحتي. ومن المؤكد أنك تذكر جيداً كيف احتلت هذه الدوامة معظم ما كتبته لك منذ سفرك حتى الآن.

وعندما سأشعر أن بإمكاني مغادرة باريس إليك سأفعل دون تردد. وأرجو ألا يتأخر ذلك كثيراً. ولا أعرف ماذا أقول فيما يخص حالتي النفسية. لكني أشعر يقيناً أنه أمر غير عادل أن أقاسي هذه العذابات التي تسببها كميات من اللحم والعظم. أمر غير عادل أن تدمّر تجربتي هنا في باريس بهذه السلسلة الحلزونية من المضايقات والضعف. إن عيادات الأطباء أمكنة لم أضعها في حسابي عندما كنت أفكر ماذا سأفعل في باريس!

على كل أحاول هذه الأيام أن أروّض نفسي قليلاً. وأن أتحمل ببعض الرواقية كل ما ألاقيه. سأقلع عن التدخين، وسأسلم نفسي لروائح الأطباء النفّاذة. وسنرى هذه المرة كيف يمكن أن نتلاءم أكثر مع هذه الرائحة.

حتى الآن لم يأت عبد الوهاب. أترى هذا الآخر. كم هو مشكلة صعبة! الحقيقة لقد سئمت الانتظار. في مخابر التحليل أنتظر. عند

الطبيب أنتظر. بعد أن تشتري الدواء انتظر النتيجة. ومن قبل كنت أنتظر لحظة سفري إلى ألمانيا. واليوم أنتظر عبد الوهاب.

لا أقرأ. لا أكتب. لا أفعل شيئاً. لكن الحالة العامة لا تقتضي قلقاً خاصاً. وعميق تحياتي. **سعد**

كتبتها بسرعة خائفاً من تأثير الرسالة السابقة.

وسأكتب لك بالتفصيل فيما بعد. اكتب باستمرار

***

(رسالة مستعجلة من باريس إلى فرانكفورت، ختم البريد 1966/7/8)

بابا برهوم، على الصبح استقبلت مظروفك المنتفخ. قرأت رسالتك الكئيبة، وترجمتك الأكثر كآبة. أثارت الأيام الأخيرة في حياة همنغواي اهتمامي. لا أستطيع الآن أن أشرح لك ذلك. ولكن أتمنى أن تكون لديك تفاصيل أخرى عن الموضوع.

في إحدى الرسائل التي لم أبعثها لك، كتبت أنك تقسو على نفسك كثيراً إذ تضع للبداية كل هذه الأهمية. وترجمتك جيدة بحيث لم يخطر لي لحظة واحدة أن أضيعها في «البعث» لقاء 25 ليرة أو أقل قد تقبضها بعد شهرين. لذلك سأرسلها بعد تصحيح بعض «التواريخ وأخطاء السرعة فقط» إلى سهيل إدريس. وسنقرأها منشورة في «الآداب» التي تصدر بداية الشهر القادم ([20]). وكما قلت لك مرة. إذا كنت تأنس في نفسك بعض النشاط، فيمكنك أن تبدأ فوراً في الترجمة الجادة سواء للآداب أو لوزارة الثقافة. هذا وإن كنت ما زلت

---

20 مقالة عن انتحار همنغواي، مترجمة عن الألمانية، نشرت في «الآداب». مع الأسف لم أعثر على النسخة التي كان سعد قد أرسلها لي آنذاك.

موقناً بأنك مرصود لأن تعطي ما هو أكبر من الترجمة. فقط لو أنك تتخلص من هذه الأطر المعقدة التي تربك بها بدايتك.

الأحوال أفضل قليلاً. سأصل إلى فرانكفورت خلال الأسبوع القادم.

احجز الغرفة. ولن تحتاج للعناية بي. تكفي رفقتك. وبعض الهدوء.

عبد الوهاب الآن في لوزان. أعتقد انه دبّر عملاً جيداً.

عن المرض.. سنتحدث قليلاً فيما بعد.. ولعنة الله عليك، فلست مصاباً بالسرطان ولا أريد الإصابة به.

وشماتتي بضياع بقرتك الهولندية. مع أشواقي. **سعد**

***

(بطاقة عاجلة من باريس إلى فرانكفورت، 1966/7/16)

برهوم

سأصل في الاكسبريس 1115 الذي يبلغ فرانكفورت في تمام الساعة 7 و48 دقيقة صباح يوم الأحد حسب التوقيت المحلي لمدينة باريس. أرجو ألا تكون مضطراً لانتزاع نفسك من أحضان بقرة ألمانية في مثل هذا الصباح الماطر. **سعد**

***

(فرانكفورت) ([21])

والله لقد فعلتها.

---

21 رسالة بقلم رصاص كتبها سعد وتركها في غرفتي، والتي كان لديه مفتاح لها، ثم سافر إلى حي آخر في فرانكفورت، حيث كنت قد استأجرت له غرفة في بيت للطلاب.

وصلت إلى البيت تمام السادسة تقريباً، وبقيت لا أعلم إلى أي ساعة، ولكن أكثر من الساعة 11، يؤكد ذلك أني قرأت أكثر من 100 صفحة في الكتاب الذي أحمله.

عملت شاي مرتين، تعشيت مرة واحدة. فتحت علبة «محشي» أكلت نصفها وتركت الباقي في الدرج الأعلى على اليمين. لم أسافر اليوم. لكن غداً من المرجح أن أسافر... ([22]).

لم تسهر البنت البارحة إلا إلى الثامنة، أخذت القطار بعد ذلك ورحلت. لكنها قبل أن ترحل تعشت!!

بقي معي من الـ 50 ماركاً 21. لا تنسى مسألة العشاء وطعام اليوم والتبغ وشراء علبة قهوة بـ 390 وإرسال 3 رسائل. وتيكيت ترام.

كنت أتمنى جداً أن أراك. أولاً بسبب الشوق وثانياً بسبب ضيقي الذي لم ينفع معه لا كتاب ساعتين ولا قراءة ساعات. وثالثاً لكي تعطيني بعض المعلومات الضرورية خوفاً من ضياعي غداً على سكك حديد ألمانيا وبين قطاراتها. ورابعاً لكي أحمل مبلغاً احتياطياً وأسرع فأقول لا للإنفاق، ولكن للطمأنينة الداخلية.

لكن.. وبما أن سيادتك لم تأت، فقد طويت رغائبي كلها الواحدة تلو الأخرى ورحلت خائفاً من أن يفوتني الترام. وحينئذ سيتعين علي السير تحت المطر حتى مربضي العتيد.

ماذا فعلت؟ يبدو أن الحكّة تأكل ذكرك. وإلا كيف تضحي بقراءة يوم السبت لتتشرد في شوارع فرانكفورت المكتظة بـ... أتضحي بـ 40

---

22 لعند طالبة ألمانية تدعى أنكي كان سعد قد تعرف إليها في فرانكفورت قبل أيام. وكان بيت أهلها يقع في بلدة مجاورة.

ماركاً؟ لعنة الله عليك لو فعلت. لكن في نفس الوقت سأشعر بسعادة حقيقية إذ تصبح عديلاً لي في النزوات.

تموبناتك جعلتني أتمنى لو أنني فتاة فأتزوجك على التو. ولأنني لست كذلك فقد سطوت على كروز الدخان الذي بدا لي ككنوز سليمان الوهّاجة.

إذا جئت غداً باكراً فسأمرّ عليك، وإن لم أصل إلا متأخراً فإلى الإثنين.

وأخذت أيضاً ما أفطر به غداً. **سعد**

***

(من لوزان إلى فرانكفورت، ختم البريد 1966/8/29)

ابراهيم العزيز، أعرف أنك تكره البطاقات، مع هذا فقد أغرتني كمية البطاقات التي يمتلكها عبد. بعد وصولي أكلتها مرضة لعينة. اقتضتني تحاليل دم وأدوية وتردداً دورياً إلى المستشفى الحكومي خلال ثلاثة أيام. ولم ننفق نقوداً كثيرة. الآن بالنسبة للطارئ من المرض ماشي الحال. بقي العتيد المزمن. لوزان هادئة جداً وغير منشطة. نقضي أوقاتاً طيبة وحتى الآن لم نفعل شيئاً. لا أعرف بالضبط ماذا سأفعل فيما بعد. وبالمناسبة حدثت لي مشكلة على الحدود ولن يكون ممكناً بعد الآن دخولي إلى ألمانيا. ربما عشنا قصة أخرى في سويسرا. وعبدو يحب الضحك لا يزال والنوم أيضاً. مشتاقان لك وتحياتي سأكتب لك قريباً. **سعد** ([23])

---

23 (من رسالة إلى لطف "الله حيدر"، من فرانكفورت إلى دمشق، 1966/9/17)
... سعد عاش عندي خيبة عمره هذه خيبة العمر فيّ ما ذنبي أنا إذا عاش أرستقراطياً ولم أعش أنا أرستقراطياً فهي خيبة له وإذا أراد أن يكتب كتباً ولم أكتب أنا فهي خيبة له وإذا أراد أن يعمل في السياسة ولم أعمل أنا فهي خيبة له بعد سفره أرسل لي مسرحيته الجديدة الجاهزة للطبع حفلة سمر من أجل الخ...

***

(من باريس إلى فرانكفورت، ختم البريد 1966/9/30)

العزيز ابراهيم، ها أنذا في باريس مرة أخرى. وعلى رأسي أطنان من المشاكل. تدبير غرفة. تسجيل الجامعة. إجراء عملية اللوزتين. إجراء فحوص جديدة من أجل نزيفي التحتاني. الاهتمام أكثر بالدراسة والعمل. الكتابة قليلاً. و.. أما النقود فهي المشكلة التي لا أفكر بها لأنها بلا حل.

كان الشهر الذي قضيته في لوزان معقولاً لولا هجمات المرض المستمرة. عملت في مطبخ أحد المطاعم فترة قصيرة. وجدت أن الشغل أسهل من أي شيء آخر. لأنه ينهي كل شيء آخر. أنا العاطل عن العمل محزن وضعه أكثر منكم. دبرت في سويسرا عشيقتين لذيذتين واحدة أمريكية والأخرى سويسرية.

أنكي «الأيري» كانت ستجيء إلى باريس لولا أني رفضت. وهي تخنقني برسائلها.

وجدت حينما عدت منذ عدة أيام رسالة من سهيل إدريس يكلفني بها بمراسلة المجلة دائماً، وقد أرسل لي شيكاً (رمزياً) مع الرسالة بـ 155 فرنكاً فرنسياً، ولكن لا أجرة رسالة واحدة وإنما أربع رسائل ينبغي أن أكتب الثلاثة الباقية منها. يا سلام! وأكثر من ذلك إنه يتمنى أن أمتنع عن مراسلة المعرفة، وأن أترجم لداره بعض الكتب عن الفرنسية. وفي نفس الوقت يطلب مني أن أقول لصديقي الذي هو أنت بأن ترجمتك جيدة وأنك تستطيع أن تكتب إليه فيما إذا كانت لديك بعض الكتب لترجمتها. والجملة هي: (كان الفصل الذي أرسلته عن نهاية همنغواي من ترجمة صديق لك عن الإنكليزية جيداً. إن

(عدم التنقيط في هذه الرسالة مقصود).

كان لديه ما يقترحه من ترجمة كتب تهمّ القارئ العربي فليكتب لنا في ذلك).

وإذن كما ترى كنت أنا المحق، وأنت الرخو. بعد أن رأيتك، كم أصبحت أشعر بأني أصلب منك. على الأقل، في بعض الأحيان أشعر أن لدي شيئاً حقيقياً. وهذه الـ بعض أحيان كافية لأن تقذفني بعيداً عنك وأمامك. وقد ضحكت من إصرارك على الترجمة حتى في الموضوعات السياسية السخيفة. كما أنني أضحك الآن إذ أتذكر الطريقة التي ترفض فيها البدء فوراً وبأعمال كبيرة. على كل حال تستطيع الآن أن تكتب لسهيل إدريس عن كل ما تود ترجمته. ويمكنني طبعاً أن أساعدك بكل ما تطلبه. وأظن أن عبد الوهاب بدوره قد أرسل لك رسالة إضافية عن الموضوع.

ما هي أخبارك؟ في الرسائل القادمة ينبغي أن نتحدث جدياً عن زيارتك لباريس وعن مشروعنا. ولكن لا أستطيع أن أكتب لك أي شيء قبل أن تنتهي مشاكلي الصحية. اكتب لي دائماً إلى عنواني القديم حتى نرى متى يفرجها الله.

***

(من باريس إلى فرانكفورت، ختم البريد 1966/11/16)

ابراهيم أرجوك أن تعذرني.

بشرفي ليست المسألة إهمالاً، ولا متعمدة. لكنها ظروفي. هذه المدينة تضيّع الشياطين. وأرجو أنك ستفهم ذلك.

بالنسبة لمقالك، أرسلته ثاني يوم وصوله إلى المعرفة. وسينشر في آخر هذا الشهر. ولا تعجب فهذه طريقتهم! على كل فؤاد الشايب أخبرني أن مقتطفاتك أعجبته. ولهذا فبإمكانك منذ الآن فصاعداً أن ترسل مباشرة إلى دمشق رسالة كل شهر، وستنشر، ويبعثون بثمنها إليك في ألمانيا. إلا إذا كنت تريد أن أراها قبل إرسالها فأنا مستعد

طبعاً. وتوقعت أن تأتيني منك هذا الشهر رسالة أخرى. لكن يبدو أنك زعلان.

أفضل إذا كنت ستكتب مباشرة إلى دمشق، أن ترسل إلى هذا العنوان: دمشق - وزارة الثقافة - ظافر عبد الواحد.

ثم..

أنا لم أمت. وأخباري أحسن جداً من الماضي. عدت أعمل. عدت أقرأ وأكتب. وأشعر بالارتباط أكثر مع الغد.

من المفروض أن أجري قريباً عملية اللوزتين. وبعدها يفرجها الله. على أن مرضي كما يبدو لي ليس قاتلاً وسيزول تدريجياً ومع الصبر.

لدي ارتباطات جامعية واسعة هذا العام. في اللحظة الأخيرة سجلت دكتوراه. وأتابع دروس معهد المسرح. بالإضافة إلى محاضرات أخرى والكتب، والمسارح، والسينما. أشعر أحياناً أني سأتمزق. وستظل الشراهة هي قدرنا الأسود. ويضاف إلى ذلك (وهو أهم ما في ذلك)، أنك تريد أيضاً كل نساء المجرة.

لدي صاحبة حلوة تدرس فلسفة وستعدّ الأغرغاسيون قريباً. إنها فرنسية لحماً ودماً، وبورجوازية روحاً وعظماً. وتبدأ حديثها دائماً هكذا: (يا عزيزي، وبما أننا أدباء!) نسيت أن أقول لك أنها تكتب كل أسبوع رواية بـ 300 صفحة فولسكاب.

ثم..

وعلى عادة الأخ عبد، فقد لبّكني أيضاً شهراً في حكاية مجيئه إلى باريس. وفي النهاية لم يسمحوا له. تصور المسكين. وهو يرفض العودة إلى سورية، ويصر على البقاء هنا في أوروبا ولكن كم كان

أفضل لو استطاع أن يكون جواري. لقد أفاده الشهر الذي بقيته معه كثيراً. على الأقل من حيث الحياة العامة.

ثم..

ديوني تتزايد وتتزايد. أصبحت الآن 1300 ليرة. طلبت مساعدة أبي فأرسل لي 300 ليرة فحسب. ويبدو أنه متضايق أو لا يظن أني مضطر جداً. ما فاقم الديون هو أن صاحبي في دمشق قرر فجأة استيفاء كل ديونه. حسن.. هو استوفى ديونه هناك.. وأنا هنا ازدادت ديوني. قريباً سيكون العمل أمراً لا مفر منه.

ثم..

ما زلت مصراً على مشروع سفرنا، ولكن لا بد أن يكون مبكّراً بعض الشيء. أو في نهاية حزيران وربما تموز.

اكتب لي ما لديك. عنواني: 2.. Rue d Arras - Paris 5

ملاحظة

هل لديك من الوقت ما يسمح لك بأن تكتب لي تلخيصاً عن «دون جوان» برشت؟

لو فعلت ذلك فسأكون ممتناً منك.

بالمناسبة، لقد تعرفت هنا على كاتب ألماني معاصر، أظنك حدثتني عنه مرة وأعني «بيتر فايس». إن باريس تقدم له الآن مسرحية صاخبة اسمها (تنفيذ قتل جان بول مارا تقدمه الفرقة المسرحية في مستشفى مجاذيب شارنتون تحت إدارة السيد ساد). وكما ترى العنوان نفسه مقال طويل. هذه المسرحية أثارت اهتمامي بالكاتب، وتدفعني لأن أتمنى قراءة أعماله الأخرى وما ترجم منها إلى الفرنسية هو (نقطة الهروب) رواية - و(البناء) مسرحية.

من المثير حقاً، أن كاتباً مسرحياً في هذا العصر لا يستطيع أن يكتب متجاهلاً (برشت). في يوم سيكون ذلك وحده كافياً للتأكيد على أهمية برشت.

رسالة الدكتوراه التي سأعدها عن المسرح، ستكون مهمة كما أعتقد. وسيلعب بر

شت دوراً هاماً فيها.

ولدي أشياء هامة عن الكتابة وإمكانياتنا المستقبلية، سأحدثك عنها فيما بعد. إني الآن أعمل بشكل دؤوب في هذا الموضوع بالذات. وسيكون مهماً جداً أن تكون إلى جانبي. هل أقول مدرسة أدبية؟ ربما أقل.. اتجاه أدبي جديد. **سعد**

***

(من باريس إلى فرانكفورت، 1967/1/19)

«سلام يا عزيزي»

ورغم محاولتك تبطين اللهجة فأنت تعتب عليّ. على الأقل من أجل «المعرفة». ولكن.. ولكن.. ماذا تريدني أن أكتب. منذ شهور لم أكتب كلمة لإنسان تقريباً، باستثناء بضعة أسطر للطف وأديب. منذ شهور لم تصلني «المعرفة»، بل لا أعرف فيما إذا كان القائمون عليها مازالوا أحياء أم لا. منذ شهور بعثت رسالتين واحدة للآداب وأخرى للمعرفة مع وعد قاطع بأن أرسل لهما كل شهر رسالة، بل أكثر من ذلك حددت موضوع الرسالتين لكليهما، وحتى الآن لم أفكر حتى بالاعتذار.

أترى؟ قصرت معك، ولكن من يخون نفسه كل لحظة لا يلام بعدئذ على تقصيره إزاء الناس الأعزاء عليه. ماذا تريدني أن أكتب. لن أكتب شيئاً على الإطلاق هذه اللحظة. لأني لا أستطيع. وحين سأكتب

آخر صفحة في «دفتري الكبير» سأرسله لك تقرأ منه ما يروقك. ولكن كم سأحتاج إلى شجاعة كي أرسله. إنه أخلص وأقل كمالاً بين كل ما كتبته، لأن في هذا ثمة «يومياتي».

وطبعاً ينبغي أن ترسل لي المقال. سأكتب غداً إلى ظافر عبد الواحد أستفسر منه عن كل شيء وأطلب إرسال ثمن المقالين إلى عنوانك في ألمانيا.

وعن «أنكي». ماذا تريدني أيضاً أن أقول. لقد حاولت منذ أيام بعد إهمال شهور أن أكتب لها بضعة سطور. ولو كان وضعي حسناً لطلبت منها المجيء إلى باريس يومين أو ثلاثة كي أقنعها بهدوء بعقم ارتباطها بي. على كل أفهمتها بالرسالة أن «الفارغين لا يستطيعون المحبة». ولهذا فلا ينبغي أن تحقد عليّ. وأعطيتها عنواني في باريس وقلت لها «بشكل صداقة أرحب بزيارتها متى شاءت»..

ولكن ما الفائدة؟ هل أقول لك ما تكتبه نوال؟ هل أقول لك ما كتبته السويسرية. خراي على هذا العالم المصنوع من الكذب والسراب. وأماني باريس فكم هي شاقة كل التجربة! مرة أخرى أصبح لي ثلاث بنات. انضافت لتجربة المرارة أبعاد جديدة. إني ألتهب. وإني أكتشف أشياء مذهلة للغاية. لكن للاكتشافات المذهلة ثمن غال يدفعه الجسد. لأقل إني أعيش اليوم مضاعفاً. وبالتالي إني أنهار بسرعة أكبر. والأيام مختلطة لياليها بنهاراتها. وتمر أيام كاملات بلا نوم. وعلى الجسد تخفق الجمجمة كالأعلام، أو البيارق المنسوجة من الألوان والكلمات. هكذا يرتحل المرء كل لحظة إلى الجوف، هكذا يصبح على التوالي قملة، ورباً، وحصاناً، ورجلاً مريضاً، وأغنية خائرة المقاطع، وحلماً أبكم. هكذا يتقمص الكلمات. وينفذ في مراياه الداخلية.

أستكون هنالك أوقات وكلمات كافية لولادة كل هذه الفيضانات التي ترج الهيكل الواهن لإنسان مريض؟ ذلك هو الرعب الذي ينبغي أن نعيشه كل هنيهة. ولا يجدي أن أسرد لك الآن مشاريعي. لكن يكفي القول بأن هذه المشاريع بالذات هي التي تجعلني أدرك كم إني حي، وبالتالي كم إن الموت صعب ودان.

أقرأ بوحشية. مفلس بوحشية أكثر. مريض كالعادة. ويظل ما نفعله أقل بكثير مما نريده. وبكلمة موجزة. إني أتعذب كثيراً في باريس ولكن أتساءل ترى ماذا كان يمكن أن «أصنع» لو لم أعش في باريس. الحقيقة لا شيء. بل إني لا أتصور كيف كان يمكن أن أستمر «ككاتب» لولا تجربتي في باريس. ولادة أخرى؟ رغم كراهيتي للتعميمات والكليشهات، أجرؤ على القول: نعم.

أقرأ مسرحية «بيتر فايس» - تنفيذ قتل جان بول مارا تؤديه الفرقة المسرحية لمستشفى مجاذيب شارنتون تحت إدارة السيد ساد -.. وقريباً سأكتب عنها مقالاً كبيراً فيه بعض لمحات عن رؤياي الشخصية للمسرح.

بالنسبة لكتاب جوقة التماثيل. أنا آسف لأنه لم يبق عندي سوى نسخة واحدة.

عندما أنهي بعض الأشياء سأرسلها لك. وأرسل لي كل ما تنجزه. ثم بالإضافة إلى النياكة والعمل ماذا تفعل؟

مشتاق إليك فعلاً، وسأحاول أن أرتب لك زيارة لي خلال الشهرين القادمين فاستعد. أما عن الفلوس فإلى الشيطان. تلفن لي عبد أنه سيأتي وصديقته إلى باريس. لم يكن معي فرنك، وفي أقصى درجات المرض. مع هذا قلت له دون تردد تعال. وجاء. وبقيا عندي أسبوعاً كاملاً. استدنت ومشى الحال. وهكذا ستكون زيارتك. إني أكثر رفضاً من السابق لكل التنظيمات والترتيبات. هكذا.. في عالم ثمل لماذا

سنكون فروجاً يقظى. لنثمل كالأرض التي تدور. وما يحدث يحدث. إن أحداً لا يستطيع أن يشنقنا لأننا لم نردّ له نقوده.

وعميق تحياتي لك ولأنكي. **سعد**

***

(من باريس إلى فرانكفورت، 1967/4/19)

ابراهيم العزيز، قلت لك ذلك من قبل. ما أصعب أن نحكي!

لعنة الله على رسالتك بشأن أنكي. ولعنة الله على البقية الإنسانية التي دفعتني لقبول مجيئها إلى باريس. أكتب لك وهي عندي. لو أن لذلك أية فائدة لكتبت لك الآن عشر صفحات على الأقل عن هذا الإحساس العنيف الذي يدفعني كل لحظة للإطباق على عنقها وقتلها. البارحة ارتعشت خمس دقائق أو أكثر، وتصببت عرقاً وأنا أفاجئ نفسي تهم فعلاً بخنقها. الآن لا أرجو إلا أن أستطيع طردها بسلام.

ما أوسع المسافة التي تفصلني عن هذا الشاحب الذي كان ضيفك في فرانكفورت. عبر هذه الأشهر المعدودة فاض كل شيء أكثر مما كنت أتصور. وأقول هذه الكلمات، كمقدمة فقط لحديث آخر أتهيأ منذ مدة

بعد أكثر من شهر..

نشرت رسالتك الأولى في المعرفة ([24])، كان يجب طبعاً أن أرسل لك فوراً النسخة، لكن استعارها ثاني يوم وصولها صاحب ثم غاب. سأرسل لك الرسالة قريباً. وطبعاً أرسلت الرسالة الماضية، وقد تنشر في العدد القادم.

---

24 مقالة بعنوان «النشاط الثقافي في ألمانيا» عن المعرض الدولي للكتاب في فرانكفورت عام 1966، نشرت في العدد 60 من «المعرفة» (شباط 1967).

هرباً من أنكي وديوني، وأم أنكي التي فاجأتنا بزيارتها، تركت باريس فجأة - بعد وصول الأم بساعتين فقط - وسافرت إلى لندن. بقيت هناك عشرين يوماً تحسنت صحتي خلالها.

كيف همتك لزيارة باريس؟ إني أرى أن الوقت قد حان لذلك. سيما وأن هنالك أشياء كثيرة بشأن المستقبل ينبغي أن نحكي بها. لا تهتم بوضعي المادي فلن يتحسن أبداً. ستنام عندي في نفس الغرفة. وسنرى باريس ونتحدث. اكتب لي فوراً. وعميق تحياتي.

***

(من باريس إلى فرانكفورت، 1967/5/11)

لم أجب بسرعة لأني كنت منهمكاً في متابعة بروفات واحدة من مسرحياتي القصار. ومنذ أيام قدّمت في باريس بالعربية.

ستكبر مشاريعي. سنترجم مؤلفات بالعربية إلى الفرنسية. وتجري الآن الترتيبات لتقديم مسرحية طويلة لي العام القادم بالفرنسية في باريس.

المسرحية القصيرة التي قدّمت نالت من الصدى أكثر بكثير مما تستحقه. وكتب عنها أكثر مما كتب عن كتابي كله. يا لها مهزلة!

حتى الآن لا أعرف إن كنت سأعود أم لا خلال هذا الصيف. وإن كان والدي لن يغفر لي ما عاش إذا لم أعد.

تستطيع أن تزورني متى شئت، ولكن أخبرني قبل زيارتك بعشرة أيام.

كان من مشاريعي أن آتي إلى برلين لحضور بعض مسرحيات (البرلينر أنسامبل) مسرح برشت. لكن لا يبدو أن ذلك ممكن الآن.

انسررت لقراءاتك. وحين ستصبح لك ثقة بنفسك قل لي لأزغرد. أما حين ستصبح لي ثقة بنفسي فسأنفجر على التو ولن يكون بوسعي الاستفادة منها.

عميق تحياتي ولعناتي. فكر بلا ترتيبات بالمجيء لعندي. **سعد**

***

(من باريس إلى فرانكفورت، 1967/11/14)

برهوم

ماشي الحال. ضاعت منحة نانسي بسبب خرينة صاحب الفندق الذي كنت أسكن فيه العام الماضي فقد كتبوا له ثلاث رسائل خلال الصيف لكنه أعادها إليهم وعلى ظهرها. سافر بلا عنوان.

سأحضر دبلومي في باريس. دبرت بطاقة مجانية للمسارح.

بعد تعب مرير وجدت غرفة في مركز طلابي فيه 7 طلاب فقط. البعصة أن أغلبهم عرب، لكن في الحقيقة الغرفة ممتازة. وفي المركز الفخم جداً مكتبة، وغرفة استماع موسيقى ومستعدون لشراء ما نقترحه من كتب واسطوانات. الأجرة 270 فرنكاً، لكنها مؤقتاً (360 فرنكاً)

ماشي الحال. انغمرت في القراءة والمشاريع. وأحاول تمديد بعثتي. ومراسلة بعض الصحف.

ماشي الحال. مزقت كل ما كان لدي من أوراق وأعمال ناقصة، فشعرت بأني أنتهي من عبء صعب، ولقد أصبح الآن ممكناً أن أبدأ بحماس. أشعر وكأنني قد أخذت حماماً بعد أسابيع من الوسخ والأرق.

ومشروع سفرنا إلى برلين أكثر من ضروري. فماذا تجمعت لديك من معلومات اكتب لي بسرعة. طبعاً من الواضح أني أكتب من مركز البريد.

عنواني 28, Rue de Bourgogneg Paris 7

لم أكتب للطف... وتحياتي لك ولبقرتك. **سعد**

***

(من باريس إلى بون، 1967/11/24)

لكنني أعني فعلاً أن الحال ماشي. حين أتذكر كيف مرّ الصيف الماضي، وحياتي الحالية في باريس أجد أن الفارق شاسع كما هو الحال بين المرض والصحة. هنا على الأقل، أرى ثلاث أو أربع مسرحيات كل أسبوع، أقرأ كتاباً وعدة صحف ومجلات كل أسبوع، أرى تجارب سينمائية مدهشة، أتابع بذهول ميداناً حتى الآن ظل كالأحاجي بالنسبة لي وأعني «الرسم». وأزداد تعمقاً في اكتشاف قدراتي وبلادي أيضاً. وهنا أخطط بسهولة لمشاريعي. وهنا أجد أن الأمور ممكنة في حين لم تكن كذلك هناك. وأكتب الآن في مسرحية جيدة حين تتم..

وتمزيقي ما سلف لا يعني أي أزمة. إنه فقط إجابة على اكتشاف بسيط. البدء من جديد أفضل من الرفو والتصليح.

وإذا كان لي أن أشكو.. فمن شيئين فقط. هو اتساع باريس وعجزي عن متابعة كل شيء، إضافة إلى الوقت المهدور بسبب ضخامة المدينة وغنى مغرياتها، والثاني الحاجة المادية التقليدية واللعينة.

مبسوط من أجل تدبيرك في السفارة. وعن العلاقات الإنسانية التي ستبقى أوافقك تماماً. لكن لأعترف.. إن الفوارق صارت حادة.. وإن أردت ألا أكذب أو لا أجرحه، فالأفضل عدم الكتابة. حين كنت عنده

في بون كاد يسممني بضجره، وبضياعه، وبمشروعاته المالية. أكثر من ذلك أشعرني بأبهته الدبلوماسية، والامتيازات التافهة التي تعني الكثير بالنسبة له، وكأنني ولد ريفي متخلف ينبغي أن يندهش كل لحظة لأن الآخر يستطيع أن يأمر الآذن، أو يستطيع أن يتكلم مع رئيس البعثة من دون تكليف أو تربطه علاقة شخصية بالوزير. يا للسماء العاشرة! أترى.. ليس من اللائق أن أكتب بهذه الطريقة، لكن سمحت لنفسي بذلك لأنك أثرت الموضوع، ولأنني لم أخف عنه من قبل كل هذه الأشياء لا في لندن، ولا دمشق ولا بون.

أنت قرأت أوليس، وأنا رأيته ممسوخاً في فيلم.

لكنني شاهدت مسرحية برشت: (السيد بونتيلا وخادمه ماتي) كانت رائعة. بالإضافة إلى ذلك رأيت عملين هامين أتمنى أن تقرأهما يوماً، ولن أحكي عنهما الآن.

أتعرف ماذا يحكى عن كافكا في فرنسا؟ في برنامج مدته ساعتان (البرنامج الثقافي في إذاعة باريس) لم يناقش من كافكا إلا ميوله الصهيونية. أكثر من ذلك، لقد كانت رساميل يهودية وراء صنع أسطورة كافكا وعدة كتاب سواه. طبعاً من التفاهة تناول كاتب مثل كافكا بهذه الطريقة. لكن يا ترى إلى أي حد نحن محكومون بقوى تحتية من الصعب رؤيتها. إنني أتساءل فيما إذا لم نكن - بحسب التركيب الحالي للعالم - عمياناً يسيرون في مفازات وعرة تشققها الوديان والأجراف الحادة الانحدار.

سأتحدث معك تفصيلاً عن الاتجاهات الكافكوية في الأدب، وعن العالم، والتركيب الصعب للمجتمع البشري. إن جملة من الأضواء أو من النوّاسات على الأقل، ينبغي اعتمادها لفهم وضعنا الصعب. وفي كل الأحوال ليس مسموحاً لنا أن نكون مخدوعين، أو ضائعين.

دعنا لا تنقطع رسائلنا.

أما مجيئي إلى ألمانيا فإنني لا أجد له أي مبرر طالما لست في أوروبا لكي أقرأ وأكتب فقط. وطالما أني سأنال شهادة هذا العام. وطالما أن هناك محاضرات قيمة أتابعها. وطالما أني أريد العمل هذا العام في مجموعة مقالاتي عن أوروبا. وعن المسرح. بمعنى سأضع البذور الأساسية لتجربتي، وسأحاول فهمها وتعميقها.

مع تحياتي لك وللطف. **سعد**

(من باريس إلى بون، 1968/1/30)

مرحبا يا أخ

كان يجب أن أكتب لك قبل الآن، ولكن لو تعرف كم أنا مشغول (مسرحيتي التي أكتب فيها، تحضير الدبلوم الذي لا بد منه، حضور ما يعرض من مسرحيات، قراءة، متابعة بعض البروفات في الكوميدي فرانسيز مع مخرج فرنسي كبير تربطني فيه الآن صداقة لا بأس بها، دخول الجو المسرحي في فرنسا، متابعة محاضرات جامعة مسرح الأمم 6 أيام في الأسبوع من الساعة الثانية حتى السابعة مساء) ووسط كل هذه المشاغل يأتي مرض يقعدني أسبوعاً في الفراش. خراي على تنظيم هذه الدنيا.

وكادت منحتي أن تنقطع، وأفلست فترة بشكل لا إنساني، واضطررت أن أتنازل عن كبريائي وأسكن مع بنت خرائية في غرفتها وها أنا منذ حوالي شهر أقطن معها في غرفتها الصغيرة. ويبدو أنني سأبقى فترة أخرى حتى أركّز أوضاعي قليلاً.

المهم. في 9 شباط سيفتتح في برلين (حوار برشت). ستعرض فيه معظم مسرحيات برشت تقدمها فرق من مختلف أنحاء العالم، وسيتضمن الأسبوع مناقشات يشترك فيها كل المختصين ببرشت في أوروبا وخارج أوروبا. أيضاً سيعرض شاب عربي اسمه شريف

الخزندار خلال الأسبوع مسرحية بالعربية. أعرف الشاب، ولكن لم أعرف خبر الأسبوع إلا في وقت متأخر. أخذت من السفارة كتاباً يشهد بأني كاتب مسرحي ومخرج ومهتم جداً بمسرح برشت، وأرسلته مع رسالة إلى صديقنا هذا. البارحة جاءني الجواب بأن مسألة الدعوة أصبحت مستحيلة، وبأن البطاقات كلها قد بيعت لأن المسرح صغير جداً، ولكن يظل هناك احتمال تدبير بطاقة في آخر لحظة، إذ قد يعتذر بعضهم، أو أحدهم.

ولا أدري. رغم كل أوضاعي المادية السيئة، سأغامر بالسفر إلى برلين لأن هذه الفرصة لا تتكرر.

أريد أن تكتب لي بسرعة عن رأيك، وعما يمكن أن أفعله. على كل حال حتى لو لم تسافر معي، سأمر عليك أثناء عودتي. أما إذا كنت ترغب في السفر معي فأمر عليك خلال ذهابي.

كتبت للطف، لأستعلم عن هذا الصديق الذي نال منحة إلى ألمانيا. ولكن الرسالة عادت لأنه غادر العنوان المذكور، يبدو أني كتبت إلى عنوانه القديم، وبما أنني لا أعرف الجديد، فسأرسل الرسالة إليك. تجدها ضمن هذا المظروف.

اكتب لي رسالة مستعجلة عن رأيك في هذا كله.

وقد أصبح عنواني: 68, Rue du Chateaug Paris 14

***

(رسالة مستعجلة من باريس إلى بون، 1968/2/7)

أيها الحيوان البحري الكريه الرائحة.

فلتلحس (..). قيمة ديوني هي تقريباً ودون حساب ديون الأقربين وإنما البنوك والناس غير الحميمين فقط، تبلغ حوالي 1600 ليرة. فوق ذلك البنت التي أساكنها «معشّرة» وينبغي على الأقل 250

ليرة لتسقيطها، وفوق هذه البارحة استدنت 600 ليرة 200 إجرة الطريق إلى برلين و400 ليرة مصروف. وكما ترى فان الحال ماشي. ولا داعي لكتابة مراث حزينة كالتي كتبتها والأخ لطف.

سأمر عليك في العودة لمدة يوم واحد أو ساعات. سيكون ذلك حوالي 16 الشهر أو 17.

لا تحزن كثيراً فلن أكون بحاجة لشيء. طبعاً إني أمزح. لا.. بالفعل، ليس من الطبيعي ألا أراك ولطف ما دمت قد جئت إلى ألمانيا. ثم لم يكن طبيعياً بأي شكل ألا أسافر إلى أسبوع برشت، ثم إني لا أجد أي معنى لرسالتك

ألم تقتنع بعد أن الإنسان لا يشنق لأنه لا يدفع ديونه! بعد تجربة 15 سنة أستطيع أن أؤكد لك أن هذه حقيقة قائمة كوجودك.

أخباري الأخرى، سنتحدث عنها حين لقائنا. وأرجو ألا تتلبك بصورة تفسد علينا إمكانية أن نتحدث بسهولة عدة ساعات.

مع عميق تحياتي لك وللطف سعد

سأسافر الساعة الثالثة 8 شباط. سأصل صباح 9 شباط.

قل للأخ لطف أن يكتب رسالة مستعجلة أخرى لخضر كي يتصل بي في هذا العنوان ببرلين الشرقية

180 Berlin Unter den Linden 14

هذا عنوان فندق يسكنه صديق لي اسمه (جورج الخوري) ليسأله عني، وهو سيتكفل بإيصالي إليه.

***

(من باريس إلى بون، 1968/3/14)

مرحبا يا باخوس (إله النياكة والشرب والمتعة)

لم أكتب لك لأني كنت جد مشغول. هل أحدثك عن الأسابيع الماضية. لا سأؤجل ذلك حتى نلتقي. يا لها من أيام / من أحداث من تجارب صغيرة. هذا تعبير فضفاض أليس كذلك؟

إذن.. بلا كتر حكي. كما اتفقنا أنا أنتظرك بين 4 نيسان و19 نيسان، سأشتري نصف معلبات باريس. سنحكي كثيراً، ستتركني أشتغل إما قبل الظهر أو بعد الظهر ساعتين أو ثلاث. ثم يكون لنا كل الوقت. إياك أن تتردد وإلا ففي أول مناسبة سأبزق على وجهك.

احمل لي معك كل ما تريد أن تطلعني عليه. خاصة الدراسة الخاصة بكافكا، وكل ما تترجمه. ثم إن مجيئك ضروري لنحاول التخطيط قليلاً للصيف القادم أولاً، ثم لزمن أبعد ثانياً.

مليء بالنشاط، ولكني لا أفعل شيئاً. إني موزع بشكل محزن. هذا يكفي الآن. وأنتظر منك رسالة قريبة. ما مشروعات لطف بالفصح؟ أنتقل إلى التحيات: تحية لحياة، (أنستني أمي حين كنت في بيتهما) تحية للطف. تحية للهولندية. تحية للألمانية (يا حرقة قلبي) تحية لسيادتك. **سعد**

***

(من باريس إلى بون، 1968/3/27)

نبصق عليك كما وعدناك في الرسالة الماضية.

لا فائدة يا عبد الله. لن تتغير إلا إذا كان جسمي يتغير. أعني لقد عدنا إلى المرض.

البارحة كالعام الماضي، سقطت في دهاليز المترو مغمى عليّ. ودون زيارة الطبيب هذه هي الحالة. لا آكل. أدخن بشراهة ذئب جائع. أنيك يومياً. تتناهبني الأعمال والمشاريع. ولا أعرف أحياناً كيف أعيش. ولن نحدثك عما تفعله في أعصابي بعض المشاكل السخيفة، مثل

النقود. مثل أن يكون عندك بعض الدوشات الغرامية السخيفة، مثل أن لا ينتهي شيء بين يديك. مسرحيتي الطويلة، مسرحية أخرى سأفرغ منها قريباً. وينبغي الآن أن نصدر عدداً خاصاً من «المعرفة» عن برشت أنا المسؤول عنه، ويجب أن أرسل المواد قبل نهاية نيسان. وهناك رسالة الدبلوم التي لم أفعل فيها شيئاً. وهناك عملي في معهد المسرح الذي يبتلع كل الوقت، وهناك ضرورة أن ترى كل المسرحيات والأفلام، وتقرأ... الخ

لقد قلت لك كل هذه الأمور من قبل. ها أنذا أكررها مراراً. يقول فولكنر أن الشراهة هي التي بنت الحضارات. ويخيل إليّ أن الشراهة هي التي تهدمني وستهدمني.

......

انتهت شكوانا سردناها لك بأبسط ما لدينا من الكلمات، وبأقل الصيغ انتحاباً، وندخل في الأعمال: أولاً، سنرسل القصة إلى المعرفة.

ثانياً.. منذ أيام بدأ عرض مسرحية بيتر فايس عن الفيتنام في فرانكفورت وعنوانها: (خطاب عن «ما قبل تاريخ» حرب التحرير الطويلة التي تتوالى في الفيتنام كمثل لضرورة الحرب المسلحة بين الشعوب المضطهدة ومضطهديها، وكذلك عن محاولات الولايات المتحدة الأمريكية لتقويض بناء الثورة).

هذه ترجمة تقريبية لعنوان المسرحية. وأرجو أن تفعل المستحيل لحضور هذه المسرحية، وأن تقرأ ما يكتب عنها، وأن ترى فيما إذا كانت قد نشرت، وأن تعرضها في مقال للمعرفة ينبغي أن يصلني خلال أسبوعين.

طبعاً لا أستطيع في الوقت الحاضر أن أجيء إلى ألمانيا. لكن حتماً سأجيء لمدة شهر أو أكثر في وقت لاحق. إني تعب جداً. ثم حاول مرة أخرى أن تأتي إلى باريس. ثم بالنسبة لما ينبغي أن نفعله في

المستقبل ذلك يطول حديثه، ولن أبدأه الآن. وكتبت للطف رسالة غاضبة أتمنى أن تهزه قليلاً، ولست متأكداً. أخبار بلادنا جيدة. بدأت أشعر بالثقة. إن الفلسطينيين يمكن أن يعلموا العرب درساً لا ينسى، وأن يقلبوا سكونهم.

إذا كنت تريد أن يكون عملك هادفاً، وليس مجرد ترجمات تنشر هنا وهناك فأرجو أن تتريث في ترجمة «ماكس فريش». إني لا أعرفه جيداً، ولكن مما قرأته عنه أعتقد أنه لا يختلف عن هؤلاء الذين نريد أن نتحاشاهم لأنهم يزيفون السؤال الأساسي. قد أبدو متطرفاً في أحكامي، ولكن ينبغي ذلك بشكل ما. مع تحياتي لك وللطف وامرأته وامرأتك. **سعد**

***

(من باريس إلى فرانكفورت، 1968/4/18)

العزيز ابراهيم..، أكتب إليك بسرعة. أعيش أياماً خانقة. تركت كل ما أعمل فيه، وحبست نفسي في غرفتي، أريد أن أنتهي من مسرحيتي الطويلة كي أعطيها لأدونيس الذي يزور باريس حالياً. معنى ذلك أن تنحرف صحتي أكثر، وأن تتراكم عليّ الأشغال أكثر وأكثر. مسرحيتي هذه، كلما تقدمت فيها أشعر أني أقلل من محبتي لها تماماً كما في كل الأعمال السابقة. ورغم أني أكتب في ثلثها الأخير فإني لا أستطيع أن أمنع ذهني من الشرود إلى مسرحيات أخرى. آه.. يجب أن أكتب كل يوم 50 صفحة لكي أفرّغ ما برأسي. على كل هذه المسرحية نقطة تحوّل هامة، ورغم ظاهرها السهل فإنها مسرحية مكتظة بالتجديدات. وبتجربة وسائل فعّالة للاستفادة من الكلمة في نضال اجتماعي مجد.

وكان ينبغي أن أخرج من باريس لأني أكاد أن أنفجر. ولم أخرج، ولن أستطيع. ثم إن كنت ستعود إلى فرانكفورت فإن مجيئي إلى

ألمانيا صار متعذراً. لأني لن أعيش في فرانكفورت حتى ثلاثة أيام. ودونك لن أستطيع البقاء في بون. لو جئت سأستأجر غرفة. لأنني لو جئت فإني أريد أن أعمل كحيوان جائع. عند لطف حتى السجاجيد تغري بالكسل. وإن كانت الراحة تقتضي أن أكون عنده.

وأعود إلى رسالتك السابقة. لا فائدة. أقولها بألم، بالمعنى الذي أريده لن تكون إلى جانبي في المستقبل. تسألني لماذا؟ لأنك لست ولا تريد. تقول لي: «لم يصبح أسهل إقناعي» بالعمل الذي سنباشره. وأنا لم أرد مرة إقناعك. إذا لم تكن مقتنعاً فالمسألة ليست حزباً أريد أن أجعلك عضواً فيه. هي قبل كل شيء شعور شخصي بالارتباط بتربة، بناس، بقضية، بالمستقبل... هي ما كتبته على لسان بيتر فايس: (عندما يخرج المرء، مرة من نطاق المشكلة الذاتية، وعندما يفكر المرء في هذه القضية بما فيه الكفاية، فإنه يرى ذاته في ارتباط مع دوائر أكبر، وخاصة عندما يقدّم تاريخ العالم للمرء مساعدة كبرى). هذه هي المشكلة. ولا تحاول عرضها على مستوى النتائج، وهل هناك نتيجة أم لا... إني سأسألك وهل هناك لمكوثك في خوانقك الشخصية المعتمة نتائج؟. ما هي. أنت تعرف أن الموت بالمرصاد، وكذلك الدّونية. لا.. لا أريد أن أقنعك. ذاك آخر ما يمكن أن أفعله. إن كنت لا تحس لقدميك أرضاً، ولا لسرّتك وشائج وخيوطاً، ولا لدورة دمائك امتدادات في أفق أوسع، فإن اقتناعك مسألة ثانوية جداً. كما أن عملك معي مسألة أكثر ثانوية. ما أبحث عنه هو ناس ألتقي معهم، لا أقنعهم. وحتى الآن لم يتم التقاء بيننا. إن الجغرافيا بالنسبة لك عبث، وكذلك التاريخ. وإذا كان الإنسان حشرة، فمن الأفضل ألا نساعده إلى الانسلاخ عن حشريته، لأن الطمأنينة الأساسية هي في المستوى الحشريّ حين يعود الإنسان صرصاراً. وحتى هذه المواقف سهلة، لأنها تحررنا من عبء «الفعل».

طبعاً أتمنى أن أكتب بتفصيل أكثر، ولكن أعتقد أنك فهمت ما أرمي إليه. حين أنهي مسرحيتي سأتنفس بعمق وأكتب لك بعضاً من رؤاي. أما الآن فلأكتف بهذه الكلمات. مقالك عن فايس، إذا وجدت الوقت لكتابة مقدمة له أحلل فيها مارا ساد فسأنشره في «المعرفة»، وإلا فسأرسله إلى الطليعة. لن أعيده إليك.

لا ضير من قراءة لطف رسالتي السابقة. وأظن أن حواراً مخلصاً مهما كان نوعه لن يكون بلا أثر، على الأقل في الأعماق الخفية للإنسان.

تحياتي واكتب... تحياتي للطف وحياة.. سعد

بعد رسالتك الثانية

ترجمة كتاب فايس هامة جداً.

وخراي على كل الظروف الموجودة في الدنيا. لا أنت مستقر، ولا أنا أحوالي حسنة. ولا شيء يسير.

ألا يستطيع لطف أن يساعدك في الاستمرار بالعمل.

الحقيقة ما تطلبه مستحيل. ويبدو أنك تتصور الأمور في بلادنا بشكل حالم. أن يدفعوا لك مبلغاً قبل الترجمة. ذلك لا يحصل بعد ربع قرن أيضاً. أترى إن علينا عملاً يستحق طاقاتنا ويستنفدها بسرعة.

على كل سأكتب لسهيل إدريس رغم قطيعتي معه، وسأكتب لوزارة الثقافة لأضمن لك نشره فور انتهائك من ترجمته. ولا أدري إلى أي حد سيشغفك أن تعمل في ترجمة الكتاب رغم ظروفك الحالية، ولكن أرجو فعلاً أن تحاول.

منذ عودتي، سنحاول أن نؤسس داراً للنشر. واحدة من وسائل عديدة نمتحنها الآن لنمارس نشاطنا إذ نعود. ولكن حتى عندما يكون لدينا دار للنشر لن تستفيد شيئاً لأنك لن تقبض أتعابك سلفاً، وربما لن

تقبضها لاحقاً حين يخسر الكتاب. هل تفكر مرة أخرى في العودة والبحث عن وظيفة، ثم العمل معنا...

أرى، وبأي شكل في الوقت الحاضر، أن تدبر شغلاً في السفارة إذا كان ممكناً. وسأكتب للطف بهذا الخصوص.

إني تعب إلى حد الموت. ولدي أصدقاء يدعوننا للذهاب إلى سويسرا أسبوعين وقد أنتهز الدعوة وأسافر بعد غد.

سأرسل رسالتك عن «فايس» إلى الطليعة، ولا يهم المقال الذي نشر في الثورة.

مسرحيتي ستنتهي قريباً خلال أيام عنوانها (حفلة سمر من أجل 5 حزيران) «يشترك فيها الجمهور والتاريخ والرسميون وبالإضافة إليهم ممثلون محترفون»)

سأكون أيضاً ولأسبوعين قادمين سواء هنا أو في سويسرا مشغولاً فيها. تبييضها، وكتابة مقدمة لها ثم إرسالها إلى بيروت.

اكتب لي بسرعة عما يجدّ معك. تحياتي. **سعد**

***

(من باريس إلى فرانكفورت، ختم البريد غير مقروء)

برهوم.. يسعدني أننا متفقان.

الحقيقة لقد أغاظني جداً ما قلته عن «الإقناع». وفي رسالتك الجديدة أغاظني جداً قولك: إما إني متواضع أكثر منكم، أو أقل تواضعاً منكم. من هم هذه بـ كم؟ إذا كنت تعني بها الشلة التي أنبتتها القرية، فلأقل لك، هذه آخر الشلل التي تهمني. بينها أديب فقط من يهمني. إنه في حدود معرفتي له يستطيع أن يعطي بلا تحفظ ما لديه. فيما عدا ذلك، هناك شيء أهم. هناك «كم» أوسع وأعمق، وأقل عقداً من «كم» القرية. أكثر من ذلك، ما أريد أن أفعله هو بالضبط أن يوضع الإنسان

كله في سؤال. كما تكون الإجابة يكون الإنسان! هنا إننا نتجاوز كل الأسئلة الداخلية طرّاً لنضعها بين أيدي «التاريخ»، يسقط الفرد ليولد التاريخ. التاريخ ليس إلهاً، ولكنه بشر نسبيّون في ظروف نسبية، وفي عالم نسبي.

لا.. لن أستطرد. ينبغي أن نلتقي بأي شكل.

منذ أيام عدت من سويسرا. في جنيف دعيت إلى افتتاح مسرحية بيتر فايس عن البرتغال (أغنية الفزّاعة اللوسيتانية). حضرت أيضاً الكوكتيل، بدأت صداقة مع المخرج. حضرت بعدئذ مسرحية الأمريكي فينغارتن عن الفيتنام. وفي مجلة المسرح المصرية أو في المعرفة ستقرأ مقالاً عن هاتين المسرحيتين.

المهم الآن أمر آخر. أفكر في ترجمة مسرحيات بيتر فايس الثلاث. اسمع. لقد ترجمت مارا ساد ترجمة لا بأس بها في مصر. ولكن مع هذا أفكر في أن تترجم بيتر فايس كله وأن تطبع المسرحيات الثلاث مع دراسة طويلة عن هذا المسرح الذي هو مسرحنا بالذات. سأكتب اليوم للمسؤول عن مديرية التأليف والترجمة في دمشق لإقناعه بنشر الترجمة. ثم.. بما أن مسرحيات بيتر فايس شعرية، فإن المهم هو أن نجد صيغة مسرحية شعرية بالعربية ترد على احتياجات هذا المسرح إذ نفكر في تقديمه أو في الإفادة منه. (كتبت لسهيل إدريس)

لا تخف سأجد لك من ينشر كل المسرحيات. ولكن ينبغي أن نلتقي قبل ذلك. الواقع.. إذا أردت التفاهم معك في الرسائل ينبغي لي أن أكتب مئة صفحة. وهذا غير ممكن في هذه الظروف التي أجد نفسي فيها مقتولاً بالعمل والمشاريع والوقت. لذلك ينبغي أن نلتقي. فكيف؟

إذا أردت المجيء إلى باريس، تقول لي المواعيد التي يمكن أن تأتي بها. حينئذ أختار ما يمكن هنا، وأدبر لك نوماً مجانياً وطعاماً مجانياً. بعدئذ لن نصرف كثيراً.

إذا كان المجال الوحيد هو أن أجيء إلى ألمانيا فلن يكون ذلك قبل حزيران. بعد أيام قد أسافر إلى «كان» لحضور المهرجان الدولي للسينما. ثم هنالك ألف شيء يجب أن أنتهي منه. لقد أعلن في دمشق عن مسرحيتي وحتى الآن لم أرسلها إلى بيروت. ستكون مسرحية مهمة في حدود مفهومي الحالي عن المسرح والعالم.

أحوالي المادية ستتحسن قليلاً. سأدفع كل ديوني المتفرقة، ولا يبقى عليّ إلا دين «البنك»، وبما أنهم في التلفزيون سيقدمون لي قريباً مسرحية فسيكون بوسعي أن أسدد البنك أو قسماً منه ماشي الحال

الصحة خرائية، لا لشيء، ولكن لأني أعمل كثيراً.

بقية النشرة.. إني أحب بنتاً جديدة، وربما تزوجتها.

البنت التي أعيش معها سيكون صعباً التخلص منها، ولكن لا بأس.. سنجد طريقة حين يحين الوقت..

المهم.. يجب أن نلتقي قريباً. فاكتب لي سريعاً عن اقتراحاتك التي تريحك حول الموضوع. إذا أحببت المجيء إلى باريس، يمكنني أن أدبر حالي، وأن أرسل لك أجرة الطريق أيضاً إذا شئت.

مع تحياتي.. لم أكتب للطف إطلاقاً. سعد

يا عزيزي أريد منك بأي شكل أن تبحث لي عن (إعلان بيتر فايس) عن المسرح الوثائقي. ما عدت أذكر بالضبط أين نشر تصريحه، أو مقاله. أذكر أنه عقد مؤتمراً صحفياً في برلين قبل افتتاح أسبوع برشت ولم أكن هناك.

إني أرجو أن تبحث لي عن كل ما يتعلق بهذه النقطة وأن ترسله لي إما ملخصاً أو مترجماً...

لا أعرف عنوان عبد الوهاب. وليس لدي أي خبر عنه ([25]).

***

(من باريس إلى فرانكفورت، 1968/6/27)

العزيز ابراهيم، ماذا أقول. إنك تسمع طبعاً ما حدث في فرنسا ([26]). عشت هذه الأحداث أكثر من أي فرنسي وانفعلت فيها كثيراً وتعلمت منها كثيراً وكانت النتيجة أني لم أفعل شيئاً على الإطلاق خلال خمسة أسابيع، وأني من جديد وكما هي العادة ضيف المستشفيات الباريسية المحترمة. هذه المرة رأيت الموت ووجدته لعيناً. لا شيء مخيف طبعاً كما هي العادة. انخفاض في الضغط، سوء تغذية، تعب وإرهاق، التهاب مزمن في اللوزتين. وأعتقد أني سأجد حلولاً لكل هذا. فليس الأمر صعباً، خاصة وأني بدأت أتحسن منذ يومين، وسأخرج من فرنسا خلال شهر.

المهم، ما العمل الآن؟

أزداد وضوحاً، أزداد وثوقاً مما أريد. لكن ما إن أطّلع على صحف بلادنا حتى أشعر بالعرق يتفصّد من جبيني. المهمة عسيرة كالموت تقريباً لكنها تستحق المخاطرة. «أعرف ما أريد».. هتفة رائعة! إنها تساوي دون شك هذه الأعوام السبعة والعشرين.

لكن أردت في هذه الرسالة أن أحكي عنك فقط. جاءني جواب من سهيل إدريس أبعثه لك مع هذه الرسالة. من وزارة الثقافة لا أنتظر

---

[25] في ما بعد حدثني عبد الوهاب أنه قاطع سعد لأن هذا ضاجع صديقته.

[26] أيار 1968. ربيع باريس. ثورة الطلاب، التي انطلقت من باريس، وعمّت الجامعات الأوروبية والأمريكية. اليوم تبدو تلك الثورة واحداً من أكثر أحداث النصف الثاني من القرن العشرين تأثيراً في الذهنيات.

جواباً قريباً لأن ملايين الرسائل لا تزال معطلة في صناديق بريد فرنسا. لكن فجأة رأيت أنك تنشر ترجمة مسرحية فايس في «الطليعة». وقد غاظني ذلك جداً. إني مستعد لأن أدفع لك من حسابي ما تدفعه مجلة الطليعة على أن تنشر المسرحية في مجلة كالآداب أو كالمعرفة. إنك لم تقل لي عن استعدادك لنشرها مسلسلة في مجلة. وإلا لنشرتها فوراً في المعرفة على ثلاثة أعداد بواقع 180 ليرة... وقد كان يمكن أن أدبر تعويضاً أكيداً عنها. غير ذلك، كنت أفكر في مشروع أضخم.. نحن الآن بصدد الإعداد لدار نشر، وكنت أتمنى أن نعمل على تقديم فايس كله في مؤلف واحد مع دراسة هامة عن برشت وعنه. طبعاً يظل المشروع وارداً لكن من التبذّل أن تنشر مسرحية كهذه في مجلة توزع ثلاثمئة نسخة كمبيع ([27]). ومن جواب سهيل إدريس ازددت يقيناً أن ما أنا بصدد الإعداد له والشروع فيه مع بعض الرفاق هو طريق حتمية لا بد منها... دار نشر تكون كالقلب تتفرع منها نشاطات في المسرح والسينما، والتلفزيون، كل

---

27 نشرت مسرحية «حديث فيتنام» لبيتر فايس، من ترجمتي، في مجلة «الطليعة» السورية على حلقات اعتباراً من 8 حزيران 1968. ثم صدرت في كتاب من منشورات وزارة الثقافة في عام 1969.

كتب أديب (أديب خضور، أصبح لاحقاً عميد كلية الصحافة في جامعة دمشق) رسالة لنا ثلاثتنا، هنا أهم ما جاء فيها: "«ما سأكتب لك عنه أرجو أن تنقله إلى سعد ولطف وجميع من عنده كفاءة. أنا ومجموعة من الشباب، سيكون لنا شرف تخطيط وإصدار أول عمل فكري لمنظمة فتح. وسيكون ذلك على شكل مجلة. ستكون بوتقة تعوض النقص الفكري الرهيب عندنا. أنت وسعد ولطف، ماذا ستقدمون؟ أنا هنا في وضع يمكنني أن أنشر كل شيء وبتعويض معقول جداً. ما أريد أن تتعبوا عليه هو شيء جدي عميق يساعد شبابنا الذين يملكون آلاف الأسئلة وليس ثمة جواب. ونحن لن نقدم الجواب، ولكننا سنقف ضد محاولات تضييع هؤلاء الشباب. أريد منكم شيئاً يساهم في خلق إنسان عربي جدي غير غوغائي».

ذلك من أجل ما سأسميه (ثقافة الفعل).. ثقافة متحركة تخرج عن الأطر الدارجة محاولة أن تكون دورة دموية مع «البشر» اللاقارئين.. مع البشر الذين يهتمون بمعداتهم أكثر من رؤوسهم. الثقافة، حركة التاريخ ذاتها. لكي يتم ذلك ينبغي أن تكون الثقافة أمرين على السواء.. سياسة وفعل.. أي أن تكون ثورة يومية. إنها (المعكوس الفكري لحرب العصابات المسلحة).. طبعاً كل هذه ليست إلا شعارات وكلمات مستعملة إلى حد البلى، والمهم هو كيف (تكون) حين الشروع.

ولا يمكنني أن أستفيض لأنني بصدد إعداد بيان شامل عن ذلك سيكون ملحقاً لمسرحيتي (حفلة سمر من أجل 5 حزيران).

قد لا أكون مفيداً كثيراً لك في الظروف الراهنة بسبب وجودي في فرنسا، ولكن هناك شيئاً مؤكداً. إني مضطرب جداً معك. إني لا أعرف مكانك في مشروعاتي. وأنت لا تساعدني على الإطلاق في هذه النقطة. في الرسائل السابقة ثمة كلمات مقطعة عن التواضع والغرور. عن الفهم وسوء الفهم. ما أريد أن أعرفه هو: تريد أن تترجم فحسب. أم تريد أن تترجم في سياق تيار؟

تريد أن تكتب فحسب. أم تريد أن تكتب في سياق تيار؟

وفي النهاية. هل هي وسواس جدي فكرة التيار أم لا؟ تسألني الآن، تيار ماذا، ولماذا، وكيف؟ كلها أسئلة ليست أبسط الأمور طبعاً، وكلها مشروعة، لكن أعتقد أنه أصبح بوسعك أن تكوّن فكرة مبدئية عن ماهية هذا التيار. وإني إذ أخرج من فرنسا قد أمرّ عليك يومين في طريقي إما إلى سويسرا وإما إلى سورية.

كما ترى. ما من شيء واضح جداً. وقد كتبت لكيلا تظنني مفقوداً. مرة أخرى أرجوك أن تحدد لي موقفك من (فايس). هل تؤجل (بعثرته) في مجلات سخيفة، أم أنك تجد هذه الطريقة أكسب.

سأحصل على موافقة وزارة الثقافة ذلك وعد مضمون إلى 50 %. وما لم أحصل عليها فسيكون المؤلف واحداً من منشوراتنا.

ما قولك؟ إنك تستطيع دائماً أن تجد أشياء أقل قيمة للطليعة والبعث.

البنت إياها مرة ثانية حامل. قد أتزوج من بنت أخرى. طظ. قل للطف كتابة القصة لا تلائمه.

اكتب لي بسرعة عن أوضاعك، لأحدد مشروعاتي من حيث المرور عليك أو لا. طبعاً لو مررت فسأرى لطف أيضاً.

أعد لي رسالة إدريس مع جوابك. طبعاً أرسلت ما قلت لي لأديب، وأظنه نشر...

ملاحظات أخرى...

عشت أياماً صعبة مع حمل البنت. اعترفت لأهلها بالقصة لأنها هذه المرة بحاجة لـ 1000 ليرة على الأقل. مشي الحال أهلها كانوا طيبين. وسافرت.

أنا الآن وحيد في الغرفة. متعب. أفكر في العديد من المشاريع، وفجأة تعلن وزارة الثقافة عن مسابقة مسرحية لكي تقدّم الفائزين إلى مسابقة دولية تنظمها اليونسكو. لدي فكرة ممتازة. لكن ما بقي أمامي هو شهر تموز فقط.

المغامرة تستحق تحمل التعب. قررت البقاء في باريس طوال الصيف تقريباً.

إذن، وغرفتي لا بأس بها. تستطيع أن تأتي متى شئت. سنحكي بالتفصيل وستتركني أعمل حين تزورني العبقرية.

حدد الموعد ولا تتردد. الأحوال المادية سندبرها. هل أرسل لك أجرة الطريق؟

إذا كنت لن تأتي قريباً فسأرسل لك خلال أسبوع مسرحيتي لتقرأها وتعطيني رأياً فيها. وتحياتي. **سعد**

***

(من باريس إلى فرانكفورت، 1968/7/17)

الصفحة الأولى من رسالتك وضيعة جداً، تجيب فيها على ما لم يخطر في بالي على الإطلاق...

- - - - - - -

باستثناء ذلك ما زلت لا أعرف ما أفعل. يستحيل اشتراكي في مسابقة المسرحية، بل لم أستطع أن أفعل أي شيء سوى بعض التخطيطات الأولية.

موزع بين العودة الآن، أو البقاء حتى نهاية بعثتي في تشرين أول بلا كتر حكي. هل تستطيع أن تأتي؟ أم لا. إذا كان نعم فمتى. إذا كان لا فما هي مشروعاتك؟

بالتأكيد إذا لم أسافر إلى سورية فسأسافر من باريس بعض الوقت على الأقل لأستعيد نشاطي قليلاً لكني أنتظر رسالتك

طبعاً سمعت بنبأ لطف. ولا شك أنها ضربة ثقيلة على رأسه على الأقل بسبب الديون، مع تحياتي. **سعد**

***

(من باريس إلى فرانكفورت، 1968/8/31)

ليس لديّ أشياء كثيرة للكتابة. حين وصلت إلى جنيف كانت المرأة التي ستدق المسرحية مريضة. تأخر إنجازها، ثم تعذر إرسالها إليك بسبب النقود.

حسن هي ذي المسرحية ([28]). كتب لي أدونيس بشأنها يقول: (مسرحيتك مدهشة.. مدهشة. تكنيكياً بنوع خاص. لم أقرأ أفضل منها. إنها حقاً بداية، إنها تؤرخ لولادة المسرح العربي).

كتب لي أدونيس أيضاً يقول بأن نزار قباني جن بها إعجاباً وأنه مستعد لنشرها عنده (لديه دار نشر في بيروت). وكتب لي أدونيس أيضاً أن أنسي الحاج (أهمّ مسؤول عن دار النهار، أكبر دار نشر في بيروت) قد أعجب بها كثيراً وتحمّس فوراً لشرائها أي طبعها وإعطائي نقوداً ثمناً لها.

وفي بيروت سيخرجونها أيضاً. هكذا يقول أدونيس. ويطلبون مني أن أسافر إلى بيروت للإشراف على إخراجها.

مرة، كان بيكيت يحضر العرض الأول لمسرحيته (في انتظار غودو)، وقد دهش كثيراً حين وجد المتفرجين يصفقون بحرارة في نهاية المسرحية، فقال: يا إلهي... إنهم يصفقون!

أستطيع أن أقول نفس الشيء. حين يتحمس لها رجال كنزار قباني وأنسي الحاج أشعر برجفة. كتبت مسرحيتي لأهدم نماذجهم فكيف لم يفهموا ذلك!

طبعاً لن أقبل تشويه هذه المسرحية بفضيحة أدبية بحيث تصبح مجرد كتاب (جريء) لغادة السمان أو لفرانسواز ساغان. لن أقبل نشرها عندهم. وفي نفس الوقت لا أعرف ماذا سأفعل. اقرأ هذه المسرحية بسرعة، ثم أعدها لي مع رأيك مفصّلاً.

لم أعمل أي شيء في جنيف. أكل، ونوم، وضحك، وبنات. ولا شيء آخر.

---

[28] حفلة سمر من أجل 5 حزيران.

سأكتب لك قريباً رسالة مفصلة عما سأفعله في الشهرين القادمين. إذ أني وصلت باريس البارحة فقط.. وتحياتي. **سعد**

***

(مسودة من فرانكفورت إلى باريس، 1968/9/3)

قرأت المسرحية مرتين. وفي كل مرة كنت في حالة صفاء ورغبة في القراءة. لكنني أبدأ الآن بالكتابة في الثانية بعد منتصف الليل لأعيد لك المسرحية بسرعة، كما طلبت، ولأكتب ملاحظاتي المباشرة.

المهم: أن تعرض المسرحية على الجمهور الذي كتبت له. إرسالها إلى بيروت كان خاطئاً.

إذا مُنع تقديمها، يكون هذا خارجاً عن إرادتك وعن قيمة المسرحية.

هل تريد عرضها على المسؤولين، بعد إجراء بعض التعديلات عليها، وأثناء العرض تقدم كاملة؟ ماذا أقول؟ إنه حل أطفال.

المهم أن تقدم. وإذا قدمت للجمهور، تنتفي قيمة رأي كل شاعر وكل ناشر وكل قارئ مثلي. إذ إن كل شيء في المسرحية جديد، فيجب أن تكون مقاييس تقييمها جديدة. والمقياس الوحيد هنا هو رد فعل الجمهور. إذا خرج الجمهور بعدها بمظاهرة، فهي عمل كامل، وتكون بداية جيدة لعملك. وإذا لم تحرك ساكناً، فلا يبقى لك سوى الرضى بإعجاب نزار قباني وأدونيس.

بعد تقديمها، أو إذا لم تقدم، يجب طبعها في سوريا وتوزيعها حتى بالسر، ولن يضيرها منع السلطة لها.

لكن ماذا أقول؟ إذا فعلوا هكذا بلطف من أجل مقال، فماذا سيفعلون بك؟ كان عبد الناصر يحارب أمريكا ويتعامل مع روسيا ويشكل

جبهة عالمية ثالثة، وفجأة طلع له.... أليس من الممكن أن يحدث معك ما يشابه هذا؟

ومن هنا أصل إلى نقطة أساسية. المسرحية تهاجم سلطة غير صالحة (نعود إلى خلافنا الأساسي... الفن والسياسة).

ملاحظة «صغيرة» أخرى: شعرت أن السلطة في المسرحية هي نظام محكم، له برنامج مسبق، وأهداف بعيدة، مثل نظام رأسمالي أو حكم ديكتاتوري. أظن أن تركيب السلطة لم يتوضح على حقيقته. أظن أن السلطة في الواقع هي أكثر سذاجة وأكثر غباء.

وموضوع المسرحية الأساسي؟ محاولة هدم الفن القائم. لا أدري مدى التفاعل بين هذا الفن القائم وبين الجماهير. أعني ما مدى تأثر الجماهير بهذا الفن. وهل موضوع الفن هو قضية جماهيرية.. قضية حيوية يجب أن تقرر هذه الجماهير أمرها؟ أم أنها قضية بين الفنانين أنفسهم؟ ما هذا الكلام؟ هل يحتاج الفنان أن يهاجم فناً (أو لا فناً) أم يكفيه أن يخلق فناً؟

ربما ينطبق هذا الكلام على أحاديثنا أكثر مما ينطبق على المسرحية. وإنني أكتب بتشويش. وما أكتبه هو مجرد تساؤلات.

بعض الملاحظات الصغيرة والتي هي مجرد تساؤلات صغيرة أيضاً:

- كانت شخصيات المسرحية واقعية لدرجة كانت معها الملاحظة بأن هذه الشخصيات ليست شخصيات بالمعنى التقليدي للشخصية المسرحية، ملاحظة غير مقنعة جداً. قسم كبير من مشهد القرية ظننته واقعياً (أي من وجهة نظر عبد الغني) إلى أن تدخل المخرج، فشعرت أنه كان من اللازم أن يتدخل مرات أكثر في هذا المشهد، كما فعل - بنجاح - في المواقف الأخرى.

في مسرحية فيتنام كان الأمر أكثر نجاحاً على ما أظن، حيث أعطيت للأشخاص أرقام بدلاً من أسماء، وحيث كانت الشخصية الواحدة تمثل أكثر من دور.

- «قبل الهزيمة يوجد السؤال. الهزيمة تنفض عنه الغبار لا أكثر».

صحيح، لكنه ثانوي في المسرحية. الرئيسي هو «كشف (الهجوم) بجلاء حاجتنا لأن نرى أنفسنا، لأن نتطلع في مرايانا، لأن نتساءل: من نحن؟ ولماذا؟»

لا أدري ماذا أقول بالضبط...

- حرب حزيران لم تكن إلا واحداً من أحداث الدولة لا أكثر. توقعت أن أقرأ فصلاً طويلاً عن أن الدولة لم تحارب، ولماذا لم تحارب.

- إشراك الجمهور منذ البداية؟ أم كان يجب إشراكه في الموقف الذي يبدو فيه اشتراكه أمراً لا بد منه؟

والمخرج يعتمد على فهم الجمهور - في البداية - للخروج من مأزقه. هل يريد المخرج أن يشرك الجمهور في المسرحية، أم أنه يريد أن يقدم مسرحية معينة، فيضطره الجمهور إلى تقديم المسرحية الحقيقية (أو الجمهور يقدم واقعه)؟

- صحيح أن موقف الجنود مبرر في أكثر من موقف. لكن لماذا لم ينصبّ اللوم على الضباط قبل الجنود، وعلى القادة والساسة قبل الضباط؟ أعني بما فيه الكفاية.

توقعت من حماس الجمهور أن ينهي المسرحية بمظاهرة. هل حدثتني سابقاً عن أمل في نفسك أم عن خاتمة المسرحية؟

هذه الملاحظات هي مجرد تساؤلات، ولست متأكداً من شيء. والملاحظات الإيجابية هي أكثر. وأتمنى أن أتمكن من كتابة مقال مطول عن كامل المسرحية.

وعن موضوع المسرحية الأساسي.. أنت تعرف آرائي الشخصية.

رأيي الموضوعي بالمسرحية بشكل عام (موضوعي يعني بالنسبة لجمهورنا ولإنتاجنا) هو أن لا مثيل لهذه المسرحية.

سأكتب مقالاً مطولاً عنها أو أتحدث معك خلال هذا العام عنها.

***

(من باريس إلى فرانكفورت، 1968/10/8)

العزيز، جاءت رسالتك قبل دخولي المستشفى بأيام. عملت العملية. خرجت من المستشفى. تعبان، ولكن الآن أحسن. معدتي خربانة، ولازم معالجة شهرين. طلبت تمديد بعثتي عدة أشهر. في كل الأحوال لا أستطيع العودة قبل تشرين ثاني أو كانون أول.

أحاول الإجابة على رسالتك.

حتى الآن ما من قارئ إلا وأعجبته المسرحية. من خلال الإعجاب وصلتني سلسلة طويلة من الملاحظات. كلها غير متشابهة. (أنت وأديب فقط اتفقتما على القول بأن السلطة في مسرحيتي غير واضحة الحقيقة. أنت تقول إني أتناولها كنظام محكم في حين أنها أكثر سذاجة. وأديب يقول إن القارئ لا يحسّ أنها نظام محكم له هويته الطبقية). فيما عدا ذلك كل الملاحظات متباينة.

هذه المسرحية، قدرها بين يدي الجمهور، إن تظاهر بعدها حققت هدفها وإن لم يتظاهر فشلت. تحليل ممتاز بشكل عام، ولكنك لا تتساءل من هو الجمهور. هنا أشعر بوحدتي إزاءكم. إن واحداً لم يتحدث عن المسرحية معتبراً نفسه من الجمهور. الجميع يذكرون الجمهور كفكرة غامضة وبعيدة ولا تعنيهم. الجمهور هو أنت، وأنا وأديب والآخرون. ولهذا فإني لن أقبل أن تكون معاملة أي واحد منكم للمسرحية، كصفحات مكتوبة، يعطى الرأي فيها استحساناً أو

تسفيهاً. ثم تنتهي التجربة. الرأي الوحيد الممكن إزاء مثل هذه الأعمال، التي تتجاوز الأدب كترف، هو أن نعتبرها مظاهرة، وأن ننخرط فيها أو لا ننخرط فيها. النقد الأدبي بمعناه التقليدي ليس أكثر أهمية من الإعلانات المبوبة. النقد السياسي (التاريخي) هو وحده ذو قيمة. إذن هل تشارك في هذه المظاهرة. ستدافع عنها، وستتحمل نتائجها مثلي. في مثل هذه الأعمال ما من كاتب. الكاتب وسيلة. أما المظاهرة فهي العمل الأساسي. والمظاهرة هي بـ (نحن). من هنا أسألك: هذه المسرحية ستمنع في سورية (ربما). سأسجن من جرائها (ربما). في مثل هذه الحالة ماذا يمكنك؟ هل تستطيع أن تقول: لا كتابةً أو شفاهاً لا فرق؟ هذا هو السؤال.

(موضوع المسرحية الأساسي؟ محاولة هدم الفن القائم). الحقيقة ليست محاولة هدم الفن القائم سوى مشكلة ظاهرية وغير أساسية. إن الفن القائم كما تصوره المسرحية لا أهمية له كتعبيرات مكتوبة أو مرئية من هذه التعبيرات التي تغصّ بها صحفنا وإذاعاتنا، وإنما بكونه صورة «فكرية» عن السلطة. الفن القائم آخر همومي. أما الفن القائم باعتباره تعبيراً عن حقيقة سياسية معينة، عن شكل من أشكال السلطة هو كل همي، أو هو همّي الأساسي. ولو أن المسألة هي أن أهاجم توفيق الحكيم، أو خيالات المخرج وتركيباته الكاذبة والمغشوشة، لما كان ضرورياً كتابة مسرحية من هذا النوع. ولهذا فإن سؤالك: هل يحتاج الفنان أن يهاجم فناً (أو لا فناً) أم يكفيه أن يخلق فناً؟ هذا السؤال لا يمكن أن ينبثق عن المسرحية. لأن قضايا المسرحية الأساسية أوضح وأحدّ من أن تترك سبيلاً لتساؤلات هامشية وغير جذرية فيها.

أعود الآن إلى حكاية السلطة. هنا أعترف لك كما اعترفت لأديب بأن السلطة، كتركيب سياسي، غامضة في مسرحيتي. ولكن هذا الغموض يمكن أن تبرره واقعتان هامتان. الأولى هي أني أوضحت

بما أملك من وسائل الإيضاح (أو هكذا أتخيل)، تركيب الجمهور الاجتماعي والطبقي. أوضحت شجونه ومشكلاته. وإذن فإن السلطة التي تناهضه هي بشكل حتمي نقيض هذا التركيب وعدوّه. (ومن السذاجة أن يقال عن أي نظام سياسي إنه أكثر غباء من نظام محكم كالرأسمالية أو الشيوعية. تثبت الأحداث والدراسات التحليلية أن كل نظام هو نظام محكم إلى حد ما. وأن كل نظام له قسطه من الذكاء. والمسألة لا يمكن تبسيطها إلى مجرد قتالات قبلية تافهة الأسباب والغايات. هذا إجابة على ملاحظتك.

أما الواقعة الثانية التي تبرر غموض تركيب السلطة فهو أن من المستحيل أن يقال كل شيء في عمل واحد. بعد أن أنجزت المسرحية، استرخيت على الكرسي، وحاولت أن أتذكر الفترة التي بدأت أكتبها فيها. ووجدت أني لم أضع في المسرحية أكثر من عشر ما كنت أنوي قوله. في الحقيقة كنت مهووساً بعد صيف الحرب، وكنت أعتقد أني سأقول كل شيء في عمل واحد. ومع الكتابة يكتشف المرء سذاجة هذا التصوّر.

ولأن من المستحيل قول كل شيء في مسرحية واحدة فإن تساؤلاتك بعدئذ عن عدم توضيح كيف أن المعركة قد كشفت السؤال (من نحن)، وعن (حرب حزيران لم تكن إلا واحداً من أحداث الدولة). أظن أن المسرحية التي يريد أن يقدّمها المخرج، وموجة الكذب، والمحاولة الضارية لربط حلقات الزمن كأن شيئاً لم يحدث، كل ذلك يوضح كيف أن الهزيمة لم تكن إلا واحداً من أحداث الدولة...

بقيت ملاحظتك اللعينة عن المقارنة بين هذه المسرحية ومسرحية فايس. وأقول لعينة لأنها تستدعي تحليلاً طويلاً وتركيزاً يتعارض وحالتي الصحية.

مع هذا لنحاول توضيح النقطة.

في خطاب الفيتنام، وكذلك في أغنية الغول اللوزيتاني، الحدث المسرحي يبدأ من نقطة ضوء. هنالك مجموعة من (الممثلين) يعرفون أنهم ممثلون، ويعرفون أيضاً ماذا سيمثلون؟ الوثائق موجودة. التاريخ مرتب ومنظم في سلسلة من المواقف المتدرجة يتناوبها هؤلاء الممثلون بحسب مقتضيات الحدث وتطوراته. هنا، ما من ارتجال. الأدوار معروفة ومحبوكة من قبل. كانت الأدوار صنع كاتب، وكان قوامها النماذج الشخصية. هنا أصبحت الأدوار صنع التاريخ، وقوامها هو تطور الأحداث، والبشر عامة داخل الأحداث لا شخصيات بذاتها. إذن المسرحية قد حدثت من قبل. حدثت في التاريخ، وعاشها حتى ثمالتها الناس الذين تناولهم هذا التاريخ. الآن يأتي ممثلون ليستذكروا أمامنا هذه المسرحية، إنهم ليسوا شخصيات بل «رواة». في حين أن الأمر يختلف في المسرح التقليدي، حيث أن المسرحية تحدث كل ليلة. والممثل يصبح الشخصية التي يمثلها كل ليلة.

بالنسبة لمسرحيتي. الممثلون لا يعرفون سلفاً ماذا سيحدث؟ هنا.. الممثلون يرتجلون، ويخترعون أدوارهم. إذن إنهم ليسوا مجرد «رواة» أو حفظة أحداث سيروونها، ولكنهم شخصيات حية سيستدرجها وضع معين لأن تعبر عن «تاريخ معاش». من المفروض أننا لا نستطيع من قبل التنبؤ بأن هذه المسرحية ستحدث، وبأن الجمهور سيتدخل.

طبعاً في القسم الأول (المسرحية التي يقدمها المخرج) هناك شخصيات. هناك أدوار لها ملامح وذات قيم خاصة فيها. لنتذكر المختار وعبد الله مثلاً! غير أنه من الواضح ما هو نوع المسرحية التي يريد أن يقدمها المخرج. إنها مسرحية تقليدية وإذن فإنها ذات شخصيات تقليدية ولا بد أن تعجّ بالمواقف الفردية.

على أن القسم الأول ليس هو المسرحية. القسم الأول هو المقدمة التي ينقدها القسم الثاني، أو إذا شئت يلغيها. وهو يلغيها لا عن طريق شخصيات (لها تركيبها النفسي والاجتماعي وأزماتها الخاصة) وإنما عن طريق جملة من السياقات السياسية، عن طريق شعارات، ونقاشات فكرية. عن طريق تصاعد في الاحتجاج.

وإذن فنحن لا نبدأ من نقطة مضيئة كبيتر فايس، وإنما نرتجل، والشخصيات تفقد أهميتها من خلال السياق العام. المقصود هو أن المسرحية لا تعالج أزمات أفراد، مثل عبد الغني أو المخرج أو عبد الرحمن... وإنما تعالج وضعاً في التاريخ.

هل استطعت أن أوضح النقطة لا أدري. على كل حالتي ليست أفضل من حالتك حين كتبت الرسالة. ملاحظاتك على أهميتها غامضة في كثير من جوانبها.

وإني أنتظر منك جواباً على السؤال الوارد في أول الرسالة. كيف أو هل ستدافع عنها؟

ما إن أشفى جيداً حتى أكتب لك ثانية. ولكن اكتب أنت، وقل لي ماذا تعمل؟ وماذا تترجم؟ وما علاقتك بالهولندية هل سافرت. وعن العودة هل هناك شيء جديد. وعن مجيئك إلى باريس. هذه مسألة كالعادة، هي دائماً ممكنة التدبير من طرفي. وعميق تحياتي

***

(مسودة من فرانكفورت إلى باريس)

أظن أن كل شيء واضح.

المهم نقطتان فحسب:

الأولى إن مقياس تقييم المسرحية هو رد فعل الجمهور

الثانية جواباً على سؤالك: هل إني مستعد للاشتراك في عمل منبثق عن المسرحية؟

لأتحدث قليلاً عن نفسي. وقد يتداخل الحديث عن النقطتين المذكورتين.

أرى أن رد فعلي لا علاقة له بالمسرحية.

إذا لم أشترك في عمل منبثق عن المسرحية، فلا يعني هذا أن المسرحية فاشلة إلا بقدر أن يكون كل ما يكتب وكل ما يفعل هو فاشل. إنني لا أشترك في عمل منبثق عن هذه المسرحية لسبب وحيد هو أنني لا أشترك في أي عمل.

لو أردت أن أعمل، كان يجب أن أعمل شيئاً من أجل الوحدة السابقة بين سوريا ومصر، أو كان يجب أن أفكر في العمل عندما قرأت مذكرات... هذان مثلان فقط من أمثلة كثيرة.

وطبعاً ليس مجالنا الآن التحدث عن سبب عدم عملي. إننا نتحدث عن المسرحية. تقول إن الجمهور هو أنت وأديب وأنا وأمثالنا. في هذه الحالة أجيبك أن رد فعلي (أنا كواحد من الجمهور) هو أن المسرحية كلمات على ورق.

إذا كان رد فعل أديب ورد فعل معظم الذين قرؤوها ومعظم الذين سيشاهدونها هو مثل رد فعلي.. معنى هذا أنك لم تفعل شيئاً سوى تأليف كتاب، ولا يهم هنا القول إنه جيد وجديد.

طبعاً لكل من - الذين لا يعملون - سببه. أحدنا يحب الراحة، والثاني يريد أن يكتب كتباً، والآخر يريد أن يصبح ضابطاً، أو سياسياً، أو يحب صيد العصافير. وأنا أفهم سبب كل واحد، وغالباً ما أعطيه كل الحق في اصطياد العصافير أو اصطياد النساء.

لكن السياسي المحترف يريد أن يسيس كل الناس، والضابط يرى أن رتبة المدني تأتي في آخر الرتب.

تقول إن واحداً - من الذين قرؤوا المسرحية - لم يتحدث عنها معتبراً نفسه من الجمهور. الجميع يذكرون الجمهور كفكرة غامضة وبعيدة ولا تعنيهم.

هذا صحيح بالنسبة لي. وإذا كان أمثالي كثيرون، فهنا مشكلتك.

نقطة ثالثة هامة: عن موضوع المسرحية الأساسي: هل هو محاولة هدم الفن الموجود، أم هو هدم صورة السلطة الفكرية وشكل من أشكالها وأحد تعبيراتها. طبعاً الفرق شاسع بين الفكرتين، وهذا واضح.

هنا يوجد احتمالان: أن أكون لم أفهم المسرحية (من لم يفهم هذه الفكرة، لم يفهم شيئاً من المسرحية).. أو أنك لم تنجح في نقل فكرتك الأساسية.

أظن أنني أعطي هذه النقطة أهمية أكثر مما تفعل أنت. لا أظن. السطر التالي في رسالتك يوضح الأمر. إذن هذه نقطة هامة. طبعاً أهم نقطة.. أدبياً وعملياً.

نعود.. إذا قصرت أنا في فهم الموضوع الرئيسي، فليس هذا سيئاً بالنسبة للمسرحية. أما إذا كان فهم الذين قرؤوها حتى الآن مشابهاً لفهمي، فيجب عليك قلبها من الأساس.. حتى لو كنت أنت مصيباً. أكرر حتى لو كنت أنت مصيباً. يجب أن تفهم الجمهور أن هذه المسرحية هي ضد السلطة وليست ضد الفن ([29]).

---

29 مسودة رسالة بدون تاريخ، صفحتها أو صفحاتها الأخرى مفقودة.

في بلاد لا قيمة فيها لأية ثقافة ينتظر كاتب من عرض مسرحية له أن يقوم المتفرجون بإسقاط الحكومة!!!

***

(من باريس إلى فرانكفورت، 1968/12/13)

كيف مرّت هذه الفترة الأخيرة؟ ذلك يطول شرحه قليلاً.

بالتأكيد لم أكن مرتاحاً. ولم أكن سعيداً. وخلال أوقات معينة كان عليّ أن أتساءل فيما إذا لم يكن كل شيء قد انتهى. منذ شهرين لم أستلم فرنكاً واحداً من سورية. أعيش من حساب صاحبتي والديون. مشاكلي مع البنتين اللتين أعاشرهما كادت أن تنتهي إلى تعقيدات عسيرة للغاية. الآن أنتظر القرض الذي طلبته صاحبتي كي أفي بعض الديون، وأسافر. خلال عشرة أيام ينبغي أن أصبح في دمشق. تنقصني أشياء كثيرة وأحس أن عودتي شبيهة بإجهاض مبكر.

المسرحية هي الأخرى صارت مشكلة. حين كنت أكتبها كانت واحدة من مشاكلي هل سيوجد من يقبل نشرها؟ ثم استقبلوها بحماس غريب في بيروت. وأبدت معظم دور النشر استعدادها لنشرها. وقبلت أن تنشر عند نزار قباني وأدونيس. أرسلا لي مبلغاً من المال وبدأ الطبع. في دمشق كان الحماس أقل. لماذا؟ لأني سأنشرها في بيروت. وفي الرقابة أعلموني أن من المستحيل السماح لها بدخول سورية. ثم فجأة.. تصور. بعد أن أنهيت دقّها على الآلة الكاتبة في سويسرا جاءتني فكرة صبيانية بأن أرسلها إلى وزارة الثقافة للاشتراك بالمسابقة الدولية التي تنظمها اليونسكو لاختيار أحسن مسرحية عربية وترجمتها إلى أربع لغات. طبعاً كنت أمزح. أرسلت المسرحية بعد انتهاء المدة، وباسم مستعار مع رسالة ساخرة أشرح فيها أن ما أطلبه من اللجنة الموقرة ليس أن تعطيها الجائزة وأعرف استحالة ذلك، وإنما أن تملك الجرأة بالتنويه بأهمية هذه المسرحية من الناحيتين السياسية والفنية. ولكن... يا للمهزلة! لقد أعطوها في

دمشق الجائزة الأولى وأرسلوها إلى القاهرة للاشتراك بها في المرحلة الثانية وهي اختيار أحسن ثلاث مسرحيات عربية لترجمتها إلى أربع لغات وعرضها على لجنة دولية أخيرة، بينها فيما علمت بيتر فايس. هل تتصور المسخرة؟ والإحراج أيضاً.

لقد كاد أن ينتهي الطبع في بيروت. معنى ذلك يجب أن نوقف كل شيء، وأن نستسلم للجائزة الموقرة وقيمتها 1500 ليرة سورية، ودونها كان عليّ أن أبيع كل ما يأتيني من وراء السيد والدي لإيفاء ديوني. (لاحظ عملية إجهاض المسرحية بإعطائها الجائزة! لاحظ أيضاً فوضى السلطة!) ([30]).

من بعد العملية الجراحية، الحالة من أخرى إلى أخرى...

ظننت أني أجبتك على رسالتك، عجبت من صمتك، لأني ألححت على لقائنا مرة أخرى قبل السفر. ولكن منذ أيام، وجدت الرسالة بين أوراق كثيرة. أي أني نسيت إرسالها.

لا أعتقد أنه عاد ممكناً لقاؤنا في أوروبا إلا إذا استطعت أن أنزل في ميونيخ لمدة يومين، وحينئذ يمكن الالتقاء عند محمد محمود. لكن ذلك عسير فيما أعتقد.

---

[30] في عام 2007 كتب أدونيس: [أواصل قراءة برشت، وأتذكر كيف كنّا، نحن أبناء جيلي، شيوعيين وبعثيين وقوميين،نسكن و«نعمل» معاً في الكتب لا في الحقول، ونسير ونحيا بين الكلمات لا بين الناس. كيف أعطينا طاقاتِنا كلّها، لكن للفراغ. كيف كنّا نغلق عقولنا، ونفتح أفواهنا. وكيف أننا لم نقبض إلا على الريح. أقرأ برشت، وأتذكر 5 حزيران، وسعد الله ونوس و«حفلة السمر»! / حفلة سمر! حقاً، لم نكن نعرف حتى معنى الكلمات التي كنّا نتغنّى بها. هكذا فاتتنا اللغة، وفاتتنا الحياة.] (رأس اللغة جسم الصحراء، ص 298).

أنتظر منك رسالة عاجلة تعلمني فيها ماذا لديك. ماذا تفعل؟ وهل هناك اقتراح بشأن لقائنا. وهل تريد أن تبعث شيئاً ما معي للأهل أو لأحد هناك. وعميق تحياتي. **سعد**

***

(من دمشق إلى فرانكفورت، 8/26 /1972)

العزيز ابراهيم، كان يمكن أن أكتب لك قبل الآن لو أن لديّ ما أقوله. إني متوقف لدرجة لا أجد معها ما أقوله. منذ فترة لا أكتب شيئاً سوى بعض المقالات السخيفة في الصحف. وفرقتي المسرحية جمدتها الصعوبات. وعملي مستمر كما هو في الوزارة.

سافرت إلى الاتحاد السوفييتي مدة 24 يوماً في وفد رسمي. بقيت منها عشرة أيام في موسكو على حسابي. كان ذلك مفيداً للغاية. لا أعتقد أن المنحة إلى فرنسا ستتم. وإذن لا أعتقد أن أمامي أي سفر قريب. إني مستقر لسنة على الأقل. وسأحاول خلالها أن أعمل بشكل أفضل.

أكتب إليك لأخبرك بأن التفويض الذي أرسلته لأديب لم يمش حاله. والسبب هو أنك كتبت (تفويض) والصحيح هو أن تكتب (وكالة). أوكل فلان بقبض ما أستحق من وزارة الثقافة لقاء ترجمة مسرحية... إلخ. ولذا أرجو أن تتعب نفسك قليلاً وأن ترسل لنا وكالة أخرى وبأسرع ما يمكن حتى يتسنى لأديب قبض المبلغ سريعاً.

كان رشيد في دمشق وأخباره طيبة. كذلك أخبار البيت. اكتب بضعة أسطر عن حياتك وعملك. وعميق تحياتي. **سعد**

***

(من دمشق إلى فرانكفورت، 1973/1/13)

العزيز ابراهيم، كانت السنة الماضية متعبة وتافهة. أمضيت منها ستة أشهر بلا بيت. فقد أُخرجت من بيتي فجأة، ووجدت نفسي فجأة بلا أرض. ستة أشهر بين بيت أديب، وبيت فايزة، والقرية، وأفكار مزعجة، وحالات عصبية مرهقة. وإحساس بوطأة كل شيء. الأرض تيار من الرمال المتحركة التي تنحدر نحو الأسفل. نحو هاوية بلا قرار.

هذا كل شيء تقريباً. وكان ينبغي أن أكتب لك منذ فترة طويلة، لكن لم يمض إلا أسبوعان على بدء استقراري في قبو عمقه ثلاثة أمتار ضيق ورطب. مع هذا ماشي الحال.

تزوجت. لم يتبدل رأيي في الزواج.. مستحيل. أعتقد أننا سنظل كالكلاب الضالة نبحث عما لم يحدث بعد، وعما لم يوجد بعد، وعما لم يتحقق بعد. وفي هذا البحث اللائب نفقد حتى المتع الصغيرة التي توفرها حياة يومية تجري من يوم إلى يوم، ويظل الاستقرار الداخلي سراباً بعيد المنال.

فرغت من مسرحية جديدة عنوانها «سهرة مع أبي خليل القباني». لهذه المسرحية قيمة وثائقية هامة، وقد أرهقتني كتابتها. عندما تطبع سأرسل لك نسخة منها. ولدي الآن مسرحية أخرى قد أنجزها خلال وقت قصير. لكن الشؤون الصغيرة، وتمزق فرقتي التي حاولت تكوينها خلال سنتين مما أدى إلى فشل عرض المملوك جابر، والانحدار العام الذي ننساق معه بعيون مفتوحة، وقلوب متفحمة، كل ذلك يجعل الكتابة أمراً غير ميسور. لأننا في النهاية فقدنا ذلك اليقين الداخلي بأن الكتابة قادرة على التغيير. أحياناً أشعر بأني أكتب لكي أثبت لنفسي بأني ما زلت حياً.

أتمنى أن تكون حياتك أيسر، وأن تكون شؤونك أكثر هدوءاً واستقراراً. وبالمناسبة هل أعجبتك طباعة المسرحية ([31]). ليت لديك وقتاً لترجمة عمل آخر. قد لا يكون التعويض مناسباً، لكن هذه الترجمات مفيدة في نهاية الأمر لك ولنا على السواء. لو كانت لديك أية مشروعات اكتب لي عنها فوراً.

ثم أريد أن أقول لك شيئاً آخر.. لا تقلق بشأن محمد وعمليته الجراحية، فأنا مطلع على الحالة تماماً، وقد استفسرت عن خطورتها من بروفسور فرنسي وأحسن أطباء دمشق، وكلهم أجمعوا على أن الحالة لا تستحق القلق إطلاقاً. لكن ألا تعرف العقول الصبيانية. التقى فجأة برجل كانت لديه حالة مشابهة فأوهمه، وأخافه، وأقنعه بالسفر إلى ألمانيا لإجراء عملية هناك. لو كتب لك بهذا الشأن، فلا تقلق وأجبه بالتعقل.

وفكرة سفري لا تزال واردة. ستكون في نيسان، وإلى باريس، ولمدة عام. وسنلتقي حتماً.

هذا كل ما لدي تقريباً، ولعلي أسمع ما عندك في أقرب فرصة. اكتب عندما تجد الرغبة والوقت. ولا داعي للقول بأن أخبارك تهمني دائماً. وعميق تحياتي وقبلاتي. **سعد**

***

(من دمشق إلى فرانكفورت، 1973/3/8)

العزيز ابراهيم، وصلتني رسالتك، وكدت أعتقد أنك ضائع، أو لا ترغب في الكلام.

---

31 «لعبة حلم» لسترندبرغ، صدرت عن وزارة الثقافة.

أن يكون حولك هولدرلين وبيتر فايس، تقرأهما، وتكتب عنهما هذا أفضل كثيراً من المكتب والدوام والعمل في مجلة للأطفال، ودوشة العلاقات المائعة والموحلة.

مع هذا، هذه الفترة ليست سيئة، لأني أعيش الحبوب المنومة، والستين سيجارة يومياً، وكذلك الخمور، والكتابة. منذ أيام فرغت من سيناريو لفيلم طويل. إني أعلق عليه أهمية كبيرة، وعندما أرتاح قليلاً سأكتبه مسرحية، وأيضاً إني أعلق أهمية كبيرة على المسرحية.

بدأت التدريبات على مسرحية «سهرة مع أبي خليل القباني»، وقريباً سأوافيك بنسخة مطبوعة منها.

والحياة في البيت كقصتي مع النوم. هي الأخرى تحتاج إلى حبوب منومة، وأعصاب باردة. هذا على الرغم من أنني محظوظ نسبياً بنوعية البنت وعقليتها. لكن المسألة أبعد من ذلك. ولم أفهم ماذا عنيت بانتصارك في معركة الزواج. هل تزوجت؟ أم أنه الانتصار الأهم: لم تتزوج؟

كان محمد عندي منذ يومين. يبدو أنه عزم على السفر إلى موسكو لإجراء العملية هناك، على الرغم من أن المسألة في تقديري وتقدير كل الأطباء لا تحتاج لهذه الضجة، وصحته ممتازة بشكل أصبح يميل فيه إلى السمنة. ولكن بما أن العوامل النفسية تلعب دوراً كبيراً في مسألة المرض والشفاء، فقد أبديت تشجيعاً لسفره خاصة وأن الطب هناك مجاني، وأنه لن يتكلف أكثر من أجرة الطريق بسبب وجود لطف الله.

سفري صار مؤكداً. وهناك موعدان له. إما أول حزيران أو أول أيلول. وإني حتى الآن أفضل الموعد الثاني لأنه يتيح لي إتمام بعض مشاريع الكتابة، وصيفاً على البحر، ومواكبة الموسم المسرحي والثقافي منذ بدايته.

وبما أن لقاءنا لن يكون قريباً، فهل تستطيع أن توضح لي قيمة هذه السرتفيكا التي تعدها. وماذا تنوي؟ وما مشاريعك للأيام المقبلة. لقد تجاهلت عرضي بترجمة كتاب جديد وليكن لـ «هوخوت» إذا كان يلفظ كذلك ([32]). أو مجموعة الدراسات النظرية التي كتبها برشت عن المسرح. أو لماذا لا تعطينا نسخة بالعربية عما تكتبه عن بيتر فايس؟ مهما كانت الأحوال، يجب ألا تنقطع عن الحياة الثقافية هنا.

إذن في رسالة قادمة أنتظر أن تكون أكثر إسهاباً وإيضاحاً.

أديب ماشي حاله. صحة ممتازة. حياة منظمة. نشر كتاباً عن «الخبر الصحفي» وقريباً يصدر له كتاب وثائقي عن تاريخ الصحافة في سوريا، ويبدو أنه مبيض على الصحافة، سيتزوجها، ويتفرغ للتوعية الصحفية. أعماله مفيدة، وستكون مراجع جيدة في المستقبل.

تقريباً هذا كل شيء.. وفي انتظار رسالتك تحياتي وتحيات فايزة.

سعد

***

(من دمشق إلى فرانكفورت، وصول 1973/6/1)

برهوم.. سلامات، من المفروض أن أكون في باريس في أوائل حزيران. إنها منحة اطلاعية لمدة تسعة أشهر بغية العمل مع أحد المخرجين الفرنسيين. ولهذا فأنا مشغول خلال هذه الفترة، فموعد السفر مفاجئ لم أكن أتوقعه بهذه السرعة.

هناك خبر آخر لا بد أنه سيسرك. مسرحية «مغامرة رأس المملوك جابر» ترجمت إلى الألمانية، وتبنتها فرقة فايمار في ألمانيا الديموقراطية بكثير من الحماس، وستفتتح موسمها بها هذا العام.

---

32 رولف هوخهوت Rolf Hochhut (1931- 2020) كاتب مسرحيات.

التدريبات تبدأ في أوائل أيلول، وسيكون العرض في أول كانون أول. وخلال هذه الفترة كلها سأكون في فايمار للإشراف على التدريبات والعرض. أي أننا سنلتقي قريباً إما في باريس أو في فايمار.

عاد محمد من سفره، واطمأن جيداً إلى حالته الصحية. ومبروك.

تكفي الآن هذه الأخبار الثلاثة. وإذا كان هناك ما ترغبه، فاكتب لي بسرعة عنه. كل ما تريده. ملابس. كتب. وحتى أطعمة إذا شئت.

وإني أنتظر منك كلمة سريعة قبل السفر. مع عميق تحياتي وإلى اللقاء. **سعد**

***

(من تولوز إلى فرانكفورت، 1973/7/2)

مرحبا ابراهيم، وصلت باريس في منتصف حزيران، ولكني لم أبق فيها إلا أسبوعاً واحداً بذلت خلاله كل ما أستطيع حتى أبقى في باريس ولكني لم أنجح. فبرنامج دورتي المسرحية يبدأ في أقصى الجنوب الفرنسي، في تولوز، ولا بد من تنفيذ المرحلة الأولى منه على الأقل.

إني الآن في تولوز. مدينة صغيرة وسخيفة. ليس فيها شيء تقريباً. والمسرح الذي أعمل فيه لا يساوي قلامة ظفر. ولعلي لا أبالغ لو قلت إننا اجتزنا هذا المسرح منذ سنوات.. وإذن يمكنك أن تقدر حالتي.

سأحاول ما أمكنني العودة إلى باريس في أوائل آب.. وربما استطعنا بعدئذ أن نلتقي. لن أستفيض في الحديث لأني لست واثقاً أن هذه الرسالة ستصلك. بعد أن أطمئن إلى أن عنوانك لم يتغير سيكون لدينا ما نحكيه.

اكتب لي إلى هذا العنوان:

16, Avenue Honore - Serres 31000 Toulouse

***

(من تولوز إلى فرانكفورت، 1973/7/21)

برهوم الغالي، لا أعرف بعد متى سنلتقي. ومن المؤكد أن لقاءنا ليس من قبيل الواجب، فأنا مشتاق لك فعلاً.

كل ما أعرفه هو أني سأبقى هنا حتى آخر الشهر، وبعدها إذا استجابوا لرغبتي سأذهب إلى «أفينيون»، لحضور مهرجان مسرحي يقام سنوياً هناك. ثم سأعود إلى باريس لأرتب أموري بالنسبة للموسم القادم، ولسفري إلى فايمار. أما إذا أرادوا إغاظتي فسأذهب إلى مدينة أخرى صغيرة، وإلى مسرح أصغر للبقاء أسبوعين أو أكثر، وبعدها لا أدري إلى أين.

اندمجت منذ الأيام الأولى في المسرح الذي أعمل فيه. استقطبت حولي كل الشباب، وبدأت الإدارة تنظر إليّ بعين حمراء. في الحقيقة، لم أفعل سوى تشجيع التذمر الذي يحسه كل الممثلين الشباب إزاء العمل الروتيني والسقيم الذي يتم في هذا المسرح الذي يتمتع بشهرة لا يستحقها، وينال معونة من الدولة كبيرة ولكنها تنفق هباءً. بمعنى لا زلت أحس أني سجين نفس المشكلات التي كنت أعاني منها مع مسرحنا الرسمي في دمشق. والفائدة التي أحققها ضئيلة، هذا إذا استثنينا عملي الشخصي، والمناقشات المفيدة التي أباشرها مع الممثلين الذين أصبحوا أشبه بالأصدقاء.

ما عدا كل ذلك، لا شيء له طعم. وإني لا أكتب. أحاول، غير أني لم أنجح حتى الآن في كتابة سطر واحد، ولا أدري إلامَ ستظل هذه الحالة.

إذا سارت الأمور على ما يرام، فسأدعوك لزيارة باريس في الثلث الأخير من شهر آب. لن يكون لدي ما أعمله، وسيكون بوسعنا أن

نقضي عشرة أيام هادئة وممتعة. أما إذا ظل البرنامج مشوشاً بهذه الصورة، فسأمر على فرانكفورت أثناء سفري إلى فايمار. أما عن إقامتي في فرنسا فلا أعرف بالضبط كم ستطول. إنها مبدئياً منحة لـ 7 أشهر لكني سأحاول تمديدها. وربما بقيت إذا لم يحدث شيء طارئ فترة طويلة نسبياً، لأنك لا تعرف كيف أصبحت حالتي في دمشق في الفترة الأخيرة. أقول حالتي. والأصح الحديث عن حالة البلد.

سلّم على محمد (محمود). وإذا جئت إلى ألمانيا فسأراه حتماً.

تحياتي العميقة لك، وحاول أن تكتب قبل سفري من تولوز. **سعد**

***

(من باريس إلى فرانكفورت، 1973/8/17)

ابراهيم، تأخرت في الكتابة لأني كنت عبر سفر مستمر تقريباً. وإذ عدت إلى باريس منذ فترة وجدت أمامي عدداً من المشاكل السخيفة.

اكتب لي بسرعة عن الوقت الذي تفضل فيه المجيء إلى باريس. إني مشتاق إليك كثيراً. سيكون عندي بيت قريباً، وسنستطيع أن ندبر أحوالنا مع قليل من المشقة. على كل حال جهز نفسك، واطلب فيزا دخول إلى فرنسا. أي تهيأ للمجيء وإني أنتظر منك كلمة. وعميق تحياتي عنواني: لدى شلعان، السفارة السورية.

***

(من باريس إلى فرانكفورت، 1973/9/25)

مرحبا برهوم، بعد أن استنكفتَ عن المجيء لم يكن لديّ ما أقوله. قضيت فترة سخيفة وتافهة أضاعت وقتي ونقودي.

لا أعرف بالضبط عما نبحث. إننا لن نجد ما نريده. أتعرف أن أصدقائي هنا هم جان جينيه وبرنارد دورت وأنطوان فيتز وسواهم.

أي أهم الكتاب والمسرحيين. ولكن ذلك شبيه بالكذبة. إنه لا يعطي ولو الوهم بالرضا وبأن الحياة حسنة.

تركت بلاداً من رمال متحركة. حملت الرمال في داخلي وفي رأسي. إني هنا أمام اختيارين كل منهما أصعب من الآخر. إما أن أحاول طمر الرمال في أرض غريبة وذلك مشكوك بنتيجته، وإما أن أعود إلى الميعان مع ميوعة بلاد لا تعرف إلى أين تمضي.

إني أحاول أن ألملم نفسي. أريد أن أكون مجدياً. أريد أن أكون أكثر من عقدة مرضية تتجول في عالم من الغيم والحر والبرد والرفض.

لن أسافر إلى برلين قبل 1 تشرين ثان. التدريبات ستبدأ عما قريب، والإعلانات نزلت في الشوارع، لكني سأبقى هنا حتى نهاية تشرين أول. ثم.. من المستحيل أن أجيء إلى فرانكفورت لأنهم لا يعطون حتى مجرد تأشيرة عبور لأي مواطن سوري.

وأنت ماذا لديك؟ هل أنهيت عملك؟ هل تستطيع المجيء؟ أنتظر رسالة عاجلة منك. تحياتي لك. تحياتي أيضاً لبقرتنا أنكي. عنواني الجديد: 38, Av La Motte – Picquet Paris 7

***

(من باريس إلى فرانكفورت، بطاقة بريدية 1974/1/2)

العزيز ابراهيم، سافرت أثناء الحرب. قضيت شهراً في سورية، ثم سافرت إلى ألمانيا حيث قضيت شهراً آخر بين فايمار وبرلين. بمقدار ما كان الشهر الأول قاتماً، كان الثاني بهيجاً وباعثاً على الحماس. أحرز عرض المسرحية نجاحاً لم أتوقعه. سأرسل لك قريباً الكراس، وسنتحدث عن ذلك بالتفصيل. اخبرني عنك. ماذا تفعل وما هي أحوالك؟ إني في باريس منذ يومين، ولا يبدو أني سأرتاح في البقاء هنا. العودة هي أيضاً غير مريحة. عنواني لم يتغير. في انتظار رسالتك وتحياتي. **سعد**

***

(من باريس إلى فرانكفورت، 1974/2/22)

العزيز ابراهيم، أرجو أن تكون أحوالك الآن أفضل. هل وجدت ثقباً لعضوك التناسلي؟ ثم هل اجتزت الامتحان بشكل جيد؟ أتخيل أنك على وشك الانتهاء، وبالتالي أصبح غير مستحيل أن تجيء إلى فرنسا. سنمضي أسبوعاً في الحديث لا سيما وأني عدت أحس بما يشبه الشلل. تقريباً من الصعب فهم أي شيء، أو الإمساك بجذع ثابت في هذا التيار الدائم التغير والحركة.

لدي عدة مشاريع للكتابة، ولكني لم أبدأ بعد بشكل جدي. أسجل ملاحظات عن نقاشاتي الطويلة مع جان جينيه. إنه الصديق الوحيد الذي يمكن تشبيه صداقتي به بصداقاتنا القديمة والمستمرة. ربما كتبت دراسة صغيرة تتضمن هذه النقاشات وتحليلاً لمسرحه أنشرها في كتاب.

جاءتني رسالة من فايمار تقول بأن المسرحية تلاقي نجاحاً، وأن النقد كان جيداً، وإيجابياً بشكل عام. سيرسلون لي قريباً المقالات التي نشرت حول المسرحية.

فيما عدا ذلك، أقرأ، أرى مسرحياتٍ وأفلاماً. أضاجع. أدخن وأشرب. طلبت تمديد منحتي ثلاثة أشهر أخرى، وأنتظر الآن أن يكون الجواب إيجابياً. وإلا فسأبقى على حسابي. يبدو أن فايزة مستعدة لإرسال مبلغ لي بين وقت وآخر.

أرسل لك كراس المسرحية. وإني فعلاً مشتاق لك. أنتظر أخبارك سريعاً. وعميق تحياتي.

***

(من باريس إلى فرانكفورت، 1974/3/21)

العزيز، سعيد لأنك أنهيت رسالتك الدراسية. ولأن الأوضاع قد تغيرت قليلاً بعد أشهر صعبة، وأنتظر أن تخبرني عندما تحصل على إقامة جديدة، وعندما يصبح ممكناً أن تأتي. إقامتي مستمرة مبدئياً حتى أواخر أيار. وهناك فكرة إما للبقاء فترة من الصيف، أو للسفر إلى موسكو لفترة أسبوعين أو ثلاثة بعد نهاية المنحة. كل شيء متعلق بالحالة النفسية وبإمكانية تقديم إحدى مسرحياتي هنا.

طبعاً سرّني جداً رأيك بالقباني. ولكن هل تعرف أني أزداد يوماً بعد يوم شكاً فيما كتبت حتى الآن. كما لو أن بقعة من العتم اعترضت طريقي فجأة. غصت فيها، وغدا عسيراً أن أتميز الأشياء بوضوح. الأهداف نفسها تصبح ملساء، ولا يمكن إمساكها. كذلك تجيش الأسئلة كالثعابين بعد فترة التبلد الشتائي. حالة غير مريحة. ومظاهرها الخارجية هي إسراف في القلق والتدخين واحتساء الخمور، إضافة إلى الشعور بالإرهاق الجسدي والمرض.

عندما نلتقي نتحدث عن ذلك بتفصيل أكثر. إني الآن أنتظر خبراً منك، وحاول هذه المرة أن تجدّ في مسألة الزيارة.

إذا كان محمد محمود لن يأتي إلى باريس لكي «ينيك»، وإذا كان يستطيع أن يفهم أن وقتي لا يسمح لي بأداء مهمة الدليل السياحي إلا في أضيق الحدود، فأعطه عنواني. أنتظر كلمة منك، وعميق تحياتي.
سعد

***

(من باريس إلى فرانكفورت، 1974/5/10)

مرحبا، طنشت قليلاً في الإجابة لأني كنت مريضاً عندما وصلت رسالتك. زكام حاد ووهن وملازمة الفراش لعدة أيام. الآن تحسن الحال.

سأقبض آخر راتب لي هنا حوالي 25 نيسان. وبالتالي سيكون هذا التاريخ أفضل وقت لمجيئك. لا سيما وأنني سأكون مجبراً بعد ذلك لمغادرة باريس إذا لم يحدث شيء غير متوقع يتيح لي البقاء حتى أيلول. هل يناسبك الموعد؟ إذاً اكتب لي كيف تأتي ومتى!

تعرض هذه الأيام في دمشق سهرة مع القباني، ولكن بما أن المخرج رديء، وكذلك الفرقة التي تقدمها، فإني متشائم من نتيجة هذا العرض.

أنتظر رسالتك. وإلى اللقاء

كتبت الأسطر السابقة منذ شهر تقريباً. ولم أرسلها لأني اضطررت للسفر خارج باريس. ثم لأن مشروع سفر إلى موسكو أربكني خلال فترة. وفي النهاية حلّ الإفلاس كل القضايا مرة واحدة. لم أكتب لك ولم أسافر إلى موسكو، ولم أعمل شيئاً هاماً خلال هذه الفترة.

عرض القباني في دمشق كان ناجحاً حسبما قيل لي، وكما ظهر في بعض المقالات الصحفية.

خصصت مجلة مسرحية إسبانية اسمها «الفصل الأول» عدداً عني تضمن مقدمة عن مسرحي، ودراسة عن المسرح العربي وموقعي منه، وترجمة لمقتطفات من مقالي «بيانات لمسرح عربي جديد»، وترجمة كاملة لمسرحية حفلة سمر.

ذهنياً خف تشتتي، وبدأت أرتب الفوضى المتراكمة في رأسي. لدي مشاريع عديدة للعمل.

سأبقى في باريس حتى 10 حزيران. وتستطيع أن تأتي متى شئت. بعد باريس لا أعرف بالضبط ماذا سأفعل. من بين المشاريع التي تخطر لي هي الإقامة ولمدة أشهر في القرية، أولاً لأني أريد فترة من الهدوء للكتابة، ولأني لا أملك بيتاً في دمشق، ولا يمكن إيجاد بيت. كما أني شبه طلّقت.

اكتب فوراً عن إمكانية المجيء والموعد. وبعض ما تفعل. عميق تحياتي وأشواقي أيضاً

***

(من دمشق إلى بون، وصول 1976/11/4)

العزيز ابراهيم، لا أعتقد أن هناك حاجة للاعتذار. حتى عندما وصلتني الرسالة التي ضمنتها مقالاً عن «القباني»، ورغم شعوري الحميمي بالامتنان، لم أجد الحماس للكتابة.

كانت سنتين قاسيتين. طبعاً كل السنين في النهاية قاسية. إلا أن الفترة التي مرت، والتي تمر هي حقاً قاسية. كنت أعمل في إحدى الصحف البيروتية طوال سنة. وقد دوختني، وضعضعتني الأحداث التي جرت وتجري بصورة لا يمكن أن تتخيلها. تشردت فترات. ذهبت أسكن في القرية مودعاً دمشق. ثم لم أحتمل.. ثم إلى غرفة مفروشة عند عجوز. ثم أخيراً إلى بيت.

طلّقت عندما كنت في دمشق آخر مرة. وخبّصت كثيراً بعد ذلك. ثم عدت وتزوجت فايزة مرة أخرى.

عملت في مشاريع كثيرة، ولم أنجز الكثير. سلسلة مقالات عن أوروبا في «البلاغ». مقالات في «السفير». مقالات في «الملحق الثقافي» الذي بدأتَ تكتب إليه. ترجمة كتاب عن الفرنسية (حول التقاليد المسرحية)، إعادة كتابة مسرحية برشت (توراندوت) التي سيقدمها المسرح القومي بعد أسبوعين.

بقيت فترة طويلة محاصراً خارجياً. والأدهى «داخلياً». الاشمئزاز، والإحباط، وعدم التلاؤم كانت خبزي اليومي منذ التقينا آخر مرة، وحتى كتابة هذه الرسالة. لا.. ربما الآن أحسن قليلاً. أخيراً تعايشت مع فكرة أننا نعمل لأجيال قادمة، ولأزمان بعيدة، وأننا لن نذوق

فرحاً حقيقياً طوال ما بقي من العمر. ومنذ استقرت هذه القناعة في ذهني، هدأت قليلاً، وبدأت أعمل.

عادوا الآن فشملوني بعين الرضا. أعطوني رئاسة تحرير مجلة عن المسرح ستصدر في البداية فصلية. ثم سنحاول أن نصدرها كل شهرين مرة. وفي الوقت نفسه سموني مديراً لمسرح تجريبي في صالة القباني. ولكن ليس هذا المهم. دعنا ننتقل إلى كيف سنعمل معاً. رسالة عن أهم حدث، أو أحداث مسرحية ستكون شيئاً هاماً للمجلة. ترجمة مقالة من المقالات النظرية عن المسرح، ولا سيما إذا كانت لكاتب معروف، أو تتضمن رؤية جديدة. ترجمة كتب، أو عرضها بشكل واف. إني أفكر مبدئياً بكتاب ليسينغ الهام «فن المسرح في هامبورغ» أو في الجدل الغني الذي دار بين غوته وشيللر حول المسرح الدرامي، والملحمي... هي مجرد اقتراحات عامة. لكن يجب أن تعمل معي. وسأنتظر منك وبسرعة تصورك الشخصي عما يمكن أو تحب أن تعمل. بكل الأحوال. في كل عدد يجب أن تكون هناك رسالة مسرحية منك، هي عرض وإعلام. وإضافة إليها تأتي المشروعات الأكبر ترجمة أو عرضاً. ويبدو أنهم مقتنعون هذه المرة بأن سعر «الكتابة» يجب أن يرتفع عن سعر «البصل». ويبدو أيضاً، من خلال حماس الذين حولي، أن المجلة ستكون قطرة غيث من حيث الاتجاه والجدية، في صحراء قاحلة لا تنتظر إلا الانتظار.

أتابع مسلسل المراسلات بينك وبين لطف. كنت أريد قراءة مقال فايس قبل أن يدفعه إلى محمد عمران، ولكنه آثر أن يقرئني طراطيش ما يكتبه لك، وما تكتبه له ولا سيما حول وضعه «الشعري!».. الله يساعدنا جميعاً.

أخبار الأهل جيدة. وأظن أن عزيز يكتب لك باستمرار.

طبعاً لم أستطع أن أعرف شيئاً عنك لا مما تكتبه للطف، ولا مما رواه لي بعد عودته من ألمانيا.

أنتظر وبسرعة رسالة منك. وأرجو أن تأخذ موضوع المجلة بما تستطيع من الجدية.

أريد فعلاً أن أعرف أخبارك. سعيت من أجل البطاقة الصحفية، وكان أمرها سهلاً جداً، لكني لم أفهم لماذا انتهت إقامتك، ولا كيف سيكون ما ستحصل عليه هو ليسانس، ولا ماذا تم بشأن المنحة التي حدثتني عنها سابقاً.

عنواني: دمشق - وزارة الثقافة وأشواقي العارمة. **سعد**

***

(من دمشق إلى بون، 1976/12/12)

العزيز ابراهيم، كما الطقس في شباط. الشمس تخبئ زخة المطر، والزخة تتوارى لتكشف شمساً واهنة. وبين لحظة الراحة ولحظة الغم تنوس هذه الأيام المسلولة.

تأخرت في الكتابة لأن مسرحيتي عن توراندوت توقفت في يوم الإعداد الأخير. هذه الأحداث صارت فولكلوراً في حياتي الأدبية.

مع هذا لم أكف عن الكتابة. الآن مرت السحابة.

ربما سيتأخر صدور مجلة المسرح قليلاً. لكنها ستصدر. ولا أعتقد متعذراً أن تشارك في عددها الأول. إن لم يكن بدراسة كبيرة، فبرسالة عن النشاط المسرحي على الأقل.

عن بيسكاتور. هذا عمل هام. لدي الجزء الأول وهو «المسرح السياسي». أما الثاني فلم أحصل على ترجمته بعد. ترى هل تستطيع أن تقدم، ومن الكتابين، دراسة وافية، على حلقة أو حلقتين عن مجمل تجربة وآراء بيسكاتور المسرحية. لو فعلت ذلك، فسيكون هذا عملاً عظيماً للغاية. أفكر في الوقت نفسه أن تتضمن الدراسة جدولاً وثائقياً، سنتعاون على وضعه يحوي: الأعمال التي قدمها بيسكاتور.

تاريخ تقديمها. أهم الأحداث السياسية المواكبة لهذه التواريخ. كذلك أهم الأحداث الأدبية والفنية. ويمكن أيضاً أن نلحق بالدراسة بعض النصوص القصيرة المترجمة ولا سيما من الجزء الثاني. إذا وجدت هذا المشروع ممكناً فابدأ به فوراً. وإن لاح أنه متعذر فيمكنك ترجمة مختارات من الجزء الثاني حسب تقديرك.

تصدر في ألمانيا الاتحادية مجلة مسرحية متخصصة وهامة. ويمكنك بواسطتها الإلمام بكل تيارات وأحداث الحركة المسرحية في ألمانيا. وهذا يساعد على إعداد الدراسة.

ومن جهة أخرى، أعود فأذكرك بمادتين هامتين وجديرتين بالتعريف والاهتمام. «فن المسرح الهامبورغي» لليسنغ، وموقف غوته وشيللر من الشعر الغنائي والشعر الملحمي، وبالتالي من الدراما. على كل تظل هذه موضوعات للمستقبل. سوى ذلك، ليس لدي الآن ما أقترحه عليك.

مقالك عن فايس ممتع ومفيد. ولم أقرأ المقابلة بعد.. ([33]).

أنتظر رسالة منك. وموعد إرسال المواد أفضله في أقرب فرصة ممكنة.

ماذا يصدر من أعمال مسرحية جديدة؟. مع حبي وأشواقي. **سعد**

***

[33] مقال طويل بعنوان «من حياة وآثار بيتر فايس»، نشر على حلقتين في «الملحق الثقافي» بتاريخ 4 و11/18 /1976، و«حديث مع بيتر فايس»، نشر أيضاً على حلقتين بتاريخ 1976/12/30 و1977/3/17. كان ذلك أول تعريف صحيح بفايس باللغة العربية. في ما بعد نشر المجموع ضمن كتاب «ثلاثة كتّاب من الألمانية» الذي صدر في عام 2000.

١٢/١٢/٧٦

العزيز ابراهيم

كان الطقس في شباط المشمس تحت سحبه الخفيفة، والزهرة تتعالى لتكتشف شمساً واهية. [illegible] الراكدة، ولحظة [illegible] هذه الأيام المستهلة.

تأخرت في الكتابة لأن مسرحيتين [illegible] في بعض الإعداد الأخير، هذه الأعمال صارت من [illegible] حياتي الأدبية.

مع هذا لم أنقطع عن الكتابة. الكتابة [illegible].

[illegible]

[illegible]

[illegible]

[illegible]

انتظر رسالة منك، [illegible].

ما الجديد من أعمال مسرحية جديدة؟..

مع حبي واشتياقي

1976/12/12

(من بون إلى دمشق، 1992/4/15)

عزيزي سعد، بعد غياب طويل أحييك راجياً أن تكون بكل خير.

لا أسمع عنك شيئاً لأن أخبارك في الصحف نادرة.

ولم أسمع عن السلسلة المسرحية التي كنت قد حدثتني عنها، فأردت سؤالك عن «معركة منزلية»، وإذا كان بالإمكان توصيلها إلى وزارة الثقافة إذا وجدت الأمر مناسباً.

أكتب لك هذا لأنني «أكافح» منذ عام من أجل الحصول على إجازة، ولا أعرف متى أحقق «النصر».

بعد أن «كبر» جبران، واستقرت أمورنا في بيت جديد، عدت إلى مشروعي مع كافكا، ومسكت الخيط مرة أخرى.

أحوالي اليومية لا بأس بها.

سلامنا لكم جميعاً، وسلام خاص من كاتارينا إلى ديمة!

مع أملي بلقائك وأمل كاتارينا وزكية بلقاء ديمة

عزيزي سعد

بعد غياب طويل أحييك راجياً ان تكون بكل خير
لا أسمع عنك شيئاً لأن اخبارك في الصحف نادرة
ولم أسمع عن السلسلة المسرحية التي كنت قد حدثتني عنها،
فأردت سؤالك عن "معركة منزلية"، واذا كان بالامكان
توصيلها الى وزارة الثقافة اذا وجدت الأمر مناسباً.
اكتب لك هذا لأنني "أكافح" منذ عام من اجل الحصول على إجازة،
ولا اعرف متى احقق "النصر".
بعد ان "كبر" جبران، واستقرت امورنا في بيت جديد، عدت
الى مشروعي مع كافكا ومسكت الخيط مرة اخرى، لكن هذا
المشروع لا يحصل على اكثر من ساعة او ساعتين في اليوم.
احوالي اليومية لا بأس بها.
سلامنا لكم جميعاً، وسلام خاص من كاتارينا الى ديمة!

مع املي بلقائك
وأمل كاتارينا وزكية بلقاء ديمة

١٥/٤/٩٢

مسودة رسالة

***

(من دمشق إلى بون، وصول 1992/6/9)

العزيز ابراهيم، من حقك أن تعتب، وأن تزعل.

ولكن ألم تنقلب الدنيا عاليها سافلها منذ التقينا آخر مرة في القرية!

طبعاً توقف مشروع السلسلة المسرحية. ولكن دبرت نشر المسرحية في دار عيبال التي تصدر كتابنا الدوري «قضايا وشهادات». أصدرنا حتى الآن خمسة مجلدات. وقريباً ستصدر مجموعة أعمال إبداعية بينها ترجمة المسرحية. صدر في السلسلة الإبداعية أيضاً رواية عبد الرحمن منيف «الآن.. هنا. أو شرق المتوسط مرة أخرى».

المهم.. اطمئن بالنسبة لنشر المسرحية التي أعجبتني ترجمتها، والتي لم أجد حاجة للتدخل في صياغتها وأسلوبها.

غداً سأسافر إلى فرنسا. وسأحاول أن أتلفن لك من هناك.

لدي ورم في بلعومي. وقد أجريت عملية منذ شهر ونصف، وتلا العملية علاج كيميائي مكثف، وغداً سأسافر إلى باريس لمتابعة العلاج شعاعياً.

لست قلقاً. ولا أعتقد أني سأموت. ولكن لو مت فستكون بعصة كبيرة. لأن مشروعي الجدي لم يتبلور إلا في السنوات الأخيرة. وهو ليس ورائي. بل ما زال أمامي.

ومع ذلك فمع انقلابات هذه الدنيا المدوخة لن تكون البعصة مهمة. وفي الواقع لم يبق إلا ما يبعص.

ستسافر فايزة وديمة معي. وسنثرثر على التليفون بعد أن يستقر بنا المقام.

عميق تحياتي وأشواقي لك وللصغار وأمهم. **سعد**

ديمة كتبت لكاتارينا، ولكنه كسلي وحرب الخليج.

وهي تبعث تحياتها لكاتارينا وزكية وجبران ([34]).

***

(من بون إلى دمشق، 1992/10/17)

عزيزي وحبيبي سعد، عند قراءة رسالتك الأخيرة في حزيران بكيت وبكيت. ومنذ تلك الرسالة وأنا أستطيع أن أبكي إلى الأبد. لكنني سأظل متفائلاً فيما يتعلق بصحتك (ولولا تفاؤلي لما استطعت أن أعيش حتى الآن). وسمعت هنا أن حالتك تشفى جداً.

كنت قد انتظرت بفارغ الصبر مخابرة منك من باريس. وكنت أجهز نفسي لزيارتك والبقاء لديك كما تشاء.

وفي القرية فهمت أنك لا تريد زيارات كثيرة (ثم إنني خشيت أن أنهار أمامك).

والآن كل أملي أن ألقاك في العام القادم وأنت بكامل صحتك، وأن تكون غارقاً في مشروعك!

وأرجو جداً أن تظل شجاعاً كما عهدناك دائماً. إذ إن الشجاعة والصبر والتفاؤل هي خير علاج.

عزيزي وحبيبي سعد، طوال عمري لم أعتب عليك مرة وحيدة، ولم أزعل منك مرة وحيدة. كنت دائماً وستبقى دائماً أعز إنسان عليّ. ولم أرتح في حياتي لإنسان كما ارتحت لك. بل أنت الإنسان الوحيد الذي أحب دائماً أن أتحدث معه. ولم يكن لديّ طوال حياتي سوى محادث وحيد هو أنت. وأدعي أنني أول من «اكتشف» أنك ستصبح عظيماً.

---

34 لم يرسل سعد رسالة ابنته إلى ابنتي لانشغاله في حرب الخليج!!!

أم جبران تفكر دائماً بك وبفايزة.

بدون ديمة كانت إجازة كاتارينا وزكية في القرية وكأنها في صحراء.

وكان جبران وكاتارينا وزكية يريدون أن يسافروا معي إلى باريس: «لعند ديمة».

مع حبي لك إلى الأبد

***

(من دمشق إلى بون، 1992/11/)

الصديق والعزيز ابراهيم، مشتاق لك وكنت أود لو رأيتك قبل سفرك.

لم يخامرني أي شك في أن ذلك سيكون شعورك حين تتلقى النبأ. ولقد ندمت إشفاقاً عليك بعد وضع الرسالة في البريد. ولكني قلت في نفسي بعد أيام سأتلفن له من باريس وأخفف من وقع الخبر عليه.

وسافرت إلى باريس. ماذا أقول! سيبدو الأمر مضحكاً. لم أعرف كيف أتلفن لك. ولم أعرف بالمعنى التقني للكلمة. كنت أحاول كل مساء، وكان ذلك لا يودي إلا إلى الوشيش أو إشارة المشغول أو أصوات مسجلة ترطن بالألمانية. القصة وما فيها هي أنه لم يخطر لي أن الصفر في بداية الرقم هو خاص بالاتصال داخل ألمانيا. وكنت أعتقد أنه ما دام ليس بين قوسين فهو جزء من رمز المدينة. وهكذا باءت كل محاولاتي بالفشل إلى أن تلقيت تليفوناً من صديقة في هامبورغ، فسألتها عن الأمر، فقالت احذف الصفر. وحذفت الصفر وصدح الرنين في منزل فارغ. يبدو أنك كنت قد سافرت إلى القرية.

منذ يومين انتهيت من آخر جرعات العلاج. كان ذلك جحيماً ذقته لحظة لحظة خلال ستة أشهر. ولكنه الآن انتهى. وتقرير الأطباء إيجابي، ويبدو أنني نجوت. ما زال أمامي بضعة أشهر لكي أرمم جسدي من آثار العلاج الشعاعي والكيميائي. ولكن بعد ذلك، يبدو أن

كل الأمور ستكون جيدة. وهكذا ما زال أمامنا أيام. وسنلتقي وسنتحدث. وسنتبادل البوح والمشاعر وذكريات هذه المحن التي ما تنفك تنهال علينا.

إني متعب. وقد كتبت لك هذه الكلمات لأطمئنك. ولن أحاول أن أصف أثر رسالتك في نفسي. فذلك أكبر من طاقتي. أو على الأقل في حالتي الراهنة.

ولا أحتاج إلى شكرك على تلك المشاعر الفياضة، فلم نتعود أن يشكر أحدنا الآخر. وفي كل الأحوال ألم تكن حياتنا امتداداً مضاعفاً لبذور واحدة، ما فتئت تنمو منذ سنوات الطفولة واليفاعة وحتى اليوم. لا يقلل من هذا الوضع انقطاعات الجغرافيا، وتباعد اللقاءات. إن كلاً منا يحمل الآخر في سريرته تاريخاً، ومرآة، ورفيقاً! وأعتقد أن هذا الأمر نهائي ما عشنا.

سأكتب لك بعد أن أرتاح قليلاً. كما أرجو أن أقرأ شيئاً منك بين وقت وآخر.

عميق تحياتي لك وللصغار وأمهم.

فايزة وديمة ترسلان تحياتهما وقبلاتهما لأم جبران وجبران وزكية وكاتارينا.. ولك طبعاً.

***

(من بون إلى دمشق، 1992/12/8)

عزيزي سعد الغالي، رسالتك الأخيرة أزالت عني أكبر حزن عرفته، وأراحتني كل الراحة وأسعدتني كل السعادة.

أدعو لك بالصحة والراحة والسعادة!

أتصور أنه من الصعب تصور محنتك ومحنة زوجتك وابنتك. وأظن أنك تحملت أكثر بكثير مما أستطيع أن أتحمله الآن. لقد صرت أرتعد

من مجرد التفكير بما قد يمكن أن يحدث من كوارث.. خاصة أو عامة.

لكن من طرف آخر أقول لنفسي، علينا أن نستغل كوننا ما زلنا نتنفس، ونحاول أن نقتنص أي ساعة حياة. إن الحياة جميلة جداً، بل رائعة، بل هي الشيء الوحيد.

كل صباح، عندما أخرج من البيت، أقول لنفسي: إنني سعيد لأنني أستطيع التمتع باستنشاق هذا الهواء البارد. وكل مساء، عندما آوي إلى فراشي، أقول لنفسي: لقد كان يوماً طيباً، إذ لم تحدث لي فيه كارثة.

لقد خلّدت نفسك إلى فترة طويلة. وأصبح من حقك أن ترتاح وتتمتع بالأمور التي نسميها «صغيرة».

لا أعرف دور «الهم العام» على صحتك. ربما كان دوراً كبيراً. وهنا يصبح بعض الهروب أكثر جدوى. إن لجسدك حقاً عليك. وألا تتمتع بالاهتمام بديمة؟ (إني أعزي نفسي بأولادي). كل دعائي بدوام صحتك وراحتك! وسلامنا الحار لك ولفايزة وديمة!

أثناء محنتك شكرت فايزة مئات المرات بقلبي على ما كانت تبذله من أجلك. **ابراهيم**

***

(من بون إلى دمشق، 1993/12/2)

عزيزي سعد الغالي، تحية وسلام، في الصيف سمعت أن صحتك جيدة، فاكتفيت بهذا وارتحت كل الارتياح. وأرجو دائماً أن تظل بكل خير!

بخصوص الكتاب المرفق ([35]) أرجو أن أسمع منك نصيحة وأن ألقى منك مساعدة، لكن أرجو جداً أن لا تبذل وقتاً كثيراً في سبيل ذلك. إذا أعلمتني عنوان دار عيبال، فسأرسل لها نسخة على الفور. وربما كان هذا أسهل من هنا.

وأفكر بدار أخرى (بقصد معين. وكنت أتمنى جداً أن ألقاك كي أحدثك عن هذا. وقد أحضر خصيصاً لذلك).

إنني بحاجة إلى موافقة قريبة من دار نشر على نشره، كي يكون لديّ حافز للبدء في الكتاب التالي. الهمة الآن معقولة. بعد فترة قد تفتر، ويمتلئ الوقت بأمور أخرى.

يمكنني جداً أن أطبع «معركة منزلية» على نفقتي. النقود ليست مشكلة. أرجو أن أسمع رأيك.

أحوالنا طيبة. في حزيران أمضيت أربعة أيام في باريس. شاهدت الكثير، وسررت جداً (كان عبد الوهاب دليلي).

قد نحضر في إجازة في آذار القادم، لكن هذا ليس مرجحاً. غير أنني أستطيع الحضور وحدي في أي وقت من أجل الكتاب، إذا استدعى ذلك حضوري.

والآن سأنتظر كلمة منك تخبرني فيها عن صحتك وعن عملك. وسلامنا جميعاً لك ولفايزة وديمة.

***

(من بون إلى دمشق، 1993/12/9)

[35] كتاب «الحكم» لفرانز كافكا، كجزء أول من المجلد الأول من «الآثار الكاملة / مع تفسيرات».

عزيزي سعد الغالي، في كتاب سنوي ألماني عن الكتب العربية وبعض الشؤون الثقافية العربية باللغة الألمانية وجدت اليوم الإعلان المرفق نشرته دار نشر في برلين (كلاوس شفارتس). تقديري أنه لديك علم بالموضوع ([36]).

على كل حال سأحصل على الكتاب فور صدوره. وسأعلمك في حينه.

كان هذا الإعلان مفاجأة كبيرة سارة كل السرور بالنسبة إليّ. وسأسرّ بالكتاب أكثر.

(في الأسبوع الماضي أرسلت لك كتاب كافكا بالحقيبة الدبلوماسية. أرجو أن يصلك وأنت بكل خير). أصبح قدومنا في آذار القادم وارداً جداً. مع سلامنا لكم. **ابراهيم**

(في صيف عام 1994 سافرت وحدي إلى سوريا. وزرت سعد في منزله. كان صوته ضعيفاً للغاية. وكنت قد أصبت بثقل في السمع. فلم أستطع التحادث مع سعد على نحو مرض.

---

36 كان نص الإعلان كما يلي: [فريدركه بانيفك: / النظرة الأخرى: / صوت سوري حول قضية فلسطين / تحليل وترجمة دراما «الاغتصاب» لسعد الله ونوس في سياقها عبر الثقافي /213/1993 صفحة / (تحت الطبع)]. وفي العام نفسه صدر الكتاب الذي هو أطروحة ماجستير قدّمت في جامعة برلين. ويتألف من قسمين، الأول هو دراسة تحليلية للمسرحية (فحواها أن سعد يدعو إلى إقامة حوار مع إسرائيل)، والثاني ترجمة كاملة لها.

***

هنا أودّ أن أذكر رأياً شخصياً: طوال حياتي ندمت على قراءة كتابين اثنين (وليس لأسباب سيسية)، هما رواية «موت معلن» لماركيز ومسرحية «الاغتصاب» لسعد.

وفي صيف عام 1995 كنت في سوريا. وكانت زوجتي وأولادي برفقتي. وأصبت بقرحة شديدة في المعدة. وقالت لي أم سعد في القرية إنه من المستحسن ألا أزور سعد في المستشفى في دمشق. قدّرت أنها وسعد لا يريدان أن أراه في حالته المرضية. ومعروف عني أنني لا أستطيع عيادة مريض).

***

(من بون إلى دمشق، 1996/10/8)

عزيزي سعد، في المرة الأخيرة منعتني والدتك من زيارتك. لا أعرف لماذا، لكنني قدّرت أنها كانت ترى أن وضعك لا يسمح بزيارتي لك.

أسمع أخبارك من الناس، وفي كل مرة أخابر فيها إلى سوريا، أسأل عنك. وأسمع أخبارك من الصحف. وقرأت كل ما كتبته صحف سوريا عن الاحتفاء بك بمناسبة يوم المسرح العالمي، وجمعته في ملفّك الذي أملكه منذ أول قصاصة وضعتها فيه عنك في عام 1957.

لكن كل هذا لا يثير في نفسي سوى أعمق الحزن، مثله مثل كل شيء في هذه الحياة. ولو كان الأمر بيدي، لما فعلت شيئاً طوال حياتي سوى البكاء. وما زلت أشعر أن البكاء هو الشيء الوحيد الجدير بالفعل.

أنا أيضاً حيّرت «العلم»، هذا «العلم» الجاهل.

لقد قدّم الطب إنجازات هائلة، لكنه ما زال يجهل معظم الأمور.

أصبت (في أيار) بسكتة قلبية، رغم انعدام أي سبب أو عامل لديّ من أسباب أو عوامل السكتة. وأقمت طوال ثلاثة أشهر في (ثلاث) مستشفيات. واحتار الطب.

وكانت السكتة التي أصابتني شديدة، بحيث أنها تقتل كل من تصيبه... ما عداي. واحتار الطب مرة ثانية.

وهو ما زال في حيرة من أمره: هل أموت في هذه اللحظة أم أبلغ المئة من عمري؟ ثلثا قلبي تعطلا نهائياً. لكنني قرأت عن حالات حقيقية «زغفت» فيها شرايين وأوردة على سطح الجزء المتعطل.

لو استطاع المرء أن يخلّد؟ أو أن يعيش بضعة مليارات من الأعوام (أن يكون مثلاً من سكان المريخ، ويعيش حتى يرى عجائب هذه الأرض)؟ وإذا لم يكن هذا ممكناً، فليعش بضعة آلاف من السنين؟ أو حتى ألف؟ أو بضع مئات؟ أو مئة وحيدة لا غير؟

سأحاول أن أستمدّ بعض الشجاعة من شجاعتك، وأتابع العمل.

كافكا يقيم أودي، وأعبد زوجتي وأولادي... أعبد الحياة.

والموت هو لا شيء. إنه... مجرد... عدم الحياة.

***

(ترجمة عن الألمانية) أنّي سنفت - وطفي

بون في أيار 1997

العزيزة فايزة،

فجعنا نبأ رحيل سعد وأثار بالغ الحزن في نفوسنا وهز أعماقنا. إننا نبكي معك ومع ابنتك رحيل إنسان عزيز.

كان بودّنا أن نكون الآن معكم ومع الحزانى الكثيرين، ونندب كوننا نحن البشر لا نعلم من أين نأتي ولا إلى أين نرحل وما هو معنى الوجود.

أدعو الله أن يمنحك عزاء وشجاعة وقوة. **أسرة وطفي، ابراهيم، أني، كاتارينا، زكية وجبران**

(ترجمة عن الألمانية) أنّي سنفت - وطفي

بون في أيار 1997

زوجة الخال العزيزة أم سعد، الخال العزيز أبو سعد،

فجعنا نبأ رحيل ابنكم سعد. والشعور بأنه يجب على العالم الآن أن يحبس أنفاسه للحظة ويتوقف عن الحركة، هو شعور قوي لا يحده حد. والحزن لفقدان صديق، هو ابنكم، لازمنا في أحلامنا أيضاً.

حكايات ابراهيم عن سنوات الطفولة والشباب مع ابن خاله سعد وعن أيام المدرسة في طرطوس وعن الصداقة الوثيقة التي ربطت الاثنين... كنت قد سمعتها سابقاً كثيراً. لكننا الآن نتذكر كل ذلك.

لا بدّ أن يكون ألماً كبيراً بالنسبة إليكما، فقدان ابن كان فرحكم وسعادتكم عشتم له أيضاً وآملتم شفاءه خلال فترة مرضه الطويلة.

بعد فترة الحزن الكبير ندعو الله أن يبقى سعد في أرواحنا جميعاً وأفكارنا وأذهاننا، مثلما تبقى قصيدة جميلة أو نشيد رقيق. وندعو الله أن يبقى سعد في قلوب أهله **زينة** يرعونها لتملأهم عطراً ساحراً.

زوجة الخال العزيزة والخال العزيز، إننا معكما في أفكارنا المفعمة بالحب. **أسرة وطفي، ابراهيم، أني، كاتارينا، زكية وجبران**

***

(من بون إلى دمشق، 2003/10/27)

فايزة العزيزة، أحييك تحية قلبية وأحيي ديمة. كان بودّي أن نلتقي لقاء طويلاً، فلدينا غير قليل من الحديث. ويهمني جداً أن أسمع الكثير عن أحوالكما (طوال سبع سنوات لم يكن لي همّ سوى قلبي المريض). لكنني أخشى أن تكوني قد «خلطت» بيني وبين «أهالي حصين البحر». وهذا لا يجوز. إن مشاكلي معهم أكثر من مشاكلك. وأرجو أن لا تعامليني على أساس أني واحد منهم، فوضعي مغاير كلياً. وكنت أحب أن أتحدث معك عن موضوع ثان في غاية الأهمية: يوجد الآن مشروع كتاب عن سعد. ويمكنك المساهمة بعض الشيء في إخراجه إلى النور. وسيكون من الجميل جداً إذا كان لديك أو لدى ديمة عنوان بريد إلكتروني. وسأكون في غاية السرور إذا أعلمتيني استلامك هذه الأسطر. وفي هذه الحالة أكتب لك أكثر إذا رغبتِ في

ذلك. مع سلامي الحار لك ولديمة، وأملي أن تكون أحوالكما على خير ما يرام ([37])

---

37 قبل نحو أسبوع من إرسال هذه الرسالة كنت في دمشق، وقد خابرت فايزة، فكانت ديمة على الهاتف، وسعدت بالحيث معها. كما أني لاحظت أنها هي أيضاً سعدت بمخابرتي. كانت في غاية اللطف والرقة معي. بكيتُ ولم أستطع إخفاء ذلك، فهدّأتْ من روعي. اتفقنا على أن أزورها هي ووالدتها، وحدّدنا ساعة الزيارة. قبيل انطلاقي من الفندق خابرتُ مرة ثانية حتىأتأكد من وجودهما في البيت معاً. كانت فايزة على الهاتف، وأصابتني بمفاجأة صاعقة. ألغت الموعد بحجة أن ديمة خرجت. لهجة فايزة أوضحت لي كل الوضوح أنها لا تريد لقائي وأنها خاصة لا تريد أن ألتقي ديمة. حزنتُ للغاية، ولم أستطع أن أفعل شيئاً. في اليوم التالي قيل لي في الفندق إن «مدام ونوس» كانت قد خابرتني وقالت إنها كانت تريد زيارتي في الفندق. صعقت مرة ثانية.. فالفندق ذو الدرجة الأدنى بين كافك فنادق دمشق لا يناسب أبداً أن ألتقي فيه ب- «مدام» ولا بفايزة ولا بأحد. فغرفتي لا تحوي كرياً، والفندق لا يحوي صالوناً. أدركتأن فايزة لا تريد أن أدخل إلى منزلها، ولا تريد لقاء حقيقياً معي، وإنما لقاء شكلياً وحسب يستغرق دقيقة أو بضع دقائق، ورفعاً للعتب
كنت دائماً متلهفاً إلى تواصل دائم مع أرملة سعد وابنته ولقائهما كلما سنحت الفرصة. كانتا ستعوضان لي عن خسارة فادحة بغيابه الباكر. وكنت سأطلب منهما نسخاً من رسائلي إليه لنشرها في هذا الكتاب مع رسائله لي. آه، كم كنت ساذجاً! فرسائلي إلى سعد ليست ذات أية أهمية قياساً إلى أهمية يومياته. أين هي هذه اليوميات؟ هذه اليوميات التي تقع في عشرة دفاتر كبيرة. هذه اليوميات التي كتب لي سعد عنها بتاريخ 20/10/ 1958 «اليوميات التي أحرص على كتابتها منذ سنوات».
الضياع المتعمد لهذه اليوميات هو جريمة أدبية لن تلقى عقاباً كافياً أبداً. ووقوعها يدل على انعدام قيمة أية ثقافة..

ذكريات وانطباعات

كانت جدتنا أمينة تحدثنا أن جدّنا سعد ونوس كان «زعيم» القرية، ويقف حتى في وجه رجال الدرك الأتراك.

وورث عنه ابنه أحمد (أبو سعد) تلك «الزعامة». وقد عايشت خالي أحمد بصفته أحد «كبار» القرية (علماً أن هذه الكلمات كانت طبعاً بمقاييس ضيعة، وتبدو الآن من ماض غابر).

غير أن شيئاً من «حب العظمة»، كما نقول في القرية، ورثه سعد ولا ريب. لا بل إن الآخرين كانوا يجدون هذه السمة لدى جلّ أفراد أسرة ونوس.

في طريقنا إلى المدرسة ذات صباح قال لي سعد إنه عليّ أن أسأله كم الساعة. فسألته. وبحركة استعراضية رفع يده، نظر إلى الساعة مطولاً، وقال لي كم الساعة. بعد فترة قصيرة كرّر القول نفسه، فسألت مستغرباً: «ولماذا يجب عليّ أن أسألك دائماً عن الساعة؟». قال: «يمكنك لدى كل منعطف أن تسألني عن الوقت، حتى يرى أكبر عدد من الناس أني أملك ساعة».

لاحقاً كنت أذكّر سعد بهذه الحادثة، وأقول له إن مثال الساعة في طرطوس كان أول إشارة لي عما أسميه لديه مزاحاً «حب الظهور».

وقد ظل انطباعي قائماً بأن هذه السمة كانت موتور حياة سعد و، في نهاية المطاف، السبب الرئيسي في وفاته المبكرة. وفي تقديري أن هذه السمة هي أحد البواعث التي دفعته للاتجاه نحو المسرح دون غيره من الأنواع الأدبية. فالمسرح هو عرض، استعراض وفرجة. على كل حال، كان حب سعد للظهور يناقض طبيعتي.

كان خالي أحمد «أبو سعد» متزوجاً امرأتين في الوقت نفسه. أنجب من الأولى ابنين، أحدهما معوق جسدياً وعقلياً، وابنة. ومن «أم سعد» أنجب سعد وسعدى. وكان إنجاب زوجتين خمسة أولاد يعتبر آنذاك «تحديد نسل». وكان أبو سعد يقيم مع أم سعد وسعد وسعدى في منزل ذي سقف إسمنتي يضم عدة غرف، أمامه حديقة تطل على البحر. وكانت زوجته الثانية تقيم مع أولادها الثلاثة وحماتها في منزل ترابي مجاور مؤلف من غرفة واحدة كبيرة.

كان «أبو سعد» تاجراً، يشتري من الفلاحين محاصيل مثل قصب السكر والبصل والفستق، وينقلها إلى دمشق بسيارة شحن مستأجرة مع سائقها، ويبيعها في سوق الخضرة. وكان هو الوحيد في القرية الذي يبيع في دمشق. وفوق ذلك كان قد ورث أملاكاً زراعية. كما قام بحفر بئر ارتوازية في أرض له وصار يبيع المياه من أجل سقاية الأراضي، كما امتلك معصرة زيتون. من كل هذا جاءت «زعامته»، في حين كانت «زعامة» بضعة أشخاص آخرين تأتي حصراً من امتلاكهم بضعة أراض أكثر من بقية المزارعين.

نتيجة التجارة والأملاك والمشاريع و«قلة» عدد الأولاد كانت أسرة ونوس أسرة موسرة. طبعاً كان كل هذا بمقاييس ضيعة، ولم يكن شيئاً كبيراً جداً.

كانت أم سعد مدبرة منزل جيدة وطباخة ممتازة. ولم تذهب مرة إلى حقل، ولم تكن تزور أحداً، بل كان البيت هو عالمها الوحيد. وكان هدفها الوحيد هو خدمة زوجها وابنها (ابنتها تزوجت في سن الخامسة عشرة).

وهكذا نشأ سعد في وضع جيد، بل كان مرفهاً وكل شيء مؤمّن له، بل كان «مدللاً» جداً. ولم يكن بحاجة إلى ممارسة أي عمل، ولم يطلب منه والده أبداً القيام بأي عمل لا في أرض ولا في مشروع.

وما كنا لا ندركه آنذاك هو أن هذه «التربية» إنما تؤدي، وقد أدّت، إلى نتائج سلبية، بل «كارثية»، كما أرى.

كانت علاقة سعد بأسرته مقبولة، على الأقل ظاهرياً. لكن الباطن يختلف مثلما هو الحال في كل أسرة. ظاهرياً كان والداه وأخوه الأكبر راضين عنه غالباً، لكنهم في حقيقة الأمر أرادوا «عجنه» كي يتشكل على هواهم، كما هي الحال دائماً. لكن نتيجة نجاحه الباهر في المدرسة ونشر اسمه في المجلات وهو ما زال طالباً، بات سعد في وقت باكر مفخرة لأهله. أما هو فقد كان في قرارة نفسه غير راض عن أحد منهم، وكان ينتقدهم أمامي بعنف. كان يرى والده طاغية، وأمه بليدة، وأخته «كومة لحم». وبعد فترة قصيرة اختلف مع أخيه الأكبر بسبب الميراث وما شابه. وكان الأحب إليه أن يخرج من أسرته، لكن كان من شأن مثل هذه الخطوة أن تعني التخلي عن رفاه. ومثل هذا التخلي لم يكن وارداً لديه منذ البداية.

كان سعد يعاني من تمييز والده الصارخ بين زوجتيه، حيث كان قد أهمل الزوجة الأولى إهمالاً كاملاً، وبين أولاد الزوجتين. واستشعر أن والده إنما يقوم باستغلال النساء الجارات بتشغيلهن في تقشير الفستق لقاء أجر أقل بكثير مما يستحققن. كان يرى أن والده إنما يطبّق «النظام الرأسمالي» (كانت شعارات «الاشتراكية» هي السائدة آنذاك لدينا وفي «الوطن العربي»). ذات صباح وجد بعض الناس مناشير معلقة على أبواب بيوتهم من الخارج، تضمنت انتقادات للعادات الاجتماعية في القرية. وكان سعد هو الذي كتب المناشير ووزعها بنفسه دون علم أحد غيره. هنا نشأ الحس الاجتماعي لسعد، هنا وضعت بذرة ما سمّي في ما بعد «الالتزام».

لم يشترك سعد في فريق كرة قدم مثلنا، فقط كان يسبح معنا. لم يتجول في الحقول وكروم الزيتون، ولم يصطد عصافير، ولم يتسلق

شجرة. لم يكن له أدنى علاقة لا بأرض ولا بحيوان ولا بشجر. إنه، عملياً، لم يكن ابن ريف. لم يكن له جذور في ضيعة. ولم يصبح له جذور. في ما بعد سألني، مرة، عن العلاقة التي تربطني بالقرية. أشرت بيدي إلى المنظر أمامنا، وكنا نجلس في عام 1991 على شرفة بيتي في مقدمة القرية، وقلت: «علاقتي الأهم هي بهذا المنظر: كروم الزيتون التي عملت فيها، والحقول التي عشت فيها طفولتي وعملت فيها، والبحر الذي كان يذهب بخيالي إلى ما وراءه». وسألته بدوري عن علاقته بالقرية، وكنت أعلم أنه سيؤكد معرفتي، فقال: «ولا حتى هذا. لا شيء». لم يكن لسعد جذر في ضيعة، لذا فإنه لم يكتب عن الريف. والمشاهد القليلة عن الريف في كتاباته تبدو لي مقحمة وغير مقنعة.

(استطراداً عن الجذور: أرى أن سعد لم يستطع زرع جذر له في دمشق، ولم يشأ أن يزرع جذراً له في باريس. كانت جذور سعد تقع في الكتب وحدها. كان يدرس كثيراً وكان طموحاً. فكان دائماً الأول في صفه. بتأثير من شقيقه الأكبر ومني بدأ قراءة «كتب مطالعة» عندما دخل المدرسة الثانوية، أي في سن الحادية عشرة. كانت القراءة لديه وسيلة إلى «صعود» ما.

في القاهرة، حيث درس فرع صحافة مدة أربع سنوات، كان يشعر بالغربة. وفي باريس أيضاً، حيث عاش ثلاث سنوات مع منحة دراسية، كان يشعر بالغربة. والسبب، كما أرى، يعود إلى نشأته الأولى حيث كان «مدللاً». والمدلل يحتاج دائماً إلى حضن أم. وفي باريس أصيب سعد أيضاً بصدمة الحضارة. وهذا أمر جد مألوف لدى كل شرقي تقريباً يسافر إلى أوروبا. إنه يرى الأمور فوق طاقته. وهي هكذا فعلاً بالنسبة لمعظم القادمين.

يحصل سعد على منحة لمدة ثلاث سنوات يقضيها في باريس، ودون أن يطلب منه الحصول على شهادة! ما هو، إذاً، الوضع الآخر الأفضل في الدنيا كلها؟ ومع هذا، يمضي سعد السنوات الثلاث في الشكوى بالدرجة الأولى!

أتيح لسعد التفرغ للقراءة والكتابة طوال حياته، دون أن يعمل شيئاً ثالثاً. ولا أعرف وضعاً مثالياً أكثر بالنسبة لأي كاتب في العالم.

هناك ناس كثيرون لا يعرفون كيف يعيشون بشكل صحيح. ومنهم أثرياء وأصحاب «مناصب». وكان سعد من هذا النوع من الناس. إنها الطبيعة التي يولد بها الفرد، وتأثير نشأته الأولى.

رغم أن سعد لم يدخل في جو القرية على نحو كاف، فإنه اكتسب من عادات القرية عادة «فلاحية» سيئة هي عادة شرب العرق. كان طعام عشاء والده لا يخلو مرة من كأس عرق. وبدأ سعد بتناول الخمر وبالتدخين باكراً جداً، ومنذ مطلع شبابه بات، حسب مقاييسي، مدمناً على الخمر والتدخين، ومن ثم على تعاطي الأدوية ومنها الحبوب المنوّمة. وكان لهذا الأمر أسوأ العواقب على صحته وعلى كامل حياته وعلى وفاته المبكرة. كان، عندما يحضر لمدة يوم أو يومين من دمشق إلى القرية، لتغيير الجو والراحة قليلاً، يمضي معظم الوقت لا في التجوال في الطبيعة، وإنما في تعاطي الخمر. وكان نديمه الرئيسي شقيقي رشيد جاره في السكن. وأنا عايشته مراراً وتكراراً يتناول نصف ليتر من الويسكي مع طعام الغداء في عز الصيف في مطعم دمشقي. وكنت أذهل، ولا يسمح لي بقول كلمة عن الموضوع، حيث «لا جدوى». والمواظبة على تناول الخمر لم أستطع فهمها سوى كمحاولة هروب من مشكلات ما.

عندما أصبح سعد موظفاً وأقام في دمشق، ظهرت مشكلة بينه وبين والده أدّت إلى «قطيعة نفسية» بينهما. فمثل كل أب، طالب «أبو سعد» ابنه، عملياً، بإعادة ثمن ما قدّمه له حتى الآن. أراد الأب أن ينتقل مع زوجته إلى دمشق ويقيمان في منزل واحد مع ابنهما. كان أبو سعد معجباً أيما إعجاب بكون ابنه إنما يعرف «عدداً هائلاً» من الناس. وليس أحب إلى «زعيم» القرية من أن يقوم بهذا الدور في منزل واحد مع ابنه ذي المنصب. كان على سعد أن يكون «ديكوراً» اجتماعياً لوالده. وكان من شأن تلبية سعد هذا الطلب أن يعني بقاءه «ابناً» طوال العمر غير مستقل وغير حر حتى في بيته. وقد ظل بحاجة إلى والده حتى بعد أن أصبح موظفاً.

كان لنشأته الأولى تأثير كبير على زواجه أيضاً. لم يكن في مقدوره أن يتزوج سوى مدبرة منزل على غرار أمه. لم يكن لدى سعد رغبة ولا قدرة على الزواج من امرأة ندّاً له أو امرأة أوروبية مثلاً. لقد أحبته فتاة باريسية حباً شديداً ولحقت به إلى سورية، بيد أن زواجه منها لم يرد على باله قط. ولم ينظر إليها سوى كما ينظر أي رجل شرقي إلى المرأة الأوروبية. ولم يعامل سعد زوجته سوى كما يعامل أي رجل شرقي زوجته. إن الازدواجية في المعايير هي من سمات المثقف أيضاً.

نتيجة «شهرة» سعد زادت ثقته بنفسه وجرأته تجاه النساء. وكان له محاولات كثيرة وعلاقات عديدة مع نساء. ورغم ذلك فإني أعتقد أن سعد لم يحب امرأة طوال حياته. لذا فإنه لم يكتب رسائل غرامية. ئوفي تقديري أنه، بعد فترة الصبا، لم يستطع إقامة علاقة روحية صادقة لا مع امرأة ولا مع صديق.

لم يستفد سعد، كما أرى، من التربية التي تلقاها في تنشئة ابنته الوحيدة. بل سار في الاتجاه نفسه الذي سارت عليه الأجيال آلاف السنين: محاولة صوغ الابن على شاكلة الأب، بغض النظر عن نوازع وطاقات الابن. ذات مرة أحضر سعد ابنته معه في إحدى زياراته لي في بيتي في القرية، وتركها، وعمرها تسع سنوات، جالسةً معنا وحدنا طوال ساعات «لكي تتعلم وتصير»، كما قال. ولم يقبل أن أحضر لها ابنة أختي كي تلعب معها. وامتلأت نفسي شفقة على الطفلة التي ظلت هادئة هدوء الملائكة.

لا يصير المرء ذاته، وإنما ما يشاء له الأب أو الأم أو كلاهما أن يصيره!

(في ما بعد قلت ذات مرة إلى ابني عندما بلغ سن الثانية عشرة: «جميعنا، أمك وأختاك وأنا نقرأ كتباً. لماذا لا تبدأ بقراءة كتب غير مدرسية؟ أنا بدأت القراءة في مثل سنك». أجابني ابني، وأفحمني: «ليس عليّ أن أفعل مثلما يفعل والداي وأختاي، وإنما أفعل ما أريد أنا»).

ليس هذا انتقاداً لشخص سعد، وإنما أتخذه نموذج المثقف. عبره أسجل هنا حالاً رهيبة من الانفصام بين القول والفعل في نفس ربما كل مثقف عربي (كان إحسان عبد القدوس، مثلاً، يسحرنا بدعوته إلى التحرر الجنسي التي كانت محور كتاباته، والآن يقال إنه كان يمنع زوجته من الخروج من البيت في غيابه).

يزداد الحال سوءاً لدى الانفصام بين القول والفعل في ما يتعلق بعلاقة المثقف بالسلطة: نقدها والعيش على موائدها في آن. هنا يصبح الأمر واحدة من معضلات المجتمع الكبرى. (عند قراءتي مسرحية «منمنمات تاريخية»، التي يرسم فيها سعد صورة انتقادية للمثقف العربي، لم أستطع في أفكاري استبعاد البعد الذاتي فيها).

بدأ سعد بالكتابة مبكراً جداً. بدأ يكتب وهو ما زال تلميذاً في المدرسة الثانوية. وكانت أكبر أمنية لديه أن يرى اسمه منشوراً في جريدة. كما أنه بدأ بالنشر مبكراً. نشر وهو ما زال طالباً. وكان ذلك حافزاً كبيراً له، أفاده وزاد من ثقته بنفسه.

منذ صغره بدأ سعد يفكر بما يسمى «الهم العام». كان يفكر كثيراً بشؤون المجتمع، على نحو مبالغ فيه. كنت، وما زلت، أرى أن هذا تحميل للنفس ما هو فوق طاقتها. وهو نابع من تضخيم للذات ومن المبالغة في دور الكاتب والكتاب. كان سعد في البداية يعتقد جاداً أن مهمة المسرحية هي أن تدفع جمهور المشاهدين إلى القيام بمظاهرة وإسقاط الحكومة. وكان يأمل جاداً أنه سيكتب مسرحية تفعل ذلك ([38]). كانت «النهضة» و«الثورة» و«الالتزام بقضايا الجماهير» و«التحرير» و«القضاء على العدو» وما شابه من الكلمات هي المسيطرة على التفكير بكل جدية. ولم يكتشف سعد كم كانت هذه الكلمات مجرد شعارات سوى في وقت متأخر.

انفصال سورية عن مصر وانفكاك وحدة الجمهورية العربية المتحدة في عام 1961، هزيمة العرب في حرب حزيران 1967، الحرب الأهلية في لبنان التي بدأت في عام 1975، عزل مصر باتفاقية كامب ديفيد عام 1978، الغزو الإسرائيلي للبنان عام 1982، حرب

---

[38] بعد عرضه لمسرحية "حفلة سمر من أجل 5 حزيران":، كتب سعد:
"حين عرضت المسرحية بعد منع طويل، كنت قد تهيأت للخيبة. لكني مع هذا كنت أحس مذاق المرارة يتجدّد كل مساء في داخلي. ينتهي تصفيق الختام، ثم يخرج الناس كما يخرجون من أي عرض مسرحي. يتهامسون أو يضحكون أو ينثرون كلمات الإعجاب، ثم ماذا؟ لا شيء آخر، أبداً لا شيء. لا الصالة انفجرت في مظاهرة ولا هؤلاء الذين يرتقون درجات المسرح ينوون أن يفعلوا شيئاً إذ يلتقطهم هواء الليل البارد حيث تعشعش الهزيمة وتتوالد".

العراق على إيران عام 1980 - 1988، حرب أمريكا على العراق والعرب عام 1990، كانت أحداثاً عامة هدّت سعد جسدياً ونفسياً (وزادت من تعاطيه الخمر). كانت تلك الأحداث محور أحاديثنا جميعها أثناء إجازاتي، وكنت دائماً أحاول تهدئة سعد وثنيه عن التماهي مع الأحداث العامة إلى هذه الدرجة وتجاهل حقوق نفسه عليه. (حرب الخليج حالت بينه وبين أن يرسل رسالة كتبتها ابنته إلى ابنتي!). لاحقاً سوف يقول: «فلسطين قتلتني». ولي قال في عام 1994: «فلسطين سرقت حياتي أيضاً». يقصد أنه غرر به. لقد غرر حكام العرب جيلاً كاملاً بفلسطين (وأنا أقول إنه ترك نفسه يغرر به). إزائي لم يكن سعد يقصد ثناءً على نفسه، وإنما ندماً على الأوقات اللانهائية التي أمضاها مع غيره في النقاشات والأحاديث عن فلسطين. (عندما أصبحت «المقاومة الفلسطينية» أمل العرب بعد هزيمتهم في حرب عام 1967، قال لي سعد جاداً إنه سوف يضع استراتيجية لتحرير فلسطين).

في الثمانينات بدأ سعد يعيد النظر في حياته وفي كتابته، وتوقف عن الكتابة طوال عشر سنوات. وعندما عاد إلى الكتابة ثانية، كتب عن شؤون ذاتية أيضاً ([39]).

ظل سعد طوال نحو عشر سنوات متعلقاً بي نفسياً. كان يرى أن في حياتي تجارب هامة بالنسبة له لا يستطيع أن يخوضها، وراح يفتقدها

39 آمل أن يقوم مختص رصين، يوماً ما، بدراسة البعد الذاتي في المسرحيات الأخيرة، ولا سيما «الاغتصاب»، «منمنمات تاريخية» و«طقوس الإشارات والتحولات».

دائماً أكثر.كنت، حتى قبل دخولي المدرسة الابتدائية وإلى سن الخامسة عشرة أعمل صيفاً في الحقل والكرم. كنت أرعى الخروف وأحرس الأرض وأسقي الفستق وأنقل من المحصول على الدابة وأجلب الماء من النبع وألقط الزيتون. والتجربة «الصاعقة» بالنسبة له كانت عندما خرجت من الأسرة ومن القرية في سن السادسة عشرة، وسافرت إلى دمشق دون أن أعلم أحداً، وعملت خادماً، وعدت «صاحب تجربة»، كما قال. ولا سيما أن والده أطرى أمامه على فعلي، حيث كان قد التقى بي مصادفةً في دمشق وأنا أحمل حقيبة زبون في الفندق الذي كنت أعمل فيه خادماً. بعد ذلك حتى أني رحلت إلى مصر وعشت فيها نحو أحد عشر شهراً، ثم عدت وأديت الخدمة العسكرية. كان سعد يحس أن هذه «التجارب» بعيدة المنال عليه وتنقصه كلياً. كان يراني بها «صلداً»، ويرى نفسه بدونها «هشاً».

مثل هذا الوضع طبيعي في هذه السن. (خير من عبّر عنه في الأدب هو بيتر فايس في روايتيه «وداع من الوالدين» و«هروب»).

كان لقائي مع سعد في ألمانيا في صيف عام 1966 نقطة تحول في علاقته بي. في ذلك اللقاء الذي استمر شهراً كاملاً، اتضحت له أولاً الفوارق الكبيرة في حياتنا اليومية. وجدني سعد أعمل عاملاً، وأسكن غرفة بسيطة، ولا أتناول طعامي في مطاعم؛ لا أعيش مع شلة أصدقاء، ولا أمتلك امرأة شقراء. ووجدني قبل كل شيء لم أنجز «آثاراً فنية»؛ وجدني «ضائعاً في أوروبا». فغيّر سعد تقييمه لي وأزال عنه وهم الهالة التي كان حتى آنذاك يضعها لنفسه حولي. وكان هذا الزوال أمراً يناسب طبيعتي. فلم تتأثر، من طرفي، علاقتي بسعد.

ثانياً تبين له أني لا أشاطره آراءه في الكتابة. كان قد كتب نحو 800 صفحة في غضون عامين، واعترف لي أن دافعه إلى الكتابة هو

الحصول على الشهرة. ونشر كتاباً يضم عدة مسرحيات قصيرة كتبها وهو في مطلع العشرين من عمره. ولم أعتبر ذلك الكتاب كتاباً عظيماً يجب نشره على الفور. أخبرني سعد أن رأيي في كتابه هو في غاية الأهمية بالنسبة له، وأنه سمع من أديب خضور أن كتابه لم يعجبني، وقال لي إن ذلك قد دمره لمدة أسبوعين. ولم أعد أذكر ما قلته لسعد، لكنني في ما بعد وجدت ورقة مؤرخة بتاريخ 1966/8/23 كتبت عليها لنفسي الكلمات التالية: «نتيجة زيارة سعد... توضح لي أن له عالمه ولي عالمي. الكتابة من أجل الشهرة / استجداء رأي / إرضاء قارئ أو صديق / عدم الثقة بما يكتب المرء / القراء ترمومتر الكاتب / أية كتابة هذه؟ / وأي معنى لها؟ / إنها لا تستحق الورق الذي تكتب عليه / إن المقيّم الوحيد للكتابة هو كاتبها / والقارئ الوحيد الذي يجب على الكاتب إرضاؤه هو الكاتب نفسه / الكتابة عن مشاعر الكاتب وأفكاره... إلى نفسه، هي الكتابة الحقة» ([40]).

كنا قد قرأنا غير قليل من أوروبا وعن أوروبا. وكانت أوروبا محط أنظارنا منذ البداية. بيد أن سعد عندما جاء إلى باريس، لم يفكر قط

---

40 في عام 2005 طلبت من أخ لي، يسكن في القرية إلى جانب منزل سعد تماماً، أن يسلم ديمة باليد مغلفاً مغلقاً، وكررت عليه مرات عديدة بأن لا يسلمه إلى فايزة أو أي أحد آخر، بل إلى ديمة وحدها ومن يده إلى يدها. وإذ مضى عام كامل لم تحضر فيه ديمة إلى القرية، سلّم أخي المغلف إلى فايزة نفسها التي كانت آنذاك تزور أهل سعد أحياناً. تقديري أن المغلف لم يصل إلى ديمة.

كان المغلف يحوي نسخة من كل من الجزأين الأول والثاني من «الآثار الكاملة» لكافكا. وقد كتبت بخط يدي في الصفحة الأولى من كل من الجزأين الإهداء التالي: «إلى سعد، عن طريق ديمة، أيضاً تصديقاً على كلماتك في رسالتك لي في آذار عام 1964: 'لو تعلم كما أنا مشوق لقراءة أمريكا، المحاكمة، القلعة! لو تعلم كم أنا واثق أنه لن يتاح لي أبداً الاطلاع على الفكر الألماني إلا بواسطتك!'»

بالبقاء فيها. ولم أستطع أن أرى أن ذلك «وطنية»، بل رأيته ضعفاً وخطأً. من ناحيتي، كنت قد رأيت منذ البداية أنه لا أمل لي ولا أفق حيث ولدت. واتخذت منذ سن السابعة عشرة والثامنة عشرة قراراً قاطعاً ونهائياً بالسفر إلى أوروبا والعيش فيها طوال حياتي. لم يكن لديّ ما أخسره... سوى بؤسي. وقد منحني هذا القرار قوة كبرى، وجعلني «صلداً»، كما كان سعد يقول. لكن مثل هذا القرار كان فوق طاقة سعد.

عندما عاد سعد من باريس إلى دمشق في أواخر عام 1968، كان قد أصبح كاتباً «مشهوراً»، حيث كانت مسرحيته «حفلة سمر من أجل 5 حزيران» قد قبلت للنشر، بل نالت جائزة. كما أنه سرعان ما تقلد منصباً: «مدير المسارح والموسيقا». ومن البديهي في هذه الحالة أن تقلّ مراسلته مع عامل كنت قد بقيته في ألمانيا.

لكن علاقتنا استمرت يحكمها ودّ وذكريات أحلام الصبا. ولا سيما أنني أمضيت في عام 1969 مدة أربعة أشهر في سوريا عشتها مع سعد بالدرجة الأولى. ولكن من البديهي أن يصبح لكل امرئ في كل مرحلة من مراحل حياته أصدقاء ومعارف جدد. وكان سعد، في الغالب، حاذقاً في مجال «العلاقات العامة». وبات يقيم علاقات مع أناس يفيد منهم بحكم مركز ما، مهما كان هذا المركز صغيراً، أو ينادمهم. مثال لطف الله حيدر الذي كان نديماً وموظفاً في وزارة الخارجية. لم نكن نقيم، في العادة، أي وزن لأي واجب اجتماعي مألوف. لكن الأمر كان يتبدل عند سعد، عندما يتعلق الأمر بأي شخص يحتل أي مركز. ذات مرة كدت أشعر بغثيان عندما سمعت أن سعد سافر مرة من دمشق إلى طرطوس خصيصاً لحضور عرس ابن عم له، لأن هذا كان ملازماً في «سرايا الدفاع». وهناك عدة

أمثلة مشابهة. وتقديري أن زكريا تامر، الذي سكن وإياه في البداية في شقة واحدة (قبو)، قطع علاقته به بسبب مثل هذه الأمور.

كما أن سعد أمسى صاحب منصب كبير. فبناء على علاقاته تمكن وحده من استصدار مجلة «الحياة المسرحية» وترأس تحريرها. وكان عملياً يحررها وحده. وأقام أيضاً شبكة من العلاقات مع مثقفين، من سورية وغيرها.

من طرفي، لم يكن في مقدوري أن أجامل صديقي الوحيد وأقول له إن كتاباته إنما تمس شغاف قلبي وتغيّر الواقع وتظل خالدة. بل أكثر من ذلك: أستدين منه نقوداً، وأقول له في الوقت نفسه إن كتابه ليس عظيماً. هكذا لا يكسب المرء أصدقاء... عند العرب! لكنني لم أكتشف هذه الحقيقة البديهية إلا بعد مدة طويلة. سذاجة؟ غباء؟ ليكن! لكن هكذا كان الحال.

ظل سعد مدة طويلة يراني «ضائعاً في أوروبا». ونصحني أكثر من مرة أن أعود إلى سورية. وذات مرة قال إلى أحد أشقائي أن يكتب لي ويعلمني أنه يوجد وظيفة شاغرة براتب ثلاثمئة ليرة.

لم ألاحظ إلا في وقت متأخر أنني كنت نوعاً من المرآة بالنسبة لسعد. ونظرته هذه لم تعد عليه بفائدة، بل عادت عليه بالأحرى بضرر. للأسف الشديد. وفي ما بعد تبيّن أن «الحسد» إنما ينطبق عليه. في رسائله يسميه «الحقد».

في عام 1977 حللت عليه ضيفاً عدة أيام مع صديقة لي ألمانية. وفي الأعوام التالية كنت وأسرتي الألمانية ضيوفاً عليه بضع مرات. وفي كل مرة كان أثناء وجودنا معه في بيته لا ينقطع طوال يقظته عن تناول الخمر. رآني أعيش بهدوء، أحب زوجتي، هانئاً بأسرتي، مستقراً في أوروبا، مبتعداً عن المشكلات، مستغلاً أوقات فراغي كما

أشاء. هنا بدّل سعد تقييمه لحياتي مرة ثانية. في عام 1994 قال لي حرفياً وبلهجة لا تخلو من حسد: «لم يفهم الطبخة أحد غيرك، فأنقذت نفسك».

كنت دائماً أتمنى أن يعمد سعد منذ البداية إلى إنقاذ نفسه. وقد نصحته مرات عديدة أن يعيش في باريس. يكتب ويترجم، يحب، ويكوّن أسرة، ويحقق ذاته. رغم عمره القصير وحياته غير المريحة بات أهم كاتب مسرحيات عربي. وكنت أقدّر أن موهبته تؤهله إلى أن يصبح في أوروبا كاتباً يعيش من ريع مسرحياته. لو عاش في باريس وبطريقة عقلانية، كان عاش مثلما عاشت جدته وعاش جده ووالده، مئة عام.

لكن، للأسف الشديد، كانت الحياة في أوروبا فوق طاقة سعد. فخسر نفسه وخسره المسرح وخسرناه.

من علاقتي الشخصية بمثقف عربي استمرت عملياً طوال العمر، ومعرفتي لمثقفين آخرين من خلاله، أحب أن أستخلص بعض الدروس:

- على المرء أن يفهم نفسه ومحيطه، قبل أن يحاول إفهام آخرين أمراً ما.

- أن يعمد إلى تشخيص وحل مشكلاته الفردية، قبل أن يحاول فعل ذلك في ما يخص مجتمع.

- أن يحرر نفسه، قبل أن يحاول تحرير غيره.

- أن يستقل عن كل سلطة.

- أن يعيش ويقرأ ويسافر كثيراً، قبل أن يكتب.

- أن يتخلى عن وهم القدرة على تغيير الواقع.

- أن يحب امرأة (أن تحب امرأة رجلاً)، قبل أن يحب شعباً.

- أن ينشئ أبناءه تنشئة سليمة، قبل أن يحاول تنشئة جيل.

وإلا فإن المثقف يغدو، عملياً، جزءاً لا يتجزأ من «التركيبة» الاجتماعية التي ينتقدها نظرياً.

مقتطفات من رسائل سعد

(1958/8/10)

إلى الغد.. يوم يلتمع فيها اسمي.. وتشع حوله أضواء الشهرة والنجاح.

(ص 34).

(1958/9/10)

قال لي الطبيب كمال خوجه: ما رأيك في المستقبل؟ قلت وبصوت كبير وكأنني أهتف من أعمق أعماقي: أنا لا أرضى أن أكون إنساناً عادياً. ولو تأكدت أنني سأعيش حياتي مغموراً لما تورعت عن ارتكاب أكبر حماقة وأكبر قذارة في وجودي.. الانتحار. قال لي وبصوت هادئ واثق: ثق أنك لن تكون إنساناً عادياً. ولقد تصامَتْ هذه الكلمة مع كل أحاسيسي، وخفقت في كل ذراتي وفجرت فيّ طاقة ضخمة للعمل والإنتاج. وسأشتهر، وسأصل أعلى السلم.. لأنني أريد ذلك.. ولأنني إنسان. والإنسان أقوى قوى الأرض.

(1958/10/20)

اليوميات التي أحرص على كتابتها منذ سنوات!!

(1958/10/20)

كتبت لك مرة كلمة عابرة - أذكر - هذه الكلمة قلتها للطبيب النفسي في حلب، وقد رويت لك ذلك،

وهي: لو تأكدت أنني سأعيش حياتي مغموراً أو إنساناً عادياً تافهاً، لما تورعت عن الإقدام على ارتكاب أكبر حماقة وهي الانتحار. هذه

العبارة بالإضافة إلى الآراء التي قرأتها في البداية هي هيكل السر الذي أنهكني تعريفه.

هذا السر هو الرغبة الجامحة بالشهرة. بالأضواء. بالعظمة.

هو الأمل بالشهرة. بالأضواء.. بالعظمة.

هو الإصرار على بلوغ الشهرة. على بلوغ الأضواء. على العظمة.

***

إنني أحس أحياناً أنني لم أبعث هكذا لأنضم إلى قافلة الملايين الذين عاشوا وماتوا وكأنهم لم يعيشوا ولم يموتوا. الملايين الذي حشروا وتكاثروا وماتوا على الهامش الضيق.

أنا لن أكون كذلك ولا أريد أن أكون كذلك.

أنا إنسان يريد أن يتألق. يريد أن يبدع. يريد أن يكون شيئاً جديداً لا نسخة تكرارية عن ملايين وملايين.

أنا إنسان سيتألق وسيبدع. ولم لا؟ ألست أقوى قوى الأرض؟ ألا يكفي أن أكون مصرّاً لأكون أي شيء ولأنال أي شيء؟

أجل. سأتألق. وسأبدع. وسأكون عظيماً لأنني مصرّ على ذلك.

وبعدها. هل تعلم أنني لا أتصور إنساناً بلا طموح وبلا آمال وبلا محاولة؟

هل تعلم أنني أحس بالضياع إذا كنت مغموراً في أي شيء كان؟ هل تعلم أنني - ليس فقط لا أستطيع أن أتحدث مع إنسان بلا طموح وبلا آمال وبلا محاولة - بل أكرهه. أمقته. أعتبره جزءاً من العدم البارد الذي يتحدث عنه سارتر في الغثيان.

فإذا علمت ذلك، تستطيع أن تفسر معنى ذلك الصباغ الذي يصبغ أفكاري. آمالي. مقاييسي للأشخاص. استشرافي للغد.

إنه سرّ. وأنت تعلم صدى السر. الكتمان. الكتمان الشديد. احفظ ذلك وسيجسد لك الغد ما ستحفظه. سيجسد!!

(1960/11/12)

إنني أعيش وإنها أبلغ كلمة لديّ.

(1961/5/5)

يا صديقي..

لا أعلم ماذا يمكن أن تكون جهنم غير هذا العذاب الذي يحرقني.. ويؤرقني يومياً حتى السادسة صباحاً.. ويمزق نفسي بلا رحمة.. وبنوع من الحقد المبهم الأسود.

منذ تركت القرية وأنا أتلقى كل يوم ثلاث وجبات كاملة من التعذيب النفسي المرهق الذي يجعل قضية الحياة ذاتها غير مهمة. وقد أصبح هذا العذاب قدري وإنني أحياناً أعزي نفسي فأقول.. إنه قدري.. ولا جدوى من محاولة الهرب منه.. إنه قدري.. إنه قدري على كل حال.

وأسباب عذابي معقدة ومتشابكة بحيث يصعب علي أن أفصلها.. أو أشرحها لك.. سأقول مثلاً.. إن شعوري بأن عشرين سنة قد مرت من عمري دون أن أفعل شيئاً يكويني.

وسأقول.. إن إحساسي بالعجز.. العجز عن القيام بأي عمل.. حتى تحقيق صحفي تافه كما يفعل كل زملائي.. يحرقني..

(1961/5/21)

وأنقلب على ظهري.. عيناي مغمضتان مرهقتان.. كلهم يكتبون.. كلهم ينتجون.. كلهم يفعلون شيئاً. إلا أنت.. اسفنجة مليئة ثقوبها بالتفاهة. دلوع.. تتدلع على الحياة.. على أمك.. على المستقبل.. وعلى الصفيحة الحجرية التي لا بد منها فوق الحفرة التي تضحك.. وتضم كل شيء معك..

(1963/2/18)

ابراهيم، أنت أفضل مني.. أنت تمسك بنفسك في يديك بصرامة لا أملكها.. أنت تمشي إلى هدفك باستقامة ترعدني بقدر ما تدهشني. ولذا فيجب أن تؤكد على مسألة نجاحك، لأنه حتمي.. حتمي، بقدر ضبابيته لديّ.

لأشك أحياناً أن عمراً عادياً يمتد على أربعين سنة لن يتجاوزها بسبب مشاكلي الصحية المستمرة، لا يكفي على الإطلاق لهذه المهمة. ص 77

(ربيع عام1963)

- لا أظن أنك ستضن بتعليق صغير عن مقال السأم. خاصة وأنه مكتوب لك، ولك بالذات.

- بودّي لو أكتب أيضاً، ولكن لا أمل في الشبع. لا أمل... وتكفي خمس صفحات.

- وصلتني رسالتك التي تتحدث فيها عن كافكا. يأكلني الشوق لقراءة ترجماتك.

وتحياتي لك، ولفئرانك، ([41]).

(1963/2/18)

ابراهيم، أنت أفضل مني.. أنت تمسك بنفسك في يديك بصرامة لا أملكها.. أنت تمشي إلى هدفك باستقامة ترعدني بقدر ما تدهشني. ولذا فيجب أن تؤكد على مسألة نجاحك، لأنه حتمي.. حتمي، بقدر ضبابيته لديّ

41 يقصد فئران قصة كافكا: «حكاية صغيرة».

(1963/4/10)

التناقض الطبعي بيني وبينك، بين جرأتك وجبني حيال كل ما هو خارجي.

(1963/6/5)

1 على الصفحة الأولى من مقال (الرمز في رواية «السأم»)، المنشور في عدد (؟) من مجلة «الآداب» (ص 97 - 101) كتب سعد بخط يده: «لولا موقع المقال من المجلة، وكثرة الأخطاء المطبعية، لكنت فخرت قليلاً بنشره في العدد الممتاز. سعـد». وعلى الصفحة الثانية كتب: «لولاك لما كان هذا المقال أنجز أبداً.. ولعلني بعد كل ذلك قد استطعت ألاّ أخيبك. سعـد».

(1963/6/5)

(إلى فيينا) ([42])

(تعليقك عن مقال السأم أرعدني. ترى ألم تتحمس لي أكثر مما يجب؟

صار شعوري بأنك ستقرأني يفزعني.

أتظن أن هنالك فاجعة أشد رعباً من تلك التي ستصيبيني يوم تمط شفتيك إثر قراءة شيء لي متمتماً: لا جديد؟)

(أيضاً، وبدون صبيانيات، هي وكل ما يليها في مجموعتي الأولى لك)

---

42 على الصفحة الأولى من مسرحية («مادوز» تحدق في الحياة)، المنشورة في عدد (؟) من مجلة «الآداب» (ص 34 - 39) كتب سعد بخط يده وبقلم الرصاص هذه الأسطر.

(1963/8/27)

حياتك تثير شهيتي.. إنك محظوظ. ذلك خير ما يمكن قوله.

ولعلك لو أجبت ستفضي بي إليك. إننا دوماً نرتطم، ولكن، ربما، على الشاطئ فحسب بعيداً عن الأغوار. هذا مع العلم أنك، بالنسبة لي على الأقل، أكثر من رغبت وحاولت أن أتماس معه في الداخل، في الدهاليز المعتمة للذات.

(آذار 1963)

ومع هذا، فقد كان التعبير حاسماً يحمل في ثناياه البون الوسيع الفاصل بيننا. أنت تمتلك نفسك بقوة، وتؤمن بنفسك، حتى أن القضية يمكن أن تتخذ بساطة لا متناهية. أنت في قطب، والعالم في قطب آخر. وبينكما رباط وثيق يكوّنه حكمك الحاسم، بأن لا شيء يثير الاهتمام في هذه الضوضاء المسماة عالمنا.

وإنها لجرأة لامتناهية أن نكف عن احتقار ذواتنا، لنتحول إلى العالم، نلاشيه بازدرائنا. جرأة كالعظمة لا ينتجها إلا أحد أمرين. أن نشعر تكاملنا، أو ننساق لغرور ما فينا. ولن أتصورك مغروراً، ولذا فهو الشعور المليء الواثق بالأنا. الإحساس المدرك بثقلك في عالم هشّ ما أسهل تفتيته إلى هباء منثور!

هنا يكمن تفارقنا. العالم ثقل يسحقني، وبدلاً من أن أتوجه إلى الخارج فإنني أبداً حبيس جدراني الصمّاء. لن أملّ تكرار هذه الفكرة تجاوباً مع شدة معاناتي من مازوكيتي الصامتة التي أمارسها دائماً بلا وسيط، تماماً لكأن شيطاني السادية والمازوكية يسكناني.

أنا لا أملك جرأة التصريح بأن لا شيء يثيرني، وتترجم مثل هذه العبارة لديّ على هذا النحو: أنا عقيم وإنني عاجز عن إنجاز شيء.

العطب في داخلي، أما العالم فإنه أضخم وأهول من أن يكون معطوباً أو لا شيئاً.

ولعل الخلاف يتجسم أكثر على هدي عبارتك الصغيرة التي تضيء وسط رسالتك كقمر غامض. هو ضائع لكنه رائع، كامل، كاف...

تسميها «فائض طاقتك».

ليس هنالك هدف أرفع من الإحساس الدافق بالحياة.

... وفائض طاقتك يا صديقي، يحررك من الانفصالات اليومية عن الحيوية، لينصبك في قلب الحياة نفسها، فتكون هي.. وهي تكونك. وقد تبدو لك فكرتي غريبة، ولكنها قطعاً ليست كذلك بالنسبة لمن يعاني هذا الانحطاط الدائم في القوى، وهذا الخوف المستمر من السقوط.

علاقتك بذاتك تتسم بهذه الصلابة

أجزم، أنك وأنت تقول لي لا شيء يثير اهتمامي، كان فائض طاقتك يبتسم ساخراً. إنك محكوم بالعطاء. ماذا؟ ليكن أي شيء، وليس المهم النوع.

ولا شك أنه لا يثيرك أن أقارنك الآن بالآخرين، ولكن سأكتفي بالقول وبشكل جازم ينأى عن التدليس الطوبائي: فائض الطاقة، مع تماسك الأنا بمواجهة العالم عبر تصريح ثاقب بأن لا شيء يهز اللامبالاة.. هو تعملق خاص يشيلك فوقنا جميعاً..

إنك في قمة الفعل تصرّح. أما نحن فما زلنا نلوك كلماتنا المحفوظة، ونتماحك بألعابنا الفكرية. ولا تقل لي ما قاله هـ. ج. ويلز «إذا لم تعجبك حياتك يا مستر بولي فبدّلها». ما عاد التبديل بالسهولة التي

تتصورها. لقد صار الموضوع الرئيسي لديّ «لدينا» أن نتسوّل من العالم الخارجي اعترافاً نقنع به ذاتنا النابحة بقصورها.

إن القدرة على بداية جديدة يحتاج إلى طاقة خارقة لا أملكها، بيد أنني «أحسد» بكثير من الحسرة من يملكها!!

(ص 89).

أتعلم أن البضعة شغلات الصغيرة التي نشرت في الآداب نفختني بشكل تافه!

إلا أنني استفقت على نفسي. شعرت لفترة أن النشر شرك يتأهب للاصطياد. وكان مصير أدبائنا يبرق في عيني فاجعاً موقظاً. فتوقفت. لم أكتب، لم أفعل شيئاً. كنت كالشهيد.

(ص 90).

أعمل في مجلة «المعرفة» وهي مجلة تابعة للوزارة. ومستواها رفيع، ربما أكثر من «الآداب».. وأنشر فيها بعض الأشياء النقدية. وسأتولى تحرير باب ثابت تحت عنوان «قضايا أدبية معاصرة». ولكن ما كل هذا؟ إنه احتيال على الذات. إنه هروب من الخلق الحقيقي. من الدراسة العميقة التي أزمع إنجازها، من الرواية الجيدة التي أريد كتابتها، من المسرحيات الكثيرة التي أنوي ابتكار اتجاهات جديدة فيها.

(آذار 1964)

لو تعلم كم أنا واثق أنه لن يتاح لي أبداً الاطلاع على الفكر الألماني إلا بواسطتك!

(1964/7/12)

قد يبدو ذلك مضحكاً. ولكن فعلاً أنت بالنسبة لي من حقائق الكون الأساسية. وفي مرة أخرى.. ارسل لي عنوانك على الأقل. وكم احتجت قدرتك على الفهم في الأيام الفائتة!

وضوح رسائلك، وتناسق أفكارك.

والكتابة هي اليقين الوحيد الممكن.

أتطلع إلى الأمام فلا أرى إلا ورقاً أبيض، وقلماً ينجرّ على سطور. ما النتيجة؟ طظ. ولكن ما نتيجة كل شيء. ودعنا من الحساب. حين أنجز عملاً أقضي أمسية هادئة. ذلك يكفي الآن.

ص 92

أسكن منذ ثلاثة شهور في قبو غميق تتكوّم فوقه دمشق بكاملها.

لا أعرف علاقتك بالكتابة. أتمنى جداً أن تكون وثيق الصلة بالكلمات. ويا لها متعة مزدوجة، أن تكتب وأن أقرأ لك! وإني مهتم بمعرفة أنباء هذا الموضوع فلا تتملص.

ص 93

الوحيد الذي أحكي معه بعد عبد الرزاق وزوجته، إنسان أصيل اسمه زكريا تامر. ويوماً سأرسل لك مجموعتي أقاصيصه، وستستمتع إلى أبعد حد بقراءتهما. ص 93

وسفري إلى ألمانيا في الصيف القادم فكرة جميلة، لا لأنها ستزيد معلوماتي الجغرافية والسكانية والعمرانية، ولا أظن أن ثمة مجالات لتزيّدات أخرى، بل لأنني سألتقي بك. إني أحس أن أسبوعاً معك

الآن كفيل بتجديدي. وزرق دمائي بحيوية غامرة. وسأخطط بجدّ لهذه الرحلة. خاصة وأن سفري أصبح أسهل بعد أن أعفيت من الجندية بسبب وحدانيتي لأمي. ووفرت بذلك سنتين، وخسرت تجربة، وبعض الصحة.

(1964/11/11)

ما زلت مشتاق إليك أكثر من أي إنسان في هذا العالم الهرم. وصلت رسالتك. بحق الله حاول أن تكتب دائماً.

لقد فكرت طويلاً خلال السنتين الماضيتين. وكانت خلاصة هذه الأفكار أن الإنسان محكوم باليأس.

(1966/3/24)

وعلقت آمالاً على رؤيتك. قلت لك مرة. كانت من أجمل أماني سفرتي أن أراك. ولكن ها أنت أشد ضياعاً مني، وكان ذلك يحرقني أكثر فأكثر. وعندما كتبت من أمستردام ترتب لقاءنا شعرت ببعض السرور. أخيراً سيمكننا أن نكون معاً. وأن نتشاكى آلامنا. وأن نتحدث بما نملك من برود عن انقلابات هذه الدنيا المدوخة رغم روعتها.

(1966/4/26)

كانت مشكلتي دائماً أن أجمع بين مذاق الحياة، وبين «قول الحياة».

(1966/6/9)

أنك الوحيد، وفتاة أخرى في دمشق. هما اللذان يمكن أن أكتب لهما كل شيء.

(1967/1/19)

ولو كان وضعي حسناً لطلبت من أنكي المجيء إلى باريس يومين أو ثلاثة كي أقنعها بهدوء بعقم ارتباطها بي. على كل أفهمتها بالرسالة أن «الفارغين لا يستطيعون المحبة».

(1967/5/11)

لو ملكت النشاط والترتيب الكافيين لأصبحت بسهولة ذا شهرة عالمية.

(1973/1/13)

العزيز ابراهيم، كانت السنة الماضية متعبة وتافهة. أمضيت منها ستة أشهر بلا بيت. فقد أُخرجت من بيتي فجأة، ووجدت نفسي فجأة بلا أرض. ستة أشهر بين بيت أديب، وبيت فايزة، والقرية، وأفكار مزعجة، وحالات عصبية مرهقة. وإحساس بوطأة كل شيء. الأرض تيار من الرمال المتحركة التي تنحدر نحو الأسفل. نحو هاوية بلا قرار.

هذا كل شيء تقريباً. وكان ينبغي أن أكتب لك منذ فترة طويلة، لكن لم يمض إلا أسبوعان على بدء استقراري في قبو عمقه ثلاثة أمتار ضيق ورطب. مع هذا ماشي الحال.

تزوجت. لم يتبدل رأيي في الزواج.. مستحيل. أعتقد أننا سنظل كالكلاب الضالة نبحث عما لم يحدث بعد، وعما لم يوجد بعد، وعما لم يتحقق بعد. وفي هذا البحث اللائب نفقد حتى المتع الصغيرة التي توفرها حياة يومية تجري من يوم إلى يوم، ويظل الاستقرار الداخلي سراباً بعيد المنال.

فرغت من مسرحية جديدة عنوانها «سهرة مع أبي خليل القباني». لهذه المسرحية قيمة وثائقية هامة، وقد أرهقتني كتابتها. عندما تطبع سأرسل لك نسخة منها. ولدي الآن مسرحية أخرى قد أنجزها خلال وقت قصير. لكن الشؤون الصغيرة، وتمزق فرقتي التي حاولت

تكوينها خلال سنتين مما أدى إلى فشل عرض المملوك جابر، والانحدار العام الذي ننساق معه بعيون مفتوحة، وقلوب متفحمة، كل ذلك يجعل الكتابة أمراً غير ميسور. لأننا في النهاية فقدنا ذلك اليقين الداخلي بأن الكتابة قادرة على التغيير. أحياناً أشعر بأني أكتب لكي أثبت لنفسي بأني ما زلت حياً.

عزيزي سعد

بعد غياب طويل أحييك راجياً ان تكون بكل خير
لا أسمع عنك شيئاً لأن اخبارك في الصحف نادرة
ولم أسمع عن السلسلة المسرحية التي كنت قد حدثتني عنها،
فأردت سؤالك عن "معركة منزلية"، واذا كان بالامكان
توصيلها الى وزارة الثقافة اذا وجدت الأمر مناسباً.
اكتب لك هذا لأنني "أكافح" منذ عام من اجل الحصول على اجازة،
ولا اعرف متى احقق "النصر".
بعد ان "كبر" جبران، واستقرت امورنا في بيت جديد، عدت
الى مشروعي مع كافكا ومسكت الخيط مرة اخرى، لكن هذا
المشروع لايحصل على اكثر من ساعة او ساعتين في اليوم.
اعمالي اليومية لا بأس بها.
سلامنا لكم جميعاً، وسلام خاص من كاتارينا الى ديمة!

مع أملي بلقائك
وأمل كاتارينا وزكية بلقاء ديمة

[signature] ١٥/٤/٩٢

(1992/6/9)

ديمة كتبت لكاتارينا، ولكنه كسلي وحرب الخليج.

وهي تبعث تحياتها لكاتارينا وزكية وجبران ([43]).

---

[43] لم يرسل سعد رسالة ابنته إلى ابنتي لانشغاله في حرب الخليج!!!

أدونيس

"إن في رسالتك صدقاً وبساطة وعمقاً في مستوى الشعر".

"عندما قرأت كلمتك الختامية في رواية (المحاكمة)، تأثرت جداً، لدرجة أني بكيت".

" لا مثيل لك بين العرب ".

(أدونيس)

"مواقف"

للحرية والإبداع والتغير

المدير المسؤول، رئيس التحرير: ادونيس

ص. ب 1489 بيروت - لبنان (24 شباط 1970)

الأخ السيد ابراهيم وطفي، تحية ومودة، آسف للتأخر في الكتابة إليك، بسبب ظروف اضطرارية كنت أثناءها خارج بيروت.

قيمة الاشتراك السنوي في المجلة بالبريد العادي، إلى أوروبا عشرة دولارات. تبدأ السنة الثانية بالعدد 7 الذي يصدر خلال عشرة أيام. أما الأعداد القديمة فثمنها مجلدة 30 ل. ل. (عدا أجرة البريد)، وثمنها دون تجليد 25 ل. ل.

شكراً لاهتمامكم، آملين أن تعملوا على إشراك رفقائكم الطلاب - فأنتم، هذه الطليعة الحية، قوة المجلة ورأسمالها الوحيد الأول.

بتقدير ومودة

أدونيس

(بيروت، 14 آذار 1970)

أخي الأستاذ ابراهيم، تحية ومودة، وصلني المبلغ. وغداً تكون المجلة في طريقها إليكم. ربما تأخرتْ، كالعادة في البريد المضمون، لكنها تصل حتماً.

أرجو أن نظلّ على اتصال دائم، وأن تعمل على المشاركة الكتابية في "مواقف".

أطيب تمنياتي

أدونيس

***

(بيروت، 1970/5/10)

أخي ابراهيم، شكراً لرسالتك - المتواضعة جداً.

ترجمة "تروتسكي في المنفى"، فكرة جيدة. إن لم نتمكن من نشرها في كتاب على حدة، فيمكننا نشرها على دفعتين في المجلة. إذن، ابدأ بالترجمة، على أية حال. (على افتراض أن المسرحية جيدة، وهذا أتركه لتقديرك - المسرحية هي الآن قيد الترجمة إلى الفرنسية في باريس).

للمناسبة، كم أتمنى أن تتابع أدب الاحتجاج والثورة، بعامة، في ألمانيا، وتنقل نماذجه المهمة إلى العربية. انتسسبرغر، مثلاً، لديه مجلة تنشر أحياناً نصوصاً مهمة ([44]). أرجو في كل حال أن نظلّ في تواصل دائم.

بتقدير ومحبة

أدونيس

***

---

44 هانس ماغنوس انتسسبرغر Hans Magnus Entsesberger أسس عام 1965 مجلة ثقافية شهرية ألمانية باسم كورسبوخ Kursbuch أصبحت واحدة من أهم أجهزة المعارضة والحركة الطلابية غير البرلمانية لعام 1968.

(بون، 1970/9/10)

الشاعر أدونيس المحترم، أطلب المعذرة على تأخيري. كان زميل قد وعدني بطباعة الكتاب على الآلة الكاتبة. أخذه مني، وبعد نحو شهر أعاده لي دون طباعة. أرسل لك الآن الفصل الأول، وبعد نحو أسبوع سأرسل الفصل الثاني بعد تبييضه. الفصل الثاني أكثر أهمية، وحجمه مثل حجم الفصل الأول.

سوء ترجمتي يعود، بالدرجة الأولى، إلى أنني مبتدئ. لم أجرؤ على إجراء أي تصرف، وخاصة في تركيب الجملة، فجاءت الترجمة شبه حرفية. لكن، من ناحية أخرى، كان أسلوب الكاتب في منتهى البساطة. لقد اختار أكثر الكلمات والتعابير بساطة. وكانت جمله، في الغالب، متقطعة، وأحياناً غير كاملة. ولغته في هذا الكتاب تختلف كثيراً عن لغته القوية في مارا / ساد مثلاً. وقد كان هذا هو أحد الأسباب التي دفعتني إلى ترجمة "تروتسكي في المنفى".

تركت، عن قصد، فراغاً كافياً لإجراء تصحيحات كثيرة. وأنا لن أفاجأ، إذا ما علمت أن الكتاب لا يصلح للنشر. لكن سيكون تشجيعاً كبيراً لي، إذا ما نشر الكتاب، بعد مراجعته من قبلك، أو من قبل أحد كتّاب "مواقف".

لم يصلني العددان الثامن والتاسع من "مواقف". مع احترامي وتقديري

ابراهيم وطفي

***

(بيروت، 19 تشرين الأول 1970)

أخي ابراهيم، تحية غامرة، اليوم استلمت المسرحية بكاملها. (كنت غائباً عن بيروت، عدا أنك أرسلتها بطريقة معقدة أخّرت استلامها

وصعّبته. سأبدأ اليوم كذلك بقراءتها، لكن أكتب لك هذه الكلمة السريعة لأطمئنك أنها وصلت. أشكرك لهذا الجهد الفني الممتاز، وآمل أن يزداد تعاوننا قوةً وتوثقاً، وأن أرى نتاجك الإبداعي الخاصّ قريباً.

سأكتب لك فور انتهائي من قراءة المسرحية، وأرجّح أن ذلك سيكون، على الأبعد في بداية الأسبوع المقبل. بإعجاب وحب كبيرين.

أدونيس

***

(بيروت، 26 كانون الثاني 1971)

أخي ابراهيم، تحية ومودّة، اعذرني، رجاءً، لتأخري في الكتابة إليك، وبخاصة حول مسرحية فايس.

آمل أوّلاً أن يكون العدد 12 بين يديك. العدد العاشر في طريقه إليك. طبعاً سنعتبرك صديقاً للمجلة باستمرار، وسنرسلها إليك باستمرار.

فيما يتعلق بالمسرحية: أعجبتني ترجمتها. تحتاج إلى قليل من إعادة النظر. لكنها على العموم جيدة. أمّا عن المسرحية بحدّ ذاتها فكنت، شخصياً، أنتظر أن تكون أفضل. بقيت في حدود السّرد الوقائعي الوثائقي. لا شكّ أنها تضيء مرحلةً معينة. لكنّ هذه الإضاءة سينمائية - عرضية، أكثر مما هي عمقية وشعرية. مع ذلك سأعمل هنا على نشرها وسأبحث كذلك في أمر تمثيلها. هل تعرفت على بيتر فايس؟ إن كان لا، فلماذا لا تحاول؟ سيفرح كثيراً حين يعرف أنك ترجمته إلى العربية. وسيكون من المفيد جداً أن تجري معه حديثاً حول اتجاهه المسرحي الوثائقي - السياسي، والاتجاهات المسرحية الحالية، بعامة، ومستقبل التعبير المسرحي. للمناسبة أقترح عليك أن تتعرف على الكتّاب الشبان التقدميين في ألمانيا، حيث تتابع دراستك. هذه فرصة. وسيكونون هم أشد فرحاً.

أرجو أن تكتب لي باستمرار. بتقدير ومودّة.

أدونيس

***

(بيروت، 4 شباط 1971)

أخي ابراهيم، تحية ومودّة، وصلتني رسالتك الأخيرة، والكلمة المترجمة. سأنشرها طبعاً، لكن آمل أن أنشرها ضمن ما يشبه رسالةً ثقافية من ألمانيا، نضم إليها الحوار بين فايس وانتسسبرغر، مثلاً أو غيره من الموضوعات التي ذكرتها، فهي كلها مهمة. وعلى هذا أنتظر أخبارك.

هل وصلك العدد 12؟ و11؟ أرجوك أن تكتب لي في حالة عدم وصول عدد ما. وهل وصلتك رسالتي الأخيرة؟ ما رأيك فيما أوردته عن المسرحية؟ أرجو أن تبقي المسرحية بين يديّ إلى فترة.

لك تقديري وحبي،

أدونيس

***

(بيروت، 4 آذار 1971)

أخي ابراهيم، شكراً لرسالتك الأخيرة، ولترجمتك لكلمة فايس. سوف ننشرها في العدد المزدوج 13 - 14 الذي هو الآن قيد الطبع.

إن في رسالتك صدقاً وبساطةً وعمقاً في مستوى الشعر ([45]).

بانتظار دائم لرسائلك وترجماتك، أحييك شاكراً محباً،

---

45 ـ لم أعثر لدي على مسودة من رسالتي.

(توقيع) أدونيس

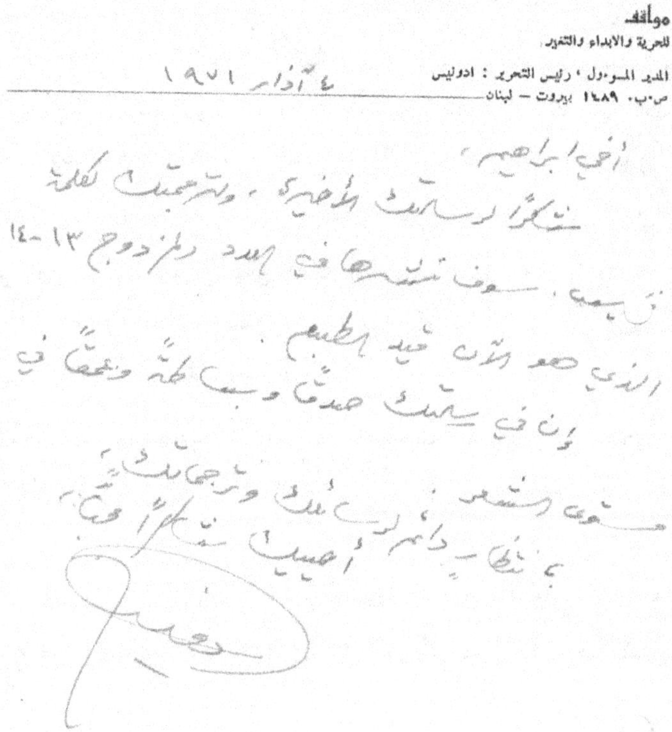

مواقف
للحرية والابداع والتغيير
المدير المسؤول، رئيس التحرير: ادونيس
ص.ب. ١٤٨٩ بيروت – لبنان

٤ آذار ١٩٧١

أخي ابراهيم،
شكراً لرسالتك الأخيرة، ولترجمتك لكلمة
[illegible]، سوف ننشرها في العدد المزدوج ١٣-١٤
الذي هو الآن قيد الطبع.
إن في [illegible] صدقاً وبساطة وعمقاً في
[illegible]
سوف ننشر [illegible] وترجماتك،
[illegible] دائماً [illegible] أحييك [illegible]

(صورة رسالة 4 آذار 1971 وصورة غلافها)

***

(بيروت، 6 ايار 1971)

أخي ابراهيم، أرسلت لك أمس بالطائرة العدد الجديد من "مواقف"، قد لا يصلك لأنك غيّرت عنوانك. إذن، أرجو أن تخبرني بكلمة، لأرسله إليك مجدداً. فيه مقالة فايس، والمقالة عن النقد الميت ([46]).

لم أيأس بعد من مسرحية تروتسكي، أعني من تدبير أمر نشرها، وحتى أمر تمثيلها، وإن كان هناك اتجاه بدأ ينمو، وأنا أؤيده، يؤكد على تقديم مسرحيات موضوعة، عربية لكتّاب عرب. في كل حال، لا يقلّ مبلغ تكاليفها عن ألف ليرة لبنانية.

فيما يتعلق بـ 10 نقاط ([47])، ترجمت سابقاً ونشرت في صحيفة أو مجلة بدمشق، لم أعد أذكر اسمها. هل تجد من المناسب أن نعيد نشرها؟

ماذا لديك؟ أكرّر راجياً أن تعتبر مجلة "مواقف" كأنها لك، كأنها لأصدقائك - لنشاطك ونشاطهم، وقبل كل شيء، لإبداعاتكم. تقديري وحبي.

أدونيس

***

---

[46] - العدد المضاعف 13 - 14 كانون الثاني - نيسان 1971، يحوي ترجمة لمقالة بيتر فايس: "الحضارة المتوحشة" وترجمة لمقالة عن "النقد الميت" في ألمانيا.

[47] - ترجمة مقالة بيتر فايس: "10 نقاط عمل لمؤلف في العالم المنقسم". أعيد نشر هذه المقالة مع مقالة "الحضارة المتوحشة" في كتاب "ثلاثة كتّاب من الألمانية"، الذي صدر في عام 2000، وفي صيغته الإلكترونية بعنوان "ثلاثة كتّاب ألمان"، التي صدرت عام 2019.

أخي ابراهيم، أذكرك وأحييك من موسكو، أنا هنا لحضور "عيد بوشكين"، بدعوة من اتحاد الكتاب السوفيات. أعود إلى بيروت في 10 حزيران.

هل وصلك العدد 13 - 14؟ وماذا تهيء لنا؟ تحياتي وحبي

(توقيع) **أدونيس**

(صورة بطاقة بريدية 30 ايار 1971)

***

(نشرة)

مواقف

للحرية والابداع والتغير

ص. ب 2796، بيروت - لبنان

أيها الصديق،

نحييك، فخورين برفقتك لنا في "مواقف". وهي، إذ تدخل بهذا العدد سنتها الرابعة، تزداد ثقة بك، ويقيناً بما تطمح إلى تحقيقه. ولئن كنا نشعر أن عملنا في المجلة ما يزال دون ما نرجوه وما نصبو إليه، فإننا نشعر في الوقت ذاته أن المجلة حققت في هذه الفترة القصيرة أعلى مستوى بلغته أية مجلة فكرية عربية، من حيث الجرأة في مجابهة المشكلات ومعالجتها، ومن حيث العمق والأصالة جميعاً.

نضيف إلى ذلك أن المجلة هي، بالنسبة إلى المبدع العربي، الإمكانية الوحيدة لنشر إبداعاته التي يخرج بها على الطرق "الرسمية"، أو يتناول بها موضوعات ما تزال "محرمة" أو "مقدسة" لا يجوز الخوض فيها. إنها، بتعبير آخر، المكان الوحيد لاحتضان مغامرته الكتابية سواء في خلقه أشكالاً تعبيرية جديدة، لا يتقبلها "الذوق الرسمي الشائع" أو نقده القيم العربية السائدة، نقداً جذرياً لا يتحملها "الفكر الرسمي الشائع".

وهذا مما سبب لها عداء السلطات العربية، "اليمينية" و"اليسارية"، "الرجعية" و"التقدمية". ولئن زادنا هذا ثقة بما تفعله المجلة، فإنه ولّد صعوبات مالية كثيرة، تتجلى عملياً في أن المجلة ما تزال عاجزة عن الصدور بانتظام، وفي عجزها المالي المتراكم المستمر.

هكذا، أيها الصديق، تدفعنا ثقتنا بك إلى أن نعتبر مشاركتك في المجلة رفقة فكرية في الدرجة الأولى، وأن نعتبر اشتراكك فيها مؤازرة ودعماً، لا مجرد اشتراك عادي، وأن يكون الحد الأدنى لهذه المؤازرة خمساً وعشرين ليرة لبنانية.

إننا نثق أنك ستقف معنا، وستعمل على دعم هذه المجلة لأنك، أنت أيضاً، تؤمن بالحرية والإبداع والتغير. لك عميق تقديرنا ومودتنا
هيئة التحرير

إشارة

إن الإمكانيات المادية للمجلة لا تتيح لها أن توظف شخصاً لجمع المؤازرات المالية التي يرغب الأصدقاء في تقديمها، لذلك نرجوهم أن يرسلوا بالطرق الآتية:

- إما بحوالة بريدية باسم المدير المسؤول علي اسبر.

- وإما بحوالة مصرفية لحساب "مواقف" في البنك العربي المحدود ببيروت، رقم 2 - 37370 / 051080

- وإما بطريقة مباشرة لمكتبة رأس بيروت، شارع بلس، (مقابل الجامعة الأمريكية)، تلفون 0348056

***

(فرانكفورت، 1972/4/4)

الشاعر ادونيس المحترم، تحية واحتراماً،

يبدو أنك مضطر لإيقاف صدور "مواقف". منذ فترة قرأت مقالة عن مجلة سويدية جديدة. شعارها تحدي المجتمع. ناشروها هم قراؤها. تبرع 1300 بما يعادل أكثر من 300 ألف ليرة لبنانية لإصدارها. قسم منها للنخبة المثقفة وقسم آخر للجماهير. أتمنى أن أقرأ في كل

عدد من "مواقف" أكثر من مقالة مثل افتتاحية العدد الأخير عن الأنظمة.

من الأرجح أنني أستطيع هنا بيع بضع نسخ من كل عدد. ما رأيك بهذه الفكرة الصغيرة؟ إذا وافقت أرجو أن ترسل لي خمس نسخ على الأقل من العدد الأخير. سأرسل لك ثمنها بعد وصولها بأسبوعين أو ثلاثة أسابيع. لعلي أوفق بعض الشيء. سأفعل هذا بكل رغبة.

طياً 12 دولاراً قيمة اشتراكي عن هذا العام. ما عدا ذلك الإفلاس شامل ([48]).

أرجو ملاحظة عنواني الجديد: مع احترامي

ابراهيم وطفي

6000 Frankfurt Ludwig - Landmannstr. 343 - C 422

***

(فرانكفورت، 25 آذار 1977)

الشاعر ادونيس المحترم، كان كتابك "الثابت والمتحول" أجمل هدية وأفضل كتاب قرأته في حياتي. قرأته على دفعات عديدة، لكي لا أنتهي من قراءته بسرعة. ثم قرأت المواضع التي علّمت عليها، أي أني قرأته كله تقريباً مرة ثانية.

علّ "المتحول" يغلب يوماً ما، في قرن ما، فيصبح كتابك مادة تدرّس في الجامعات والمدارس.

---

[48] - نشر أدونيس نص هذه الرسالة في العدد المضاعف 20/19 كانون الثاني - نيسان 1972, ص 4.

في العام الماضي رافقتك في "الوجه الآخر"، في "الواقع المباشر"، في سوق الحميدية وفي غبار القرية... قرأت مقالاتك في "الثورة" واحتفظت بها.

هل انطفأت "مواقف"، وكل الأنوار؟ مع فائق شكري وتقديري
ابراهيم وطفي

***

(باريس، 1984/9/2)

عزبزي ابراهيم، فرحت كثيراً حين عرفت أين أنت. لكن، أسأل، الآن: أين أنت؟

أتمنى كثيراً، أفرح كثيراً إذا عدنا إلى تواصلنا السابق - خصوصاً تواصل الكتابة.

ربّما سأجيء إلى باريس، نهائياً، أستاذاً في جامعة السّوربون - هذه السنة 1984 - 1985. إلى أن يتقرر ذلك، أرجو أن تكتب لي. "مواقف" لا تزال تصدر، على الرغم من كل شيء - وربّما بفضل كل شيء. عنواني: ص. ب 5139 - 113 بيروت /

وفي باريس... لك حبّي. (توقيع) **أدونيس**

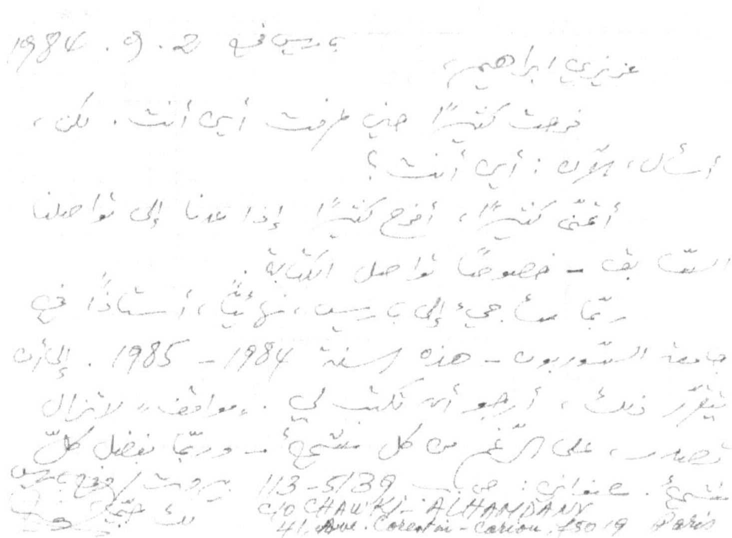

باريس في 2.9.1984

عزيزي ابراهيم

فرحت كثيراً حين عرفت أين أنت. لكن، أسألك، بحرقة: أين أنت؟

أتمنى كثيراً، أفرح كثيراً إذا عدنا إلى تواصلنا السابق – خصوصاً تواصل الكتابة.

ربما سمعت بمجيئي إلى باريس، مدعوّاً، أستاذاً في جامعة السوربون – هذه السنة 1984 – 1985. إلى أن [illegible] ذلك، أرجو أن تكتب لي. [illegible] [illegible]، على الرغم من كل شيء. وربما نفضل كل شيء. عنواني: [illegible] 113-5139 [illegible]

C/O CHAWKI ALHAMDANY
41 Ave. Corentin-Cariou 75019 Paris

(صورة رسالة 1984/9/2)

***

(بون، 1985/2/20)

الشاعر ادونيس المحترم، في الأيام التي وصلتني فيها كلمتك اللطيفة ولدت لي ابنة. قلت لحامل رسالتك، ربما فرحت لرسالة أدونيس مثل فرحي لولادة ابنتي.

وأنا أعني هذا لأنني أحترمك أكثر مما أحترم أي إنسان آخر في هذه الدنيا. وإنه لشرف كبير لي أن أتلقى بريداً منك. مرّ نصف عام تقريباً والحياة اليومية تلتهمني، لكن الحياة مع الأطفال - الملائكة مثل الحياة مع الشعر.

في الصحف السورية قرأت بعضاً من أنباء تكريمك: "باريس تكرّم أدوني"س، "أدونيس في بيت الشعر في فرنسا". (لم أقرأ نبأ مثل "دمشق تكرّم أدوني"س، ففكرت بعصر هجرة العقول وطرد الشعوب وبـ "لعلنا اليوم، نعيش الجاهلية في أبعادها السلبية).

آخر ما قرأته لك هو التحقيق الذي نشرته "صوت البلاد" في كانون الأول الماضي ([49]).

في الواقع ينقصني كل إنتاجك الأخير. هنا أو هناك أقرأ عن قصيدة لك، فأتحرق ولا أعرف كيف أصل إليها.

يبدو أن "مواقف" أقوى من الموت! وهي أيضاً تنقصني. أمنيتي الكبرى هي أن أتمكن يوماً ما من نقل قصيدة لك إلى اللغة الألمانية! ما زلت حتى الآن لا أجرؤ طبعاً على ذلك، لأنني ما زلت أخطو

---

49 - "حوار شامل مع الشاعر أدونيس: الحداثة هي الانفتاح على المجهول / الجنون هو اللاتلاؤم وهذا شرط الإبداع / ثورة الغرب هي ثورة ضد الشرق الذي يمثل الأب".

خطواتي الأولى في الترجمة إلى العربية (نشرت أربع مسرحيات من أجل التدريب).

بمناسبة حديثك عن الجنون في التحقيق المذكور، لقد ترجمت مؤخراً مسرحية ألمانية تقول تماماً ما قلته أنت في هذا الموضوع. وقد وعدت بنشرها في الكويت ([50]).

أرجو أن تكون قد أصبت استقراراً في باريس والسوربون! إذ لا وطن الآن لشاعر في بلاد العرب! مع احترامي ومحبتي. **ابراهيم وطفي**

***

(بون، 1986/1/24)

الشاعر العظيم أدونيس! آخر ما قرأته عنك هو المقالة التي أعدّها أنطون مقدسي في مجلة "المعرفة" السورية. وقناعتي هي أنك تقترب من جائزة نوبل للآداب أو هي تقترب منك. ستجبرهم على الاعتراف بالعرب. وعندئذ لن ترفع اسم العرب عالياً فحسب، وإنما اسم نوبل أيضاً ([51]). مع كل احترامي

***

(باريس، 1986/3/5)

---

[50] - مسرحية هاينر كيبهارت: "مرتس، حياة فنان"، لم تنشر في الكويت، فنشرتها على نفقتي الخاصة في دمشق عام 1990.

[51] - ملف بعنوان "أدونيس في باريس"، تقديم وترجمة وإعداد أنطون مقدسي، "المعرفة"، كانون الأول 1985.

أخي الأستاذ ابراهيم، تحية ومودّة - سرّني كثيراً أنني تلقيت رسالتك، ولو متأخرةً، شهراً ونيّفاً، وذلك عائد إلى غيابي عن بيروت - ويبدو أنه، هذه المرة غياب قد يكون طويلاً.

لقد قرّرت أخيراً أن أمضي في باريس بضع سنوات، بعيداً عن هذا المستنقع المخزي: هذه اللحظة اللبنانية - العربية. سأكون سعيداً إذا استأنفت نشاطك في "مواقف" التي سنستأنف إصدارها. سأرسل إليك العدد الجديد، حال صدوره.

شكراً لثقتك - آملاً أن يظل تواصلنا قوياً وحياً. ولك عميق مودتي **أدونيس**

***

(بون، 1989/1/24)

الشاعر ادونيس المحترم، تحية واحتراماً

ورد اسمك في مقالتين نشرتا مؤخراً في أكبر صحيفتين يوميتين في ألمانيا. المقالة الأولى عن نشاط دار نشر جديدة، والثانية عن المؤتمر الذي حضرته في برلين.

طياً ترجمة لمقطعين من المقالتين. تقديري أنك تعرفهما، لكن ربما ليس حرفياً.

وأملي أن تصلك رسالتي هذه، إذ أنني أرسلها إلى آخر عنوان حصلت عليه منك قبل نحو ثلاث سنوات. مع فائق احترامي. **ابراهيم وطفي**

***

[ترجمة عن الألمانية] (بون، 1989/2/7)

إلى دار نشر إديتسيون أورينت / برلين

السيدة شاك المحترمة، طياً رسالة شخصية مني إلى شاعر(كم) ادونيس، مع رجاء خاص، إحالة هذه الرسالة إلى الشاعر، أو إعلامي عنوانه. مع جزيل الشكر

***

(باريس، 1989/5/8)

أخي ابراهيم، أسعدتني كثيراً رسالتك، بعد هذا الانقطاع الطويل. وأشكرك على اهتمامك المحبّ.

رسالتك مؤرخة في 1/24 /89. وقد وصلتني في 89/5/8، بعد أربعة أشهر! كيف؟

المهمّ أن نستأنف تواصلنا. لك عميق تقديري ومودتي. **أدونيس**

عنواني:

Adonis

116 Rue de Lourmel. 750 Paris. France

تلفون الابيت: 4571328

اليونيسكو: 45682743

***

(بون، 1989/10/30)

الشاعر ادونيس المحترم، أهنئك من كل قلبي على كتابك الذي صدر بالألمانية!

لقد فرحت به كثيراً وأفخر به كل الفخر. اشتريت عدة نسخ منه كي أهديها إلى معارفي الألمان. قرأت قصائده بالألمانية والعربية في الوقت نفسه. الترجمة رائعة، وكذلك كلمة التعريف بك.

وقرأت مقالة صحيفة "زيد دويتشه تسايتونغ" عنك بعنوان: "أنا آت من المستقبل / الشاعر اللبناني أدونيس: مشرّد في المهجر". وفخرت أيضاً كل الفخر. إنني لا أعرف مقالة أخرى بالألمانية إيجابية بهذا الشكل عن أي كاتب عربي آخر. مع كل احترامي. **ابراهيم وطفي**

***

(باريس، 1989/11/15)

أخي ابراهيم، أشكرك على رسالتك. تغمرني دائماً بمشاعرك النبيلة. وقد أسعدتني أخبارك، وأسعدني أنّك سررت بالترجمة. هذه خطوة آمل أن تتبعها خطوات. ماذا تكتب، وما مشروعاتك؟

... ألمانيا على عتبة مستقبل آخر؟ يا للتاريخ... ([52]).

لنكن، دائماً، على اتصال. وأرجو أن تنتبه إلى تغيّر عنواني. مع بالغ مودّتي، (توقيع) ادونيس

عنواني الجديد:.....

52 - إشارة إلى زوال جدار برلين.

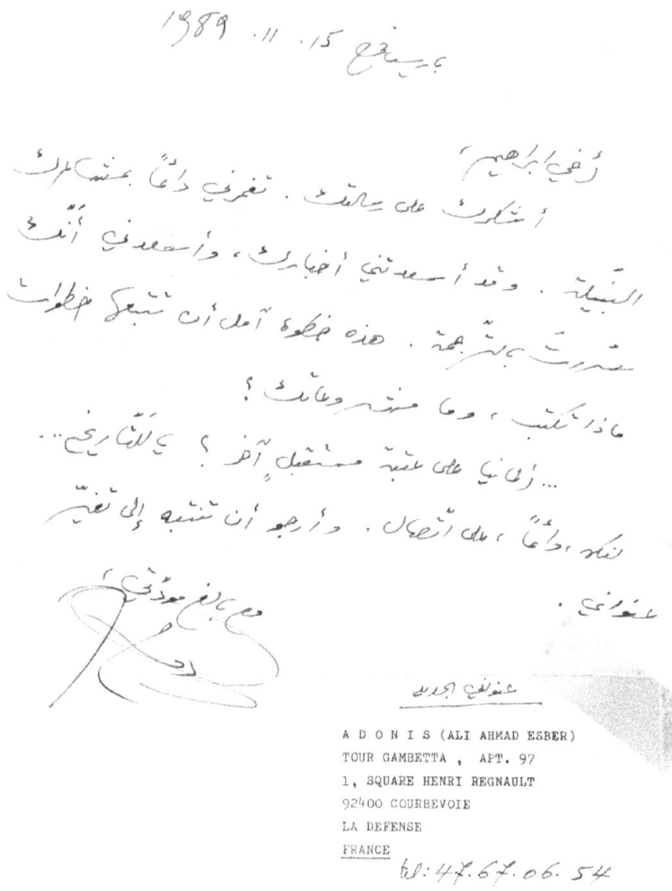

باريس 15. 11. 1989

أخي إبراهيم،

أشكرك على رسالتك. تغمرني دائماً بمشاعرك النبيلة. وقد أسعدتني أخبارك، وأسعدني أنك شرعت بالترجمة. هذه خطوة آمل أن تتبعها خطوات.

ماذا تكتب، وما مشروعاتك؟

... ألسنا على عتبة مستقبل آخر؟ في التاريخ...

لنكن دائماً على اتصال. وأرجو أن تنتبه إلى تغيير عنواني.

مع بالغ مودتي

أدونيس

عنواني الجديد

A D O N I S (ALI AHMAD ESBER)
TOUR GAMBETTA , APT. 97
1, SQUARE HENRI REGNAULT
92400 COURBEVOIE
LA DEFENSE
FRANCE
Tél: 47.67.06.54

(صورة رسالة 1989/11/15)

***

(بون، 1990/9/7)

الشاعر أدونيس المحترم، تحية واحتراماً

بعد ديوان "شجرة الشرق" بالألمانية قرأت المقابلة التي أجرتها صحيفة "فرانكفورتر روند شاو" معك ومع الأستاذ محمد أركون ونشرتها بتاريخ 14 تموز 1990 تحت عنوان: "ضد العقيدة الجامدة / حديث حول الأصولية والحداثة في الحياة الفكرية العربية".

وقبل ذلك كنت قد شاهدت المقابلة التي أعطيتها للتلفزيون الألماني. وكانت هذه أول مرة أشاهدك فيها.

إنك، إذن، حاضر في ألمانيا: في الكتاب والصحيفة والتلفزيون. مع بالغ احترامي. **ابراهيم وطفي**

***

(باريس، 1990/9/30)

أخي الأستاذ ابراهيم،

تحية ومودّة - أشكرك على رسالتك وعلى "الكتاب" ([53])، وسرّني، على الأخصّ، أن نعود إلى التواصل.

أسفت كثيراً لأنني لم أتمكن من رؤيتك في برلين، وقد زرتها مرّتين.

لم أر الحديث الذي تشير إليه في صحيفة فرانكفورتر روندشاو. ولم أر المقابلة التلفزيونية. الألمان هم أيضاً يعدون ولا يفون: لم يرسلوا لي، لا نصّ المقابلة ولا كاسيت التلفزيون، كما وعدوا. ولا أعرف كيف كان مستواهما.

أشكرك مرّةً ثانية، وآمل أن نلتقي قريباً. أطيب تمنياتي، **ادونيس**

عنواني الجديد:

ADONIS (Ali Ahmad Esber)

---

53 - مسرحية "مرتس، حياة فنان" (الطبعة الأولى).

TOUR GAMBETTA. APT:97
SQUARE HENRIREGNAULT 1.
COURBEVOIE 92400
LA DEFENSE FRANCE
Tel: 47670654

(بون، 1990/10/25)

الشاعر أدونيس المحترم، تحية وتقديراً!

شكراً جزيلاً على رسالتك. وأتشرف بأن أرسل لك نسخة من الحديث الذي نشرته صحيفة فرانكفورتر روندشاو بتاريخ 1990/7/14.

وفي 9/29 نشر الكاتب نفسه في الصحيفة نفسها مقالة بعنوان: "الحداثة في ميزان الإسلام"، تحدث فيها عن كتاب بهذا العنوان نشره سعودي اسمه عوض القرني وهاجمك فيه. طياً نسخة من هذه المقالة أيضاً.

ترجمة حديثك والمقالة يحتاج مني إلى تفرغ لمدة أسابيع. لكن الحياة اليومية قاسية لا تسمح بعمل جدّي. ثم إن ترجمتي ستشوّه الأصل حتماً، لأنني لست بهذا المستوى.

***

(بون، 1991/5/10)

الشاعر أدونيس المحترم، تحية وتقديراً!

أرسل لك طياً ترجمة تقريبية لحديثك مع الصحيفة الأسبوعية الألمانية "دي تسايت". وأنا أعتذر عن مستوى الترجمة (إذ لكل

امرئ قدرته!). أتصور أنه لم يبق الكثير من حديثك، الذي ترجم مرة إلى الألمانية، والآن مرة ثانية منها. وهذا ما "أرعبني" من ترجمة الحديث الماضي مع "فرانكفورتر روند شاو". وقد طلب مني هذا الحديث كل من هاشم صالح وأسعد خير الله، وكل منهما وعد بترجمته. علّ ترجمته وصلتك (مرة أو مرتين!).

***

(بون، 1994/8/25)

الشاعر أدونيس المحترم، تحية طيبة وبعد

سمحت لنفسي أن أتشرف بذكر اسمك في الكتابين المرفقين كي أعطيهما قيمة (كتاب كافكا ص 202 وكتاب فالزر ص 33)، فأرجو المعذرة! ([54]). مع فائق احترامي. **ابراهيم وطفي**

***

(باريس، 1994/10/4)

عزبزي الأستاذ ابراهيم، أطيب التحيات - شاكراً، أوّلاً، لفتتك الكريمة في الكتابين اللذين تلقّيتهما بسرور كبير، ومغتبطاً بهذه العودة إلى التواصل، بعد هذا الانقطاع الطويل، ومعتذراً أخيراً عن تأخري في الكتابة إليك، بسبب غيابي عن باريس، فترةً طويلة.

مشروع ترجمة كافكا مهمّ جدّاً، أرجو أن يستقبله الوسط الأدبيّ العربيّ استقبالاً يليق به. وآمل، شخصيّاً، أن تتمكّن من إكمال هذا المشروع، فهو نفسه عمل إبداعيّ. وسأكون بين أسعد قرّائك.

لابدّ أن "ندرك ما نتمنّاه": أن نلتقي.

---

54 - فرانز كافكا: "الحكم" ومارتن فالزر: "معركة منزلية".

لك عميق تقديري ومودّتي،

(توقيع) أدونيس

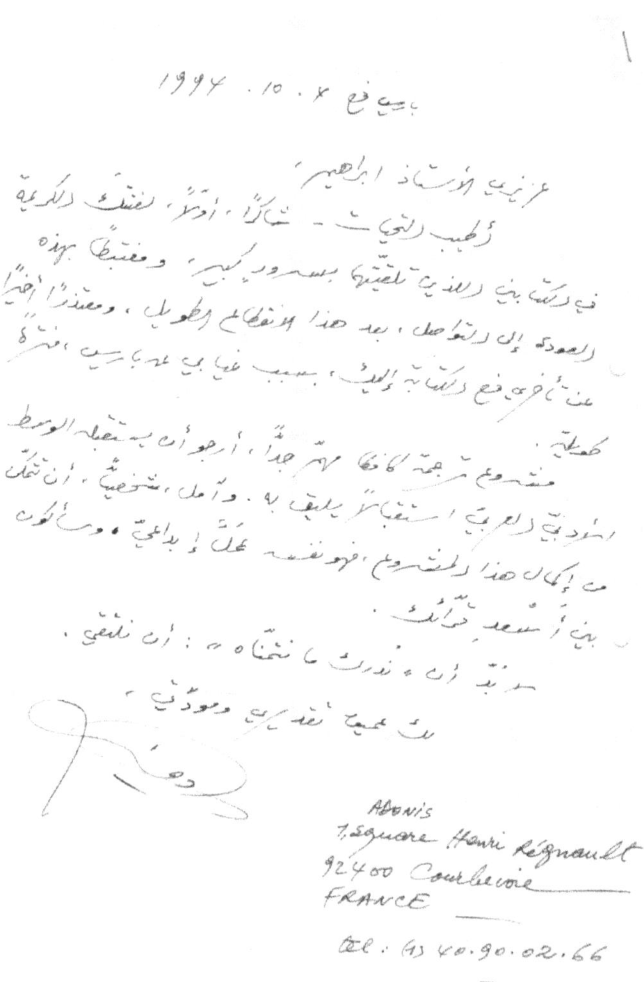

باريس في ٤ . ١٠ . ١٩٩٤

عزيزي الأستاذ ابراهيم،

أطيب التحيات — شكراً، أولاً، لمشاعرك الكريمة في رسالتيك اللتين تلقيتهما بسرور كبير، ومغتبطاً بهذه العودة إلى التواصل، بعد هذا الانقطاع الطويل، ومعتذراً أخيراً عن تأخري في الكتابة إليك، بسبب غيابي عن باريس فترة طويلة.

مشروع ترجمة كافكا مهم جداً، أرجو أن يستقبله الوسط الأدبي العربي استقبالاً يليق به. وآمل، شخصياً، أن تتمكن من إكمال هذا المشروع، فهو نفسه عمل إبداعي، وسأكون بين أسعد قرائك.

ولا بد أن يقدر ما نتمناه: أن نلتقي.

لك عميق تقديري ومودّتي،

أدونيس

ADONIS
1, Square Henri Régnault
92400 Courbevoie
FRANCE

Tel: (1) 40.90.02.66

(صورة رسالة 1994/10/4)

***

(بون، 1995/3/6)

الشاعر أدونيس المحترم، أطيب التحيات،

عندما قرأت الخبر، قلت لنفسي: ماذا يفعل أدونيس لدى اتحاد كتاب؟

طياً ترجمة مقالة نشرتها صحيفة "فرانكفورتر ألغماينه" بتاريخ 2/28/ 1995. (الصحيفة محافظة، رصينة، توزع 400 ألف نسخة يومياً، ملحقها الثقافي اليومي هو أهم ملحق في صحيفة ألمانية).

تحت صورتك كتب: "ضحية (الصقور) السوريين: الشاعر المهم أدونيس".

إن إعادة ترجمة جملة إلى لغتها الأصلية هي الأكثر استحالة. فأعتذر!

أهنئك بجائزتي ناظم حكمت والمتوسط. قرأت كلمتك لدى تسلمك الجائزة الأولى، فقلت لنفسي: "كل ما يكتبه أدونيس هو...".

سيكون أكبر شرف لي أن ألتقي بك. وسأرى ما أستطيع أن أفعله بهذا الخصوص.

إن تشجيعك لي بشأن كافكا هو أهم تشجيع. وكلمتك لي حول هذا الموضوع تكفيني تقديراً.

لك عميق شكري وفائق احترامي. **ابراهيم وطفي**

***

(من بون إلى باريس، حزيران 1996)

الشاعر أدونيس المحترم، أطيب التحيات،

أتشرف بأن أرسل إليك نسخة من كتاب "رسالة إلى الوالد". وقد سمحت لنفسي - بعد إذنك - أن أذكر فيه اسمك مرتين (ص 152 و163).

لم أسمع بزيارتك إلى برلين في أواخر العام الماضي إلا بعد عودتك منها. ولو سمعت قبل ذلك، كنت سأسافر حتماً إلى برلين من أجل حضور أمسيتك وسماعك. وقد علمت مؤخراً أنك ستدعى ثانية إلى ألمانيا. وإنني لأرجوك إعلامي في أية مرة ستأتي إلى ألمانيا، كي أتشرف بلقائك في أي مكان فيها.

صحيفة (فرانكفورتر ألغماينه)، التي نشرت مقالة عنك في العام الماضي، نشرت الآن مقطعين صغيرين من قصائدك، طياً صورة عنهما. مع فائق احترامي

***

(من بون إلى باريس، 1996/9/18)

الشاعر أدونيس المحترم، بعد تقديم الاحترام وأطيب التحيات أتشرف بأن أرسل لك نسخة من كتاب "حرب الشمال على شعوب الجنوب"، وذلك لأنني سمحت لنفسي أن أذكر اسمك فيه (ص 12). كما ترى، إنني "أزيّن خربشاتي" باسمك!

كنت سأسألك في ما إذا كنت تسمح لي بزيارتك، لكن مرضاً أصابني فجأة سيمنعني، إلى فترة، من السفر وحدي.

***

(بون، 1998/4/14)

الشاعر أدونيس المحترم، تحية طيبة وبعد..

ترجمة "أغاني مهيار" إلى الألمانية أيضاً شيء جميل جداً بالنسبة إليّ سررت به غاية السرور. وفرحت جداً لدى قراءة المقالة عنك في صحيفة "زيد دويتشه تسايتونغ" بتاريخ 1998/4/4. إنها مقالة جيدة جداً. ومقالة حسونة مصباحي عنك بتاريخ 1996/12/21 من

أفضل ما قرأته عنك. وإني أنتظر الكثير عنك وعن الترجمات القادمة لأشعارك ([55]).

إن خلودك في الألمانية أيضاً سوف يماثل خلود غوته وفاوست.

المترجم والناشر: شتفان فايدنر. دار نشر أمان، زيوريخ 1998، 206 صفحات، 98 ماركاً.

أسمح لنفسي أن أرسل لك طياً نسخة من الطبعة الثانية من "مرتس". وقد سمحت لنفسي بذكر جملة من رسالة منك (ص 306) ومقطعاً من مقابلة معك (ص 297)، فأرجو المعذرة!

***

(باريس، 1998/4/18)

العزيز الأستاذ ابراهيم، أطيب تحية،

هذه كلمة عاجلة لكي أشكرك على كتاب "مرتس"، وأهنّئك على مثابرتك الشجاعة. وآمل أن تتاح لنا فرصة اللقاء في مكان ما، من هذا العالم الواسع - الضيق!

في 16 أيار المقبل، سأكون في كولن بألمانيا - أهي بعيدة عن بون؟

لم أقرأ - لا أعرف أن أقرأ - ما كتب عني في الألمانية. يبدو أن استقبال كتابي جيد. هل أعجبتك الترجمة؟

شكراً مرةً ثانية،

---

[55] - أدونيس: "أغاني مهيار الدمشقي. أشعار مختارة 1958 - 1965". عربي وألماني.

آملاً، مرة ثانية، أن نلتقي قريباً. مع عميق تقديري ومودتي

(توقيع) **أدونيس**

ما رقم هاتفك؟

هاتفي: شخصي:..........

البيت:..........

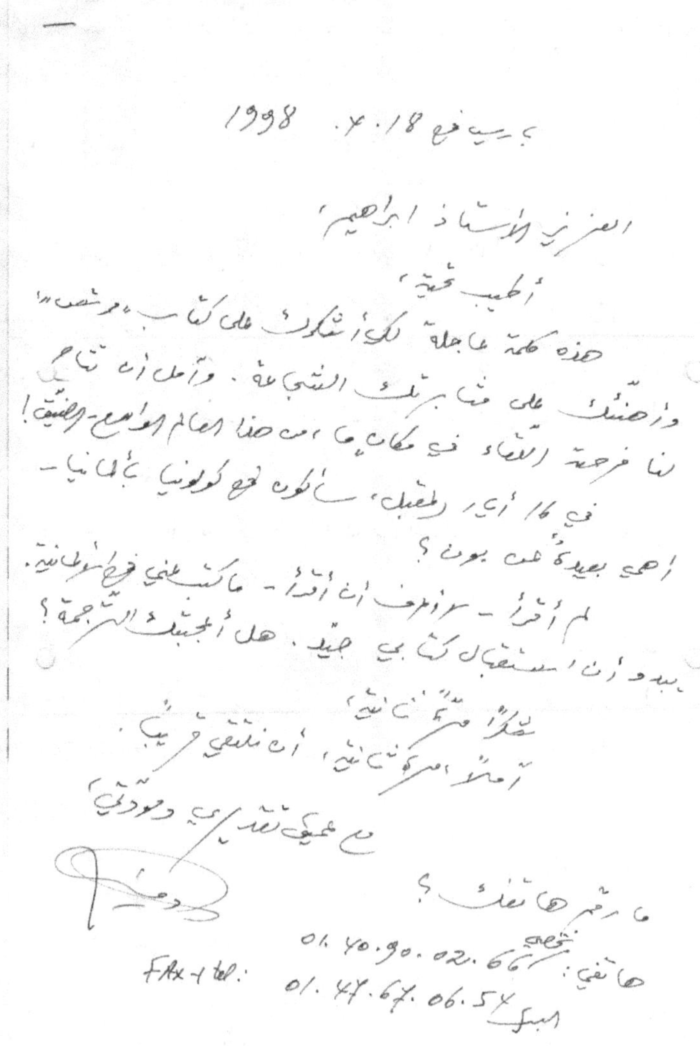

باريس في 18.4.1998

العزيز الأستاذ ابراهيم،

أطيب تحية،

هذه كلمة عاجلة لكي أشكرك على كتاب «موشحات» وأهنئك على مبادرتك الشجاعة. وآمل أن تتاح لنا فرصة اللقاء في مكان ما من هذا العالم الواسع - الضيق!

في 16 أيار المقبل، سأكون في كولونيا بألمانيا - أهي بعيدة عن بون؟

لم أقرأ - ولا أعرف أن أقرأ - ما كُتب عني في الألمانية. يبدو أن استقبال كتابي جيّد. هل أعجبتك الترجمة؟

شكراً مرة ثانية،

آملاً، مرة ثانية، أن نلتقي قريباً،

مع عميق تقديري ومودتي،

أدونيس

ما رقم هاتفك؟

هاتفي: شخصي 01.40.90.02.66

المكتب FAX+Tel: 01.47.67.06.54

(صورة رسالة 1998/4/18)

***

(بون، 1998/4/23)

الشاعر أدونيس المحترم، أطيب تحية..

كان بودّي أن أحضر إليك في باريس... ولو سيراً على الأقدام. وكان من شأن هذا أن يكون أكبر شرف لي.

لكن وضعي الصحي لا يسمح لي بالسفر... مع كل أسف. ومنذ أكثر من عامين لم أغادر الحي الذي أقيم فيه.

وكولن هي أبعد ما يمكنني أن أسافر إليه حالياً، وفقط برفقة زوجتي.

سأحضر إلى كولن برغبة كبيرة، وسأتشرف جداً بلقائك. سأستعلم من المعارف في كولن عن برنامج زيارتك. أما إذا كانت زيارة شخصية، فأرجو إعلامي عن الموعد والمكان المناسبين لك. (طياً بطاقة... ابني).

افترضت دائماً أن من يكتب عنك بالألمانية أو يترجم لك، يرسل لك ما يكتبه... مترجماً.

سأحاول أن أحضر معي إلى كولن موجزاً بالعربية عن المقالة التي نشرت بتاريخ 4/4 عن صدور "أغاني مهيار" بالألمانية. (ترجمتها بدقة تحتاج إلى مترجم ذي مستوى أفضل) ([56]). مع فائق احترامي

***

(بون، 1998/5/18)

الشاعر أدونيس المحترم، أطيب تحية،

حظي سيّء جداً بعدم لقائك في كولن. لم أستطع الحصول على معلومات دقيقة عن إقامتك. قيل لي إنه من غير الممكن لقاؤك بعد

---

[56] - مقالة بعنوان: "أغان من أصداف الحلم / عن بدء الطبعة الألمانية لأعمال الشاعر العربي الكبير أدونيس"، نشرت في صحيفة "العرب" (لندن) بتاريخ 1998/8/13.

الأمسية، وإنك ستبقى فترة في كولن حيث ستدعى. وكنت متهيّباً جداً من دعوتك إلى بيتي.

"أغاني مهيار" الألمانية لم أرها بعد. سأهدي نسخة منها إلى زوجتي في عيد ميلادها.

طياً محاولة ترجمة لمقالة عنها. هل من المناسب أن أرسلها إلى صحيفة ما للنشر؟

وأخيراً استطعت الحصول على نسخة من "الكتاب" (لكن إعارة فقط)، وسأتمتع به في الأسابيع القادمة. مع كل احترامي. **ابراهيم وطفي**

***

(بون، 1998/5/30)

الشاعر أدونيس المحترم، تحيات طيبة،

المقالة المرفقة نشرتها صحيفة "كولنر شتات أنتسايغر" بتاريخ 1998/5/13، عناوينها (تقريباً):

"أين يقف إنسان الحداثة؟

بين الحضارات: الكشف الشعري للسوري علي أحمد سعيد

الذي يسمّي نفسه أدونيس".

كاتبها: شتيفان فايدنر "المترجم الألماني لأعمال أدونيس"، كما جاء في آخرها. وهي بمثابة تقديم للأمسية.

تقديري أنك تعرف ترجمتها من الكاتب نفسه. وإلاّ فإني أترجمها لك برغبة.

لم أستطع الاستمتاع بـ "الكتاب" طيلة أسابيع، وإنما التهمته التهاماً خلال أيام. قرأته مرة أولى، وطلبت نسخة منه من بيروت، وسأقرأه مرة ثانية على مهل.

رأيي أن "الكتاب" سوف يخلد خلود ما يسمّى "الكتاب المقدس"... إذا تعلم العرب القراءة.

بانتظار "الكتاب" الثاني... عن حاضر العرب.

***

(بون، 1999/7/6)

الشاعر أدونيس المحترم، تحيات طيبة وبعد..

كنت قد قرأت الجزء الأول من "الكتاب"، إعارةً.

والآن وصلني جزءا "الكتاب"، بعد أن طلبتهما.

قرأت الجزء الأول مرة ثانية، والجزء الثاني مرة أولى.

كنت أرى "الثابت والمتحول" واحداً من أهمّ ثلاثة كتب قرأتها في حياتي.

والآن أعتبر "الكتاب" أهم كتاب قرأته في حياتي.

لقد كتبتَ جزءاً من تاريخ العرب الحقيقي... شعراً.

يحتاج "الكتاب" إلى قراءات عديدة. وطبعاً لا أدعي أنني فهمته كله. لكن شعوري هو أن كل كلمة في "الكتاب" إنما هي شعر عظيم. (هكذا بدأتُ مع كافكا). و"الكتاب" يحتاج إلى نقاد كثيرين يقرّبونه للقراء. (هكذا جرى لآثار كافكا: ظلت غامضة، منفية، حتى تيسّر لها مئات الاختصاصيين الذين جلبوا لها مئات آلاف القراء. "الكتاب" سيجد مثلهم، عندما يتعلم العرب القراءة.

"لم يحن بعد وقتي ("الكتاب I"، ص 208).

لو قرأتُ "الكتاب II" قبل سنة، كنت وضعت شعاراً لكتاب كافكا المرفق:

"قتل الأب... ظاهرة عامة. لكن معظم الأبناء ينتحرون فيما يحاولون قتل آبائهم. ذلك أن معايير هؤلاء الأبناء، ومرجعياتهم وينابيع إلهامهم ولغتهم، الآباء أنفسهم. والمشكلة، حقاً،... هي انتحار الابن، لا مقتل الأب" ("الكتاب II"، ص 69).

ما سعيت أنا إليه في 848 صفحة، كتبته أنت في أربعة أسطر.

شعاري: "يبكي آدم / لا من إثم، لا من ندم أو من حزن. / يبكي فرحاً / من نشوته / ببهاء العالم" ("الكتاب II"، ص 181).

طياً صورة قصيدة لك نشرتها صحيفة "فرانكفورتر ألغماينه" بعنوان (ثلج II). تقديري أن مترجمك فايدنر على اتصال بك.

كما أرفق طياً صورة مقالة نشرتها صحيفة "العرب" بتاريخ 1998/8/13 (في السطر الرابع وضع المحرر كلمة "للدين" بدلاً من كلمة "لله". طياً صورة من رسالته لي بهذا الخصوص) ([57]).

في كتاب كافكا سمحت لنفسي بذكر اسمك (أربع مرات، ص 227، 748، 761، 831).

[57] - وضع المشرف على الصفحة الثقافية كلمة "للدين" مكان كلمة "لله" في الجملة الأولى من المقالة المترجمة بعنوان "عن بدء الطبعة الألمانية لأعمال الشاعر العربي الكبير أدونيس". وكانت الجملة: "بديوانه (أغاني مهيار الدمشقي) كان الشاعر أدونيس قد حقق جوهر رؤياه الشعرية: التدمير الجميل من خلال التمرد والرفض، رفض وتمرد على دور الشاعر العربي مقرظاً لله والحكام غارقاً في قبضة لغة وثقافة متحجرتين".

بعض التعديلات والإضافات على الطبعة الأولى من كتابي "الحكم" و"رسالة إلى الوالد" على الصفحات التالية: 68 - 70، 135 - 150، 196 - 204، 743 - 753، 776 - 790. مع فائق احترامي. **ابراهيم وطفي**

***

(بون، 2000/12/21)

الشاعر العظيم أدونيس المحترم، تحية طيبة وبعد..

كان آب من العام 2000 شهر أدونيس. قرأت في هذا الشهر أحد عشر كتاباً من كتبك، وهي: كتاب الحصار، سياسة الشعر، الشعرية العربية، النص القرآني وآفاق الكتابة، احتفاء بالأشياء الغامضة الواضحة، المطابقات والأوائل، كلام البدايات، النظام والكلام، ها أنت أيها الوقت، حوار مع أدونيس، هذا هو اسمي.

من مجموع شعرك ودراساتك هناك ستة كتب فقط لم أقرأها بعد. وسأحاول الحصول عليها، بالإضافة إلى ترجماتك المسرحية.

صحيح أنني لا أفهم معظم شعرك. أفهم "صورة من هنا، فكرةً من هنالك". لكنني "أحس - منذ بدأت أقرأه - أنه شعر عظيم (هكذا كان حالي مع كافكا). ومن سيفهم الشعر العظيم سوى شاعر عظيم؟ أما دراساتك، فإنها تثبت أنك المفكر العربي الوحيد.

أدعو لك بطول العمر، وبأن تكتب كل ما تريد كتابته، وكأن ما من رقيب، وألّا "يعامل الفكر معاملة الجرم"!

حياتي اقتبست من حياتك بعض المحطات الخارجية:

1 - النشأة في القرية.

2 - بعد أن تركت أنت (اللاييك) في طرطوس ببضع سنوات، سكنت أنا مع سعد وجدّتنا في غرفة واحدة تبعد بضعة أمتار عن مدرستك. وزرت (الثانوية). كنت أمشي مع سعد كل يوم أمام اللاييك.

3 - بعد أربع سنوات من خدمتك (للعلم) في حلب، أمضيت الخدمة نفسها هناك.

4 - عشت في دمشق عدة سنوات، لكنني - عمداً - لم أدخل جامعتها، التي انحفرت بينك من طرف وبينها وبين الواقع المحيط بكما من طرف آخر هوة وهاوية.

5 - إلى بيروت كنت أنت "شبه هارب". أما أنا فقد كنت هارباً بقرار ذاتي. عشت في بيروت العام 1957. ورحت "أطوف شوارع بيروت وأزقتها". أيضاً "تعرفت على بيروت شارعاً شارعاً، من الجهات كلها، خصوصاً من جهة البحر".

(فيما بعد سافرت مرة مع سعد إلى بيروت، وذهبنا إلى مقهاك، وسألنا عنك، فقيل لنا إنك "في الأعالي").

في وقت مناسب، في العام 1962، قلت لكل شيء: وداعاً. (في العام 1994 قال لي سعد، بلهجة لا تخلو من حسد: "لم يفهم الطبخة أحد غيرك، فأنقذت نفسك").

في الحوار معك الذي نشر في تموز 2000 لم تستطع أن تحدد مكان استقرارك ([58]). لا أصدق أنك عدت نهائياً إلى "قصابين". حيدر قال

---

[58] "حوار مع أدونيس: الطفولة. الشعر. المنفى"، أجراه صقر أبو فخر، ونشر في "القدس العربي" على عشر حلقات بين 5 و15 تموز 2000.

لي إنك عدت "نصف عودة". إن العالم بديع، لكنه ليس أكبر من قرية!

مع احترامي لك ولشعرك وفكرك

***

(باريس، 2001/2/5)

عزيزي الأستاذ ابراهيم، تحية ومودة - تغمرني دائماً بحبك الكبير، فلا أعود أعرف ماذا أقول لك.

مشتاق جداً للتعرف إليك. أرجو أن يتمّ ذلك قريباً. في 22 مارس المقبل، سأذهب إلى فايمار، مروراً ببرلين، لحضور احتفال تقليدي ميدالية غوته. ربما كانت هذه هي المرة الأولى التي تعطى لعربيّ. لكن "بون" بعيدة!

أرسل لي، رجاءً، هاتفك. مرّةً، أعطيتني رقماً لكنه لم "يظبط"! بين وقت وآخر - أقول لك، هاتفياً، صباح الخير، أو مساء الخير.

حبي الكبير، (توقيع) **أدونيس**

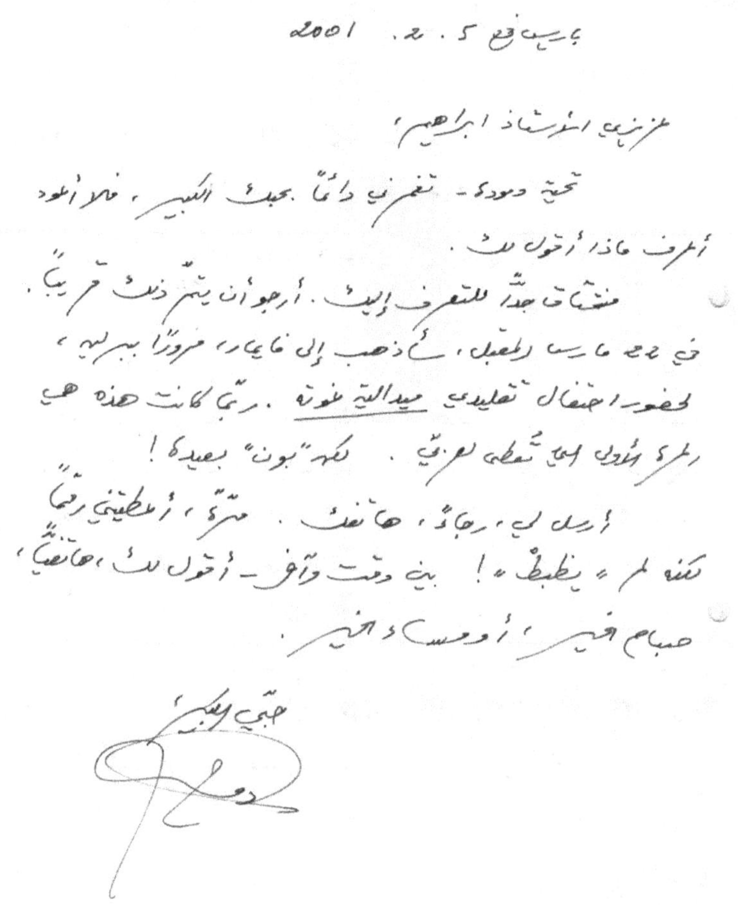

باريس في 5. 2. 2001

عزيزي الأستاذ ابراهيم،

تحية ومودة. تغمرني دائماً بحبك الكبير، فلا أعود أعرف ماذا أقول لك.

مشتاق جداً للتعرف إليك. أرجو أن يتم ذلك قريباً.

في 22 مارس المقبل، سأذهب إلى فايمار، مروراً ببرلين، لحضور احتفال تقليدي: ميدالية غوته. ربما كانت هذه هي المرة الأولى التي تعطى لعربيّ. لكن "بون" بعيدة!

أرسل لي، رجاءً، هاتفك. مرّة، أعطيتني رقماً لكنه لم "يضبط"! بين وقت وآخر - أقول لك، هاتفياً، صباح الخير، أو مساء الخير.

حبي الكبير

(صورة رسالة 2001/2/5)

***

(بون، 2001/2/20)

أستاذي الكريم، الشاعر أدونيس المحترم،

أحرّ تهانيّ أقدمها لك بمناسبة تقليدك - قريباً - ميدالية غوته!

رسالتك في 2001/2/5 تمثل تكريماً لي لا أستحقه. ولا حاجة بك لأن تقول لي شيئاً. إنني مجرد قارىء أعبّر أحياناً عن شكري لما قرأت، وذلك لأن الكتاب الجيد هو شيء نادر في اللغة العربية.

لو كنت في حالة صحية عادية، كنت بالتأكيد، استمعت إليك في كل مرة كنت فيها في ألمانيا (كان السفر هوايتي).

اسمح لي الآن أن أتعبك ببضع كلمات عن حالتي الصحية، حتى لا تستغرب لماذا لا أسعى إلى لقائك والاستمتاع بحديثك:

قبل خمس سنوات أصبت بسكتة قلبية من النوع القاتل. وكنت حالة غريبة بالنسبة إلى الأطباء، إذ ليس لديّ أي عامل من عوامل الإصابة بسكتة. ولم يعرف الطب لا سبب إصابتي ولا سبب نجاتي. وقد ترتّب على الموضوع نتيجة نفسية هي الخوف من تغيير الجو الذي أعيش فيه. تراني مثل طفل لا يبتعد عن أهله وحارته. عندما أضطر إلى السفر إلى مركز المدينة، أصطحب معي زوجتي أو أحد أولادي. وقربي من مستشفاي وأطبائي وتقاريرهم الطبية يعطيني شعوراً بالأمان كبيراً. مرة أغمي عليّ (ضغط الدم منخفض جداً)، وبعد خمس دقائق أفقت في مستشفاي. وعليه فمنذ خمس سنوات لم أخرج من بون (ثلثا القلب تعطلا نهائياً. وكل يوم أتناول 14 حبة دواء).

لكن الوضع النفسي في تحسن، ولاسيما أنه لا يبدو عليّ ظاهرياً أعراض مرض. إنني أعمل في الترجمة في البيت طوال اليوم، ولا أخرج سوى مدة ساعة لأتمشى في الحارة.

لكن هناك أمراً ثانياً في غاية الأهمية بالنسبة إليّ: منذ سنوات أعمل في ترجمة آخر كتاب. وستكون أكبر خسارة لي، إذا حدث لي حادث قبل الانتهاء منه (حوالي حزيران).

ورغم ذلك درست مطولاً إمكانية سفري إلى فايمار. واتصلت بمترجمك، السيد فايدنر في كولن، علّه يصطحبني معه إذا سافر إلى فايمار. لكنه لم يردّ على مخابراتي المسجلة في جهازه (منذ سنوات وأنا أحاول الالتقاء به، وقد كتب لي مرة، ووعد بلقاء، لكن يبدو أن وقته ضيق جداً. وهو يعرف أني قارئك).

إذا حدث لي حادث في فايمار، أثير "البكة" لك، وأنت غريب هناك. ربما يكون من الأفضل أن أجازف بالسفر إلى باريس، إذا ناسبك الأمر يوماً ما. مثل هذا اللقاء جدير أن يكون أهم لقاء لي في حياتي كلها.

هاتفي: (0228 / 345687) إذا كانت المخابرة من داخل ألمانيا. من خارج ألمانيا يحذف الصفر ويوضع بدلاً عنه مفتاح ألمانيا من البلد الذي يخابر منه.

برسالتك الأخيرة أكرمتني أكثر من اللازم. لكن هذا الإكرام يشجعني على أن أرسل لك صورة عن "نبذة" كنت قد كتبتها وأنا بانتظار الموت، وأوصيت بإرسالها إلى أهلي الذين لم يكونوا طوال العمر قادرين على أن يفهموا لماذا غادرت ما يسمى "الوطن"، وتزوجت ممن تسمى "أجنبية".

وبهذه "النبذة" تعرفني خير معرفة. وبالكاد لديّ شيء آخر يقال ([59]).

مع شكري واحترامي. **ابراهيم وطفي**

***

(بون، 2002/5/20)

أستاذي الكبير، الشاعر أدونيس المحترم،

59 - "نبذة من سيرة حياة".

أطيب تحياتي إلى شخصك الكريم وتمنياتي أن تكون بكل خير!

أسمح لنفسي أن أرسل لك طياً نسخة من رواية "المحاكمة" لكافكا، التي تفرغت لترجمتها طوال أكثر من أربع سنوات.

في الكلمة الختامية (ص 656) ذكرت بما معناه أن آثار كافكا إنما هي تطبيق لنظريتك في ماهية الشعر، وأوردت سبعة عشر مثالاً على ذلك من أقوالك.

كما ذكرت في بقية الكتاب ثلاثة وعشرين اقتباساً من آثارك، وذلك في هوامش الصفحات التالية:

299 415 539 540 542 562 563 565 568 601 614
620 628 634 636 637 639

أملي كبير ألاّ أكون قد أخفقت في مقصدي، وألاّ أكون قد كتبت ما لا يناسب.

صحتي تحسنت... وخاصة بعد صدور هذا الكتاب. مع احترامي.
ابراهيم وطفي

***

مخابرة هاتفية

ظهر يوم 24 آب أحضرت لي ابنتي، إلى غرفتي، سماعة الهاتف الجوال (في المنزل). سمعت صوتاً ظننته صوت أحد المعارف. سألت: "من؟". ردد قائلاً: "أدونيس". قلت: "السلام عليكم، يا أستاذي! هذه أهم مخابرة أتلقاها. كيف حالك؟". قال أدونيس بصوت ضاحك: "شكراً. كيف حالك أنت؟". قلت: "خيراً. خيراً. أين أنت الآن؟". قال: "في باريس". وكرر أدونيس سؤاله عن صحتي، لا شك متذكراً ما كنت قد كتبته له عند دعوته لي سابقاً للقائه في فايمار. كان صوت أدونيس يشع دفئاً وألفة واهتماماً. أحسسته صوت أعز

صديق وأخ. قال: "شكراً من أجل كتاب المحاكمة الذي وصل. كنت غائباً فترة طويلة". قلت: "آمل أن تقرأ الصفحات الأخيرة، التي تحوي اقتباسات عديدة منك". قال أدونيس: "سأقرأ الكتاب كله". قلت: "هذا يسعدني". وكرر أدونيس سؤاله عن صحتي، وسألني فيما إذا كنت أستطيع السفر. قال: "يجب أن نلتقي". قلت: "عندما يكون لديك وقت لي". سألني: "هل تستطيع الحضور إلى برلين؟". قلت: "إلى برلين أستطيع". قال: "في منتصف اكتوبر سأكون في برلين. سارتوريوس سيقيم مهرجاناً شعرياً يستمر يومين أو ثلاثة" ([60]).

رجوت أدونيس أن يكتب لي العنوان على ورق لأنه لديّ أحياناً مشكلة تتعلق بالسمع على الهاتف، لكنني استدركت على الفور قائلاً إنني فهمت كل كلمة منه وإنه مشهور بروعة إلقائه أيضاً. قال أدونيس ضاحكاً: "شكراً". ووعد أن يكتب لي عنوان وموعد اللقاء. وإذ شعرت أن أدونيس انتهى من قول ما أراد قوله، ودعته شاكراً له مخابرته لي. وقلت: "شكراً يا أستاذي. ومع السلامة". قال أدونيس: "شكراً. مع السلامة".

غير أنني سمعت أدونيس يقول مستعجلاً: "هالو. هالو". قلت: "نعم، ما زلت هنا". قال: "في صحيفة فرانكفورتر ألغماينه (ابتسمت بسبب طريقة لفظه اسم الصحيفة الألمانية. ثم لفظ اسم الكاتب الذي لم أستطع فهمه. قلت: "آه، نعم. لقد نسيت. قرأت المقالة". سألني أدونيس: "هل هي جيدة؟ كيف هي؟". قلت: "الكاتب يبدي احتراماً كبيراً لك والمقالة جيدة جداً". قال أدونيس: "لم أرها". قلت: "لديّ نسختان أصليتان منها". قال: "أرسل لي نسخة". قلت: "هل عنوانك في باريس هو نفسه؟". قال: "نعم". ووعدت أدونيس أن أرسل له في

---

[60] - يواخيم سارتوريوس Joachim Sartorius (مولود عام 1946) شاعر ألماني ودبلوماسي ومترجم ومدير مهرجان.

الأسبوع التالي نسخة من المقالة الألمانية عنه. وتبادلنا للمرة الثانية كلمات الوداع.

***

(بون، 2002/8/25)

أستاذي أدونيس المحترم!، أطيب تحياتي

مخابرتك لي يوم أمس أسعدتني جداً، فلك جزيل الشكر. ها إني سمعت صوتك لأول مرة في حياتي. كان بإمكاني أن أسمعه قبل نحو نصف قرن: في قرية السودا (شرق قريتي) في أوائل خمسينات القرن العشرين. كان شقيق سعد الأكبر سيأخذني معه إلى حفل ما ألقيتَ فيه قصيدة، لكنني لم أعد أذكر سبب عدم ذهابنا.

أرسل لك طياً نسخة أصلية من المقالة عنك في صحيفة "فرانكفورتر ألغماينه" يوم 2002/7/29. عناوينها هي: "الشعر هو دائماً ضرب من ضروب الهرطقة / دانتي والنبي والسينما: الشاعر أدونيس يغادر برلين، حيث كتب أثره الأهم".

تحوي المقالة موجزاً عن حديث معك وعن إنهائك الجزء الثالث من "الكتاب" في برلين. (هذه طريقة مألوفة هنا، في السياسة وفي الأدب، ليس أسئلة وأجوبة حرفية، وإنما موجز بلغة كاتب المقالة مع اقتباسات من أقوال معطي الحديث).

لا تحوي المقالة كلمة سلبية، وإنما تنم عن تقدير كاتبها هاينريش دترينغ لك.

كما أرفق صورة عن قصيدة "مرآة طاغية" التي نشرتها صحيفة "زيد دويتشه تسايتونغ" بتاريخ 2002/7/3 مع تقديم كتبه سارتوريوس.

قبل أشهر عرضت على "الحياة" مشروع ترجمة نحو مئة حديث مع كتاب عالميين بينهم عدة كتاب عرب. وقد أملت أن تنشر الصحيفة

عدداً منها على حلقات، لكن لم يأتني رد فعل. عرضت ذلك على صحف أخرى، فقبلت، لكن دون مقابل. (لقد عملت طوال حياتي أعمال سخرة).
ربما أعرض على "الحياة" ترجمة ما أجده عنك في الصحف الألمانية. عندي سأجد مقالة نشرت في العام 1989 بعنوان "آت من المستقبل"، ومقالة حسونة مصباحي في العام 1998، ومقابلة صحافية طويلة في العام 1990، والمقالة المرفقة. ولا شك أني سأجد مقالات أخرى. مثلاً المقالة التي نشرت بتاريخ 21 آذار 2002 عن معرضك في برلين.
سأكون في غاية السعادة إذا تمكنت من لقائك، في برلين أو غيرها. (من أجل سفر أحتاج إلى بعض الاستعدادات قبل أن أسافر، مثل حجز مكان مبيت سلفاً، وذلك نظراً لوضعي الصحي). أرجو أن تذكر لي، عندما يتحدد الأمر، مكاناً وموعداً تقريبياً للقائك. مع احترامي. **ابراهيم وطفي**

***

لقاء أول بعد كتابة طوال 35 عاماً

في معرض الكتاب في فرانكفورت عام 2004، حيث كانت الثقافة العربية ضيف الشرف في المعرض، والذي حضره نحو مئتي كاتب عربي، حضرت أمسية لأدونيس. كنت أجلس بالقرب من باب القاعة، وأثناء دخوله بصحبة عدة أفراد، قمت من مكاني وخطوت نحوه. قدمت نفسي له، فبدا عليه وأظهر لي أنه فوجئ مفاجأة سارة، وحياني تحية عربية حارة، أي باليد والخدين. وكانت هذه أول مرة أرى فيها أدونيس. وبسبب ارتباطي مع ابنتيّ الشابتين، لم أشأ أن أحاول الالتقاء معه بعد انتهاء الأمسية. ولا سيما أني كنت أقدّر أنه لا بد أن يكون لديه في مثل هذا المعرض ارتباطات جمة.

في خريف عام 2005 كان أدونيس واحداً من أربعة عشر كاتباً من خيرة الكتّاب العرب دعوا للمشاركة في برنامج ثقافي كبير تعاونت على إقامته نحو ستين هيئة ثقافية في أربع مدن ألمانية متجاورة هي بون وكولن وديسبورغ ودوسلدورف. وكان هدف هذا البرنامج، الذي سمّي "الشرق الجديد" هو عرض الثقافة العربية المعاصرة، من أدب وموسيقى وسينما ورسم ورقص ومسرح، وافتتاح حوار مع ثقافة "قريبة إلا أنها بعيدة في آن". وقد شمل نحو مئة وتسعين أمسية، واستمر من منتصف أيلول إلى منتصف كانون الأول.

ضمن هذا البرنامج أقيم لأدونيس أربع أمسيات شعرية، واحدة في كل مدينة. وكانت أولاها في بون في 21 أيلول. وصلت إلى المكان قبل بدء الأمسية بنحو نصف ساعة. كان يجلس في بهو القاعة مع رجل، عرفته من أمسية فرانكفورت أنه مترجمه إلى الألمانية شتفان فايدنر، وامرأة عرفت في ما بعد أنها مرافقته الرسمية. وقد شاهدني أدونيس فور دخولي، وعرفني، فوقف منتصباً وحياني بابتسامة عريضة وبالتحية العربية المألوفة. وكان ثمة مقعد مريح رابع خال،

فسألت أدونيس في ما إذا كان بإمكاني التشرف بالجلوس إليه، فقال: "طبعاً، تفضل". وتحدثنا ثلاثتنا نحو ربع ساعة. كان ثمة تعارف بين مترجم أدونيس وبيني من خلال مراسلات. والآن اتفقنا على لقاء قريب. وسألني أدونيس في ما إذا كنت أقيم في بون. وأثاره قولي له إن ابنتيّ إنما تدرسان في هذه الجامعة التي نجلس الآن في أحد مبانيها. وسألني أين أسكن، فأثاره أكثر إذ قلت له إني أسكن على بعد عشر دقائق إذا أقلّتنا سيارة أجرة، وقال لي أدونيس إنه يمكننا بعد انتهاء الأمسية، متابعة السهرة معاً في حانة ما. فسألته في ما إذا كان يحب أن يشرفني في البيت، فأجاب على الفور بالإيجاب. قلت، سأخابر زوجتي وأعلمها لتحضّر طعام عشاء. قال أدونيس: "وشراب". استأذنت وخرجت وخابرت زوجتي. ولما عدت، قال أدونيس إنه من الأفضل له أن نلتقي في اليوم التالي. وقد قدّرت أن مرافقة أدونيس كانت أشارت له بوجود دعوة ما بعد انتهاء الأمسية. فقد حدثتني أنه يمكن تناول طعام غداء جيد في الفندق الذي يقيم فيه أدونيس، وأعطتني بطاقة الفندق.

قدّم أدونيس قراءة من ديوان "أغاني مهيار الدمشقي"، وقام المترجم بقراءة الترجمة الألمانية، وتخلل ذلك عزف قدمه عازف عود عربي. كان عدد الجمهور يبلغ ربما نحو مئة وخمسين شخصاً، لم ألاحظ بينهم سوى ثلاثة أفراد من العرب، بدا لي اثنان منهم صحافيين، وثالث تقدم من أدونيس قبل الأمسية وقدم له نفسه على أنه من الساحل السوري. وقد استغرقت الأمسية ما يقرب من الساعة وربع الساعة. وفي نهايتها وقّع أدونيس لبعض المشترين على عدد من النسخ من كتبه المترجمة إلى الألمانية التي كانت معروضة على طاولة.

وفي خارج القاعة قبل أدونيس دعوتي له إلى طعام غداء في اليوم التالي في مطعم الفندق الذي يقيم فيه.

كان أدونيس يقيم في فندق صغير في مدينة كولن التي تبعد نحو 40 كيلو متراً عن بون. لم أجده في غرفته، وقالت لي منظّفة إنه خرج قبل دقائق، فرحت أبحث عنه في جوار الفندق علّه كان يتمشى بضع دقائق أو يجلس في مقهى قريب. وإذ لم أجده عدت إلى الفندق، ودخلت إلى المطعم المتواجد في الفناء، فوجدت أدونيس يجلس وحده تماماً في المطعم كله، وقد بدأ بتناول الطعام. كان يجلس ووجهه باتجاه الباب، وإذ شاهدني، رفع كلتا يديه إلى الأعلى مرحّباً ضاحكاً بمعنى: أين أنت يا أخي؟ رويت له ما قيل لي إنه خرج ولم يُقل إنه نزل. واعتذرت عن سوء التفاهم، وعذري أنه لم يجر تحديد ساعة معينة، وأن الساعة الآن لم تكن تتجاوز الواحدة ظهراً.

كان أدونيس قد طلب طبقاً كبيراً من السمك وطبقاً كبيراً من السلطة الخضراء وخبزاً وربع ليتر من النبيذ الأبيض. وقد بدأنا الحديث على الفور بينما راح أدونيس يأكل ويشرب بشهية يُحسد عليها وهو في سن الرابعة والسبعين. قال: "اطلب!"، وإذ لم يكن موعد طعام غدائي قد حل، فقد طلبت صحناً من السلطة الخضراء وقنينة مياه معدنية. لكن النادلة أساءت فهم طلبي، فأحضرت لي كأساً كبيراً من النبيذ الأبيض كالذي يحتسيه أدونيس. ولما شرحت لها خطأها، وأرادت إعادة كأس النبيذ، أشار لها أدونيس بالإبقاء عليه له. وبعد أن أنهى احتساء الكأس الأول، تابع في احتساء هذا الكأس الثاني، وبعد الانتهاء منه، طلب كأساً ثالثاً واحتساه بلذة. أي أن أدونيس شرب ثلاثة أرباع الليتر من النبيذ، على الأقل. كما إنه تناول كل ما طلبه من طعام دون أن يترك منه أية بقايا.

بدأتُ الحديث بطريقة "فلاحية"، محاولاً "كسر جليد" وبدء "حميمية"، قدّرتُ أن أدونيس سيعذرها كونه هو أيضاً قد نشأ في قرية. قلت بلهجة اتهامية: "هل طلبت سمكاً لأنك لا تأكل لحم خنزير؟". (مدّعيّ التديّن يفعلون ذلك خوفاً من أن يكون لحم البقر

الذي يطلبونه لحمَ خنزير). قال أدونيس بلهجة دفاع ومؤكداً: "لا، أنا آكل لحم خنزير".

تحدثنا في شؤون خاصة وشؤون عامة. سألني أدونيس عن أمسيته، فكررت على مسامعه ما ذكرته له في رسالتي، وبدا لي أنه كان غير راض عن عدد الذين حضروا الأمسية.

أردت أن أسمع رأي أدونيس في كتب سعد (الله ونوس). إلا أني أعرف أن السؤال المباشر غير مناسب. ذكّرت أدونيس بحادثة أولى من مطلع السبعينات ([61]). ابتسم أدونيس وقال: هل كتبت لغلاف؟ إني لا أذكر هذا". لقد فهم أدونيس مقصدي. قلت: "لقد أجبتني على سؤالي، هذا يكفي".

كما تمنيت أن أسمع كلمة من أدونيس عن كتب حيدر حيدر، إلا أني لم أجد سؤالاً غير مباشر مناسباً. سألني أدونيس عن حيدر وقريتي التي حضر فيها أدونيس حفلاً أقيم بمناسبة مرور عام على وفاة سعد.

ذكرت لأدونيس أني تابعت الضجة التي أثيرت حول محاضرته في العام الفائت عن مدينة بيروت، فأشار بيده علامة الاستخفاف بتلك الضجة.

---

61 نشر سعد في صحيفة سورية مقالة مطولة ينتقد فيها أدونيس لعدم "التزام" الشاعر بقضايا الجماهير (كانت هذه هي الموضة الأدبية السائدة آنذاك)، وكونه يرمي إلى "تفجير اللغة"، في حين أن المثقفين مهددون في حياتهم اليومية من قِبل أنظمة الحكم العربية. وردّ عليه أدونيس في مقالة قال فيها إن سعد لا يعرف كيف يقرأ قصيدة]. وذكّرت أدونيس بحادثة ثانية: [على الغلاف الأخير للجزء الثاني من "الأعمال الكاملة" لسعد، الصادرة عام 1996 كتب أدونيس رأياً في مسرحيات سعد. وقد بدا لي أن القارئ المتوسط سيفهم كلمات أدونيس تقريظاً كبيراً، في حين أن القارئ الحق سيفهمها تلبيةً لطلب وإسداء معروف

قلت إني قرأت مقالة طويلة جيدة عن حياته نشرتها صحيفة ألمانية، ورد فيها أنه ألقى، وهو فتى، قصيدة أمام رئيس جمهورية سورية؛ وسألته في ما إذا كان هذا صحيحاً، ورجوته أن يروي لي قصة ذلك. سرّ أدونيس بسؤالي، وروى:

[كنت في سن الثالثة عشرة عندما سمعت أن رئيس الجمهورية شكري القوتلي يقوم بجولة في المحافظة ويزور مدينة جبلة. فعقدت العزم على أن أذهب إليه، وألقي عليه قصيدة. ألّفت قصيدةً، قصيدةً طويلة يتألف مطلعها من كلمتين مشتقتين من اسمه: "أنتَ قوة لي...". مشيت سيراً على الأقدام عدة كيلومترات على طريق ترابي معفّر. وقد هطل مطر، وابتلّت جلابيتي الرثة. واضطررت لقطع ساقية، فابتلّ حذائي العتيق. وبهذه الحال البائسة وصلت إلى ساحة المدينة، التي كانت تعجّ بحشد كبير من الناس الذين كانوا ينتظرون بصبر تحت أشعة شمس الخريف. وبعناء كبير استطعت أن أخترق صفوف الجمهور وأصل إلى مكان متقدم قريب من المنصة الكبيرة. ورحت أمسح العرق عن جبيني وقد تقطعت أنفاسي. وفجأة ظهرت حركة في الحشد المنتظر. رئيس الجمهورية شكري القوتلي يصل إلى المنصة يرافقه وزراء ووجهاء. يلقي الرئيس كلمة في الشعب، والشعب يصفق للرئيس. وبانتباه رحت أراقب الحدث. وإذ كاد الحفل يقترب من نهايته، اعترضت طريق أحد رجال الشرطة، وقلت له بصوت منفعل: "أحب أن أتحدث إلى الرئيس". تفحصني الشرطي بعينيه من الأسفل إلى الأعلى مرتاباً كل الارتياب، وسألني بلهجة فظّة: "ولماذا؟". أجبت: "أريد أن أهدي الرئيس قصيدة". وأصيب الشرطي بذهول كبير، وبعد تردد قصير قال متوعداً: "انقلع! الرئيس لا يريد أن يسمع قصيدتك". في هذه اللحظة تدخّلَ أحد مرافقي الرئيس في الحديث وطلب مني أن أقترب. وبعد بضع دقائق أُعلم الرئيس. رفع رأسه وشخَصَ بصره إليّ وابتسم لي قائلاً: "يمكنك أن تلقي قصيدتك، أيها الفتى". ساعدوني في ارتقاء المنصة، وشاهدت

نفسي الآن أقف أمام آلاف الأعين. وضيّق شيء من الخوف الخناق عليّ. لكني فجأة بدأت أتحدث بصوت ثابت، ورحت ألقي قصيدتي. وفي الجمهور ساد هدوء كامل. في هذه اللحظة لم أعد أرى شيئاً، وأصبحت مجرد صوت. صوت رخيم ملحّن ينشد شعراً يقرّظ فيه الرئيس. وما أن انتهيت من الإلقاء، حتى اندلع تصفيق حادّ. نهض الرئيس واقفاً وصافحني باليد، وقال: "إنك منذ الآن شاعر كبير"، وسألني: "ماذا أستطيع أن أفعل من أجلك؟". قلت: "أريد أن أتعلم في المدرسة". قال: "حسناً!". وهكذا استطعت الالتحاق بالمدرسة الثانوية الفرنسية (اللاييك) في طرطوس، دون أن أكون أعرف كلمةً فرنسية. وهناك درست مدة ثلاث سنوات، انتقلت بعدها إلى اللاذقية] ([62]).

---

62 - بعد عام ونصف العام من هذا الحديث ألقى أدونيس شهادة في ندوة "الأدب والمنفى" التي نُظّمت في الدوحة بقطر في آذار 2007. وقد نشر أدونيس نص هذه الشهادة في كتابه "رأس اللغة جسم الصحراء" الصادر عام 2007، وقد جاء فيها:

[ولدت منفيّاً.

قصّابين القرية التي ولدت فيها فاتحة المنفى - ديناً، وفنّاً، ثقافة وعلاقات. حفظت معظم القرآن غيباً وأنا في الثانية عشرة من عمري. وتعلمت الخط والقراءة في "الكتّاب" تحت شجرة في الهواء الطلق. قرأت دواوين الشعراء العرب الكبار، برعاية أبي وتوجيهه وإرشاده. غير أنني، في هذا كله، كنت أشعر في قرارتي أنني أتعلم كذلك المنفى.

كأن قصّابين لم تكن، في سريرتي، مقاماً، بقدر ما كانت انتظاراً. وكان يخيّل إليّ أن بقائي فيها لن يجديني في أي شيء. وسأظل ما دمت فيها كمن يسائل الحجر ويناقش الريح.

في ذلك العهد كانت المنطقة التي نشأت فيها تعاني التهميش والعزلة والإهمال. وكانت جميع سبل الخروج مقفلة، إلا اثنان: الجندية ومجال العلم والتعليم. كانت الجندية خارج عالمي وأحلامه. وكان العلم مستحيلاً بسبب الفقر وغياب المدرسة.

كان حيدر حيدر قد روى لي أن أدونيس بنى بيتاً كبيراً جميلاً في قريته، وأن زوجته خالدة سعيد تعيش فيه معظم أوقات السنة. قلت لأدونيس إني لم أقرأ عن الساحل السوري أفضل من المقالة التي كتبها عنه في العام الفائت أثناء سفره عبره إلى قريته. وسألته عن صحة بنائه بيتاً وعن مدى زياراته إلى قريته.

فجأة، لا أعرف كيف، رسمت خطة للخروج من القرية، في شكل حلم من أحلام اليقظة. كانت سورية قد نالت استقلالها، وتحوّلت إلى جمهورية، وانتُخب رئيسها الأول شكري القوتلي. وقد شاء أن يزور المناطق السورية، ليتعرّف على هذه الجمهورية، بالمشاهدة والتجربة. قلت في حلمي: سيأتي إلى منطقتنا. إذاً، سأكتب له قصيدة. سألقيها أمامه. سوف تعجبه. وسوف يطلبني بعد سماعها لكي أراه. وسوف يسألني: ماذا يمكن أن نقدّم لك؟ وسوف أجيبه: ليس في قريتنا مدرسة، وأريد أن أتعلم.
وتمّ الحلم كما رسمته. وصار واقعاً حياً. وربما، كان عليّ، لكن في إطار آخر، أن أكتب جواباً عن هذا السؤال: كيف يتحوّل الحلم إلى واقع؟
خرجت من القرية إلى المدرسة التي كانت الأخيرة في سورية، بين مدارس البعثة الفرنسية العلمانية، وكانت في مدينة طرطوس. وبعد سنتين، أغلقت هذه المدرسة نهائياً. وانتقلت إلى مدرسة من المدارس الوطنية، التي بدأت تنشئها الجمهورية السورية الناشئة.
كان خروجي إلى المدرسة الفرنسية العلمانية، فاتحة لخروجي في اتجاه عالم آخر، عبر القرية التي ولدت فيها. وبدأت أشعر بتجسّدات منفاي الأصلي - في الطائفة، في الحياة الاجتماعية، وفي الحياة السياسية والإيديولوجية ...
كيف أخرج من المنفى؟ سؤال طرحه ويطرحه كثيرون غيري. وربّما قدّموا أو يقدّمون أجوبةً غير أجوبتي. هو إلى ذلك سؤال لن أجيب عنه بلغة عامّة، لغة المواطن العربي الذي نفته الدولة بحيث يفقد مواطنيته، ولا يعود موجوداً إلا اسماً ورقماً. ولن أجيب عنه بلغة ناطق باسم قضية أو نظرية. سأجيب عنه انطلاقاً من تجربتي الشخصية الخاصة كما أشرت. فالتخصيص هنا هو الأجدى، والأكثر إضاءة. (ص 23 - 25).

أجاب بالإيجاب عن البيت، وقال إنه يسافر إلى سوريا مرة واحدة في العام من أجل أمه، التي بلغت من العمر مئة سنة وسنة، ويمكث في القرية نحو عشرة أيام.

قلت إني أعرف عمر أمه من المقالة المذكورة، حيث ذكر فيها أنه سافر إلى القرية كي يحتفل مع الأسرة بعيد ميلاد الوالدة المئوي. وقلت له إني عندما قرأت المقالة، سعدت بهذه المعلومة، وفكرت بأن أدونيس سيعيش هكذا طويلاً وما زال سيكتب كثيراً. فلم يعلّق.

وسألت أدونيس في ما إذا كانت زوجته تعيش في باريس أم في القرية، فقال: "في باريس". وعن ابنتيه قال أيضاً: "في باريس". وسألته أين توجد كتبه التي يقرأها، فردد: "في باريس". قلت إنه جاء إلى باريس في سن متأخرة. قال: "جئت في عام 1985".

وسألني أدونيس بدوره عن زوجتي، وفوجئ بأنها ألمانية. وسألني عن أولادي وفروع دراساتهم.

وقلت لأدونيس إني أجمع مقابلاته الصحفية والمقالات التي تكتب عنه، وإنه لديّ إضبارتان كبيرتان مليئتان بها، وإني بدأت بتخزين ما أجده في الإنترنت عنه على أقراص مدمجة. وذكرت له أني قرأت جميع كتبه تقريباً، وأني سوف أحضر معي من سوريا المرة القادمة الجزء الثالث من "الكتاب". فقال: "أعطيه لك". لكنه لم يقل كيف.

قلت لأدونيس: "أرى نفسي قارئاً متوسط القيمة بمقياس أوروبي. إن الظروف الخارجية لم تسمح بأكثر من هذا. ولم أستطع خلق ظروف أخرى أستطيع أن أحقق فيها أكثر. إنني غير قادر على كتابة مقالة نقدية جديرة بهذا الاسم. وكان بودّي أن أكتب مقالة مطولة أقارن فيها بين كافكا وأدونيس، وإذ لم أوفق في هذا، اكتفيت في جمع بعض اقتباسات من كتبك عن تعريف الشعر وماهيته، وذكرتها في الكلمة

الختامية لرواية (المحاكمة) بصفتها تنطبق على هذه الرواية وعلى مجموع آثار كافكا. هل قرأت هذه الكلمة؟ هل وجدتها غير مناسبة؟".

قال أدونيس: "بالعكس. عندما قرأت الكلمة الختامية في رواية (المحاكمة)، تأثرت جداً، لدرجة أني بكيت".

جاء هذا الاعتراف من قبل أدونيس مفاجأة كبيرة لي كدت لا أصدقه. لكن جدية وجه أدونيس ونظراته أزالت كل شك لديّ. إنه بوح كبير يندر حدوثه حتى من قِبل قراء عاديين، فكيف من قِبل شاعر كبير. كما إنه اعتراف بعملي منحني شعوراً بالغبطة. شكرت أدونيس، وقلت له إن هذا الكلام منه هو أكبر اعتراف بي عرفته في حياتي.

سألت أدونيس في ما إذا كان يعرف "جريدة أخبار الأدب" المصرية، فأجاب بالإيجاب. قلت له إنها أصدرت مؤخراً عدداً خاصاً عن كافكا، فسألني في ما إذا كانت قد ذكرتني. قلت: "نعم، وسأعطيك نسخة من العدد".

في هذه الأثناء جاءت سيدة عربية وسلّمت على أدونيس سلام أصدقاء حقيقيين، وجلست إلينا دون سؤال. فقدّمنا إلى بعضنا: "فينوس خوري - غاتا، شاعرة وروائية، ابراهيم وطفي مترجم كافكا". تبادلت مع السيدة بضع كلمات (في ما بعد علمت أنها شاعرة ومترجمة أدونيس إلى الفرنسية)، ثم قلت له: "الروائي جمال الغيطاني كتب ذات مرة أنه يعيش في مرحلة إبداع مستمرة. هل هذا ممكن؟ ألا توجد مراحل إبداع تتميز عن غيرها؟ كيف تكتب أنت؟".

قال أدونيس: "نعم، ممكن. وأنتما تتحدثان الآن، أكتب في رأسي".

قلت: "هذا يفسر ضخامة إنتاجك الأدبي رغم أنك على سفر دائم تقريباً". قال: "نعم".

رغم أن أدونيس كتب أكثر من مرة أنه لا يقرأ روايات، فقد سألته في ما إذا كان قد قرأ شيئاً من ابراهيم الكوني ذي الإنتاج الأدبي الكبير أيضاً، فأجاب: "شويّ" (أي قليلاً).

سألت أدونيس عن التقييم الذي يلقاه. فقال إن بعض العرب يقرأه بصفته "علوي"، لكن من طرف آخر لديه معجبون كثر. أما في أوروبا فإنه يلقى اعترافاً كافياً. سألته عن اللغات التي تُرجم إليها، فقال: "عشر لغات، كل اللغات الأوروبية الرئيسية". وعاد إلى العرب، وانتقد النظام العربي انتقاداً لاذعاً، وسمّى أشخاصاً. وذكر أمثلة.

قلت: "كتبتَ ذات مرة بما معناه أنك تتحدى أي مفكر عربي أن يكتب وينشر كل ما يفكر به. وأنا كتبتُ لك في رسالة شخصية بأني أرى أنك المفكر العربي الوحيد الذي يستحق هذا الاسم. هل ما زلتَ عند رأيك؟".

ذكر لي أدونيس نتفاً من بعض أفكاره التي لا يمكن فعلاً نشرها بأي حال. لا في كتاب ولا هنا طبعاً. إنها أفكار لم أقرأ ولم أسمع مثلها، وهي أهم ما سمعته في حياتي. قلت: "لن تصبح أحوال العرب بخير إلا بعد أن يُسمح بنشر مثل هذه الأفكار". فوافقني أدونيس ([63]).

سألته عن مدى توقعه الحصول على جائزة نوبل، فبدا غير متفائل وقال إنهم لا يعطونها لسوري.

كان أدونيس قد انتهى منذ مدة طويلة من تناول طعامه واحتساء ثلاثة أرباع الليتر من النبيذ، وكنا قد تحدثنا طوال أكثر من ساعة ونصف الساعة، وبدا عليه بعض التعب طبعاً. قلت: "أطلت عليك كثيراً يا

---

[63] - - في عام 2012 صدر لأدونيس ديوان شعر بعنوان "كونشيرتو القدس" يضم أفكاره في هذا المجال بلغة شعرية رفيعة المستوى.

أستاذي، وأنا شاكر لك كل الشكر". قال: "يجب أن أنام ربع ساعة، وإلا فإني لن أستطيع تقديم الأمسية". عبّرت عن أمنيتي بلقاءات أخرى ورغبتي الكبيرة بالاستماع إليه، فقال أدونيس: "بالتأكيد سنبقى على اتصال". قلت: "أولادي وأنا نحلم بزيارة باريس معاً". قال: "فنلتقي". ناولت أدونيس مغلفاً يحوي نسخة من العدد الخاص من جريدة أخبار "الأدب" عن كافكا. أخذه أدونيس وصعد إلى غرفته.

***

(من بون إلى باريس، 2005/9/25)

أستاذي الكريم، بعد اتصال "روحي" استمر طوال خمسة وثلاثين عاماً، أتيحت لي هذه الفرصة المفاجئة للقائك. وكانت الساعة التي سمحتَ لي فيها بالجلوس والاستماع إليك والتحدث معك من أهم ساعات حياتي. ومن أكبر أمنياتي في بقية العمر أن أحظى ببضع ساعات مماثلة. لديّ أسئلة كثيرة في غاية الإثارة عن موضوعين يهمانك جداً.

لم أعلم بحضورك إلى بون سوى قبل يوم واحد وبمصادفة كبيرة سعيدة. بل وحتى عندما خابرت الرقم المذكور في الإنترنت، قيل لي إن ما هو منشور في الإنترنت عن مجيئك خطأ وإنه لا يوجد أمسية لك. ورغم ذلك حضرتُ، وكان وجودك أكبر مفاجأة لي. انعدام التنظيم هذا أربكني جداً، كما إن فايدنر أربكني أيضاً بعد انتهاء الأمسية. ومرافقتك لم تعرف كيف تفيدني في كيفية التصرف معك. وأنا بفلاحيتي وعدم خبرتي في العلاقات العامة أربكت نفسي أكثر. ولم أعرف ماذا أستطيع أن أقدم لك. إنها مدينتي وبلدي. وكان بودّي أن أكون خير مضيف لك. والآن أشعر شعوراً قوياً بأني قصّرت تقصيراً كاملاً في ضيافتك في ألمانيا.

بعد الغداء لديك كنت مضطراً لأسباب صحية إلى العودة إلى البيت وأخذ قسط من الراحة، ولم يكن يجوز لي بحال أن أعاود السفر مساء إلى مدينة ثانية وأعود إلى البيت في الليل. وفي اليوم التالي كنت مرتبطاً بموعد سابق جرى تحديده قبل نحو شهرين، ألقى خلاله مفسر كافكا محاضرةً عن عملي (إشفايلر، الذي كنت قد ترجمت كتابه عن "المحاكمة"). وفي اليوم الأخير لم أستطع تخمين كم سيكون مدى تطفلي عليك، إذا حاولت لقاءك. بإيجاز: أولاً كان لقاؤك ساعة عظيمة بالنسبة لي. وثانياً قصّرتُ بحقك تقصيراً كبيراً، وذلك لأسباب صحية وشخصية قاهرة ولعدم خبرتي في السلوك مع عظماء.

أذكر ما كتبه جابر عصفور عن إحدى أمسياتك الأخيرة في القاهرة. رغم ذلك سعدتُ شخصياً بأمسيتك هنا. العرب لم يسمعوا بها ولا بكل البرنامج. البرنامج موضوع للألمان وحدهم. وكان يمكن لهذه الأمسية أن تكون فرصة ذهبية لكتّاب ألمان كبار يسمعونك. لكن يبدو أن عُقد المثقفين لا حل لها.

عندما حضرت إلى الفندق أرسلتني موظفة الاستقبال إلى غرفتك، وإذ لم أجدك، ظننت أن موعدنا لم يكن واضحاً ولا ثابتاً. وارتبكت، وقالت لي منظّفة الغرف: "السيد خرج قبل دقائق". فزاد ارتباكي. وقالت لي موظفة الاستقبال إنها لا تعرف إلى أين خرجت. فكرتُ أنك ربما تتمشى بضع دقائق في جوار الفندق أو تجلس في مقهى قريب. فرحتُ أبحث عنك طوال نصف ساعة. عدت إلى الفندق وأنا أخشى حدوث كارثة لي بأن لا يتاح لي لقاؤك، أو تنهار أعصابي، إذ قد يكون حدث لك حادث ما. وفجأة نزل عليّ إلهام بأنه قد يوجد مطعم مخبوء في الفندق وتكون فيه. وهكذا خسرتُ نصف ساعة من عمري كان يمكنها أن تكون من أهم ما عشته. لو قالت المنظّفة كلمة "نزل" بدل "خرج"، ربما كان الإلهام قد "نزل" عليّ منذ البداية!

كان رد فعلك على الكلمة الختامية في "المحاكمة" أكبر تقدير لي عرفته في حياتي. أسمح لنفسي بإزعاجك بنسخة من الطبعة الثانية، ظلت فيها الكلمة الختامية في موضعها (ص 656)، وأضفت إلى الكتاب دراسة من 124 صفحة عن حياة كافكا وتلقي آثاره في العالم.

كافكا وأدونيس: الفرق بين ما يُنشر عن آثار وحياة كافكا في اللغة الألمانية وما لا يُنشر عن آثار وحياة أدونيس في اللغة العربية هو مثال على الفرق بين حضارة تعيش وموات. وفقط عندما يضع العرب، مثلاً، 16 ألف دراسة عن أدونيس، يكونون قد دخلوا العصر، وليس قبل ذلك.

في ليلة الأربعاء، قبل صدور الجريدة الورقية، قرأت في الإنترنت مقالتك "قمر الرقة ينام، هذه الليلة، على مخدة الفرات"، بما فيها القفص والكهف... اللذين خرجنا منهما.

في الأشهر الأخيرة لم تنشر "الحياة" في طبعتها على الإنترنت كل مداراتك، وإنما بعضها فقط. كل ما نشرته منها مسجل لديّ على قرص ومطبوع على ورق.

***

مخابرة ثانية

في الساعة التاسعة من مساء الأول من تشرين الأول 2005 جاءتني مخابرة هاتفية: "مرحبا ابراهيم، كيفك؟". سألت: "من؟". قال: "أدونيس". فوجئت مفاجأة سارة، وعبّرت عن فرحي بسماعي صوته. شكرني أدونيس على إرسال "المحاكمة"، وقال لي: "ما هذه الرسالة؟ لقد سعدت حقاً بهذا اللقاء معك". وكرر هذا المعنى بكلمات أخرى مثل "كنت سعيداً فعلاً"، و"كان حديثنا جيداً". ويبدو أن رسالتي قد أعجبته، كما إني أخذت انطباعاً بأنه يريد أن يقول لي إن

لهجة الاعتذار في رسالتي لم يكن لها لزوم، وأنه لم يكن له أي مأخذ على أي سلوك أو سؤال من قبلي، وأن حديثنا كان جيداً بالنسبة له.

كررت أمنيتي بلقاءات أخرى، وقلت لأدونيس بأني أتمنى أن ألتقي به في قريته، فأعجبته الفكرة على ما يبدو، ومسك الخيط وقال على الفور: "يا الله! نلتقي هناك في آب، سأكون هناك بدءاً من مطلع آب". قلت: "خلاص، سأزورك في آب القادم في قريتك، وسيكون لديك وقت أكثر. هذا موعد ثابت من طرفي، وقبل السفر سأكتب لك وأذكّرك به". قال: "اتفقنا".

وعاد أدونيس إلى كافكا، وسألني في ما إذا كنت مستمراً في ترجمته. أجبته بالإيجاب، فقال: "تابع، إنه عمل عظيم". قلت: "شكراً على هذا التشجيع". وقد خمّنت أن أدونيس قرأ الكلمة الختامية في "المحاكمة" مرة أخرى، كما قرأ على الأرجح الفصلَ الجديد عن "سيرة حياة كافكا وتلقي آثاره في العالم". قلت لأدونيس إني أقدّر هذه المخابرة منه تقديراً عالياً، وأعتبرها أهم ثاني مخابرة تأتيني بعد مخابرته الأولى لي. وأنهى أدونيس مخابرته الثانية لي بكلمات وداع، وأعطاني انطباعاً أن كل شيء على ما يرام. وقد سررت بهذه المخابرة كل السرور.

***

(من بون إلى باريس، 2010/1/11)

الشاعر ادونيس الموقر، احترامي لك أقدمه في كل وقت.

بمناسبة بلوغك الثمانين (إنه لعمر جميل!) أعبّر لك عن أطيب التمنيات بعمر مديد، مديد وإنتاج غزير.

بهذه المناسبة الجميلة نشرت وكالة الأنباء الألمانية مقالة إيجابية جداً كتبتها سابينه كلاوبيتس، نشرتها صحيفة "دي فيلت" تحت عنوان: "مبدع حداثة عربية. الشاعر ادونيس يبلغ 80".

ونشرتها صحيفة "جنرال أنتسايغر" تحت عنوان "شجرة الشرق / يُعتبر مبدعاً لحداثة عربية. الشاعر ادونيس يبلغ في رأس السنة 80 عاماً".

ومقالة ثانية مثلها كتبها تيلمان كراوزه نشرتها صحيفة "دي فيلت" أيضاً تحت عنوان "شاعر العرب. ادونيس يبلغ 80". ومقالة ثالثة أيضاً إيجابية جداً وأطول كتبها يوزف هانيمان بعنوان "قساوة هُمس بها في الريح"، نشرتها صحيفة "فرانكفورتر ألغماينه". تقديري أن مقالة وكالة الأنباء نشرتها صحف أخرى عديدة.

وقرأت في الإنترنت أربع مقالات أخرى كانت قد نشرت في عام 2004 في أهم صحيفة سويسرية وأهم ثلاث صحف يومية ألمانية عن ترجمة المجموعة الشعرية "قبر من أجل نيويورك". كل هذه المقالات الصحفية تعبّر بالألمانية عن اعتراف جيد بك وبآثارك.

في العام الماضي قرأت الجزء الثالث من "الكتاب"، بعد أن كنت قد قرأت الجزأين الأول والثاني بعيد صدورهما.

لا شك أن "الكتاب / أمس المكان الآن" هو أعظم كتاب في اللغة العربية. هذا هو رأيي الشخصي وتقييمي. على كل حال، هو أعظم ما قرأته في حياتي.

وبعد "الكتاب" مباشرة ومثله يأتي "الثابت والمتحول". كنت قد قرأت الجزأين الأولين منه، الطبعة الأولى، والجزء الثالث الطبعة الثانية. وقبل مدة حصلت على نسخة من الطبعة الثامنة (عام 2002) بأجزائه الأربعة. وسوف أقرأها لاحقاً وأتركها مع كتبك الأخرى لأبنائي.

كما قرأت مؤخراً "رأس اللغة جسم الصحراء". مقالتك عن "الكتاب": "أنا من كتبه، فكيف أقرؤه" تبيّن بجلاء غياب النقد العربي

غياباً كاملاً. وتقديري أن هذا هو السبب الذي دفعك لكتابة هذه المقالة.

كتاباتك كلها تحتاج إلى "ناقد - شاعر"، وطبعاً إلى "نقاد - شعراء". وعندما تحصل عليهم، تتحقق الخطوة الأولى في تقييم آثارك تقييماً صحيحاً جديراً بها. هذا الزمن قد يطول حتى يأتي، وعندما يأتي، يكون دليلاً على بدء نهوض العرب.

شكراً على ذكرك كافكا في فيينا. كانت أيامه الأربعة فيها من الأيام السعيدة النادرة في حياته ([64]).

---

[64] - [فندق غْرابين - فيينا: في واجهته الأمامية لوح رخاميّ نُقش عليه اسم كافكا، للتذكير بنزوله في هذا الفندق، أو، بلغة صاحب الفندق: "لوح رخاميّ للتعبير عن زهْو الفندق باسم كافكا الذي شرّفه وخلّده بنزوله فيه".
ربما في غرفةٍ تجاور تلك التي كانت من نصيبي. ربما في الغرفة نفسها. (لكن، من يكون هذا الاسم العربيّ إلى جانب ذلك الاسم الغرْبيّ؟)
مقابل الفندق: مقهى هافيلكا. شرب فيه القهوة، كما قيل لي، إضافةً إلى كافكا، ريلكه ولينين.

* * *
أطوفُ قليلاً في ساحة غْرابين، قرب الفندق، حيث ينبض قلب المدينة. وجه الحجر يشعّ ببهاء العمل الذي حققه البشر. وكانت اليدُ آنذاك لا تزال سيدةً على الآلة.
* * *
لكن، أين نجد الضوءَ الآن، ضوءَ التاريخ؟ أفي هذا المقهى الذي لا يزال عامراً بروّاده، أم في هذا الفندق الذي يمتلئ بالمسافرين، أم في هذه الساحة التي تغصّ بخطوات الغادين الرائحين، أم في الاسم - كافكا، ريلكه، لينين؟
والاسم لا حجر، بل رماد.
مع ذلك، هو وحده الذي يختزن الجمر.
غائب، وهو الأكثر حضوراً. كأنه ذائب في هواء فيينا. كأنه حرف من اسمها، ومن شمسها. وهو الآن، سائل في هذا الحبر، على هذه الورقة.

التقيتُ (التقيتَ) كافكا مرة ثانية - في غرونفالد، الحي الذي أقام فيه، دون أن يكون يملك ثمن جريدة، أشهراً قبل انتقاله إلى المصحة التي توفي فيها.

في خمس كلمات "آه من ريشةٍ / جسدي حبرها" (الكتاب III، ص 16) تقول ما قاله كافكا في قصته الطويلة "في مستعمرة العقاب". "حقاً لا حبر إلا الجسد".

وأقرأ كل ما أجده في الإنترنت منك وعنك، مثل "مدارات" في "الحياة". يجب نشر جميع مقالاتك في كتاب ضخم، وكل الحوارات معك في كتاب آخر.

كما يجب نشر طبعة نقدية - تاريخية لآثارك تضم كل كلمة نشرتها. وطبعة ثانية بخط اليد (خطك أجمل خط شاهدته. طبعة خط اليد لآثار هولدرلين في ثلاثين جزء، ثمن النسخة الواحدة منها 2780 يورو (ألفان وسبعمائة وثمانون). وطبعة خط اليد لآثار كافكا في بدايتها. عندما ينشر العرب آثارك هكذا، يكونون قد وصلوا إلى المستوى العالمي الحالي.

وعندما جلستُ وحيداً في مقهى هافيلكا، شعرت أن ثمة صوتاً يتموج في دخانه ويقصُّ - لا رعب الإرهاب هذه المرة، بل رعب الهباء. ولم أعرف إن كان ذلك صوت كافكا، أم صوت ريلكه، أم صوت لينين.

فندق غْرابين: يمكن أن تُقرأ هذه العبارة، وفقاً لإعرابٍ خاصّ باللغة العربية: فندق الغُرابَيْن!

لعبة الاسم (*) . (فيينا، 24 آذار/مارس 1998)]

(رأس اللغة جسم الصحراء، ص 86 - 87).

(*) أدونيس وكافكا؟ كافكا كلمة تشيكية تعني: الغُراب. ولم يكن أصدقاء كافكا ينادونه سوى باسم كنيته، أي الغراب، أي الغريب. وهرمان كافكا اتخذ الغراب شعاراً لمحله التجاري. راجع الجزء الأول من "الآثار الكاملة"، ط 3 ص 535.

كلما قرأت كتاباً جديداً لك، أعتقد أني قرأت كل ماكتبتَه. لكن في كل مرة أفاجأ أنه ما زال يوجد كتب كثيرة لك حتى لم أسمع بها. بل صرت تنشر بالفرنسية قبل العربية "غابة الحب فينا". لو كنتَ قد انتقلت إلى ضيعة فرنسا نهائياً في عام 1956، كان...

(اسمح لي أن أذكر: لم أشعر مرة أني أعيش في منفى. على العكس، عندما وصلت إلى أوروبا - في سن الخامسة والعشرين - شعرت أني وصلت إلى وطني أيضاً. وما زال هذا الشعور يلازمني).

"بلد مقفل / جسمه ذابل مقيم / وشرايينه ترحل" (الكتاب III، ص 149).

أخيراً قائمة (كاملة؟) بكتبك: في "رأس اللغة" وفي ويكيبيديا.

لو أُعطيتَ حيوات لا متناهية، ستكتب على نحو لا متناه. وهذا أعظم وأشرف ما يفعله إنسان.

أحس كل كلمة تكتبها شعراً. تحضر أوبرا، فتكتب عنها قصيدة.

ها إني ألقيت عليك تحية احترام وإكبار ابراهيم وطفي

***

بتاريخ 2010/2/21 تلقيت مخابرة هاتفية من ادونيس قال فيها إنه لا مثيل لي بين العرب. قلت إني أقدّر كتاباته مثل كثيرين في العالم، وذكرت كتاب "الضوء المشرقي" الذي يضمّ ستين مقالة كتبها ستون كاتباً من مختلف أنحاء العالم يعبّرون فيها عن تقديرهم لكتابات أدونيس تقديراً عالياً. قال إن أرشيفاً في فرنسا يجمع مواداً عنه، وطلب مني أن أرسل له ما يمكن الحصول عليه من المقالات التي نشرت عنه باللغة الألمانية، فقلت إني سأفعل ذلك بكل سرور. وقلت إنني ظننت سابقاً عندما سمعت أنه بنى مؤخراً بيتاً في القرية التي ولد فيها إنه سيترك أرشيفه في ذلك البيت، وإنه ما كان من شأني أن

أفعل ذلك لو كنت مكانه. قال إنه سيترك بعض الأشياء في قريته، لكن العرب ينسون المرء بعد وفاته. قلت إن العالم قرية واحدة، والأرشيف يجب أن يبقى في المكان الذي يستحقه هذا الأرشيف. وذكرت شيئاً عن عمل "أرشيف الأدب الألماني" في مارباخ.

عبّرت لأدونيس عن أمنية لي بأن ألتقيه وبأن يعطيني من وقته مدة ساعة نختلي فيها وحدنا، فقال: "نلتقي وحدنا مدة ساعات". وشعرت أنه يعني ذلك فعلاً، وسألته متى سيكون في سوريا، قال بأنه عاد لتوّه من هناك وبأنه سوف يسافر إليها في تموز وآب. وطلب مني الحضور، فعبّرت عن أملي باستطاعتي تحقيق ذلك. إن أمنيتي هي إجراء "حديث خاص" مع أدونيس غير قابل للنشر.

***

(من بون إلى باريس، 2010/3/4)

أستاذي الكريم الشاعر ادونيس، تحيات احترام طيبة

طياً أرفق ما وجدته عنك لديّ باللغة الألمانية من صحف ورقية وألكترونية (مجموعه 60 صفحة).

(ما عندي عنك بالعربية يملأ إضبارة ضخمة. طياً صورة عن مقابلة صحافية معك في عام 1967 بعنوان: "الكتابة الإبداعية والكتابة الوظيفية").

أقدّر أن البحث في غوغل في كل لغة يجلب كل ما كتب عنك في تلك اللغة منذ استخدامها الإنترنت.

(هكذا نفتقد في ثقافتنا ذلك التراكم المعرفيّ. وتتحول إبداعاتنا، في معظمها، إلى "هبّات" سرعان ما تنطفئ كمثل نيران القشّ).

هذه الجملة منك دفعتني إلى إرفاق هامش نشرته في الجزء الأول من "الآثار الكاملة" لكافكا (ط 3، ص 502) عن "أرشيف الأدب الألماني" يوضح الفارق الشاسع بين العمل والتقدير في الثقافتين.

في 2010/3/29 خابرني أدونيس، وتحدثنا عدة دقائق، قال إنه كان غائباً، أعلمني استلامه المقالات وشكرني عليها، وسألني عن صحتي وقال إنه سيحضر قريباً إلى ألمانيا حيث دعي وقبل الدعوة، وإنه سوف يعلمني المكان والزمان، وطلب أن أحضر للقائه. قلت آمل أن لا يكون المكان بعيداً عني. وسألني في ما إذا كنت قد قرأت الحوار الذي نشرته "الحياة". قلت إني خزّنته ونسخته على ورق وقرأته بلهفة وسرور. وسألني في ما إذا كان أعجبني. قلت، "طبعاً، باستثناء العناوين والمقدمة التي وضعتها الجريدة" ([65]). وقلت إنه يجب نشر كافة أحاديثه كاملة في مجلدات. وفهمت من جوابه إنه يجري حالياً إعداد ذلك.

***

(2010/9/12)

أستاذي الكريم أدونيس، تحيات احترام طيبة

من خلال مخابرتك الأخيرة لي (قبل أشهر) شعرت بقيمة كبرى لنفسي. لا تظن أنه لديّ شعور ما بالدونية، لكن من يعيش دائماً صغيراً ولا يخالط سوى الصغار، لا بدّ له من أن يشعر بفخر عندما يتاح له أي أتصال بكبير مثلك.

---

[65] - بين 20 و2010/3/24 نشرت صحيفة "الحياة" حواراً مع أدونيس على خمس حلقات بلغ حجمها نحو 30 صفحة (من ورق الفولسكاب).

ومن طرف آخر، تفاجئني مخابرة منك وتمسّني إلى الأعماق وتثير بعض الارتجاج في بحيرة نفسي، فلا أستطيع التركيز على ما هو مهم، وأنا بطبيعة الحال بطيء التفكير ولست سريع البديهة وسمعي ضعيف. مثلاً كنت قد التهمت الحوار معك في "الحياة"، نسخته على ثلاثين ورقة ووضعته في إضبارة مستقلة (حمداً للإنترنت!). لكن عندما سمعت صوتك نسيت كل شيء آخر، وكأنني أنتظر تلقّي أوامر من صوتك. وعندما سألتني عن الحوار، ذهلت من نفسي لأنني لم أبادرك بنفسي الكلام عن هذا الحوار الكبير، بل عندما سألتني عنه، لم أعرف أن أقول شيئاً سوى الثانوي. صحيح، أرى أن الصحف تحرّف كل حديث بالعناوين والمقدمات التي تضعها له. لكن هذه النقطة غير جديرة بالذكر في هذه اللحظة. أحاديثك ليست بحاجة إلى مقدمات من غيرك ولا إلى عناوين أكثر من "حديث مع أدونيس" مثلاً. لو كنت مكانك، كنت سأشترط أن أضع العنوان بنفسي وأرفض أن يكتب صحفي مقدمة. كما إني لا أحب تعليقات القراء، ولو كانت إيجابية. فكل من هبّ ودبّ يتمكن من نشر ما يشاء. مثلاً كان من شأني أن أكتب رسالة قارئ باسم مستعار: "لو كنت مكان أدونيس، لما أثنيت على أي فعل من أفعال حاكم عربي، ولو كان ذلك الفعل صحيحاً موضوعياً".

أشعر كلما قرأت لك، ولا سيما حواراً معك، بأنه ما زال لديك الكثير مما تستطيع وتحب أن تقوله. في هذا الحوار أمور كثيرة مهمة، وما فتئت أنتظر أكثر. غير أني أستطيع تصور الموانع. هذا الحوار والحوار الذي نشرته "القدس العربي" ربما قبل عشر سنوات، هما أهم ما قرأته أنا من الحوارات معك.

الآن مسكت الجزء الأول من "الحوارات الكاملة"، فوجدت أني انتهيت من قراءته في 2006/2/3 (هكذا أدوّن في كل كتاب أقرأه

تاريخ انتهاء قراءتي له). كما وجدت فيه قصاصة بخط اليد جاء فيها:

أدونيس: "الحوارات الكاملة/ الجزء الأول 1960 - 1980".

- في عام 1968 قلت: "أنا أجهل الناس بشعري".

- في عام 1971 قلت: "ليس سهلاً أن يكون الإنسان مسكوناً بالحب. الحب طاقة عظيمة، طاقة خلق لا تتوافر لكل الناس. يكاد أن يكون موهبة، وأسعى أن أكون مسكوناً بهذه الطاقة. وليساعدني الشعر... كل منهما طريق لاكتشاف الآخر. فهما وجهان لعالم واحد. وجهان متداخلان لا نهائيان. الحب شعر والشعر حب.... هما واحد من حيث أن كلاً منهما اكتشاف. الحب اكتشاف النفس والآخر، وكذلك الشعر، هو اكتشاف النفس والآخر. الجوهر واحد لكن الشكل مختلف" (ص 43 - 44).

- في عام 1979 قلت: "أكاد أرفض شعري كله، تطلعاً لما لم أكتبه بعد" (ص 169).

- في هذه السن الآن، هل تشعر بالامتلاء، وبأنك "أكملت عليكم دينكم"؟

- هل ثمة تشابه بين الوحي والإبداع؟ هل ينبع الوحي والإبداع من جذر واحد؟

- بعد إقامتك الطويلة في باريس، هل تتمنى أن تكون أتيت إليها منذ شبابك؟

- عدم معالجة المشكلات الحقيقية (ص 182). وفي إحدى مداراتك كتبت: "ما لم تقله بعد هو غرفتك السرية في بيت كتابتك، مستودع أسرارك الأخيرة. / كيف ستفتح هذه الغرفة، وكيف ستدخل إليها؟ / تلك هي المسألة، كذلك".

من أمنياتي الكبرى أن يمتد العمر بحيث يتاح لي أن أقرأ مرة ثانية كل ما كتبته نثراً، وأجلس إليك ساعات وأياماً وتحكي لي كل ما تحويه غرفتك السرية.

لكن لا لزوم لي في هذا المجال. فالأمل كبير بأن تترك وراءك، غير منشور، كافة محتويات غرفتك العظيمة. فهذا خليق أن يمنح أيضاً أملاً بأن يمكن في مستقبل ما نشر محتويات كل غرفة سرية.
قبل أيام انتهيت من قراءة كتاب عادل ضاهر: "الشعر والوجود / دراسة فلسفية في شعر أدونيس. "شعر غني جداً في ما يستثيره فينا من أسئلة فلسفية". يساعد هذا الكتاب في فهم بعض الأمور في شعرك. تقديري أنه مسهب بعض الشيء... للقارئ العادي مثلي، كما للقارئ المختص.
مع أطيب التمنيات لك في استمرار الابداع ابراهيم وطفي

***

في 2010/10/8 خابر أدونيس. سألني عن الصحة والأحوال. قلت: "تمام. رغم أمراض الجسم، أعمل كل يوم ثماني ساعات. في مطلع العام صدر الجزء الثالث من آثار كافكا". أبدى إعجاباً وتشجيعاً. قلت: "لم يعطوك أمس جائزة نوبل". قال: "لا أفكر بها، لا أفكر بها أبداً". قلت: "لا يعطونها لعربي، فكيف لسوري؟ مئات ملايين العرب لا قيمة لهم في هذا العالم". قال: "صحيح". سألته عن أحواله الأخرى، قال: "كل شيء على ما يرام". قدّرت أن مخابرته هي جواب على رسالتي الأخيرة له. سألته فيما إذا كان استلم مني رسالة، أجاب: "طبعاً، طبعاً". قلت: "حالياً لا أقرأ لك سوى ما تنشره في (الحياة). سأبحث عن بقية كتبك القليلة التي لم أقرأها". قال: "سآتي إلى ألمانيا، وسوف أتصل بك". قلت: "إذا حضرت إلى مدينة قريبة منا، سوف أحضر إليك برفقة زوجتي". قال: "أتصل بك". وتبادلنا تحيات الوداع، تحيات ودّ ورغبة في استمرار تواصل.

زكريا

(من بون إلى لندن، 1985/2/12)

الأستاذ زكريا تامر المحترم، ترجمت معظم قصص «لماذا سكت النهر» وقصة «رندا» إلى اللغة الألمانية، وأرسلتها قبل أيام إلى عدة دور نشر في ألمانيا. وعندما أسمع خبراً إيجابياً سأعلمك على الفور.

إنني معجب بكتابتك منذ بداية كتابتك، وليس لديّ هدف في حياتي أكبر من أن أترجم كتبك إلى اللغة الألمانية وكتب كافكا إلى اللغة العربية.

أنا سوري مقيم في ألمانيا الغربية، وخلال شهر آذار القادم سأمرّ على لندن لمدة بضعة أيام، وأتمنى جداً أن أستطيع لقاءك ولو لبضع دقائق. سأحاول الاتصال بك هاتفياً إذا عثرت على رقم هاتفك. مع احترامي ابراهيم وطفي

***

لقاء مع زكريا تامر

على الهاتف قدّمت له نفسي وقلت له إنني كنت قد كتبت له قبل نحو شهر من ألمانيا. قال لي إنه لم يستلم شيئاً مني، وإنه كان قد غيّر عنوانه قبل أشهر. قلت له إنني ترجمت معظم قصص «لماذا سكت النهر» وقصة «رندا» إلى الألمانية وأرسلتها إلى عدة دور نشر، وإنني الآن أتمنى لقاءه.

كان ذلك يوم الإثنين الواقع في 18 آذار عام 1985. سألني في ما إذا كنت الآن في لندن. أجبت بالإيجاب. قال إن لديه اليوم وقتاً لي. أعطاني عنوانه الجديد، وشرح لي مطولاً كيف أصل إليه بواسطة قطار النفق، لكنني لم أفهم شيئاً. قلت له إنني سأصل بواسطة أخرى، لكنه أصرّ على أن آتي بقطار النفق، وقال إنه سيلقاني في آخر محطة ويصطحبني بالسيارة مع زوجته، بعد أن أخابره من المحطة. وربما لاحظ زكريا أنني لم أفهم، فكرر وأعاد وقال «الغشيم عندما... يعلّم الغشيم، فلا بدّ أن يمشي الحال». أغرقت في الضحك دون أن أقتنع، إذ كنت أفكر بالوصول إلى زكريا بطريقة ثانية أخفيتها عنه عمداً.

فور انتهاء المخابرة خابرت لطف في مكتبه، وكان يعلم أنني سأحاول زيارة زكريا في هذه الأيام التي أمضيها عنده، إذ إنني كنت قد رجوته سابقاً موافاتي بعنوان زكريا ورقم هاتفه. (كان يعرفه شخصياً في دمشق عن طريق سعد). وإذ إنني لا أعرف الإنكليزية ولا أعرف المدينة، فقد طلبت سيارة من لطف، غير أنه رفض بحجة أنه لا يملك حالياً سيارة شاغرة (لديه ثلاث سيارات مرسيدس مع ثلاثة سائقين). لكنني أدركت على الفور أن طلبي كان ساذجاً ([66]).

---

[66] كان لطف (الله حيدر) قد أصبح سفير سوريا في بريطانيا «العظمى».

بالإشارة طلبت من خادمة لطف أن تطلب لي سيارة أجرة. بعد جهد وصلت السيارة، لكن السائق لم يجد في خريطته الشارع الذي ذكره زكريا لي. خابرته مرة ثانية وقلت له إنني ضيف عند أناس طلبوا لي لتوهم سيارة أجرة، ورجوته أن يتحدث بنفسه مع السائق، فتفاهمت زوجته مع السائق.

***

(من بون إلى لندن، 1985/3/25)

الأستاذ زكريا المحترم، كان لقائي معك شرفاً كبيراً لي. وكنت أنتظر مثل هذا اللقاء منذ سنين طويلة جداً. وقد فرحت أبلغ الفرح عندما دعوتني للقاء ثان.

لكن الحياة اليومية تخبّئ لنا دائماً ما لا ينتهي من المفاجآت.

فكرت جداً بأن أسألك استضافتي، لكنني عدلت عن ذلك. وما زلت حتى الآن أرى أن سفري قبل الموعد المحدد كان أمراً لا بدّ منه.

والآن سأكون سعيداً إذا سمحت لي بزيارتك قريباً. وأنا سأفعل ذلك بكل رغبة. لكنني مضطر الآن إلى بعض الانتظار بسبب ظروفي هنا. وسأخبرك عند ملاءمة الظروف. أتمنى جداً أن يكون ذلك في أيار أو حزيران.

ذكّرتني بالمشي في كل المدن التي تجولت وتشردت فيها. وعنيفة هي رغبتي ببضعة مشاوير معك في لندن. (زكريا تامر في لندن. زكريا تامر وتابعه يبحثان عن جذور إنسان في شوارع لندن فيجدان...). إنه موضوع لإحدى قصص الخيال العلمي!

وصلني رد سلبي آخر من دار نشر يقول إن قصصك هي، جزئياً، «لطيفة جداً»، وجزئياً لا تناسب برنامج الدار. ما زلت حالياً بانتظار

سبعة ردود. بعد ذلك سأرسل الكتاب إلى دور جديدة. هذه الأمور مألوفة في ألمانيا.

شكري البالغ للسيدة زوجتك!

استغلالاً لاهتمامها ولطفها أتقدم إليها هنا برجاء كبير: أن ترسل لي صورة عن كل ما تنشره أنت في الصحف التي لا تصل إلى هنا. ربما يمكنها أن تفعل ذلك مرة في الشهر أو الشهرين. وسأكون شاكراً جداً جداً. يهمني في غاية الأهمية أن أقرأ ما تنشره حالياً. سأكتب لك قريباً مرة أخرى. مع شكري واحترامي. **ابراهيم وطفي**

***

(1985/4/2)

(قبل أن يطوي النسيان معظم التفاصيل أحاول أن أذكر ما ظل عالقاً في ذهني بعد مضيّ أسبوعين لم أتمكن خلالهما من الكتابة).

فتحت زوجة زكريا الباب، وبدت لي أكبر سناً مما كنت أظن. وبعد لحظات ظهر زكريا تامر. وقد فوجئت بأنني لا أعرفه. كانت صورة معينة له ماثلة في ذهني كوّنتها من صورته الشخصية المنشورة في الصحف (وهو يحمل نظارات) ومن مشاهدتي له في إحدى المرات. كان ذلك قبل أكثر من عشر سنوات. دخلت برفقة سعد إلى أحد المطاعم في دمشق، وكان المطعم خالياً تماماً سوى من شخص وحيد قال لي سعد بعد أن اجتزناه: «هذا هو زكريا تامر» (ولا أذكر الآن في ما إذا كان سعد قد ألقى على زكريا تحية مقتضبة أم لا. أذكر أن الإثنين كانا في ذلك الحين لا يتبادلان الحديث).

والآن بدا لي زكريا تامر شخصاً متقدماً في السن، نحيلاً، تعباً أكثر مما كنت أتوقع. وشعرت على الفور أنه يعيش في منفى، مقطوعاً عن جذوره.

جلسنا في غرفة جلوس متواضعة، وتحدثنا بضع ساعات. كانت زوجته ناديا تدخل إلينا بين الفينة والأخرى وتشاركنا الحديث بضع دقائق.

حدثت زكريا عن ترجمتي لقصص الأطفال وأعطيته نسخة من المخطوطة الألمانية.

بعد أن علم أنني أعرف بضعة معارف له، أخذ الحديث مجرى محبباً لديه: الحياة اليومية وحكايات الناس. حدثني عن قسوته على سعد، وعن دعوته مؤخراً لسعيد حورانية للمجيء إليه رغماً عن خلافاتهما السابقة، وعن آراء حيدر في كتاباته.

شعرت أنه يتحدث برغبة عن الأمور اليومية لديه ولدى الناس. قال لي إنه لا يحب الحديث في الأدب (أظن أنني أعرف السبب). وأنا جاريته عن قناعة.

قلت له إنني كنت قد سمعت أن الاقتباس الذي نشره كمقدمة في مجلة «المعرفة» من الكواكبي كان سبب عزله من رئاسة التحرير. قال إن ذلك كان صحيحاً، إلى جانب كتاباته في زاوية «عزف منفرد» في صحيفة «تشرين». وقال لي إنه منع من الكتابة رغماً عن أنه لم يكتب بشكل سياسي مباشر، في حين لم يمنع محمد الماغوط الذي كانت تعليقاته في الزاوية نفسها تعليقات سياسية مباشرة. وقد وافقته على هذا الرأي. وذكر زكريا أن علي دوبا (رئيس المخابرات العسكرية) هو الذي حقق معه بنفسه ([67]).

---

[67] في مجلة «المعرفة»، العدد 219، أيار 1980، ص 5 و6 نشر زكريا تحت عنوان «قراءات / عبد الرحمن الكواكبي» الاقتباس التالي: (... ما هذا الحرص على حياة تعيسة دنيئة لا تملكونها ساعة، ما هذا الحرص على الراحة الموهومة وحياتكم كلها تعب ونصب؟ هل لكم في هذا الصبر فخر أو لكم عليه أجر؟... ما هذا التفاوت بين أفرادكم، وقد خلقكم ربكم أكفاء في البنية، أكفاء في القوة، أكفاء

وحدثني زكريا عن عمله في مجلة «الدستور» وعن استقالته رغماً عن عدم امتلاكه سوى 400 جنيه.

قال لي إنه يكتب حالياً في صحيفة في قطر وفي «القبس» الكويتية. وكنت أعلم أنه يكتب في مجلة «التضامن» التي تصدر في لندن. وكنت قبل يوم قد قرأت زاوية له فيها بعنوان «المواطن والجنرال».

في الطبيعة، أكفاء في الحاجات؟... ألم يخلقكم الله أحراراً لا يثقلكم غير النور والنسيم، فأبيتم إلا أن تحملوا على عواتقكم ظلم الضعفاء وقهر الأقوياء؟... ليس بين صغيركم وكبيركم غير برزخ من الوهم، ولو درى الصغير بوهمه، العاجز بوهمه، ما في نفس الكبير من الخوف منه لزال الإشكال وقضي الأمر الذي فيه تختلفون ومنه تشقون... أجدادكم ينامون الآن في قبورهم مستوين أعزاء، وأنتم أحياء، معوجة رقابكم، أذلاء. البهائم تود لو تنتصب قاماتها، وأنتم من كثرة الخضوع كادت تصير أيديكم قوائم. النبات يطلب العلو، وأنتم تطلبون الانخفاض. لفظتكم الأرض لتكونوا على ظهرها وأنتم حريصون على أن تنغرسوا في جوفها، فإن كانت هذه بغيتكم فاصبروا قليلاً لتناموا فيها طويلاً... إن كانت المظالم غلت أيديكم وضيقت أنفاسكم حتى صغرت نفوسكم، وهانت عليكم هذه الحياة، وأصبحت لا تساوي عندكم الجد والجهد، وأمسيتم لا تبالون أتعيشون أم تموتون؟ فهلا تخبروني لماذا تحكمون فيكم الظالمين حتى في الموت؟ أليس لكم من الخيار أن تموتوا كما تشاؤون، لا كما يشاء الظالمون؟ هل سلب الاستبداد ارادتكم حتى في الموت... الهرب من الموت موت وطلب الموت حياة... عبد الرحمن الكواكبي من كتاب «طبائع الاستبداد ومصارع الاستعباد»).

وقد صدر العدد التالي من مجلة «المعرفة» بدون ذكر اسم رئيس تحرير. بعد ذلك أصبح محمد عمران رئيس التحرير. كانت زاوية «عزف منفرد»، في صحيفة «تشرين» اليومية، التي يتناوب على كتابتها أسبوعياً محمد الماغوط وزكريا تامر أهم زاوية في الصحافة العربية. هنا بضعة أمثلة من عناوين زاوية زكريا (من عام 1976): «خادم الأمير أمير وحكي الوزير وزير»، «نحن بخير فاللص يضحك والضحية تتفرج»، «سبحان مشتت العباد في البلاد فيا أشعب لمن تتعب؟»، «الراعي والرعية»، «حكايات جحا الدمشقي»، «وزراء جحا»، «المهرجون».

سألته فيما إذا كانت هذه الكتابات تكفيه للمعيشة. قال: «بصعوبة».

انطباعي الأول عن زكريا تامر لم يتبدل أثناء الحديث. كانت كنزته ممزقة على الكوع. قالت لي زوجته فيما بعد إنه كان لتوّه يعمل في الحديقة.

الإطار العام الذي كان يشمل الحديث كله هو أن زكريا تامر إنما يعيش في منفى. كان ذلك إطاراً وموضوعاً رئيسياً في حديثنا، دون أن نذكر ذلك مباشرة في أغلب الأحيان.

وصلني رد سلبي آخر من دار نشر يقول إن قصصك هي، جزئياً، «لطيفة جداً»، وجزئياً لا تناسب برنامج الدار. ما زلت حالياً بانتظار سبعة ردود. بعد ذلك سأرسل الكتاب إلى دور جديدة. هذه الأمور مألوفة في ألمانيا.

شكري البالغ للسيدة زوجتك!

استغلالاً لاهتمامها ولطفها أتقدم إليها هنا برجاء كبير: أن ترسل لي صورة عن كل ما تنشره أنت في الصحف التي لا تصل إلى هنا. ربما يمكنها أن تفعل ذلك مرة في الشهر أو الشهرين. وسأكون شاكراً جداً جداً. يهمني في غاية الأهمية أن أقرأ ما تنشره حالياً. سأكتب لك قريباً مرة أخرى. مع شكري واحترامي. **ابراهيم وطفي**

***

(من بون إلى لندن، 1985/4/22)

الأستاذ زكريا المحترم، أرجو أن تكون وأسرتك بكل خير!

سؤالي الآن هو إذا كان بإمكاني أن أتشرف بزيارتك خلال نهاية الأسبوع الأخيرة من أيار أو نهاية الأسبوع الأولى من حزيران؟

في الأيام القادمة سأخابرك لكي أعرف جوابك، حيث إنه يجب أن أحجز قبل أسبوعين أو ثلاثة من السفر (تذكرة مخفضة). طياً رسالتي الأولى لك والتي عادت لي مؤخراً، كما أرفق مقالة عن الترجمة إلى الألمانية. مع فائق احترامي

***

(من بون إلى لندن، 1985/5/13)

الأستاذ زكريا المحترم، للأسف لم أستطع الحصول على تذكرة مخفضة ولا حتى خلال شهرين من تاريخ رسالتي الأخيرة. والسبب هو زحمة العطلة الصيفية. لكنني سأزورك يوماً ما.

أرسل لك طياً ترجمة ثلاثة أجوبة بخصوص قصص «النهر». حتى الآن أرسلت القصص إلى 17 دار نشر، وما زلت بانتظار ردود بعضها.

اطلعت على برامج بعض دور النشر التي لم تعجبها قصص «النهر»، فتعجبت من تخلف وبدائية ما تنشره هذه الدور. لكنني ما زلت واثقاً من أن قصصك ستنشر باللغة الألمانية ([68]).

مع فائق احترامي. **ابراهيم وطفي**

***

(1985/5/27)

[68] في عام 1987 نشرت دار لينوس في بازل (سويسرا) الترجمة الألمانية لكتاب زكريا «ربيع في الرماد»، الذي يحوي إحدى عشرة قصة. وفي عام 2004 نشرت «مختارات قصصية» من قصص زكريا القصيرة.

مضى أكثر من شهرين على لقائي مع زكريا تامر دون أن أجد لديّ ساعة من الوقت ملائمة لكتابة ما أردت كتابته عن هذا اللقاء، وذلك رغماً عن رغبتي الشديدة في الكتابة.

حدثني زكريا عن لندن وعن حياته فيها. أذكر مثالين. قال إن ابنه سأله مرة عن «شيء ما في السماء». وكان ذلك هو القمر. ومرة وحيدة فقط وجدوا نبتة لها رائحة. وهنا نهض زكريا وأحضر من غرفة أخرى نبتة صغيرة في أصيص. مثالان يدلاّن على مدى غربة زكريا في لندن. قال لي إنه لا يخالط العرب في لندن. تصله صحف عربية. يقرأ ويكتب.

عندما أردنا الانصراف، أحضر لي زكريا معطفي من غرفته المجاورة. وهنا شاهدت الغرفة. أذكر منضدة وآلة كاتبة وأوراقاً، ولكن دون أية كتب. أظن أن زكريا شعر بما أفكر. قال لي إنه لا يحب اقتناء الكتب. ومع هذا لديه في دمشق خمسون صندوقاً مليئة بالكتب.

كانت زوجته قد حدثتني شيئاً عن طريقة كتابته. قالت إنه يشطب كثيراً ويعيد الكتابة مراراً، بحيث أن القطعة الجاهزة أخيراً تبدو وكأنها لا تمت بصلة لمسودتها الأولى. وأظن أن زوجة زكريا تملك كنز معلومات عنه. إن حديثاً معها سيكون مثيراً جداً بالنسبة إليّ.

أردت العودة بسيارة أجرة، لكن زوجة زكريا رفضت ذلك رفضاً قاطعاً، وقالت إنهما بطبيعة الحال سيحضران ولديهما من المدرسة. سافرنا إلى المدرسة، أخذنا الولدين معنا وتابعنا السفر، ونزلت من السيارة على بعد أمتار من بيت لطف.

في الطريق الطويل تابعنا أحاديثنا، وخاصة عني وعن زوجة زكريا وعن لطف. دعاني زكريا وزوجته إلى تناول طعام غداء لديهما،

وطلبا مني تحديد اليوم ونوع الطعام. كانا طوال الوقت في غاية اللطف معي.

كان زكريا وزوجته يريدان إقامة علاقة ما مع لطف. لكنني كنت أعرف أن هذا لا يريد ذلك. كان زكريا قد أرسل إلى لطف في الأيام الأخيرة نسخة من كتابه «النمور في اليوم العاشر» الذي كان قد ترجم إلى الإنكليزية وصدر في مطلع العام. وكنت قد رأيت النسخة قبل يوم من زيارتي لزكريا الذي كان قد كتب على الكتاب إلى لطف إهداء صغيراً: «هذا هو إنساننا». وقد تعجبت من إرسال زكريا كتابه إلى لطف، وسألت هذا متعجباً عن سبب ذلك. لكنني فهمت الأمر من زكريا بشكل غير مباشر، إذ قال لي إنه رمى الآن الكرة في مرمى لطف.

يحتاج زكريا وزوجته إلى شخص مثل لطف... للأسف. كانت الزوجة موظفة في وزارة الإعلام في دمشق، تحب عملها وسينتهي إستيداعها قريباً ولا تريد الاستغناء عن وظيفتها. وهي بحاجة إلى تمديد الاستيداع. وما شابه.

أعرف أنه في حالة طبيعية لن يرد اسم مثل اسم لطف في حديث زكريا. لكننا سنظل مقهورين!

كان زكريا كاتباً طردته «السلطة» من عمله بعد أن غضبت عليه. وكان لطف يتبوأ منصباً كبيراً في هذه السلطة، كان سفيراً لهذه السلطة. كان لطف يعرف مدى تقديري لكتابات زكريا، فادعى أمامي أنه هو أيضاً يحترم كتابات زكريا «رغم كل شيء»، وقال لي جاداً إن الدليل على احترامه زكريا هو أنه وضع اسمه في قائمة المواطنين الذين ترسل لهم السفارة الصحف السورية «مجاناً»! لم أشعر مرة بالتباعد بين السلطة والثقافة كما شعرت آنذاك.

في اليوم نفسه اتخذ قرار لسفري بعد غد (هذه قصة أخرى طويلة. كان لديّ تذكرة عودة، والعودة محجوزة ليوم 23 آذار).

في اليوم التالي خابرت زكريا وحدثته أنني مضطر للعودة إلى ألمانيا في اليوم التالي، وأنني أعتذر جداً من عدم استطاعتي تلبية دعوته حسب الاتفاق، وقلت له إنني سأزوره حتماً قريباً قادماً من ألمانيا إليه مباشرة. أظن أنه فهم أنني قد اختلفت مع لطف. ولم أحاول نفي هذا الانطباع.

وفي اليوم التالي خابرت زكريا من المطار في لندن. تحدثت معه مطولاً وأعدت عليه ما قلته في اليوم الفائت، وكررت عزمي على زيارتي له قريباً. قال لي إنه فكر أمس بعد انتهاء مخابرتنا مباشرة بأن يدعوني للإقامة لديه بقية المدة. قلت له إن الأمر لا يناسب وهو أكثر تعقيداً مما هو ظاهر.

أمسيات أدبية في بون

بعد عشرين عاماً التقيت زكريا تامر مرة ثانية لقاءً قصيراً. وذلك في بون، المدينة التي أعيش فيها. والمناسبة التي أتاحت هذا اللقاء هي التالية:

ثمة رابطة ثقافية شكّلتها هيئات ومراكز ثقافية ومكتبات عامة وجمعيات متنوعة ومتاحف وأندية سينمائية ومسرحية وما شابه في أربع مدن ألمانية متجاورة هي بون وكولن وديسبورغ ودوسلدورف. تقيم هذه الرابطة منذ عشر سنوات مشاريع فنية وثقافية متنوعة مشتركة في المدن الأربعة، وأحد مراكز ثقل هذا التعاون هو موضوع حوار الثقافات. وفي عام 2003 قررت هذه الرابطة أن تقدم في عام 2005 مشروعاً تعالج فيه ثقافة البلدان ذات الثقافة الإسلامية، واختارت منها المنطقة العربية - التركية - الإيرانية. وكان الهدف من هذا المشروع هو تقديم الفن والثقافة المعاصرين في هذه المنطقة للجمهور الألماني لتمكينه من أخذ صورة عنها تختلف عن الصورة التقليدية، مع الأمل بتبادل آراء مكثّف مع «ثقافة قريبة منا ورغم ذلك نائية في آن».

شمل هذا المشروع الثقافي الضخم 190 أمسية تعنى بأشكال التعبير الفني في مجالات الأدب والموسيقى والفيلم والفن التشكيلي والرقص والمسرح، قُدّمت في المدن الأربع بين منتصف أيلول ونهاية كانون الأول من عام 2005.

وجرى تمويل هذا المشروع من قبل العديد من الهيئات الثقافية الرسمية والخاصة ومن قبل مصارف مانحة.

من العالم العربي دعي أربعة عشر كاتباً من خيرة الكتّاب العرب، بينهم أدونيس، زكريا تامر، ابراهيم الكوني، الطيب صالح وجمال الغيطاني وسلوى بكر.

بعد حضوري أمسية أدونيس كانت الأمسية الثانية التي حضرتها هي أمسية زكريا تامر، وقد أقيمت له في مبنى السفارة السورية (الشاغر بعد انتقال السفارة إلى برلين). كان ثمة جمعية صغيرة باسم «جمعية الصداقة السورية - الألمانية»، أقامها طبيب سوري لملء أوقات فراغه، وحصل على موافقة السلطات السورية باستخدام قاعةٍ في مبنى السفارة الشاغر، يقيم فيها حفلاً ما أو أكثر في العام. وإذ علم بدعوة الألمان لكاتب سوري، قدّم القاعة مكاناً تقام فيه الأمسية، ودعا أعضاء الجمعية لحضورها. وذلك دون أن يعرف شيئاً عن زكريا تامر وكتاباته.

حضرتُ إلى المكان قبل بدء الأمسية بنصف ساعة. وإذ شاهدت زكريا في آخر القاعة يتحدث واقفاً إلى أحدهم، أسرعت إليه وقدمت نفسي له، فعرفني في الحال، وقال إنه كان يظن أني أعيش في سوريا، فسألته أين يعيش، قال: «في لندن». قلت: «كنت أظن أنك تعيش في بيروت وتعمل في دار الريس، وتزور دمشق. ذات مرة كتبت ناديا خوست كلاماً جميلاً عن إحدى زياراتك لمدينتك. وقبل مدة استلمتَ وساماً من رئيس الدولة، ومؤخراً أقيمت لك أمسية أدبية في مدينة السويداء، لم تنشر عنها الصحف السورية شيئاً سوى نبأ صغير جاء فيه أن الجمهور ناقش الكاتب في كتبه. أقدّر فيك أنك لا تعطي أحاديث صحافية، ولا تشارك في أمسيات أدبية. ماذا حدث؟ هل هو تأثير التقدم في السن؟» (كان زكريا في الرابعة والسبعين). ترك محدثه الآخر ومنحني اهتمامه، وإذ لاحظت رغبته في حديث جديّ، سألته أن نجلس، فأخذنا مكاناً في الصف الأول من المقاعد، في حين أخذت القاعة تمتلئ بالمدعوين.

قال زكريا: «في السويداء أقيم لي حفل تكريم حضره جمهور غفير ومسؤولون بينهم المحافظ بشخصه. وآنذاك نسيت أنني في السويداء، وظننت أنني في السويد. فقلت كل ما أريد قوله دون خوف أو وجل ودون عاقبة». قاطعته سائلاً: «هل نسيت فعلاً؟»، فضحك، وتابع قائلاً: «لقد انتقدت نظام الحكم في سوريا انتقاداً لاذعاً، وسمّيت أشخاصاً، وقدمت أمثلة حسية. ولم يقاطعني أحد، رغم معرفتي بوجود جواسيس بين الجمهور. وفي الختام اندلع تصفيق حاد شارك فيه المحافظ بنفسه، ثم قام وألقى كلمة قصيرة امتدح فيها ما قلته ولم ينتقدني في شيء. لكنه قال إن هذه الأمسية إنما تدلّ على أن الديموقراطية إنما تسود في سوريا». قلت: «هل ترى؟».

ويبدو أن زكريا فهم أن ذكري للوسام الذي استلمه من رئيس الدولة إنما يتضمن انتقاداً ما. فقال: «أما الوسام، فإنه لم يُمنح لأي كاتب من زبانية النظام، وإنما فقط لمعارضيه. كنا أربعة، ونحن نستحق هذا الوسام». وبدا على زكريا أنه مسرور لحصوله على وسام.

وفي الحالتين لم يقنعني زكريا، لكنني لم أقل شيئاً.

قلت: «لديّ سؤال هام بالنسبة لي، أعيدك به إلى الماضي. أعرف من سعد أنكما سكنتما معاً، وكان ذلك في قبو صغير. وكان سعد يقدّر كتابتك أعظم تقدير، وكان يحسدك مثلاً على تغلغل جذورك في دمشق». قاطعني زكريا وقال: «لا، لم نسكن معاً، وإنما عندما جاء إلى دمشق في عام 1964، لم يجد مسكناً على الفور، فأعطيته قبوي يسكن فيه، وسكنت عند أهلي، حتى وجد سعد مسكناً آخر».

قلت: «كنت وما زلت أخمّن أن سبب قطيعتك مع سعد هو اعتبارك له جزءاً من السلطة. كيف كان الحال فعلاً؟». بدا لي أن زكريا ارتاح إلى هذا السؤال، وكأنه كان يتوقعه. قال: «عندما قرأت (حفلة سمر من أجل 5 حزيران) - وقد قرأتها وهي ما زالت مخطوطة، وقرأتها دون علم سعد، كان قد أعطاها إلى امرأة، وهي أعطتني

إياها دون علمه، - اعتبرتها أدباً رجعياً. إن سعد كاتب «رجعي». فوجئت بهذه الكلمة، وارتبكت. ماذا تعني، فكرتُ وأنا أحاول التغلب على المفاجأة، وهممت بسؤال زكريا عما يقصد تماماً بالأدب الرجعي، هذه الكلمة التي كانت سائدة جداً في تلك الحقبة، وزالت من الاستخدام في هذه الأيام؛ لكن هنا جاء مقدم الحفلة والمترجم، وقال لي بلهجة تنمّ عن أنه غير مرتاح لانفرادي بزكريا: «اسمح! يجب أن آخذه». وسحب زكريا سحباً وقاده إلى الطرف الآخر وأجلسه إلى جانبه في الصف نفسه نحو خمس دقائق حتى بدأت الأمسية.

فكرت: إذاً لم يكن سبب القطيعة بين كاتبين خلافاً حول التعامل مع السلطة، وإنما كان على الأرجح مجرد نزاع على امرأة.

قدّرت عدد الحاضرين في الأمسية بنحو مئتي شخص من الألمان والعرب، معظمهم أعضاء في جمعية الصداقة. وكانت الأمسية مشتركة بين زكريا ورسام سوري شاب يدرس في ألمانيا عرض لوحاته في القاعة التي نجلس فيها، وألقى أستاذه كلمة مطولة عنه.

وعندما جاء دور زكريا، قرأ مقاطع قصيرة من بعض قصصه، ثم تلى ممثل مقاطعَ من كتاب مترجم للكاتب. بعد ذلك طُرحت بعض الأسئلة، أجاب عليها زكريا بكل صراحة وحرية. انتقد انتقاداً قاسياً نظامَ الحكم في سوريا ورجال الدين الإسلاميين ودمشق والمجتمع السوري، ولا سيما وضع المرأة فيه. ولم يردّ عليه سوى أحد الإسلاميين، الذي قال إن زكريا يبالغ، فردّ عليه زكريا: «ما قلته هو جزء بسيط من الواقع. ما من شيخ يستطيع أن يقول كلمة إلا إذا كان مدعوماً من رجل مخابرات».

لقد تحدث زكريا كما يكتب. (ربما ينطبق هذا على كل كاتب!). تحدث كما يدع شخوصه تتحدث. تكلم بالكلمات التي يكتب بها: فاضحاً، لاذعاً، مصيباً كبد الحقيقة. ومن مظهر زكريا وحركاته وكلماته وصوته وطريقة حديثه وإلقائه يعرف المرء أنه ابن حارة في دمشق القديمة. «دمشق الحالية لم تعد مدينتي»، قال زكريا تامر متحسراً على دمشقه.

في ختام الأمسية وقّع زكريا على بضعة كتب ابتاعها بعض الألمان، وأقذع الكلام، محقاً، للشخص الذي اتهمه بالمبالغة، والذي كان قد جاء إليه يريد محاججته. وقد خشيت أن يتشاجر الاثنان بالأيدي، زكريا لاذع للغاية والآخر متعصب، ففرّقتهما عن بعضهما.

لاحظت أن زكريا كان مستعداً للكلام والنقاش طوال ساعات، وانضم إلينا عدد من الأفراد يبغون الإصغاء والنقاش. وكان زكريا على استعداد أيضاً لمحادثتي مطولاً على انفراد. لكن فرصة الانفراد به لم تعد متاحة. سألته عن عدد النسخ التي تطبع من كتبه الأخيرة، فقال: «خمسة آلاف». وهنا جاء مقدم الأمسية والمترجم، الذي بدا أنه يعتبر نفسه رئيس المجموع، وسحب زكريا مرة أخرى، قائلاً لي إن عليه توصيله بالسيارة إلى كولن حيث يبيت، ويقدم أمسية في اليوم التالي.

الأمسية الثالثة التي حضرتها أقيمت للكاتب ابراهيم الكوني الذي ترجمت كتبه إلى خمس وثلاثين لغة. كان المكان هو قاعة مجهزة لمثل هذه الأمسيات، وكانت قاعةً فسيحة بجدارين من الزجاج يمتد من الأرضية إلى السقف في الطابق الأول من مبنى الإذاعة الألمانية الموجهة إلى الخارج بلغات عديدة بينها العربية. وكنت أول شخص يصل إلى القاعة، التي لم يكن فيها سوى عامل فني وفتاة ترتّب نسخاً من كتب الكوني على طاولة. وفي الربع ساعة قبل بدء الأمسية

حضر نحو خمسين شخصاً توزعوا في القاعة الكبيرة. وعندما دخل ابراهيم الكوني، عرفته على الفور رغم أني لم أكن قد رأيت صورته قط، وقلت لنفسي: «هذا هو البدوي». قامته الفارعة، بشرته ذات اللون الأسمر الغامق، تقاسيم وجهه الجدية، أصابعه الطويلة، حركات يديه، كلها تعطي انطباعاً بأن ابراهيم الكوني بدوي من علية القوم، بدوي «عريق»، أو «من نبلاء البدو»، إذا صحت هذه التعابير. لكنه بدوي يقيم في أوروبا عن قناعة. أجوبته المتأنية، وكلماته الدقيقة، وتركيزه المكثّف، تعطي انطباعاً أنه كاتب كبير يعرف قدر نفسه، ناسك يتسامى على الحياة اليومية وينأى عن ضوضائها.

مثلما هو الحال في كل أمسية: قدّم العريفُ الكاتبَ للجمهور، وقرأ الكاتبُ بالعربية مقاطع صغيرة من كتاباته، وتلى ممثل طوال نحو نصف ساعة مقاطعَ من نصوص مترجمة للكاتب، ثم ألقى العريف على الكاتب سؤالاً ما، يهدف من ورائه إلى تحريض الجمهور على طرح بعض الأسئلة، الأمر الذي يحدث (معظم الأمسيات الأدبية الألمانية تقتصر على أن يقوم الكاتب بتلاوة مقاطع من كتابه الجديد طوال نحو ساعة، ومن ثم يعمد إلى توقيع نسخ كثيرة منه للمشترين. ولا يجري نقاش بين الكاتب والجمهور. كما إن بطاقة الدخول تكون غالباً غالية الثمن).

وكما في الأمسيات العربية الأخرى طرح الجمهور الألماني بعض الأسئلة حول الأوضاع السياسية والاجتماعية في البلدان العربية. كان الكوني هو الكاتب العربي الوحيد المشارك في هذا المشروع من خارج ألمانيا الذي يعرف اللغة الألمانية. أجاب الكوني منتقداً هذه الأوضاع انتقاداً بنّاءً، واستغرقت الأمسية ساعة ونصف الساعة بالتمام. كما طُرحت عليه بعض الأسئلة حول كتاباته، ومرةً انتقد

سائلةً انتقاداً شديداً عندما لاحظ أنها لم تقرأ روايته ذات العلاقة بسؤالها.

عندما نزل الكوني من على المنصة تقدم منه صحافي إذاعي سائلاً إياه إجراء حديث صحافي معه ليذاع بالعربية من الإذاعة الألمانية. لكن الكاتب رفض ذلك. من المعروف أن ابراهيم الكوني لا يعطي مقابلات صحافية. وهذا مما يعجبني فيه إعجاباً شديداً.

في طريقه إلى الخارج سألته في ما إذا كان قد قرأ كافكا، فأجاب بالإيجاب. سألت: «بالألمانية؟» قال: «لا، بالروسية». وصافحني بودّ كبير.

***

والأمسية الرابعة التي حضرتها أقيمت للطيب صالح. كان المكان هو قاعة صغيرة مريحة في مكتبة عامة في وسط المدينة. وصلتُ إلى المكان قبل بدء الأمسية بنحو عشرين دقيقة. وفوجئت أن الكاتب كان موجوداً قبل الجمهور، وكان يقف مع مترجمه ومقدّم الأمسية بجوار الطاولة في آخر القاعة، وكان ثمة فتاتان فقط تجلسان في منتصف القاعة. وكانت المفاجأة الأكبر أن الطيب صالح تقدّم إليّ من آخر القاعة إلى أولها تقريباً، وعن عمد، وصافحني بكل لطف وابتسامة عذبة، وكأننا أصدقاء. قدّمت له نفسي، وقلت له إنني أراه لأول مرة شخصياً وإنني كنت أتوقع أن يكون مظهره أكبر سناً مما أراه الآن. فسألني: «هل أبدو أكبر أم أصغر؟». قلت صادقاً: «تبدو أصغر بكثير من سنك الحقيقي». فضحك الطيب صالح ضحكة جميلة، ووضع يده بلطف على كتفي. قلت له إني قرأت جميع كتبه باستثناء الكتاب الأخير «مختارات منسي»، الذي سأحضره قريباً من سوريا. قدّرت أنه لم يكن قد سمع باسمي سابقاً، فقلت له زيادةً في التعريف، بأني ترجمت بضعة نصوص من كافكا، فقال: «كافكا عاتم». قلت: «حاولتُ إضاءته بعض الشيء». وتابعت: «لو كنت

أعلم أني سألقاك بهذا التواضع، كنت أحضرت لك معي كتاباً عربياً لكافكا». قال: «في فرصة أخرى». وكنا لا ريب سنتحادث بضع دقائق، لولا أن مقدم الأمسية قد جاء إلينا، أمسك الطيب صالح من ذراعه وسحبه بعيداً عني. وذلك كما فعل مع زكريا تامر. وفي الحالتين لم أفهم مقصد هذا الشخص.

امتلأت القاعة الصغيرة بنحو ستين شخصاً، بينهم ابنتي زكية التي وصلت لحظة بدء الأمسية وجلست إلى جانبي، حيث كنت قد حجزت لها مقعداً.

قرأ الطيب صالح بالعربية وبتؤدةٍ بضعة مقاطع قصيرة من قصصه، وتبعه ممثل، معُيّن لهذا الغرض، وتلى بالألمانية وعلى نحوٍ تمثيلي صفحاتٍ من قصصٍ مترجمةٍ للطيب صالح. واستغرقت القراءتان ما يقرب من ساعة. بعد ذلك دعا مقدم الأمسية الحضور لطرح أسئلتهم، وراح يترجم الأسئلة إلى العربية وأجوبة الكاتب إلى الألمانية.

وكان أحد الأسئلة في ما إذا كان الطيب صالح يتوقع أن يحصل على جائزة نوبل. وكان موجز جواب الكاتب هو أن هذه الجائزة هي جائزة أوروبية، ولا تمنح لغير أوروبي سوى في ما ندر. كما إن هناك كتّاباً عرباً كثيرين يستحقونها.

وهنا سألتُ الطيب صالح (أولاً بالألمانية ثم بالعربية):

«لقد أبدعتَ أثراً أدبياً لا نظير له في الأدب العربي، غير أنه للأسف صغير الحجم. وأكبر ظني أنك لا تكتب سوى عندما يُكتب من خلالك. هذه الحالة نعرفها خير معرفة لدى كافكا. إنه لم يكتب بناءً على خطط مرسومة، وإنما كُتب من خلاله. لقد أُملي عليه. وكان يرى الكتابة شكلاً من أشكال الصلاة. ولم ينشر سوى ما كان يعتبره كاملاً مكتملاً. وكان مجموع ما نشره في حياته كلها أقل بكثير مما

نشرته أنت حتى الآن. غير إن كافكا خلّف وراءه، بعد حياة قصيرة، تركة أدبية يربو حجمها على الثلاثة آلاف صفحة، كان كتبها على هذا النحو، ولم يُتح له مراجعتها. كيف هو الحال لديك؟ وتعليقاً على السؤال عن جائزة نوبل وجوابك عليه، أخالفك الرأي وأرى أن كاتباً عربياً ما إنما يملك فرصة الحصول عليها».

أجاب الطيب صالح: «شكراً على هذا الثناء. لقد أجبتَ بنفسك على السؤال». وتابع مكرراً ما كان قد قاله للسائل السابق: «هناك عدد كبير من الكتّاب العرب الذين يستحقون جائزة نوبل». وذكر عدة أسماء، وشرح الأسباب بإسهاب بدا لي متعمداً. كان من الواضح أن الطيب صالح لا يريد أن يبوح سرّه في الكتابة بكلمات محددة مباشرة وأمام أناس لا يعرفهم معرفة شخصية، فعمد إلى الحديث مطولاً عن موضوع آخر، الأمر الذي أثار إعجابي.

وأجاب الطيب صالح على عدد من الأسئلة كانت سياسيةً أو اجتماعية في المقام الأول. كان يتحدث بكل هدوء وتؤدة، وكان يضحك أحياناً. كان «شعبياً»، وأخذت انطباعاً بأن التواضع هو من سجايا الطيب صالح الرئيسية. كما بدا لي أنه واثق من قيمة كتاباته، غير إنه لا يُظهر ذلك بشكل مباشر. الواثق من نفسه، لا يحتاج إلى أن يعلن بنفسه مدى قيمته.

كان من الواضح أن الأسئلة والأجوبة ستتوالى طوال ساعات، لكن المسؤولة عن المكتبة أنهت للأسف الأمسية، بعد أن استغرقت نحو نصف ساعة زيادةً على مدة الساعتين تماماً المخصصتين لها.

انتظرت حتى انتهى الطيب صالح من التوقيع على بضعة كتب ابتاعها بعض الحاضرين، اقتربت منه وقلت له: «أرجوك جداً إجابتي على سؤال شخصي في غاية الأهمية بالنسبة إليّ. هل تسمح أن أعرف كم طُبع حتى الآن من رواية (موسم الهجرة إلى الشمال)؟ هل تعلم أنت تماماً؟ يقال إنه ما من رواية عربية تضاهيها من ناحية

المبيع». لم يتضايق من السؤال، بل شعرت أن سؤالي كان مناسباً. وفسرت الملامح التي ظهرت على وجه الكاتب بأنه يريد أن يقول بها: «إنهم يسرقونني». على كل حال، هكذا خُيّل لي. قال الطيب صالح بلهجة تنمّ عن نوع من الاستكانة إلى القَدَر: «تقول دار العودة إنها طبعت عشر طبعات». قلت: «طوال أربعين عاماً»، وسألت: «وكم عدد نسخ كل طبعة؟». قال: «خمسة آلاف». يعلم الطيب صالح، الذي يقيم غالباً في لندن، أن مبيعات رواية أوروبية متوسطة القيمة تبلغ مثل هذا العدد في الأسابيع الأولى من صدورها.

قلت: «رجاءً! كلمة أخيرة سريعة: ألاحظ تشابهاً بينك وبين كافكا في نقطتين، الأولى من ناحية شخصية، والثانية من ناحية إبداعية». قاطعني سائلاً: «ما هما؟». قلت: «التواضع، والكتابة إلهاماً فقط». علت وجه الطيب صالح ابتسامة كبيرة، ضمّني إلى صدره بقوة، ووضع خده على خدّي، وقال إن المترجم ينتظره في السيارة كي ينقله إلى كولن حيث يبيت، وإنه سيسافر صباح اليوم التالي إلى لندن.

من النادر أني قابلت شخصاً تمنيت أن نكون أصدقاء مثلما تمنيت أن نكون الطيب صالح وأنا. وكان شعوري في نهاية تلك الأمسية في بون بأنه كان من شأننا أن نكون ذلك، لو كنت قد تعرفت عليه شخصياً في وقت سابق.

***

وكانت الأمسية الخامسة التي حضرتها هي أمسية جمال الغيطاني، تشاركه فيها الكاتبة سلوى بكر. وقد أقيمت هذه الأمسية في المكان نفسه التي أقيمت فيه أمسية ابراهيم الكوني.

عندما دخلت إلى القاعة مع ابنتي زكية قبيل بدء الأمسية، كان عدد من الأفراد يجلسون، وكان جمال الغيطاني يتحادث واقفاً في وسط القاعة مع مترجمه وسيدتين. تقدمت منه مباشرةً ولاحظ أنني سوف

أقاطع حديثه، فتوقف عن الكلام وأدار وجهه نحوي مستطلعاً ماذا يحمل إليه هذا الشخص الغريب الذي لم يره قط. علّه كان يأمل أن يكون كاتباً ألمانيا مرموقاً يبغي التعرف عليه، أو صحافياً كبيراً يريد إجراء حديث معه. ذكرت له اسمي، فاتسعت حدقتاه عجباً وتعجباً، وارتسمت على وجهه ملامح تريد أن تقول إنني آخر إنسان في الدنيا كان الغيطاني يتوقع أن يراه الآن، وأن ظهوري هنا هو المفاجأة الأكبر في حياته.

من طرف آخر بدا الغيطاني كأنه كان قد استعدّ لهذه اللحظة، فقد قدم لي نسخة من كتابه "شظف النار" الصادر عام 1966، وعلى الصفحة الأولى جاء بخط يده مذيلاً بتوقيعه: "الصديق العزيز ابراهيم وطفي تقديراً عميقاً لجهده الرائع تقديم كافكا إلى لغتنا الجميلة 28/9/2005."

كان الغيطاني قد أصدر قبل شهرين عدداً خاصاً عن كافكا من «جريدة أخبار الأدب» التي يرأس تحريرها، وقد ضم هذا العدد سبع مقالات مقتبسة من ترجمتي الواردة في الجزء الأول من «الآثار الكاملة» لكافكا، وافتتاحية كتبها الغيطاني بعنوان «عن كافكا» ذكر فيها أنه يعتبر كافكا «واحداً من أعظم المبدعين في تاريخ الإنسانية»، وأنه فهم كافكا عندما قرأ الدراسات الأجنبية عنه. وذكرني بالاسم مرتين، وأنني قدمت «دراسات عميقة وشروحاً تعد الأولى من نوعها في ترجمة الأعمال الأدبية إلى اللغة العربية». كما ضمّ العدد مقالة ثانية بعنوان «ضرورة كافكا»، كتبه الروائي محمود الورداني أشاد فيه بعملي.

على نحوٍ عفوي أراد الغيطاني طبعاً أن يحييني على الطريقة العربية: باليد والخدين وربما بالأحضان، لكنه بدا أنه أحجم عن ذلك في آخر لحظة، لكن دون أن يجد على الفور الطريقة الملائمة لتحية شخص غريب قريب هكذا، فأمسك يدي التي مددتها لمصافحته،

وأحنى رأسه إليها وقبّلها. نعم، هكذا كان الأمر. ارتبكت مثل ارتباكه، غير أني ضحكت وقلت: «ملك السعودية حظر هذا مؤخراً». قال: «لم أكن أتوقع أن ألقاك هنا». قلت: «جلبت لك معي هذا»، وناولته كتاباً. أمسكه وقال: «لكني أملكه، لديّ الجزءان الكبيران ورسالة إلى الوالد». قلت: «لديك الطبعة الأولى من (المحاكمة)، وهذه هي الطبعة الثانية الموسعة. لقد ذكرتَ في مقالتك أن (المحاكمة) تقع في 600 صفحة، لكن هذه الطبعة تقع في 815 صفحة، وتحوي قسماً رابعاً جديداً بعنوان (من سيرة حياة كافكا وتلقي آثاره في العالم)». وفتحت الكتاب وأريت الغيطاني عنوان القسم. أخذ الكتاب شاكراً، والتفت إلى مرافقيه وقدمنا لبعضنا، وهو مازال يبدو مستغرباً وجودي هنا. قال لهم اسمي مردفاً «مترجم كافكا»، وقال لي أسماءهم: زوجته ومترجمه الرسمي والسيدة سلوى بكر. وعرّفتهم على ابنتي زكية. قالت لي السيدة الغيطاني إنها مسؤولة عن ملحق الكتب في جريدة «الأهرام»، وتحب أن تجري معي حديثاً صحافياً للملحق، فاعتذرت شاكراً، وقال لها زوجها إني لن أفعل، حيث لم أشأ أن اكتب شيئاً لجريدة أخبار «الأدب». وقاد المترجمُ الكاتبَ والكاتبة إلى المنصة.

قرأ كل منهما، بالعربية، مقاطعَ صغيرة من كتاباته؛ ثم تلت ممثلة، بالألمانية، مقاطعَ أكثر طولاً من ترجماتٍ لهما؛ أعقب ذلك بعض الأسئلة من الجمهور والأجوبة من الإثنين عن الأوضاع السياسية والاجتماعية في مصر، كما ورد سؤال عن انطباعاتهما عن الجمهور الألماني، حيث أنهما حضرا أكثر من مرة إلى ألمانيا.

قدّرت عدد الحاضرين بنحو أربعين شخصاً، واستغرقت الأمسية ساعتين كانتا مخصصتين لها.

وبعد أن نزل الغيطاني عن المنصة، ذهبت إليه، فقال إنه لو كان يعلم سلفاً بحضوري، كان يودّ أن يلتقي معي على انفراد، وإنه مرتبط الآن بالسيارة والمرافق، وعليه الانصراف في الحال. وعلى عجل قال لي إنه سوف يدعوني إلى مصر عندما يعقد مؤتمر حول الترجمة، وطلب مني أن أكتب شيئاً لجريدته قائلاً: «نريدك في الجريدة». سألته عن توزيع الجريدة، فقال: «سابقاً 120 ألف، حالياً 50 ألف. إننا دار نشر كبيرة رابحة». وسألني عما هو جاهز لديّ من كافكا. سألته في ما إذا قد استلم رسالتي له، فأجاب بعد تردد بالإيجاب. وسألني في ما إذا كانت نسخ الجريدة المطلوبة من قبلي قد وصلت لي، قلت: «وصلت بعد أن كتب لي الورداني أنه حقق انتصاراً على أقدم بيروقراطية في التاريخ». قال الغيطاني: «أنا الذي أرسلت النسخ لك» ([69]).

ويبدو أن الغيطاني كان خلال الأمسية قد حضّر هدية لي، فقد أعطاني نسخة من كتابه «شطف النار»، قرأت في ما بعد إهداءه: «الصديق العزيز ابراهيم وطفي تقديراً عميقاً لجهده الرائع في تقديم كافكا إلى لغتنا الجميلة /

المحبة / جمال الغيطاني / بون 2005/9/28».

---

69 كنت طلبت ثلاثين نسخة من العدد لقاء ثمنها.

مقالات عن الطبعة الأولى

ابراهيم وطفي: احتفاءً بالأدب الوثائقي

يضع ابراهيم وطفي (1938) أرشيفه الشخصي من رسائل الأصدقاء إليه (من بينها رسائل من أدونيس، وزكريا تامر) في متناول الجميع «من دون كذب أو تحريف»، مؤكداً على حق المرء في الشيخوخة بأن يقول كل ما لديه، ومن دون أقنعة، وفتح الأبواب المغلقة لنبش الأرشيف الخاص للكتّاب العرب، معتبراً أن الحياة اليومية الخاصة بالكاتب هي مادة خام للكتابة. والكتابة هي عمل على الحياة الخاصة. ويتساءل: «ماذا حدث لمخطوطة يوميات سعد الله ونوس؟». دافعه إلى نشر هذه الرسائل، كما يقول، هو مواجهة «ثقافة المكبوت والمضمر والمحظور»، وإعلاء شأن الأدب الوثائقي الذي يلقى اليوم اهتماماً عالمياً، وما هذه الرسائل إلا مسودة وثائقية لرواية صادقة، لم تهمل تفصيلاً. ذلك أن هذه الرسائل، هي في نهاية المطاف، «تعبير عن تفكير ورؤية جيل، كان يتطلع إلى فضاء فكري آخر، يضعه على عتبة أخرى». في تحليله لشخصية صاحب «طقوس الإشارات والتحولات»، يشير ابراهيم وطفي إلى «حبّ للظهور لديه، والشكوى الدائمة»، على رغم الفرص الاستثنائية التي أُتيحت له، سواء في السفر، أو المناصب، أو الجوائز «لا أعرف وضعاً مثالياً أكثر بالنسبة إلى أي كاتب في العالم»، يقول.

ويرى أن نشأته الأولى تركت بصمتها على نمط حياته، إذ لم يختبر الأعمال الخشنة، كما أقرانه في الريف، بل قضى شبابه الأول بين الكتب، والتسكّع، وظلّ رجلاً شرقياً في علاقته بالمرأة، وقد لعبت شهرته دوراً أساسياً في ثقته بنفسه وجرأته تجاه النساء «لكنني أعتقد أن سعد الله لم يحب امرأة طوال حياته، ولم يكتب رسائل غرامية، ولم يستطع إقامة علاقة روحية صادقة مع امرأة». المبالغة في

تضخيم دوره كمثقف وانخراطه في الهمّ العام وقضايا النهضة والثورة وفلسطين قادته إلى طريق مسدودة بحسب ابراهيم وطفي. و«لم يكتشف كم كانت هذه الكلمات مجرد شعارات سوى في وقت متأخر»، حتى أنه اعترف مرّة قائلاً «فلسطين سرقت حياتي... فلسطين قتلتني». هكذا توقف عن الكتابة نحو عشر سنوات، ليعود بعدها في أوائل التسعينيات إلى اكتشاف ذاته، وإعادة النظر في حياته ومواقفه وأفكاره. يشير وطفي هنا إلى مسرحية «الاغتصاب»، التي أثارت لغطاً كبيراً أثناء عرضها لجهة موقفه من الصراع العربي الإسرائيلي (أخرجها جواد الأسدي). ويكتب في هامشٍ خاص: «ندمت على قراءة مسرحية `الاغتصاب`، وذلك ليس لأسباب سياسية، وآمل أن يقوم مختص رصين، يوماً ما، بدراسة البعد الذاتي في أعمال سعد الله ونوس الأخيرة».

خليل صويلح

2012/4/17

سعد الله ونوس محدّقاً في الحياة

يعود المسرحي السوري إلى الضوء من خلال رسائل كتبها إلى صديقه ابراهيم وطفي تمتد بين عامي 1957 و1993. عبر صفحات «اعبد الحياة / رواية حياة في رسائل» (منشورات وطفي - دمشق)، نكتشف شخصية قلقة على خلفية تاريخية حبلى بالتحوّلات.

لا نعلم متى ستنتشر يوميات سعد الله ونوس كاملةً بعدما نشرت «أخبار الأدب» المصرية جزءاً منها. كان الكاتب المسرحي الراحل (1941 - 1997) قد أودع رفيقة دربه فايزة الشاويش عشرة دفاتر تحتوي يومياته، لكنها لم ترَ النور إلى اليوم، على الأرجح بسبب الجرأة التي تناول بها صاحب «منمنمات تاريخية» أحداثاً وفضائح تطال محيطه. المفاجأة أتت من مكانٍ آخر. ابراهيم وطفي صديق عمره، ومترجم الأعمال الكاملة لكافكا إلى العربية، المقيم في ألمانيا، نشر أخيراً رسائل سعد الله ونوس إليه تحت عنوان «اعبدُ الحياة / رواية حياة في رسائل / II صداقة» (منشورات وطفي - دمشق). الرسائل التي تمتد من 1957 إلى1993، تكشف قلقاً شخصيّاً مبكراً لدى صاحب «الأيام المخمورة»، ووصفاً لأحواله الصعبة في قريته في الساحل السوري، بعد سفر صديقه إلى دمشق ثم بيروت، مروراً بالإسكندرية، إلى فرانكفورت، وتطلّعه إلى مغادرة هذا المكان البائس إلى الأبد.

يكتب في رسالة أولى «أعيش الآن في فوضى.. يأس.. جحيم.. عدم.. غثيان». سننتبه أولاً، إلى تأثره الواضح بمفردات الوجودية، وبسارتر على نحوٍ خاص. فقد كانت موجة الوجودية على أشدّها بالنسبة إلى جيله. وسنقرأ عبارة مضادة لما قاله قبل رحيله «إننا محكومون باليأس» بدلاً من «الأمل». يورد سعد الله في رسائله المبكرة إشارات إلى أنّه في صدد كتابة مذكراته، وإلى محاولات

قصصية: «فكّرتُ أكثر من مرة بإرسال قصة إلى مصطفى محمود في زاوية (البوسطجي) لأعرف الدرجة التي وصلت إليها في كتابة القصة». وفي رسالة لاحقة، يكتب: «أعتزم كتابة بضع مقالات عن مفاسد الشيوعية ومباذلها وعن موقفها من الفرد».

تنطوي هذه الرسائل على شخصية قلقة يتطلع صاحبها إلى الشهرة بأي ثمن. هكذا يغرق في القراءة والكتابة، والمغامرات الغرامية، والرغبة الجامحة بالتفرّد: «سأكون عظيماً لأنني مصرّ على ذلك».

في القاهرة التي غادر إليها بمنحة لدراسة الصحافة، أيام الوحدة السورية المصرية، عاش مناخات أخرى، تتناوبها حالات من البهجة والاضطراب والعدمية: «ممارسة الحياة ليست بالسهولة التي تتصورها. ألم تقرأ ما كان يقوله ميرلو بونتي، الفيلسوف الوجودي (ما أسهل الكتابة، وما أصعب الحياة)، والمؤلم أن كلا الشيئين يبدو لي صعباً للغاية».

نسخة أخرى من «دينو» بطل رواية ألبرتو مورافيا «السأم»، تفرض ثقلها على سلوكه، حتى أنّه يذكر فكرة الانتحار أكثر من مرّة، مستشهداً بعبارات من ألبير كامو وسارتر، وعناق الشبق الجسدي بالذهني. في رسالة مؤرخة عام 1963 يشير إلى أول مسرحية نُشرت له بعنوان «مادوز تحدّق في الحياة» في مجلة «الآداب» البيروتية، ومغادرته القاهرة إلى دمشق والعمل في جريدة «الثورة» براتب 325 ليرة، من دون غبطة، فنبرة اليأس تحوم مجدداً في دماغه: «العطب في داخلي. أما العالم، فإنه أضخم وأهول من أن يكون معطوبا». في باريس التي استقر فيها لدراسة الدراما والتأليف المسرحي في جامعة السوربون، تستمر شكواه «من الضجر والإفلاس والشراهة في امتصاص مباهج عاصمة النور".

يقول في إحدى رسائله المؤرخة في عام 1968: «يخيّل إليّ أن الشراهة هي التي تهدمني وستهدمني». خيبات وجملة فخاخ، تعترض طريقه، لكنه سيهتدي أخيراً إلى النص الذي يحلم بكتابته:

«بدأت فعلاً أشمّ رائحته». سنكتشف أنّه في صدد كتابة «حفلة سمر من أجل 5 حزيران». النص كان يعوّل عليه بأن يشكّل تياراً جديداً في المسرح العربي، وأكثر من ذلك، كان يحلم بأن يتظاهر الجمهور بمجرد خروجه من صالة المسرح، كما يتوقع أن تُمنع المسرحية في سوريا، و«ربما سأسجن من جرائها». ونظراً إلى إفلاسه الدائم، قرر أن يشارك بها في مسابقة دولية تنظمها «اليونسكو» لاختيار أحسن مسرحية عربية: «يا للمهزلة! لقد أعطوها في دمشق الجائزة الأولى. لاحظ عملية إجهاض المسرحية بإعطائها الجائزة! لاحظ أيضاً فوضى السلطة»، كتب مستغرباً. ثم راسله عن تأسيس فرقة مسرحية، وكتابة نصه «سهرة مع أبي خليل القباني» (1973)، ومنحة اطلاعية إلى باريس لمدة عام. في باريس، يعقد صداقة مع جان جينيه، ويجري حواراً طويلاً معه. فور عودته إلى دمشق (1976)، يغرق في تأسيس مجلة «الحياة المسرحية»، وإدارة المسرح التجريبي، بالإضافة إلى مشاريع كثيرة لم تنجز. في رسالة أخيرة مؤرخة في 1992/6/9، يكتب إلى صديقه ابراهيم: «لدي ورم في بلعومي. وقد أجريت عملية منذ شهر ونصف، وتلا العملية علاج كيميائي مكثّف»، ويضيف متفائلاً «لستُ قلقاً. ولا أعتقد أني سأموت. ولكن لو مت فستكون بعصة كبيرة. لأن مشروعي الجدّي لم يتبلور إلا في السنوات الأخيرة. وهو ليس ورائي، بل ما زال أمامي. ومع ذلك لن تكون البعصة مهمة. وفي الواقع لم يبق إلا ما يبعص».

خليل صويلح
2012/4/18

حصيلة مراسلات كاتب مع كبار الأدباء

«حياة في رسائل» سيرة ذاتية بطريقة فريدة

طريقة فريدة من نوعها اختارها الكاتب السوري المخضرم ابراهيم وطفي ليضع سيرته الذاتية في كتاب، اتجه بها إلى نشر مجموعة كبيرة من الرسائل المتبادلة بينه وبين رموز في الوسط الأدبي السوري، في كتاب خاص حمل عنوان «اعبد الحياة/ رواية حياة في رسائل».

يقع الكتاب في 660 صفحة من القطع الكبير، ويتوفر على فصول كثيرة يقع في كل منها التراسل الطويل بينه وبين الأدباء والكتاب السوريين على مدى خمسين عاماً، لكن جزءاً لا بأس به من هذا الكتاب يخصصه وطفي لتعريفات الصداقة والحب بين الأصدقاء، ويستشهد بعد كل فكرة يتناولها بمقولة لأديب عالمي أو شاعر بصم على جدار البشرية بما أنجز.

مما يأتي به الكاتب في موجزاته التعريفية، أنه حاول طوال حياته إقامة علاقات صداقة حقة، علاقات إنسانية بكل معنى الكلمة. وهنا يستشهد بقول لجان جاك روسو: «علاقات الصداقة يجب أن تكون علاقات صوفية بين شخصين»، وبمقولة لأبي حيان التوحيدي: «الصديقُ آخرٌ هو أنت».

يعتبر وطفي أن كل كتاب يؤلفه كاتبٌ هو بمثابة رسائل طويلة موجهة إلى الأصدقاء، وهنا يريد الإشارة إلى أن الرسائل التي ينشرها في هذا الكتاب، هي رسائل أرسلت في السابق إلى مشاريع أصدقاء أو تسلمها هو من مشاريع أصدقاء، وبأنه، في كتابه هذا، إنما يعيد إرسالها إلى أصدقاء محتملين، الذين هم القراء بالتأكيد.

في الكتاب قسم خاص لمراسلات ابراهيم وطفي مع الشاعر والأديب العالمي السوري أدونيس منذ أربعين عاماً وحتى الآن.. رسائل تم تبادلها أيام كان أدونيس يعمل رئيساً لتحرير مجلة أدبية في بيروت، ورسائل أخرى تم تبادلها بعد العصر الورقي، عبر شبكة الإنترنت بينهما.

ومما ينشر في بعض تلك الرسائل مع أدونيس، أن ابراهيم كان مشتركاً في أُعداد مجلة مواقف، وكان يرسل الاشتراكات بشكل سنوي أحياناً وشهري أحياناً أخرى، فكان أدونيس يرسل له رسائل شكرٍ لثقته بالمجلة، حيناً، ورسائل أخرى، يعتذر فيها أدونيس عن تأخر وصول المجلة إلى ابراهيم في أحياناً أخرى.

أما في عصر الإنترنت، فأخذت الرسائل منحى آخر، وبخاصة بعد أن أصبح ابراهيم وطفي المترجم الأول لأعمال الأديب العالمي كافكا وأصبح مقيماً في ألمانيا، بينما يقيم أدونيس في باريس، ومن هنا أصبحت المراسلات تتعلق بتبادل آراء بين الرجلين، فضلاً عن لقاءات شخصية جمعت بينهما في العاصمة الفرنسية حيناً وفي العاصمة الألمانية حيناً آخر.

في إحدى الرسائل يقر ابراهيم وطفي لأدونيس بعجزه عن فهم كل شعره، ويقول في تلك الرسالة: «صحيح أنني لا أفهم معظم شعرك، أفهم صورة هنا فكرة هنالك، لكني أحس منذ بدأت أقرأه بأنه شعر عظيم (هكذا كان حالي مع كافكا). أما دراساتك فتثبت أنك المفكر العربي الوحيد».

وفي الرسالة ذاتها يعترف ابراهيم لأدونيس بأن حياته اقتبست من حياة الأخير بعض المحطات: النشأة في القرية.. أربع سنوات من خدمة العلم في مدينة حلب.. الإقامة في دمشق دون الدراسة في جامعتها.. اللجوء إلى بيروت.

ولا تقل ردود أدونيس على وطفي اهتماماً وإثارة وتقديراً عن مشاعر ابراهيم نحو الأديب السوري الذي يمضي عامه الثامن والخمسين خارج سورية.

وغير أدونيس، تحضر في حياة ابراهيم وطفي مراسلات أخرى مع أديب كبير وعظيم آخر هو زكريا تامر، إضافة إلى اتصالات هاتفية جرت بينهما طوال عقود.

مما يتذكره ابراهيم وطفي ويدونه في كتابه هذا عن مراسلاته ومخابراته مع تامر، أن الأخير في العام 1985 أخبره بأنه ترك مجلة الدستور مستقيلاً برغم عدم وجود أكثر من 400 جنيه في جيبه، وأنه يكتب في الوقت الحالي (آنذاك) في صحيفة قطرية وفي جريدة القبس الكويتية، إضافة إلى استمراره في الكتابة لصحيفة لندنية.

سأل ابراهيم زكريا تامر: هل الكتابات تكفيك للمعيشة؟ يرد زكريا تامر: بصعوبة.

يؤكد وطفي أن زكريا تامر لم يتلون يوما أو يتبدل بالمواقف والآراء، إن كان بالرسائل أو بالمخابرات الهاتفية أو بالمواجهات الشخصية، وحتى حاله وهندامه على ما هما: كنزة ممزقة حتى الكوع.

وفي ملف ثالث تحضر مراسلات ابراهيم وطفي مع الأديب المسرحي السوري رقم واحد في تاريخ البلاد والمسرح سعد الله ونوس المتوفى قبل أقل من عقدين، وونوس بالمناسبة هو قريب لوطفي عائلياً، وكانا قد خرجا من القرية معاً في سن المراهقة واستأجرا غرفة في مدينة طرطوس.

والملاحظ هنا هو خوض وطفي في تفاصيل أدبية وحياتية مع كتاب وأدباء مختلفي النظرة إلى السلطة. فبينما يقيم أمتن العلاقات مع أدونيس وزكريا تامر، المعارضين للسلطة في سوريا أقام العلاقة

نفسها وبالدرجة والصلابة نفسيهما مع سعد الله ونوس الذي كان مقرباً من النظام الحاكم في البلاد منذ العام 1970.

مساحة واسعة في أفكار وطفي تذهب لإبداء آرائه في الكتابة والتأليف، ومما يحضر هنا تركيزه على كتابة السيرة الذاتية للإنسان.

علاء محمد

2013/2/22

سعد الله ونوس... تبدَّد الحلم وانطوى

أراد أن يهزم الصمت بحمّى الكتابة واستكشاف مكمن الألم بمبضع آخر. ماذا اذا لو شهد خريطة البلاد وهي تتمزّق تحت وطأة الحرب الشرسة؟ هل سيعيد صرخة بطل مسرحيته «الأيام المخمورة: «ما أشدّ وحشة هذا العالم»، أم يواجه «أبو سعيد الغبرا» الذي خرج من قبره مرةً أخرى، كي يتهم أحفاد أبي خليل القباني، بنشر الفسق والمراذل؟ فواتير كثيرة تراكمت في ذكرى غياب المسرحي السوري الـ 18، من دون أن يسدّدها تلاميذه، أو أن يجيبوا عن أسئلته الأخيرة، أو أن يواصلوا تفتيشه عن الحقيقة التي صارت «إبرة في مزبلة»

يكتب سعد الله ونوس (27 مارس 1941 - 15 مايو 1997) في رسالة قديمة إلى صديقه ابراهيم وطفي المقيم في فرانكفورت: «إننا محكومون باليأس»، لكنه سيقوم - بعد عقودٍ على كتابة هذه العبارة - بتحويل مجراها إلى «إننا محكومون بالأمل». بين اليأس والأمل عبرت مياه كثيرة، وضعت صاحب «مغامرة رأس المملوك جابر» في لجّة العاصفة، لجهة التحوّلات التي طرأت على مواقفه ونصوصه وخيباته، وربما لو عاش هذه «الأيام المخمورة» لكان أعاد العبارة إلى أصلها الأول، ونحن ندخل نفقاً غامضاً من احتمالات الغرق. الكنوز التي أودعها المسرحي الراحل في أرشيف المسرح السوري، لم يقربها أحد، خلال سنوات الحرب.

ظلّت هذه النصوص الإشكالية بمنأى عن الخشبة رغم أهميتها القصوى في تشريح ما يحدث اليوم، إذ لطالما اقتحمت نصوصه المناطق الشائكة في علاقة الفرد بالسلطة، ومعنى الخيبة والخيانة والقمع، وكيف يكون المسرح برزخاً نحو الأسئلة الكبرى لجيل وجد نفسه في قفصٍ ضيّق يعوم في مستنقع الهزائم.

من هنا كانت شراكته مع المخرج الراحل فواز الساجر في منتصف السبعينيات من القرن المنصرم، العائد للتو من موسكو، بمثابة طوق نجاة، أو التفاحة المحرّمة التي كان يتطلّع إلى قطفها من الشجرة العالية.

أثمر هذا اللقاء الإبداعي الخلّاق عن تأسيس «المسرح التجريبي» في عروضٍ لافتة، شكّلت منعطفاً حاداً في تاريخ المسرح السوري، سواء على صعيد الاشتباك مع نصوصٍ عالمية وسحبها إلى بساط المحليّة، أو على صعيد المغامرة المسرحية وزجّها في أتون التجريب، كما فعلا أولاً، في عرض «رحلة حنظلة من الغفلة إلى اليقظة»، المقتبس عن مسرحية بيتر فايس «كيف استيقظ السيد موكنبوت من آلامه». ثلاث تجارب مهمة، أنعشت الخشبة، مثلما أنعشت الشريكين، قبل أن ينطفئ فواز الساجر إثر أزمة قلبية (16 أيار/ مايو 1988)، ما أرغم سعد الله على أن يعيش منفرداً، خيبةً إضافية، ووجعاً روحياً، وصمتاً طويلاً، انتهى به إلى سرطان الحنجرة. زلزال آخر عاشه صاحب «الملك هو الملك» مع هبوب نكبة حرب الخليج الأولى، أو ما سماه «الخفقة السوداء لأعلام الخيبة» وفقاً لاعترافاته الأخيرة في شريط السينمائي الراحل عمر أميرلاي «هناك أشياء كثيرة كان يمكن أن يتحدّث عنها المرء» (1997). كان الرجل يحتضر، كما قطرات أنبوب السيروم، ممدّداً في سرير المستشفى، بـ«مزاج جنائزي» بدا أنه المشهد الأخير، قبل إسدال الستارة على حياته لمرّة أخيرة.

ما مصير مذكراته التي أنجزها في عشرة دفاتر، وهل سترى النور قريباً، أم ستبقى طي الأدراج؟

إثر هزيمة «مسرح التسييس» تحت ضربات «التحوّلات الفاجرة»، المسرح الذي دافع عنه طويلاً في نصوصه الأولى، بذرائع إيديولوجية، وخطاب تنويري أو طليعي، تبيّن له لاحقاً، صعوبة

ترسيخ مثل هذه المفاهيم، أو التأسيس عليها، سيلتفت صاحب «طقوس الإشارات والتحوّلات» إلى مسرَحة القهر، انطلاقاً من الخليّة الصغرى للعقل العربي، كاشفاً عن أوجاع الفرد، والتقاط القهر الكامن في أعماق الجماعة، وإذا بنا أمام عقل مهزوم تاريخياً، وعدالة مفقودة، وسلطة مستبدة، حوّلت الإنسان العربي إلى كائن مقهور يعيش في قفص. أراد إذاً، أن يهزم الصمت بحمّى الكتابة واستكشاف مكمن الألم بمبضع آخر. هكذا، أنجز خلال سنواته الأخيرة على فراش المرض، مجموعةً من النصوص المهمة بمناوشة اليومي والراهن والحميمي، واستبطان بنية التفكير العربي، ومشكلات المجتمع المعاصر كما في «أحلام شقية»، و«يوم من زماننا»، و«الأيام المخمورة». كأنه اكتشف متأخراً، أن مقارعة التاريخ وحده ليست كافية لمواجهة العطب. وما اندحار المثقف العضوي إلا محصلة لأبشع أشكال الاضطهاد والتهميش والاستبداد التي وقعت عليه. يقول بمرارة وأسى، في أحد حواراته الأخيرة: «المسرح ليس بؤرة انتفاضة. كان الاستنتاج مخيّباً ومُرّاً، وكان الحلم ينأى منطوياً في سراب أو وهم، نعم... تبدّد الحلم وانطوى».

في الخندق الآخر للكتابة المسرحية سعى إلى قضايا سجالية من نوع آخر، تتعلّق بالفساد والحب والرغبة والحرية، المفردات التي أهملها في نصوصه المسيّسة، محمولة على هتاف شعري، وسرد متوتر، لا يعبأن بمتطلبات العرض المسرحي، إذ «تضطرب الرؤية ويختلّ اليقين». وسوف تهتف «غادة» بطلة مسرحية «أحلام شقيّة» قائلةً «أين الشعر في هذه الدنيا؟ لا الحلم ممكن، ولا التمنّي ممكن. لا شيء إلا الظلم والموت». هكذا نتعرّف إلى شخصيات تتأرجح فوق حبال الرغبة والانعتاق والانتحار، في محيط عائلي مضطرب، كترجيع لمشكلات كبرى تنطوي على حطام جمعي، ووجع تاريخي يتناسل من شقوق جدران آيلة إلى السقوط، فالتمرّد لديه لم يعد المحرّض الأساسي في الكتابة، بقدر اهتمامه بتعرية أمراض مجتمع

مكبّل بأصفاد الأعراف والتقيّة والزيف. هكذا تتلاقى في أعماله، وفقاً لما تقوله خالدة سعيد «صنعة الحرفي، إلهام الرائي، ذخيرة الحكواتي، بصيرة المحلّل وموهبة ابتداع الأساطير والرموز. مهندس منظومات ورؤى، رسّام مسارات عبور وتحوّل، صانع كنايات وأمثولات ونحّات رموز». ولكن ماذا لو شهد سعد الله ونوس مشهد خريطة البلاد وهي تتمزّق تحت وطأة الحرب الشرسة، وما هي المراجعة التي سيقوم بها لنصوصه ومواقفه؟ وماذا سيقول عن مسرح يحتضر، وساحة ثقافية تحرسها فزّاعات محشوة بالقش، ومصحة عمومية للجنون؟ هل سيعيد صرخة بطل مسرحيته «الأيام المخمورة»: «ما أشدّ وحشة هذا العالم»، أم يواجه «أبو سعيد الغبرا» الذي خرج من قبره مرّة أخرى، كي يتهم أحفاد أبي خليل القباني، بنشر الفسق والمراذل؟ فواتير كثيرة تراكمت في غيابه الـ 18، من دون أن يسدّدها تلاميذه، أو أن يجيبوا عن أسئلته الأخيرة: «أيقنت أنّ في العائلة دملاً يتستّر عليه الجميع، وأيقنت أنّي لن أستقر في اسمي وهويتي إلا إذا اكتشفت الدمّل وفقأته»، كما سيفتش عن الحقيقة، وإذا بها «إبرة في مزبلة» «(الأيام المخمورة»). هذا التحوّل في اهتماماته، يستجيب عملياً إلى شكوكه وقلقه حيال السرديات الكبرى التي انخرط فيها طويلاً عبر مروحة واسعة من العتبات المسرحية التي خاضها بيقين المثقف التنويري، لجهة توظيف أشكال الفرجة التراثية، واستثمار شخصية الحكواتي، واقتباس الحكاية الشعبية، إلى مساءلة السلطة والتاريخ، ثم مغامرة التجريب، وصولاً إلى السرديات الصغرى المتمثلة بشؤون الفرد المقموع، وربطها عضوياً بما هو جمعي، مغلقاً الدائرة على أسئلة الهويات الصغرى وسياقاتها العامة المضطربة، من دون إسراف درامي، منشغلاً في التنقيب عن الدمامل التي أرهقت الجسد المأزوم والمُهان والمكبّل بألفِ حبلٍ وحبل.

في رسالة أخيرة إلى صديقه ابراهيم وطفي يخبره فيها عن إصابته بالسرطان، يقول «لستُ قلقاً. ولا أعتقد أني سأموت. ولكن لو متّ فستكون بعصة كبيرة. لأن مشروعي الجدّي لم يتبلور إلا في السنوات الأخيرة. وهو ليس ورائي، بل ما زال أمامي. ومع ذلك، لن تكون البعصة مهمة. وفي الواقع، لم يبقَ إلا ما يبعص». في ذكراه، سوف نسأل مجدّداً: ما مصير مذكراته التي أنجزها قبل رحيله في عشرة دفاتر، وهل سترى النور قريباً، أم ستبقى طي الأدراج، وفي ذمّة التاريخ؟

خليل صويلح

2015/5/1

الكتابة بديلاً عن الحياة

سعد الله ونّوس أنموذجا

في ذكرى وفاته (15 مايو 1997) تذكرت سعد الله ونوس، الأديب العربي الذي لم أقرأ له شيئاً بعد، ولكني عرفتُه جيداً، على الأقل في مرحلة ما من حياته، أهم مرحلة.

قبل سنوات اقتنيت، بمشقة، كتاب "اعبد الحياة" حباً في صاحبه الوالد والمعلم العزيز ابراهيم وطفي، وفوجئتُ بأنني لم أعد مدينة لمعلمي بسبب كافكا فحسب، ولكن أيضاً لأنه أخذني إلى عالم عميق وصادق هو عالم سعد الله ونوس في صباه وبداية شبابه، وذلك عبر نشره للرسائل المتبادلة بينهما آنذاك، كانت كلها تقريباً رسائل ونوس.

فتحتُ الكتاب وأول ما فاجئني هو معرفة صلة القرابة وصداقة العمر بينهما. يلي ذلك الكلمات القوية الحساسة التي كان يرسلها سعد إلى صديقه البعيد، ومناشدته لهذا الصديق أن يرد عليه وأن "يفضفض" له أكثر. كنت أشعر بأن سعد يكشف نفسه أكثر مما ينبغي، في مقابل تحفّظ ابراهيم. أعتقد بأن هذا الاحساس تجاهه سببه أنني لا يمكن أن أفعل ذلك حتى لو كان الذي أكتب إليه "صديقي ومحدّثي الوحيد في هذا العالم".

أُخذتُ بالكتاب عن كل شيء. سوّدت العديد من صفحاته بالخطوط والتعليقات. واكتفيت بالجزء الأول، الذي يشكل معظم الكتاب، عن سعد عما تلاه عن أدونيس ثم زكريا. أخذتني فوضى الحياة الداخلية لمراهق/ شاب عربي مولع بالأدب وبالجنس، وفي حالة صدام دائم مع مجتمعه المتخلف عقلياً. شاب يحسد صديقه المقرب على حياته رغم أنها هي الأخرى حياة مهدّدة. حياته مع الكتب كانت حياتي في نفس تلك المرحلة من حياتي وحتى الآن. وكذلك الأمر مع الجنس،

والقراءة عن الحياة الجنسية لكاتب عربي أهم من غيرها، لأنه منْ مِن الكتّاب العرب سيتحدث بمثل صراحة ووضوح سعد؟ ربما سعد لم يكن ليفعل ذلك لو علمَ بأن رسائله ستُنشر. لكنه كتب.. كشف وقد قرأتُه وحيّرني وأحزنني ومرة أثار قرفي، عندما اعتبر أن المرأة مجرد ثقب لعضوه التناسلي. الحرمان الجنسي أبشع ما قد يعانيه إنسان؛ فحتى الحيوان لا يُحرم ذلك!.. ويضاعف بشاعته في عالمنا العربي أننا حتى اليوم ممنوعون من التعبير عنه والاعتراض عليه. وإن حدث وحصلت عليه فلن يكون ذلك غالباً مع الشخص الذي تشتهيه.. لن يكون أصلاً كما يشتهيه أو بالقدر الذي يشبعك. ومحاولة الوصول للشبع ربما تودي بك، كما حدث مع سعد، إلى الأمراض التناسلية.

هل سيظلّ التعطّش إلى الأدب والكتابة دائماً أقوى من التعطش إلى الجنس؟ أعتقد أحياناً نعم. الأدب لن يجعلنا نعاني أبداً. الكتب سهل أن تروينا، وطموحك الأدبي قد تبلغُه وترضى أخيراً. ولكن جسد الآخر.. الآخر نفسه وشخصيته وتفاعله... وكل هذه العيون علينا.. والمعتقدات والمخاوف الناتجة عن ذلك.. إنها مأساتنا الأبدية.

كبرَ الصديقان؛ تناقصت الرسائل بشكل كبير. أصبح سعد كاتباً معروفاً بعكس ابراهيم المترجم الذي لم ينل ما يستحقه حتى اليوم، بالرغم من أن ابراهيم وجهوده في إضافة كافكا إلى المكتبة العربية، أهم بكثير من معظم الكتّاب العرب.

كيف أصبح سعد عندما كبر؟ هل ارتاح؟ هل هو راضٍ عن تحسن أحواله المعيشية واستقراره مع زوجة وابنة؟ هل ندمَ يوماً على كل أيامه التي راحت في الصراع النفسي والشره الجنسي؟

أعتقد أنني وثقتُ بروح سعد، تأثرت، تعلمتُ منها لكونها تشبهني كقارئة فقط، فضلاً عن أنها كانت مكشوفة أمامي بالكامل، كنت أقرأ وذهني كله عبارة عن مشاهد حية لحياته. لكن لو لم يكن ذلك الشاب

قارئاً مسكوناً بالأدب، يعيش بالكتابة فلا أعتقد بأنني كنت سأحب قراءة كلماته. أظنني كنت سأراه مجرد شاب شهواني ضعيف أمام شهواته وضغوط حياته. لقد منحتني الحياة المعذبة التي عاشها بعض الأمل أو بالأحرى التفكير دائماً في إمكانية التغيير. انظري كيف كانت حياة سعد وكيف انتهت. انتهت بالسرطان نعم. لكن بعدما أصبح الشاب ناجحاً في المجال الذي أحبّه، واختفت العديد من منغصات حياته السابقة. منغصات حياتك لن تدوم. ستذهب حتماً وقد تبتلين بما هو أسوأ أو العكس. لقد مات بشيء من الهدوء أعتقد. الهدوء وليس السعادة، فكما كشف ابراهيم في ختام الكتاب: كان سعد ضدّه وضد قراره بالعيش المتواضع في ألمانيا. كان سعد خاضعاً لأعراف وعادات ومصالح مقززة هي ما نفّرت ابراهيم. ابراهيم كان انساناً حراً، تجرأ على المغامرة التي أرهبت سعد لأنه "لم يكن لديّ ما أخسره سوى.. بؤسي". وكان ابراهيم يتمنى لصديقه الحرية بأن يعيش في باريس يقرأ ويترجم ويحقق ذاته. بينما سعد كان جباناً عاش حاسداً صديقه الشجاع، حانقاً لأن هذا الصديق لم يصغِ إليه ويعود للموت في البلاد العربية، حتى قال له بحسد في عام 1994، عندما رآه مستقراً وهانئاً في أوروبا: "لم يفهم الطبخة أحد غيرك، فأنقذت نفسك". وأنا مع ابراهيم بالطبع. المعلم الكافكاوي الحر والمثقف الأصيل الذي لم أعرف عن حياته كل هذا الكم من التفاصيل التي عرفتها عن سعد، ورغم ذلك حياته هي المثال الذي أتطّلع إليه، وأتوق إلى امتلاك بعض شجاعته والتزامه. حياة سعد تلك هي الماضي الذي تثير العاطفة قراءته، وأما حياة ابراهيم فهي الحاضر والمستقبل الذي يستفز العاطفة والعقل معاً لمحاولة تحقيقه.

وفاء الرحيلي

(2019)

***

(2019/5/19)

أستاذي ابراهيم وطفي، كنتُ أقرأ، للمرة الثانية، كتابك "اعبد الحياة". قرأته أول مرة قبل عامين ربما، وتأثرت كثيراً بالحياة الداخلية لسعد وصراعاتها. اليوم لما قرأته كتبت بأن شخصيتك أنت وحياتك هي ما أحب وما أتطلّع لأن أمتلك بعض شجاعتها والتزامها. حياة سعد تلك هي الماضي الذي تثير العاطفة قراءته (لكوني عشت الكثير مما عاشه من الاضطرابات والمشاعر)، وأما حياتك أنت فهي الحاضر والمستقبل الذي يستفز العاطفة والعقل معاً لمحاولة تحقيقه.

أنا ممتنة دائماً لمعرفتك، لوجودك، لجهودك الأهم من أعمال معظم الكتاب العرب، وللإنترنت الذي سهّل لي الاتصال بك.

***

(2019/5/20)

السيدة العزيزة، تحية من بعيد لك، وشكراً على كلماتك الودودة التي تزيل بعض البُعد وتقرّب. جميل أن يقرأ المرء كتاباً يجد فيه بعضاً من ذاته وتجاربه. كنت أتمنى أن يكون سعد بيننا ويقرأ هذا الكتاب، وكان سيعجبه.

عاش سعد حياة غير سعيدة نتيجة الظروف القاسية التي تهدّ كل فردً. سعد لا يروح عن بالي ولا يمرّ يوم دون أن أتذكره. وفاته الباكرة من أكثر ما يؤلمني في حياتي. وبدلاً من تحسّن تلك الظروف ازدادت سوءاً. فمثلاً هذا الكتاب بين يديك مشوّه لأن الرقابة (الذاتية) حذفت منه نحو 70 صفحة. وما من أمل بأن أستطيع نشرها. كما أن يوميات سعد لم تنشر وقد لا تنشر أبداً. وهذا خطأ كبير بحقه. فهو لم يكتب إلا كي ينشر. لك أطيب التمنيات مني.

***

(2019/5/21)

صباح الخير أستاذي.. الكلمات الأخيرة في الكتاب لا توحي بما قلته، حسيت فيها جفاف وإنه يمكن بسبب اختلاف الأهداف والطريق بينكما ما عاد فيه إلا ذكرى المراسلات القديمة.

***

(2019/5/21)

النقد الموضوعي لا يعني جفافاً في العلاقة ولا نقصاناً في المشاعر. علاقتنا ظلت علاقة ودّ ومحبة. عند نشر الصفحات المحذوفة قد تكتمل الصورة.

عندما حاول سعدالله ونوس الانتحار مرارا كما تروي ابنته ديمة

لا تخلو رواية ديمة ونوس الجديدة "العائلة التي ابتلعت رجالها" (دار الآداب، 2020) من طابع السيرة الذاتية ولو بدت سيرة جماعية أكثر من كونها فردية أو شخصية. فالروائية نفسها هي التي تتولى فعل السرد من غير أن تذكر اسمها، متماهية في صورة الراوية، ولم تذكر أيضاً اسم أمها الممثلة فايزة شاويش التي تشكل مرتكز الرواية عموماً، ولا اسم أبيها الكاتب المسرحي سعد الله ونوس، على خلاف بقية أعضاء العائلة نساء ورجالاً الذين تسميهم، ساعية إلى جعل روايتها رواية "عائلية" في المعنى الوجودي. وإن أخذت ديمة عنوان الرواية من جملة كان يرددها سعد الله ونوس في طريقته الساخرة أو العبثية "أنتو عيلة بتاكل رجالها"، فهي لم تشأ أن تجعل صورة الأب تسيطر على الرواية، بل جعلته يطل حيناً تلو حين، من خلال اعترافات الراوية والأم وبعض النسوة. هذه ليست رواية الأب، وقد تكون رواية الأم في بعض زواياها، لكنها حتماً روايات الجدات والخالات وبنات الخالات، بحسب ما تروي عنهنّ الأم والابنة أو الراوية، ما جعل المرويات تختلط بعضاً ببعض، اختلاط الذكريات في رأس الأم التي تعيش حالاً من الحزن والوحدة والاقتلاع، فهي تقيم في لندن، بعيداً من دمشق، مع ابنتها وحفيدها الذي يمر ذكرة مرة واحدة. واختلاط المرويات بعيداً من أي نظام داخلي (خيط داخلي) ساهم في تشتيت البنية، وجعلها مشرعة على إمكانات التذكر، ولعل هذا ما قصدته الكاتبة أصلاً، وإن فاتها بأنه يساهم قليلاً في تشتيت القارئ الذي يجد نفسه صنو الأم، يلملم شتات هذه الذاكرة البعيدة والقريبة. وتعترف الراوية في الصفحات الأخيرة أنها جلست قبالة أمها وراحتا تعلكان الكلام والقصص وتبدّدان الحاضر

بالماضي، وتصف نفسها لاهثة "في تنفس متلاحق وقد عشت حياتي وحياتها وحياة العائلة كلها".

الكاميرا الشاهد

طبعاً تحضر الكاميرا في الشقة اللندنية التي آلت إليها عائلة ونوس كشخص ثالث مع الأم والابنة - الراوية، ولم تأتِ الابنة بهذه الكاميرا إلا لتصور الأم تتكلم وتتداعى أمامها بحرية فتشاركها حمل "تلك الذاكرة الثقيلة" التي لا تستطيع حملها وحدها، بل جاءت بها لتسجن الزمن وتوثّقه كما تقول. وتكشف في ما قبل الختام عن كذبتها (البيضاء) بعدما ادعت أنها اشترت الكاميرا وفي نيتها إنجاز فيلم وثائقي عن أمها. وفي هذا المعنى لن تعيد الابنة مشاهدة تلك اللقطات والحكايات التي سردتها الأم. وهذا ما يبرّر عدم منح الكاتبة الأم مهمة الروي أو السرد المباشر عبر ضمير المتكلم، مكتفية وحدها بأداء هذا الفعل. إنها هي التي تروي عنها ولكن اتكاء على رواياتها معظم الأحيان، وسامحة لنفسها بأن تتدخل في فعل السرد بصفتها راوياً عليماً، قادراً على إنجاز ما يسمى "قطعاً ووصلاً" في لعبة السرد. ولعلها خانت ما وعدت نفسها به حين أكدت أن الحكاية ستظهر كما روتها الأم للكاميرا بالضبط. فالابنة تروي عن الأم وليس بلسانها، وهذا ما سمح لها بأن تنمّق وتحوّر بعض كلام الأم مستعينة بخيالها وبذاكرتها عنها، وهذا أيضاً فعل خيانة للقرار الذي أعلنته بنفسها.

وكان في إمكانها فعلاً أن تتيح الفرصة للأم كي تؤدي دور راوية أخرى تتوازى مع الراوية - الابنة، وهذا كان ليغني الرواية ويرسّخ بنيتها. وهنا يختلط زمن الرواية وزمن السرد حتى ليضيع زمام الرواية في تنقله العشوائي بين الكاتبة والراوية. وما يجب ملاحظته أن الرواية حافلة بوقائع وأحداث وشخصيات (ماريان، شغف، نينار، ياسمينا، هيلانة) وأجيال (ثلاثة أو أربعة) وأمكنة وفضاءات كثيرة

(لندن، بيروت، دمشق وضواحيها، فرنسا، تركيا...) كانت تحتاج إلى مزيد من النظام والبناء والحبك فلا تتشتّت عبر تشتّتها الزمني والمكاني وتشتّت القارئ معها.

الأم والابنة

الأم تجلس في الصالون على كنبة رمادية وقبالتها الابنة على كنبتها الزرقاء وبينهما الكاميرا التي اشترتها الابنة لتسجل كلام الأم. الابنة - الراوية تعيش يومها منتظرة "اليوم الذي تتوقف فيه عن الانتظار"، والأم التي تتكئ على الماضي تدمن الأحلام. ومنها حلم غريب ترويه لابنتها عن نبتات "الأرضي شوكي" التي تأكل بعضها بعضاً. الأم ممثلة سابقة، في المسرح والتلفزيون، اكتشفها منذ فتوّتها المخرج رفيق الصبان، وكان أول دور لها على المسرح "ليدي ماكبث"، وبعدما تزوجت توقفت عن التمثيل... هذه بعض ملامح الممثلة المعروفة فايزة شاويش، أم ديمة وزوجة سعدالله ونوس، لكنها الآن بعدما تجاوزت السبعين تعيش غربة مزدوجة، غربتها عن نفسها وغربتها في المكان (لندن)، فهي لا تملك أوراق إقامة شرعية، لكنها تملك الحق في التذكر والسرد، مستعيدة معالم من ماضيها وبعضاً من وجوه هذا الماضي. نصف مسيحية ونصف مسلمة، والدتها حنة ووالدها يوسف، وهو الذي باتت لا تفكر فيه بعدما اختصر رحيل زوجها (سعد الله) "كل الرجال في حياتها"، كما تقول الراوية. فهي أحبته منذ أن تعرفت إليه في المسرح وظلت تحبه حتى آخر رمق فيه. وتقول الراوية: "غابت فيه واختفت، صارت هو، تحولت إلى ظله". إلا أن المفاجئ أن الأم الممثلة التي ما برحت تحتفظ بجسدها وتعابيره أو حركاته المسرحية، تراودها فكرة الانتحار يومياً، لكنها لا تقدم عليه خوف أن تربك ابنتها بموتها في غربة لندن. وثمة مفاجأة أخرى هي كلام الراوية أو الابنة عن محاولات انتحار قام بها الأب (سعد الله ونوس) في سياق تناولها العلاقة بينه وبين زوجته أو أمها.

وتقول في هذا الصدد: "راح يختبر فيها كل ما يمكن للمرء أن يختبره، من الاكتئاب إلى الإسراف في كل الأمور، إلى محاولات متكررة من الانتحار" (ص116). هل مثل هذا الاعتراف هو من صميم الواقع أم أنه من نسيج الخيال؟ هل أقدم سعد الله على الانتحار مرارا؟ مثل هذا الاعتراف مثير جداً بل مثار أسئلة وتكهنات. فسعد الله شخصية إبداعية كبيرة، إشكالية ومؤثرة، وقد عانى الاكتئاب في ظل حياة ملؤها الظلم والقهر.

ولئن كانت الرواية هي رواية الأم والشقيقات أو الخالات وبنات الخالات والجدات، فإن الأب لم يغب بتاتاً، بل هو يحضر من خلال الأم والابنة وغيرهنّ، سواء في أوقات مرضه العضال أو لحظات احتضاره أو من خلال بعض ذكريات الابنة التي كانت ترافقه إلى فندق الشام للقاء أصدقاء له. ولا تتوقّف الابنة عن التفكير بأبيها وتشعر بأنها تحتاج إليه هي التي تشبهه والتي ورثت منه الطباع والمزاج.

نسوة وإتنيات

تطل في الرواية شخصيات نسائية مهمة تمثل حالات محورية داخل السرد، ويمكن وسم الرواية بهنّ: الخالة والجدة مارايان، والدها أرمني وأمها تركية مسيحية، محافظة وحازمة في حياتها، أضاعت كنية والدها الذي فُقد في الحرب العالمية الأولى، كانت تردد أن المرأة روح ولا جسد لها. شخصية غاية في الطرافة، نظراً إلى غرابة طباعها، سخية أنفقت مالها الذي ورثته عن زوجها. وهناك شغف، الابنة الأولى لمارايان، شاركت في التظاهرات ضد نظام البعث، تزوجت من مخرج تلفزيوني تعرفت إليه في موسكو، وعندما عادا إلى سورية تحول إلى إسلامي أصولي ومحافظ، فيأخذ ابنتهما ياسمينا في عهدته ولا يدع أمها تراها طوال سنوات، يفرض عليها الحجاب ويجعلها بمثابة خادمة في البيت بعدما تزوج مرة ثانية.

تصاب شغف بالسرطان وتموت. وهنا تبرز شخصية ياسمينا ابنة شغف، وسبب اكتئابها، تنجح أمها قبل وفاتها في سرقتها من بيت أبيها المتعصّب، وتأتي بها لتعيش حياة حرة فتعمل في التمثيل المسرحي والتلفزيوني. وتبرز من النسوة أيضاً شخصية غنية هي نينار، التي درست الأدب الفرنسي في فرنسا، ممثلة أيضاً، تصاب باكتئاب فيطلب منها طبيبها النفساني أن تدوّن يومياتها. تحب شاباً سورياً معارضاً يدعى فرحان لكنه يموت أيضاً ولكن في إسطنبول. نهاية نينار مأسوية أيضاً فهي تتعرض لانفجار في الرأس يقضي عليها في غربتها. ومن خلال هؤلاء النسوة تحضر جدات مثل هيلانة وحنة وغيرهما، ما يجعل الرواية رواية نسائية في المعنى العائلي وليس النسوي، وهنا تكمن الفكرة الفريدة في الرواية. وليت الكاتبة ديمة منحت هؤلاء النسوة فرصة التحول إلى راويات جانبيات أو هامشيات، فتتحدّث كل واحدة منهنّ بنفسها عن نفسها، ما يجعل تداخل الحكايات والقصص أشد تناسقاً وتنظيماً. فمن خلال هؤلاء النسوة سردت ديمة فصولاً مهمة من تاريخ سوريا ومن التعدد الإثني والديني الذي عرفته سوريا، عطفاً على تطرقها إلى الثورة السورية التي جعلتها "خلفية" داخل الرواية وفضحها بجرأة قسوة النظام الاستخباراتي الذي دمّر البلد وأهله.

عبده وازن

2020/6/18

في السيرة الذاتية

التصاق المبدع بإبداعه

للفلسفة النقدية لرجاء النقاش دعامتان أساسيتان. الدعامة الأولى هي اهتمامه بشخصية المبدع قدر اهتمامه بإبداعه. فشخصية المبدع وسلوكه وواقعه الحياتي هي محل اهتمام شديد من النقاش، يرى فيها الكثير مما يفسر لديه الاتجاه الإبداعي الخاص للمبدع. فيوغل فيها باحثاً عن أسرار النشأة والتكوين والبيت والدراسة والعمل والأنشطة السياسية ليأخذ من مصابيحها كلها أضواء تكشف له أسرار العمل الإبداعي نفسه. وهناك أمثلة عديدة على اهتمام النقاش بالجوانب الشخصية للمبدعين والكتاب، منها مثلاً نشره للرسائل الشخصية المتبادلة بين الناقد المصري أنور المعداوي والشاعرة الفلسطينية فدوى طوقان، اعتمد عليها النقاش في تحليل نفسي لشخصية المعداوي. ويبدو أن للنقاش هنا اهتماماً بل هياماً كبيراً بفهم الحياة الشخصية للمبدع كمدخل لفهم إبداعه، وربما كان هذا هو سر اهتمامه الزائد بالأدباء الشبان والمبدعين المغمورين، فهو لا ينظر إليهم فقط كمنتجين لمادة إبداعية جديدة وواعدة، ولكنه يرى فيهم جوانب مثيرة من جوانب الظاهرة الإنسانية نفسها، فكل مبدع هو إنسان مميز معقد فريد يستحق أن تستكشف كل مكنونات نفسه ومزاجه وسلوكه وعواطفه وأفكاره حتى نصل إلى فهم أعمق لما يبدعه لنا.

وعلى هذا الضوء تزول الدهشة التي قد تصيبنا لأول وهلة عندما نكتشف أن عدداً كبيراً من مؤلفات النقاش تحمل عناوين تتعلق بشخصيات المبدعين أكثر مما تتعلق بإبداعهم. فنجد له العناوين التالية: شخصيات وتجارب / ملكة تبحث عن عريس / عباقرة ومجانين / نساء شكسبير / لغز أم كلثوم / في حب نجيب محفوظ / لويس عوض في الميزان.

في هذه كلها وغيرها يهتم النقاش بشخصية المبدع قدر اهتمامه بإبداعه ذاته، ولا يفصل كثيراً بين الاثنين. وعليه يمكن القول إن مدرسة النقاش النقدية هي مدرسة نفسية إنسانية واقعية تبحث دائماً عن الإنسان والإنساني في العمل الإبداعي الذي تتصدى لنقده وتحليله، وتقدم هذا البعد الإنساني كعامل لا ينفصل عن المنتج الإبداعي نفسه.

الدعامة الثانية لمدرسة النقاش النقدية - والتي يمكن رؤيتها نتاجاً طبيعياً للدعامة الأولى - هي اهتمامه الشديد بالبعد الإديولوجي للمبدع وللعمل الإبداعي، مما يصل أحياناً إلى حد الحكم على العمل الإبداعي حكماً متأثراً بإيديولوجية المبدع».

فرانسوا باسيلي

2007

مراسلات فلوبير

أعمال الكاتب وأعماقه من خلال رسائله الحميمة

هل كان غوستاف فلوبير يعرف، وهو يكتب مئات الرسائل التي بعث بها طوال حياته، أن تلك الرسائل ستنشر، وبالتالي ستقرأها أعداد كبيرة من الناس؟ أم إنه كان يكتبها وهو معتقد أن النسيان سيطويها وأن ما كتب فيها ستذروه الرياح بعد أن يقرأها المرسلة إليه؟ بكلمات أخرى: حين كان فلوبير يكتب رسائله هل كان يكتبها لشخص واحد أم لجميع الناس؟ قد يبدو هذا السؤال في غير محله هنا طالما أن من المتعارف عليه أن الرسائل - حتى وإن كانت رسائل أهل فكر ومشاهير - إنما تكتب وسط حميمية مطلقة ثم لاحقاً فقط، وغالباً من دون معرفة الكاتب، أو إذنه حتى، تنتشر الرسائل ملقية على حياة هذا الأخير أضواء تفسر مجرى تلك الحياة، بل تفسر أيضاً ظروف كتابة هذا العمل أو ذاك، أو قيامه بتصرف من التصرفات. والحال أن هذا الأمر يضعنا مباشرة في مواجهة هذا النوع الكتابي الذي بات لا غنى عنه لدراسة كاتب من الكتاب أو نجم من النجوم أو أي مشهور آخر من المشاهير. وغالباً ما تكون الرسائل على موعد جدي مع الباحثين إذ تزودهم بما لم يكونوا يتوقعون، وكأن كاتبها رمى على صفحاتها ألوف العلامات المضيئة ووضع فيها ما لم يجرؤ على وضعه في أعماله الأخرى، كما ملأها - في معظم الأحيان - صدقاً لا يوجد في بقية أعماله المكتوبة أصلاً لتوجه إلى الجمهور العريض.

من هذا النوع، إذاً، رسائل غوستاف فلوبير. إذ سواء كتبها صاحب «مدام بوفاري» ليقرأها المرسلة إليه فقط، أو لتنتشر لاحقاً وتقرأ على نطاق واسع، فإنها كتابات لا بد من قراءتها لأي شخص يريد أن يدرس حياة الرجل وكتاباته حقاً. والحال أن جان - بول سارتر، على سبيل المثال، ما كان في وسعه أبداً أن يضع دراسته المهمة عن

فلوبير «أحمق العائلة» لو لم يقرأ رسائل هذا الأخير ويدرسها بعناية، تاريخياً وسيكولوجياً، جاعلاً منها دليل تحركه في ثنايا حياة الرجل وكتاباته.

ورسائل فلوبير هي على أي حال، إضافة إلى رسائل فولتير، تكاد تكون الأشهر بين هذا النوع من الكتابة في فرنسا. بل ثمة من يفضّل رسائل فلوبير على أعماله الأدبية إذ «صحيح، يقول بعض هؤلاء، إن فلوبير لم يسع إلى أن يجعل من هذه الرسائل أعمالاً أدبية فنية، خصوصاً أن أسلوبه في معظمها يبدو حاسماً، سريعاً وعنيفاً، بل أحياناً أخرق، ولكن، صحيح أيضاً أن في هذه الرسائل من الحميمية والحيوية ما يضعها في مكان مرتفع جداً، وفي مكان يسمو كثيراً على معظم أعماله الأدبية».

رسائل فلوبير هذه نشرت في أربعة مجلدات بين عام 1887 وعام 1893، أي بعد سنوات من رحيل الكاتب في عام 1880. ولقد نشرت يومها مسبوقة بنص عنوانه «ذكريات حميمة» كتبته كارولين كومانفيل، ابنة أخت فلوبير، التي أوردت في النص «جملة معلومات ثمينة» حول الكاتب وحياته ودقائق شخصيته. والحال أن تلك المجلدات الأربعة ظلت تنشر في طبعات لاحقة ويضاف إليها دائماً ما يكتشف من رسائل كتبها فلوبير بدءاً من عام 1833، يوم كان في الثانية عشرة من عمره وحتى أعوامه الأخيرة، ومعظمها كان موجهاً إلى أصدقاء له، وإلى أهل وكتّاب، وإلى نساء أحبهن. والحقيقة أن إجمالي هذه الرسائل، وإذ كتبت انطلاقاً من كل مكان عاش فيه فلوبير، وفي كل زمن عاشه من دون انقطاع، يشكل سيرة أخرى حقيقية له، طالما أنه في رسائله كان يصف مشاعره ومشاهداته وقراءاته ويورد ملاحظاته وتفاصيل لقاءاته. والطريف هنا، هو أن الحياة الخارجة عن حياته الخاصة لم تكن تهمه على الإطلاق. إذ نادراً ما كان في رسالة من الرسائل يتوقف عند حدث تاريخي مهما كانت ضخامته. ما يهمه كان حياته الخاصة لا سيما

حياته الإبداعية، والتعبير عما كان يدهشه ويفاجئه. ويقيناً، إن أحداث «العالم الخارجي» لم تكن لتفاجئه على الإطلاق ولم يكن فيها ما يدهشه.

ولعل من أجمل صفحات تلك الرسائل، ما كتبه فلوبير حول الرحلة التي قام بها إلى الشرق - مصر خصوصاً - برفقة صديقه الكاتب والمصور مكسيم دوكان... إذ هنا يصل وصف فلوبير إلى ذروته في سنوات (1849 - 1851) كان فيها قد تمكّن من أسلوبه وباتت عيناه قادرتين في شكل جيد على رصد ما يحيط به. ولا تضاهي هذا، بالطبع، سوى الرسائل التي خطّها قلم فلوبير، حول المحاكمة الرسمية التي أجريت ضد روايته «مدام بوفاري» إثر نشرها في «مجلة باريس» في عام 1857، ففي هذه الرسائل تنافس سخرية فلوبير ومرارته، دقة وصفه لما يحدث ودهشته أمام محاكمة لا يرى لها أي مبرر، ما يجعله يغوص في تفاصيل واقع اجتماعي وقضائي ينظر إليه باحتقار وترفع.

وطبعاً، لعلاقات فلوبير الغرامية رسائلها أيضاً... لكنه هنا يبدو الكاتب أقل ثرثرة من المعتاد، إذ نادراً ما نراه يعبّر عن عواطف معيّنة حتى ولو كتب إلى حبيبة مثل لويز كوليه... ففي مثل هذه الرسائل كان من الواضح أن فلوبير مهتم بالحديث عن قراءاته ومشاريعه الكتابية والحياة الاجتماعية التي يعيشها، أكثر بكثير من اهتمامه بالتعبير عما في داخله. ولعل هذا النوع من الاهتمام في هذا النوع من الرسائل هو الذي يدفع إلى طرح السؤال تلو السؤال حول إدراك فلوبير المسبق بأن هذه الرسائل ستنشر يوماً، وبالتالي ليس عليه أن يعرّي نفسه أمام من سيقرأونها... أو لعله الخفر الذي طبع فلوبير به وتحدث عنه سارتر كثيراً في كتابه. إذاً، في شكل إجمالي، الذين يسعون إلى معرفة تفاصيل حياة فلوبير الغرامية من خلال هذه الرسائل سيبقون على ظمأهم بالتأكيد. ولكن، في المقابل سيقيّض لهم البحث الدقيق أن يدركوا كل تفاصيل شغف هذا الكاتب بكل ما له

علاقة بالفن. وليس فن الكتابة وحده. إذ إن للفن التشكيلي مكاناً مميزاً في الرسائل، كما أن ثمة مكاناً مميزاً أيضاً للكتّاب الجدد، الذين كان فلوبير يكتشف وجودهم فيكتب في رسائله عنهم... بل أحياناً يكتب إليهم أيضاً. وهنا في هذا السياق سيكون ممتعاً تفحّص الرسائل التي وجّهها فلوبير إلى ذلك الكاتب الشاب الذي كان يعلن بنفسه أنه تلميذ نجيب لفلوبير، ونعني به غي دي موباسان. ففي رسائل فلوبير إلى هذا الأخير يمكننا أن نواجه ما يمكن اعتباره، أول نظرة نقدية جدية إلى أدب موباسان... حيث يعبّر فلوبير، في خط توجيهي واضح، عن «ضرورة التوحّد الكلي بين الفكرة والشكل الفني الذي يعبر عنها»، مضيفاً أن «على الفنان أن يكون في عمله أشبه بالمبدع: إنه يكون لا مرئياً ولكن، له من القوة ما يجعله حاضراً في كل مكان من دون أن يراه أحد».

إذاً، لدينا كل شيء في هذه الرسائل... أو تقريبا كل شيء. ولدينا أيضاً جواب واضح لذلك السؤال الذي طالما طرحه النقاد ومؤرخو الأدب على أنفسهم: هل يمكن الرسائل من هذا النوع أن تعتبر نوعاً أدبياً؟ ولسنا نعتقد أن علينا أن نوضح الجواب. فغوستاف فلوبير (1821 - 1880) أوضحه هنا عملياً، في مئات من الرسائل والصفحات عرفت كيف تحتل مكاناً مهماً في تاريخ أعماله، وفي تاريخ الأدب في شكل عام، إلى جانب أعماله الأدبية الخالصة مثل «مدام بوفاري» و «التربية العاطفية» و «مذكرات مجنون» و «نوفمبر» و «سالامبو» و «إغواء القديس أنطوان».

ابراهيم العريس

2012 /5/28

طريقة أخرى لتكريم المبدعين

الاحتفاء بمسودات أعمالهم ورسائلهم ومخطوطاتهم

حين نتأمل طريقة تكريم الغربيين لأدبائهم، نجدها تختلف عنا نحن العرب، فهم لا يكتفون بتسليط الضوء علي إنجازاتهم الإبداعية، بل يحتفون بكل ما تركوه من نصوص (مخطوطات، رسائل، مسودات...الخ)، فهي تعدّ وثيقة تاريخية وأدبية، تفيد النقاد وطلاب المعرفة.

وقد بدأ العالم اليوم يخسر مسودات المبدعين بسبب اعتماد الكتابة الحاسوبية، لذلك بقي لنا بعض المخطوطات والرسائل (ورقية، أو إلكترونية) خاصة تلك الرسائل التي تكون بعيدة عن الإخوانيات والمجاملات. وتتعلق بشؤون الأدب أو الحياة.

لنعترف بأن النقد العربي مازال مقصراً في تكريم أدبائنا أحياء وأمواتا تكريماً حقيقياً، فقد طغى على حياتنا الأدبية التملق والنفاق. ونسينا أن تكريم الأديب يكون بنقد إنجازاته الإبداعية، وتبيان ما له وما عليه، وهذا لن يكون إلا بدراسة كل ما تركه من (رسائل، ومخطوطات، ومقابلات...) التي تقدّم إضاءات جديدة، تخفي على المتلقي المختص والعادي.

لهذا أدعو إلي تكريم الروائي محمد البساطي، الذي غادرنا قبل فترة، عن طريق دراسة تجربته الفريدة في الإبداع، وعن طريق جمع رسائله ووثائقه...الخ، التي يصعب على المتلقي العادي الوصول إليها، ثم إصدارها في كتاب، أو وضعها في مركز توثيقي في جامعة،

أو مركز أبحاث، أو في متحف خاص بالمبدع، كي يستطيع الباحثون الوصول إليها والاستفادة منها.

أخيرا أتمنى أن يقيض للبساطي من يجمع رسائله وأوراقه في مصر، مثلما قيض لبدر شاكر السياب ماجد السامرائي في العراق.

ماجدة حمود

2012/11/3

لماذا يتردد الكتّاب العرب في كشف أسرارهم؟

هل نَتوقع أجوبة عادية حين نسأل عن العلاقة بين غياب الديمقراطية وثقافة عبادة الأشخاص في المجتمعات العربية التي تمنع نشوء فن السيرة كما تعرفها ثقافات متقدمة في العالم؟ لا نتحدث هنا عن تقديس شخوص الحكام بل عن شخصيات عامة تحوز حصانة معلنة أو خفية لا يجوز مناقشة أي تفصيل في حياتها كما جرى العرف العربي. هذه التساؤلات خطرت لي بعيد انتهائي من مقاربة كتاب صدر حديثاً في لندن يتناول سيرة حياة شاعر الحرب فيرنون سكانل الذي اشتهر كواحد من شعراء الحرب العالمية الثانية، حارب فيها وكتب عنها أجمل القصائد وحاز عنها جوائز كثيرة، ومنها قصيدته «يسيرون جرحى» التي تعد من أشهر قصائد الحرب البريطانية. واختار كاتب السيرة جون أندرو تايلور أن يجعلها عنوان كتابه. وكان سكانل قد كتب هذه القصيدة بعد أعوام من انتهاء الحرب، عام 1962، لكنّ وطأة الحرب العنيفة ظلت أبداً في ذاكرته ووجدانه، وقد وصفه الناقد جون كاري في مقدمة الكتاب بأنه «شاعر غارق في الإنسانية». يكشف كتاب السيرة الجديد أنّ من يوصف بـ«بطل الحرب» هرب منها أكثر من مرة أو قضى وقتاً في السجن مجمله 300 يوم من السنوات الأربع للحرب العالمية الأولى، وذلك وفق الوثائق المحفوظة في أرشيف الجيش البريطاني التي لم تنشر من قبل، واشتغل عليها كاتب السيرة جون أندرو تايلور. وتحمل هذه الوثائق أدلة على أن الشاعر توارى في الواقع عن الأنظار أكثر من اثنتي عشرة مرة خلال فترة الحرب. أما عن قصائده الشهيرة التي كتبها عن معركة العلمين في مصر عام 1942، فتبين لاحقاً أنه لم ينتقل إلى تلك الجبهة إلا عام 1943، حين شارك في معركة أخرى في «وادي العكاريت»، وصعق حينها من منظر سرقة الجنود ممتلكات صغيرة من جيوب جثث زملائهم الضحايا الألمان والبريطانيين كما

يذكر هو في مذكراته. لكنه كتب أيضاً عن معركة لم يكن فيها. تتناول السيرة الجديدة أيضاً تفاصيل حصل عليها الباحث من أسرة «فيرنون سكانل» والمقربين منه، خصوصاً عن النساء اللواتي ارتبط بهن بعلاقة عاطفية. وأقرّ المتحدثون أنه كان عنيفاً فظّاً مع زوجته وصديقاته، خصوصاً بعد معاقرة الكحول التي أدمنها، وقد عانى من حدة طباعه. وتكشف الشهادات أنه كان يدخل في كثير من الأحيان في شجارات وهو متعتع، إلا أن الكاتب من جهة أخرى يلتقي بطبيب نفسي ويعرض عليه المعلومات الجديدة، فيقرر أن «فيرنون سكانل» لم يكن كاذباً بمقدار ما كان مصاباً بحالة عصبية تصيب كثيراً من الجنود بعد عودتهم من الحرب، إذ يبقون تحت تأثير عنف الذكريات الأليمة والكوابيس التي تقض مضاجعهم وتشوش ذاكرتهم. إنّ هدف الاستشهاد بهذه السيرة التي أنزلت «فيرنون سكانل» عن عرش البطولة في الحرب إلى مستوى الإنسان الطبيعي الذي يخاف ويفزع ويؤذي غيره، هو تناول علاقة المجتمع الديمقراطي برموزه، إذ تحفل سوق الكتاب البريطاني دوماً بكتب سيرة تنبش تاريخ «العظماء» في كل المجالات، ومنها الأدب، فتقدم معلومات لم تكن معروفة عن الأديب يتلقفها المريدون قبل غيرهم. ثمة ثقافة عامة تقبل الأدلة الجديدة احتراماً لمبدأ البحث والعمل الأكاديمي، ومن غير المقبول أن يرمى الباحث بحجر حتى من أهل الشخص الذي تنبش سيرته طالما أنه اتبع تقاليد البحث في اكتشافه. وهذا ما يفسر خلو الصحف التي تناولت الكتاب من أي تعليق يعارض التشويش على صورة شاعر الحرب المميز، فللحرب وأبطالها احترام كبير في هذا المجتمع. لا قدسية للأفراد في المجتمعات الديمقراطية، بل احترام وتقدير لمنجزاتهم ومراجعة الماضي بتفاصيله وشخوصه حق يدخل ضمن مبدأ حق العامة بالمعلومات وفهم تاريخ مجتمعاتها. وإن احتجت جهة ما على كتاب جديد فهي تقارع المعلومة بالمعلومة. وهذه حقيقة يكشف نقيضها غياب مظاهر عدة في ثقافتنا العربية:

غياب فنّ السيرة بوجهيه، فن السيرة الذاتية المكتوبة من قبل الشخصية نفسها، لأن ما كتب على قلته مجرد ذكريات واستعراض نرجسي لحياة صاحب السيرة. وغياب فن السيرة البحثي الذي يعتمد على ميراث «التراجم والسير» الذي ازدهر في العصور الإسلامية الأكثر حرية من عصرنا وازدهر في عصر النهضة العربية وخفت مع خفوت الحريات مرة أخرى. لا أحد يقبل بكشف المستور، لا الأشخاص أنفسهم، ولا أقاربهم أو من كانوا قريبين منهم. هل يفسر غياب الديمقراطية غياب الجرأة في الدراسات، وأعني بذلك الدراسات الشجاعة عن رموزنا الذين رحلوا على الأقل، أمثال نزار قباني، نجيب محفوظ، محمود درويش؟ نعم... وما ظهر من دراسات كان أشبه بالحليب الخالي من الدسم يغيب فيها ذكر ما يمس مشاعر الأتباع، وكأن الشخص محل الدراسة ليس بشراً مثلنا بل من صنف الشخصيات الخارقة التي لا ترتكب المعاصي البشرية ولا تمنى بالسلبيات وبجوانب معتمة في شخصياتها وبأن حياتها تحتاج إلى الاضاءة، لأنها جزء من تاريخ المجتمع الذي تنتمي إليه. هكذا يتبين أن غياب الديمقراطية عن المجتمعات العربية يتسبب باختناقات في مجمل مظاهر حياة المجتمع ولا تتوقف المظاهر على الحراك السياسي فقط، بل إن غياب فن السيرة عن المكتبة العربية يلحقه منطقياً ركود في عالم البحث الأدبي الخاص بالأدباء، حيث لا سير جدلية تصدر عن المشاهير وعلاقتهم بمحيطهم لتتم مقارعتها بأدلة جديدة يشتغل عليها الباحثون.

غالية قباني

2013/11/2

السيرة الذاتية مزيج أدب وحياة...

صدقتْ أم لم تصدق

إذا كان أدب السيرة بدأ عند العرب مع «مثالب الوزيرين» لأبي حيان التوحيدي، وتغرّب مع ابن حزم الأندلسي صاحب «طوق الحمامة»، وأكمل مساره في القرن العشرين مع طه حسين في «الأيام» وميخائيل نعيمة في كتابه «سبعون»، ثم عاد وازدهر في أيامنا مع كتب عدة وضعها روائيون وشعراء، فإنه في الغرب الأوروبي بدأ مع مونتاني وروسو واستعاد شهرته في الألفية الثانية مع آلان روب غرييه وسرج دوبروفسكي.

والسيرة الذاتية يمكن أن تكون تأريخاً لحياة شخصية مهمة، أو تسجيلاً لحياة كاتب أو شاعر يجمع الغاية الخلقية، والمتعة الفنية في الآن نفسه، لكونه يحكي سيرة حياة في أسلوب يغلب عليه الطابع الأدبي.

تعتمد السيرة التي يكتبها الشخص عن حياته على العنصر الذاتي، بينما السيرة العامة تعتمد على السرد الموضوعي للأحداث والوقائع المتعلّقة بالشخص موضوع السيرة، يضاف الى ذلك أن الأولى تكتب بصيغة المتكلّم، والأخرى بصيغة الغائب، ثم إن الصفات التي تجعل السيرة الذاتيّة ناجحة ليست هي الصفات نفسها التي تجعل السيرة العامة ناجحة. ففي حين يذهب كاتب السيرة العامة إلى ذكر الشواهد والشهادات والوثائق عن الشخص - موضوع السيرة، يذهب كاتب السيرة الذاتية إلى تسليط الضوء على صفحات عمره البارزة، محاكماً أحياناً وناقداً أحياناً أخرى. وعلى خلاف كاتب السيرة العامة الذي يلعب دور المحقّق والقاضي، يلعب كاتب السيرة الذاتية دور الشاهد على أحداث حياته، فيرويها موضحاً أنها الحقيقة بعينها، وأنها

الصدق الخالص. ولكن نحن نعرف أن الصدق الخالص أمر يلحق بالمستحيل، والحقيقة الذاتية صدق نسبي. وهذا ما أكّده الكاتب الفرنسي أندريه مالرو في كلامه عن الموانع التي تحول دون تحقّق الصدق في السير الذاتية، فعدّ منها النسيان الطبيعي، والنسيان المتعمّد، بحيث لا نذكر من عهد الطفولة إلاّ القليل، وبعض ما نذكر نحاول إخفاءه لأنه لا قذذيمة له.

أمّا الذاكرة فهي لا تنسى فحسب، بل إنها تفلسف الأشياء الماضية، وتبني وتحذف بما يتلاءم مع الظروف الحاضرة للشخص الذي يروي سيرته. لذلك كان الشاعر الألماني غوته على حقّ عندما سمّى سيرته «الشعر والحقيقة»، إشارة منه الى أن حياة كل فرد إنما هي مزيج من الحقيقة والخيال.

وغوته ليس الوحيد الذي اعتبر السيرة مزيجاً من الحقيقة والخيال، بل كتّاب كُثُر شكّكوا بصدق هذا النوع من الكتابة، وفضلّوا عليه مصطلح «رواية السيرة الذاتية»، لكونها تجمع فكرة الحقيقة التي تنشدها السيرة وفكرة التخيّل التي تتضمنّها الرواية في سردها بعض مشاهد الحياة.

لا شك في أن السيرة الذاتية لها قيمة تفسيرية تفتقر إليها الرواية، فهي تحدّثنا عن محطّات أساسية في حياة الكاتب، وبخاصة المحطّات التي كان فيها صاحب السيرة صغيراً، وبذلك نقف على نشأته البيتية، وصداقات طفولته، والعلاقات التي أقامها على الصعيد العاطفي والإنساني، بل تُعلمنا بمطالعاته واتصالاته الشخصية وتكشف عن تنقّلاته في الداخل والخارج، وكلها مواد تلقي الضوء على تاريخ كاتب السيرة الشخصي والأدبي.

إن الجهود الواسعة التي انصبّت على علم السيرة كنوع من أنواع الأدب حاولت أن تفصل بين تاريخ الكاتب الشخصي، وبين سيرته الذاتية. ذلك أنّ سرد الأحداث التي عاشها كاتب السيرة يتمّ نقلها تبعاً

للتسلسل التاريخي، وهنا يلتقي علم السيرة بعلم التاريخ. إلاّ أنّ ما ينقله كاتب السيرة من ذكريات وتصريحات وشهادات وتأويلات، لا تظلّ - وإن كان لها وجودها من الناحية التاريخية - متعلّقة بأهداب التاريخ، وإنما تبرز من خلال فائدتها في الأدب.

موريس أبو ناضر

2014/1/1

حين تتحول السيرة الذاتية
الى التلصص على مجتمع!

من يتلصص على من؟ ظل هذا السؤال يلازمني طوال فترة قراءتي رواية صنع الله ابراهيم «التلصص» عن دار المستقبل العربي - القاهرة 2007، فبطل الرواية الولد الصغير، يتلصص على حياة أبيه، وعلاقاته بالنساء، والأب بدوره يتلصص على النساء المشتغلات في خدمة بيته، والنساء اللاتي يعملن عنده يتلصصن عليه وعلى ابنه. وكل هذا يدور في شقة فقيرة تغرق في البؤس والظلمة، متلصصة على جيرانها، وسط تعلق الطفل الصغير بأبيه، ومخاوفه من الوحدة والعفاريت، وسعي الأب الى الظفر بالنساء، ووجع النساء العاملات لديه وجزعهن من معاملة أزواجهن القاسية لهن.

دوائر متداخلة من التلصص، كأن المجتمع بأسره يمارسها في حياته اليومية. ووحده صنع الله ابراهيم الروائي، يتلصص على الجميع، ويكشف بكلماته وجمله عورات الجميع، ويضع مادته الروائية أمام القارئ الذي يشكّل بدوره متلصصاً نهماً لا يرتوي حتى بعد الانتهاء من قراءة الرواية.

رواية «التلصص» جاءت بصيغة ضمير المتكلم على لسان بطلها الطفل، وبما يخلق لدى القارئ قناعة بأنها سيرة ذاتية لكاتبها.

وفي مقابلة أجرتها «الأهرام» في 2007/3/28، مع صنع الله ابراهيم، يقول: «هذه ليست سيرتي الذاتية، إنما هي رواية، وإن كانت تحتوي على تفاصيل من حياتي، وبعض المواقف والتفصيلات التي عشتها». إن أي كتابة روائية هي، بدرجة أو بأخرى، سيرة ذاتية لكاتبها، سواء كانت في شكل مباشر وصريح، أو عبر تحميل أحد شخوص الرواية أجزاء من حياة المؤلف، أو عبر مزج أكثر من

شخصية واقعية في شخصية روائية. وبالتالي، فإن ما صرح به صنع الله، مضافاً إليه الصورة التي ظهرت بها الرواية: بدءاً من صورة الغلاف، مروراً برسم شخوصها وبيئاتهم، وانتهاء بلغتهم والأماكن التي يعيشون فيها... كل هذا مجتمعاً يؤكد أن الرواية سيرة ذاتية، ولو في بعض منها، وهذا يشكل مدخلاً ساحراً لإقبال القارئ على الرواية.

وكتابة السيرة الذاتية، وعلى الأخص الصريح منها، كانت على الدوام في حاجة الى جرأة وصدق نادرين. فعلى الكاتب أن يتخلص من جبل من الرقابات الجاثم فوق قلبه وفكره ورقبته، وأن يعدّ نفسه لمواجهة العواقب الوخيمة المترتبة على صدقه وصراحته. فهو وإن كان حراً في نشر دقائق حياته ومشاعره ونوازعه في عوالمه الشخصية، فإن ذلك يأتي بالضرورة شاملاً حياة الآخر، الذي يشاركه تجربة العيش، وبما يجعل من كتابة السيرة الذاتية خروجاً صريحاً على الأسرة والمجتمع. وإذا أخذ في الحسبان ان روايات السيرة الذاتية تهتك ستر الممارسات الاجتماعية، وتزيح عنها سريتها، فإنها تكون في المحصلة بمثابة وضع المخرز في عين أي مجتمع من المجتمعات.

تتجلى موهبة صنع الله ابراهيم في رواية «التلصص» في قدرته الفذة على نظم تفاصيل حياتية صغيرة، في خيط روائي جميل، ليصنع منها في المحصلة رواية ممتعة. فرواية «التلصص» تنطلق في رسم عالمها من التفاصيل. والقارئ يجد نفسه منساقاً بلهفة لمتابعة تفاصيل حياتية صغيرة، يصعب الإمساك بها، لكن هذه التفاصيل في المحصلة تشكّل بنية الرواية، وهي بذلك تقول إن حياة الإنسان لا تعدو في جوهرها أن تكون تلك التفاصيل الصغيرة التي يمر بها.

قدمت الرواية حدثها الأساس، متمثلاً بهواجس الطفل وذكرياته وعلاقته بأبيه، متخذة من حركة المجتمع المصري، الاجتماعية

والسياسية، في نهاية الأربعينات خلفية، وبما يخلق علاقة تمازج واضحة بين المعاناة الإنسانية الخاصة، ومعاناة المجتمع بأسره، ويعزز هذه العلاقة، كون الرواية تنضح بمصريتها: الشخوص، والأحداث، والأمكنة، واللغة. الأمر الذي يمكن من خلاله قراءة الرواية، بمستوى ثان، يسلط الضوء على الوضع الاجتماعي للأسرة المصرية، في نهاية الأربعينات، وقضايا المجتمع الموازية لها.

قارئ رواية «التلصص» يستشعر منذ السطور الأولى حضور حال من الجنس، إن عبر هواجس الطفل وتلصصه داخل البيت وخارجه، أو عبر ملاحقة الأب خادمات بيته، أو عبر سلوك نساء الحارة، أو أحاديث الرجال في جلساتهم. وهذا يقود القراءة الى حال من الترقب، تبقى ملازمة للقارئ، حتى نهاية الرواية، حين يقف الطفل ناظراً لأبيه وهو يواقع الخادمة «فاطمة»، صارخاً بهما: «ينعل أبوكم».

الروائي صنع الله ابراهيم قال في إحدى مقابلاته: «أثناء فترة الشباب نضع غطاء قوياً على جراح الطفولة، لكن كلما تقدمت بنا السن استيقظت الثغور وانزاح الغطاء لغاية سقوطه النهائي»، فهل بدأ صنع الله بإسقاط الغطاء عن المجتمع المصري من خلال سيرته الذاتية؟

طالب الرفاعي

2015/2/8

تطبيع العلاقات مع أدب المراسلات

يوم أصدرت رسائل غسان كنفاني لي قرأت 110 مقالات ضد ذلك، ولكن لم يصدر حتى اليوم أكثر من خمسين مقالاً وتغريدة ضدي. وأنا طبعاً في انتظار المزيد ولكن يبدو أنني وسواي نكاد ننجح تدريجياً في تطبيع علاقة الناقد والقارئ العربي مع أدب المراسلات.

وثمة مقالات ضدي نزلت من حضن الأدب إلى مستنقع التشهير الشخصي، وتزوير الحقائق ولن أهبط إليها لنقدم مشهداً مسلياً لعشاق مصارعة النساء في بركة وحل. وهي مقالات تزعم الكتابة عن رسائل أنس وليس فيها كلمة تذكر تلك الرسائل بأكثر من كونها قاعدة لإطلاق صواريخ حسد وبغضاء.

نصائح إلى «حراس الصمت»

أنصح كل من تجد / يجد ذريعة للهجوم عليّ أن يغطي ذلك بقناع الحديث عن الرسائل ولو في أسطر عدة مختزلة على الأقل. إحداهن فاتها ان تذكر رسائل أنسي إلا بكلمتين رفعاً للعتب ولكنها سرقت دور الطبيب النفساني وتورطت في تحليل لي هي بأمس الحاجة إليه. وهذه نصيحة من كاتبة أنعم الله عليها بأعصاب آتيةٍ من جليد القطب الشمالي وبقلب آتٍ من حرارة خط الاستواء. وضميري الأدبي يمنعني من ممارسة أمر مشابه او الكتابة عن (الحالة النفسية) للمتورطين في كتابة نقد كهذا، وينسون انهم حين يكتبون عن الآخر واهمين انهم يعرونه انما يعرون اولاً حقيقتهم ودخيلتهم وخيباتهم وأعماقهم.

وثمة كاتبة (مسلية) اخترعت مقولة ان يأسي أدبياً هو وراء نشري للرسائل وأحب تذكيرها بأن 21 كتاباً نقدياً قد صدرت عني آخرها من الشاعر عذاب الركابي وان أعمالي دخلت في الكتاب المدرسي

اللبناني للأدب كما الكتاب المدرسي السوري في وطني الأم وبالتالي ثمة جيل جديد يدرسني إلى جانب أسماء كبيرة كما ان بعض أعمالي تُرجم إلى 19 لغة أجنبية.

الشاعر لامع الحر كتب حول إدخالي في المناهج المدرسية قائلاً: «وحدها اختيرت من مبدعي جيلها ليتم تدريسها في مناهج الادب العربي». وفي ذلك تكريم حقيقي لي وتشريف من أكاديميي لبنان وسوريا ايضاً. كما علمت من الأديبة الشابة عفيفة حلبي التي أرسلت لي نسخة (فوتوكوبي) عن ذلك. ويدهشني أن يحاول كتاب يزعمون (الطليعية) ممارسة دور «حراس الصمت».. ويؤسفني أن تنسى كاتبة ما في غمرة الحسد أن تذكر مبرر مقالتها وهو رسائل المبدع أنسي. إنها لا تتقن الكتابة في رواياتها وخارجها أيضاً ولا حتى في «فن الحسد»!

نشرت رسائل غسان بخط يده أيضاً!

أخ أبجدي غاضب لأنني نشرت رسائل أنسي بخط يده ولكنني لم أفعل ذلك مع رسائل غسان كما يزعم. وهو مخطئ. وأقترح عليه إعادة قراءة الكتاب منذ طبعته الأولى، حتى اليوم واللعنة على ثقوب الذاكرة!!

أنا ببساطة أتمنى المساهمة في التأسيس لأدب المراسلات العربي وهذا كل ما في الأمر. وأريد أن ننسى الأشخاص العابرين إلى الموت وأريد أن نحتضن النص. وللأسف قلما كتب أحد حول النص الرائع للمبدع أنسي كما فعل الشاعر عبده وازن الذي أعلن أن رسائل أنسي لي «تمثل نصوصاً بديعة لا تقل بتاتاً فرادةً وجمالاً عن قصائد الشاعر ومنشوراته. وهذا في حقيقة الامر المفتاح لنشري لرسائله.

تخلفنا عن أجدادنا

حتى لحظة كتابة هذه السطور، قلائل استطاعوا الخروج من قواقع انتهاز فرصة التعبير عن النقمة على نشري للرسائل (ربما كحرب وقائية خوفاً من نشر رسائل كتبوها).

وبعض المهاجمين لإصداري الرسائل لم يطلعوا أصلاً عليها ولم يقوموا بمطالعة جمالياتها الأدبية، بل علموا بالأمر وذلك مرض آخر يستحق وقفة مستقلة أي حول الذين لا يطالعون الكتاب موضوع نقدهم، معبرين فقط عن سخط «حراس الصمت» لانتهاكي إحدى قواعد اللعبة الأدبية الظلامية وهي «الهص الهص العيب العيب» في حين سبقتنا الأمم الأخرى إلى توسيع آفاق آدابها. ولذا نذهب نحن للدراسة في جامعاتهم ونباهي بتخرجنا من (السوربون) وكامبريدج مثلاً ولم اسمع بفرنسي جاء للدراسة عندنا في احدى جامعاتنا وتعلم لغتنا ليتاح له ذلك وهو ما يفعله الطالب العربي في عصرنا.

من زمان كانوا يأتون من أوروبا لينهلوا من معارفنا الأندلسية ومجالس علمنا في الحقول كلها. اما اليوم فنحن... يا نحن!!

توقعت الجحيم ونشرت!

ثمة مبدأ لا أحيد عنه أياً يكن الثمن، وهو عدم إعدام أي نص إبداعي خوفاً من «التابو» وتكفيني الحروب التي أحرقت الكثير من أوراقي حين أصابت قنبلة غرفة مكتبتي!

التشكيلية العراقية آفانين كبة / كندا تقول: «المجتمع العربي معتاد على المألوف ويخاف من التغيير أو الخروج من القوقعة، لذا سيحتاجون إلى وقت أكثر لفهم واستيعاب «أدب الرسائل» الذي هو متعارف عليه في الغرب وينظرون إليه على أنه إنتاج أدبي يستفيدون منه ويستمتعون به».

ومن طرفي أقول: أهلاً بالنقد. ومن المهم ألا يتحول إلى محاولة مضحكة لكتابة سيناريو حياة كاتبة لم يلتقوا بها ولم يطالعوا كتبها.

والأهم أن تدب الحياة في عالم عربي أحبه يكاد يدخل في مرحلة (كوما) ظلامية أدبية أيضاً.

ويوم نشرت رسائل غسان طالبت «بمؤسسة عربية أكاديمية» ترعى أوراق الأدباء ومراسلاتهم وتحفظها وتنشرها في الوقت المناسب ولم يهتم أحد بذلك. أما اليوم والموت العربي يعم في بعض أقطارنا والدماء والخراب هنا وهناك فلا مجال للمطالبة بذلك، والحل الفردي الأدبي وحده الممكن وبأي ثمن.

أما الذين لا يحسنون مهاجمتي فأنا على استعداد لتقديم النصائح في ذلك الحقل وسأدلهم على عيوبي وهي كثيرة كالبشر جميعاً ولكن ليس بينها ما تم اختراعه لي حتى الآن!

غادة السمان

2016/12/24

كتاب "جبران خليل جبران" لميخائيل نعيمة:

ميزان صائغ دقيق

لعل الملاحظة الأولى التي يطلع بها المرء لدى فروغه من قراءة كتاب «جبران خليل جبران» لميخائيل نعيمة تتعلق بمقدار ما استعمل هذا الأخير ميزان صائغ أمين، في كتابته عن صديقه ومواطنه جبران، ذلك النص المدهش الذي، حتى وإن كان قد كتب قبل أكثر من ثمانين عاماً، لا يزال حتى اليوم المرجع الأفضل والأكثر دقة في تناوله، إن لم يكن سيرة جبران، فعلى الأقل تفاعل كاتب كبير مع سيرة حياة كاتب كبير آخر. ونعيمة الذي نشر كتابه بعد أقل من ثلاث سنوات على رحيل جبران، أقر بذلك ولم يدّع أنه إنما كان يتطلع الى كتابة سيرة صاحب «النبي»، بل إلى نوع من «جبران كما عرفته» و «جبران على لسانه». وكان يدرك ذلك حين وضع الكتاب فكتب في مقدمته يقول: «... عندي أن كل ما يرويه الناس عن الناس باسم التاريخ، ليس إلا رغوة متطايرة فوق بحر الحياة الإنسانية. أما أعماق الإنسان وآفاقه فأبعد وأوسع من أن يتناولها قلم أو يستوعبها بيان. فنحن حتى اليوم لم نكتب «تاريخ» إنسان ولا «تاريخ» أي شيء على الإطلاق. ولو اننا كتبنا تاريخ إنسان واحد لقرأنا فيه تاريخ كل الناس. ولو أننا دوّنا تاريخ شيء واحد لطالعنا فيه تاريخ كل شيء». ورغم هذا لم يسلم الكتاب من الرجم.

فما الذي أغضب الراجمين؟ كل شيء... وحتى وإن كان نعيمة قد رسم في الكتاب صورة رائعة لجبران الإنسان بحسناته وسيئاته. بضعفه البشري وقوته الفكرية. بثقافته العريضة وقصوره حتى عن استخدام تلك الثقافة. كان الآخرون يريدون من نعيمة أن يظل عند حدود الأسطورة، وذلك حتى بدءاً من مشهد البداية الرائع الذي

يصوّر موت جبران في المستشفى فريسة مرضه، وصولاً الى «مزاعم» نعيمة بأن جبران إنما اقتبس مقاطع وأفكاراً كثيرة في كتابه «النبي» من «هكذا تكلم زرادشت» لنيتشه وأحياناً حرفياً، وذلك مروراً بتعامل جبران غير الأخلاقي مع النساء ولا سيما مع ماري هاسكل التي كانت الى حدّ كبير وراء بعض النجاح الذي حققه في أميركا.

كل هذه الأمور وعشرات التفاصيل غيرها آثر نعيمة ألا يمر عليها مرور الكرام، لكنه أبداً لم يستخدمها للنيل من جبران ولا طبعاً للافتراء عليه. كل ما في الأمر أنه كان يحرص على تبيان الجانب الإنساني في صديق كان بمثابة أخ له. وها هو في المقدمة نفسها يطرح حيرته أمام الكتاب قائلاً: «إن في حياة كل إنسان أسراراً يكتمها عن الناس. وأنا قد وقفت على بعض أسرار جبران وفاتني منها الكثير، فهل يليق بي أن أبوح ولو ببعض البعض مما أعرفه؟ وأنا إن كتمته، فما معنى الذي أكتبه؟ أأخون نفسي والقارئ وجبران بكتمان ما ليس مكتوماً في سجلّ الحياة الكبرى، وإن يكن مستوراً عن أعين الناس فأصور صورة لا وزن بين ظلالها وأنوارها، لأرضي بعض من لا ذوق لهم في الفنّ ولا رأي لهم في الحياة وأجور على ذوقي وأدفن رأيي في التراب...؟».

ونعرف طبعاً أن نعيمة حسم أمره وقال في الكتاب ما يعرفه مستخدماً ذلك الميزان العجيب الذي أغضب الجبرانيين، ولكن لو كان جبران حياً لكان من أول المدافعين عن صاحبه. أما بالنسبة الى نعيمة فنعرف أنه رُبّي على قول كل حقيقة يؤمن بها هو الذي على عكس عدد كبير من رجال الفكر النهضوي العربي، من الذين تلقوا علومهم في باريس، أو في لندن، وبعضهم في روما، وربما حدث لواحد أو اثنين أن بدآ حياتهما في العالم الجديد، كان من قلة من مفكرين تلقوا علومهم في موسكو أو في غيرها من مدن «بلاد الموسكوب». وفي الأحوال كافة من المعروف ان ولاء النهضوي الفكري، الذي تلقى

دروسه في غرب من المغارب، كان ينحصر في ثقافة البلد الذي حضن مرحلته التعليمية، حتى ولو وصل به الأمر، لاحقاً، الى محاربة ذلك البلد سياسياً. مع ميخائيل نعيمة، الأديب اللبناني الكبير، تختلف الأمور جذرياً، لأنه كان، وفي الوقت نفسه، ابناً لثلاث ثقافات اجتمعت فيه، ولم يكن اجتماعها مصادفة. فهناك أولاً ثقافته العربية - السورية التي حصّلها في لبنان ثم واصلها في الناصرة بفلسطين، وهناك بعد ذلك الثقافة الروسية، الفكرية والروحية التي حاز عليها خلال سنوات شبابه الأولى حين اختير ليَدْرس في سيمنار مدينة «بولتافا» بأوكرانيا، ما أتاح له ان يعاصر المرحلة التي كان فيها ليو تولستوي سيد روسيا الفكري والروحي من دون منازع، وأخيراً هناك الثقافة الأميركية التي اكتسبها بعد هجرته الى هناك وانخراطه في الحياة العملية والأدبية في العالم الجديد. فإذا أضفنا الى هذا كله ان ميخائيل نعيمة، حين أُرسل - كمجند في الجيش الأميركي - الى ميدان القتال في فرنسا خلال الحرب العالمية الأولى، كان الوحيد من بين أفراد فرقته، الأديب والعالم بشؤون الآداب الفرنسية، نفهم ذلك التعدّد الكبير في ثقافته.

كان ذلك كله ما صاغ لميخائيل نعيمة، ليس فقط ثقافته وأبعاده الفكرية، ولكن كذلك شخصيته. والمعروف ان شخصية نعيمة كانت واحدة من أغنى شخصيات العصر الذهبي للنهضة الفكرية والثقافية العربية. وهو لئن كان قد حكى لنا حكاية ذلك الامتزاج الثقافي لديه في كتاب سيرته الرائع «سبعون» الذي وضعه في 1959، فإن الأوساط الفكرية الأدبية العربية لم يفتها ان تسهب في الحديث عن ميخائيل نعيمة وعن فكره ودوره الريادي في الشعر والقصة والنقد. ولربما كان نعيمة - الى جانب جبران وأمين الريحاني - الأديب اللبناني الذي عرف اكثر من غيره في مصر، حيث صدرت عنه كتب عديدة بوّأته مكانته التي يستحقها في تاريخ الفكر العربي. صحيح ان ميخائيل نعيمة رحل عن عالمنا، ولبنان منهمك في حروبه

ومجازره، أوائل العام 1988، ما لم يساعد الكثيرين على التنبه لرحيله، وصحيح ان المناخات الثقافية المريضة في لبنان، لم تتمكن في كافة الأحوال من جعل رحيل ميخائيل نعيمة، الحدث الكبير الذي كان يمكن توقعه، حيث ان الكثيرين من المهتمين بالشؤون الثقافية في لبنان، في ذلك الحين، كانوا يعتقدون كما يبدو ان نعيمة «دقة قديمة». ومع هذا كان بلوغه التسعين قبل ذلك بسنوات مناسبة دفعت السينمائي الراحل مارون بغدادي الى تحقيق فيلم عنه، ولقد أتى الفيلم يومها ليُخرج من الصمت مفكراً رائداً، نظر على الدوام الى الإنسان بوصفه قيمة أساسية، والى حياة الإنسان الروحية بوصفها الحياة الأولى التي يتعين إيلاؤها كل الاهتمام.

ولد ميخائيل نعيمة في بسكنتا، بالجبل اللبناني، في 1889، وتلقى علومه الابتدائية في منطقته قبل ان ينتقل الى فلسطين ثم الى روسيا، التي ما إن عاد منها حتى هاجر الى الولايات المتحدة، وهناك ساهم في تأسيس وإثراء الأدب المهجري، وراحت تتجمع لديه ملامح مشروعه الفكري الإنساني الكبير، الذي تجسد لاحقاً في العديد من كتبه الأساسية مثل «مرداد» و «الغربال» و «الغربال الجديد» بخاصة كتابه عن «جبران» الذي نتناوله هنا، والذي أثار ولا يزال عاصفة قوية، لأن نعيمة حاول فيه ان يرسم صورة لصاحب «الأجنحة المتكسرة» تختلف عن الصورة الرائجة. ولقد وضعه ذلك الكتاب على خصام مع أمين الريحاني كما مع الكثيرين غيره.

ابراهيم العريس

2017/5/9

هل أخطأت غادة السمان

عندما نشرت رسائل أنسي الحاج؟

الترسّل من الفنون الأدبية المهمة التي عرفها العرب. وشهد هذا الفنّ ازدهارا في صدر الإسلام والعصر الأموي، وبلغ ذروته في العهد العباسي، لينحسر ويتوارى بعد ذلك، لاسيما في عصرنا هذا مع انتشار فنون أدبية أخرى كالرواية والقصة، وهيمنة وسائل التواصل السريعة والرسائل النصية القصيرة، ورسائل البريد الإلكتروني وواتس آب وغيرها من الوسائل الحديثة التي حلّت محل الخطابات المكتوبة. ومع ضمور هذا الفن، تفاجأ الوطن العربي باكتشاف رسائل نادرة بعث بها أدباء كبار، كخطابات جبران خليل جبران إلى مي زيادة، التي كشفتها مي بعد رحيله عام 1931، أو (رسائل أنسي الحاج إلى غادة السمان) التي أصدرتها الأديبة السورية غادة أحمد السمان بعد وفاته في كتاب عن «دار الطليعة» في بيروت عام 2016.

وقد أثار الكتاب ضجة كبيرة وجدلا حادا في الأوساط الأدبية، فتعرّضت غادة السمان لانتقادات في الصحف ومنابر التواصل الاجتماعي. قال عنها الشاعر المصري ابراهيم داوود: «نشر رسائل خاصة لكاتب راحل شيء غير أخلاقي». وقالت الأديبة التونسية حياة الرايس في صفحتها: «ليس من حق غاده السمان نشر رسائل رجل ميت، حتى لو كان شخصية عامة. لو كان أنسي الحاج يريد نشرها، لنشرها في حياته. وبأي حق نتصرف في إرث شاعر ميت، ورسائل خاصة لم يوجهها إلى العموم ولم يوصِ بنشرها؟ بقطع النظر عن قيمتها الأدبية التي لم ألمس فيها صدقا عاطفيا سوى نزوة

مغلقة بالأدب لامرأة مثقفة متحررة، يحلم كل مثقف وغير مثقف بإقامة علاقة معها».

ولم يسلم من الهجوم حتى الشاعر المرحوم نفسه، وصَفته صحيفة «الرياض» بـ«مجرد 'مراهق' لا أكثر ولا أقل. مراهق بث غادة مأساته الذاتية أكثر مما بثها أي شيء آخر». وذهبت الصحيفة أبعد من ذلك، إلى حد رميه بالخيانة والجنون والهلوسة. هذه الضوضاء تدعونا إلى التساؤل عما إذا كانت غادة قد أذنبت عندما نشرت هذه الرسائل؟ وما إذا كان من حق الأدباء التصرف في رسائل خاصة بعد وفاة أصحابها أو من غير إذنهم؟ وقبل ذلك، ما نوع هذه الرسائل التي نشرتها غادة؟

رسائل شخصية

اللافت أنّ جلَّ الذين اعترضوا على نشر هذه الرسائل فعلوا ذلك بدعوى أنها رسائل شخصية. ولم يخطئوا في ذلك. فنحن إذا تأملنا كتاب غادة السمان وجدناه يحتوي على صور رسائل حقيقية كتبها لها أنسي الحاج بخط يده. ونراه في هذه الرسائل يخاطبها باسمها «غادة»، ويخصَّها بها دون غيرها، وهو ما نلمسه في أول رسالة عندما يسألها: «لماذا أتحدث إليكِ أنتِ، أنتِ، دون سواك؟» ولم تكن غادة غريبة عليه. كانت تجمعه بها صلة حميمة، ميزتها كثرة اللقاءات، وهو ما اعترفت به غادة في مقدمة كتابها في قولها: «فقد كنا نلتقي كل يوم تقريبا في مقهى الهورس شو – الحمرا، أو الدولشي فيتا». لكنّ هؤلاء الذين عارضوا نشر الرسائل لأنها خاصة تغافلوا عن مزايا الرسائل الشخصية التي يخطها الأدباء والمفكرون، والتي عادة ما تتسم بالعفوية والصدق. فما يعبّر عنه الكاتب في خطابه لحبيبه يختلف حتما عما يعبّر عنه وهو يخاطب المجتمع. ففي الرسائل الخاصة، يتحرّر الكاتب من القيود والضغوطات الاجتماعية، فتنساب الكلمات الصادقة من القلوب العاشقة، بحرية

وتلقائية، وهو ما ييسر لنا تبيّن شخصيته بعيدا عن الأقنعة والماكياج.

حريٌّ بنا أن نؤكد أن رسائل أنسي الحاج إلى غادة تبدو أكثر جلاء وصدقا من رسائل جبران إلى مي. فجبران لم يصارح مي زيادة بأي حب بعد عشرين سنة من المراسلة! في حين نرى أنسي يكشف تعلقه بغادة في أول خطاب، يقول لها: «أريدك أن تكوني معي. أن تكوني لي. أريد أكثر من ذلك، أن أكون لك».

رسائل أدبية

رسائل أنسي إلى غادة وإن كانت شخصية، إلاَّ أنها تكتسي أهمية أدبية وفكرية معتبرة. فالرسالة تعد جنسا أدبيا فنيا مستقلا بذاته عن بقية الفنون الأدبية. وفن التراسل من الفنون النثرية المعروفة من قديم الزمان، إلاَّ أنه أضحى نادرا في عصرنا هذا الذي طغت عليه وسائل التواصل الاجتماعي، وحلّ فيه البريد الإلكتروني والرسائل النصية القصيرة ورسائل الماسنجر وتطبيقات أخرى محلّ الرسائل الورقية التقليدية. فكأنه لم يعد للكاتب ما يكفي من الوقت والصبر لكتابة الرسائل. فهو اليوم يكتب رسائله القصيرة في موقف الحافلة وفي الأوتوبيس وفي الشوارع وسط الزحام والضوضاء. ويكتبها وهو يأكل أو يتحدث أو يسير أو ربما يتفقد منشورات الأصدقاء في منابر التواصل الاجتماعي. وقد يرد على أكثر من رسالة في وقت واحد. وقد ينسخ رسالة واحدة ثم يلصقها ويوزعها على ما لا يحصى من الأصدقاء بدون تفكير، ما يعكس طبيعة العصر، عصر السرعة.

ونحن نغوص في رسائل أنسي، نشعر حتما بأننا أمام سرد أدبي من نوع مونولوج الإحساس، وهو من المونولوجات الداخلية للشخصية في الأعمال الأدبية، تصرح من خلالها بأحاسيسها. وأحاسيس أنسي في هذا الكتاب تبدو أشد حرارة وقوة وصدقا من أحاسيس جبران في كتاب «الشعلة الزرقاء».

من ناحية الشكل، تتسم رسائل أنسي بمتانة الأسلوب، وحسن التركيب، ووضوح المعنى، ولا تخلو من زخرف الكلام والرومانسية. يقول لها في رسالة: «أشعر بجوع إلى صدرك. بنهم إلى وجهك ويديكِ ودفئك وفمك وعنقك، إلى عينيك. بنَهَم إليك. أشعر بجوع وحشي إلى أخذك. إلى احتضانك واعتصارك وإعطائك كل ما فيّ من حاجة إلى أخذ الرعشة الإلهية».

سيرة ذاتية مميّزة

فضلا عن جمال الأسلوب الأدبي وحسن التركيب، يندرج كتاب غادة السمان ضمن أدب السيرة الذاتية. ومعروف أنّ كتب السيرة تثير عناية القراء والمهتمين في أنحاء العالم، وكيف لا وكتب السيرة الذاتية للمشاهير، تعد من المؤلفات الأكثر مبيعا في أوروبا الغربية والولايات المتحدة. فالرسائل من أهم الوثائق التي تصوّر لنا بصدق أوضاع الأديب الاجتماعية وأحواله النفسية وتوجهاته السياسية ورؤاه الفلسفية والفكرية وثقافته ولغته ومواقفه في الحياة. وتجدر الإشارة إلى أنّ المجتمعات الغربية باتت تلجأ إلى رسائل الكتاب والمفكرين، كمراجع لدراسة أحوالهم النفسية الخاصة، كمحاولة دراسة أحوال جان بول سارتر النفسية من خلال رسائله إلى صديقته سيمون دي بوفوار.

صفات أنسي الحاج وأحواله النفسية تنكشف شيئا فشيئا عبر صفحات هذه الرسائل، ومنها الثقة المفرطة بالنفس، بل تصل إلى حد الغرور الذي يجعله يتوهم أن غادة تبادله الشعور، وتحتاجه مثلما يحتاجها! يقول لها: «أنا لا أظن أنني وحدي بحاجة إليك. أنت أيضا محتاجة إليّ. فلتكن لديك الشجاعة أن تعترفي بذلك». كما نلمح رؤاه الفلسفية العميقة في أكثر من مكان كقوله: «الجريمة ليست القتل. الجريمة أن لا نستطيع أن نقتل ما يجب أن نقتله»، أو قوله: «أنا بالذات، شخص

لا يعرف عني شيئا، ولا أعرف عنه شيئا، ولا يعرف إذا كنتُ، أنا، (أي أنتِ) بحاجة إلى أن يكون أحد بحاجة إليّ».

هذه الرسائل لا تحمل أي مظاهر فضائحيّة، ولا عناصر من شأنها أن تشوّه صورته. وعكس ما روج له المعارضون تماما، فإن نشرها يخدم اسم الكاتب وشهرته.

مصدر تاريخي مهم

فضلا عن كل ذلك، فإنّ إقدام القناة البريطانية (تشانيل 4) على بث تسجيلات خاصة للأميرة ديانا بعد وفاتها، رغم اعتراض أسرتها على ذلك يؤيِّد حق غادة في نشر الرسائل. فقد انتقد أشخاص مقربون من الفقيدة ديانا، أميرة بلاد الغال، بثّ التسجيلات التي تحدثت فيها عن حياتها الخاصة، وعلاقتها الفاشلة بالأمير تشارلز. وانتقده أيضا مشاهير كالكاتبة المعروفة باني جونور، التي أكدت أنها لا ترى أي تبرير لذلك، ورغم هذا الاعتراض، بل رغم تدخل شقيق الفقيدة أورل سبنسر شخصيا في المسألة، ودعوته القناة إلى العدول عن قرار البث، فإنّ القناة الإنكليزية أصرت على قرارها، مؤكدة على لسان ناطقها الرسمي: «لم يتم عرض مقتطفات من الأشرطة المسجلة مع بيتر سيتيلين على شاشة التلفزيون البريطاني من قبل وهي مصدر تاريخي مهم». وأكدت القناة: «على الرغم من أنّ التسجيلات خاصة، إلا أن الموضوعات التي تناولتها مسألة تهم الرأي العام».

الرسائل زادته شهرة

ولعل أهم سؤال في القضية هو ما إذا كان نشر هذه الرسائل قد أساء إلى سمعة أنسي؟ والجواب سيكون حتما بالسلب. فهذه الرسائل لا تحمل أي مظاهر فضائحيّة، ولا عناصر من شأنها أن تشوّه صورته. وعكس ما روج له المعارضون تماما، فإن نشرها يخدم اسم الكاتب وشهرته. فنشر الرسائل جذب اهتمام الجماهير العربية والباحثين إلى هذا الأديب، أكثر من أسماء أدبية كثيرة في عصره. وليس من شك

في أنّ هذه الخطابات المهمة ستستمر في إثارة أنظار الجماهير، وفضول الباحثين، لأجيال.

حق التصرف في الرسائل

ونحن نتأمل هذه الرسائل لا نلمح فيها ما يشير إلى أنها سرية. ولو رغب أنسي في الاحتفاظ بسرية خطاباته، لالتمس منها ذلك في رسائله. وعدم نشره الرسائل قبل وفاته لا يعني بالضرورة اعتراضه على نشرها. وإننا جميعا نملك الحق في كتابة الرسائل. فإن اخترنا الاحتفاظ بها لأنفسنا، ولم نتقاسمها مع غيرنا، فهي ملك لنا، لا يتصرف فيها غيرنا. وإن اخترنا إرسالها إلى غيرنا، فهي خارج أيدينا وسلطتنا، ولا يمكننا منع أحد من التصرف فيها ونشرها، مع مراعاة عدم فعل ذلك لأجل الإهانة وتشويه السمعة. ورسائل أنسي الحاج إلى غادة السمان لا تسيء إلى أحد، وتساهم في إثراء المكتبة العربية، وخدمة الأدب، وكيف لا وهي تتسم بمتانة الأسلوب وحسن التركيب وسلاسة اللفظ والصدق في التعبير، وهو ما يبرر بلا ريب قرار غادة السمان الاحتفاظ بها ونشرها وتقاسمها مع جماهير عصرها والأجيال القادمة، وهو ما وضّحته في مقدمتها: «لم أكتب لأنسي، لكنني عجزت عن تمزيق هذه الرسائل الرائعة أدبيا».

مولود بن زادي

2019/7/30

هل تريد حقاً سيرة ذاتية بلا تزوير؟

كاتب عربي سطر مقالاً طالب فيه بكتابة السيرة الحقيقية للمبدعين، دونما حذف لحقائق حياتهم لأي اعتبار. والطريف أن الكاتب نفسه (قامت قيامته) منذ عامين، وكتب ضدي لأنني نشرت رسائل أنسي الحاج إليّ، كما قبله غسان كنفاني.

والمعروف أن الرسائل مصدر نادر لكتابة السيرة، لأنه يلقي الضوء على الأعماق الحقيقية لشخصية المبدع. أي أن هذا الكاتب يطالب بالشيء ونقيضه. يريد سيرة ذاتية صادقة وعميقة وغير مسطحة، لكنه (يهتاج) أمام أدب الرسائل.. والسؤال هو: كيف يريد منا أن نكتب سيرة شخص شرط حذف أهم الشموس التي تلقي الضوء على قاعه.
ذكرني ذلك الناقد يقول الشاعر: "ألقاه في اليم مكتوفاً وقال له / إياك إياك أن تبتل بالماء!"

ثم إن بعضنا يحب تزوير سيرة ذاتية ما لأسباب وطنية وسياسية. فقد شاع أن خليل حاوي انتحر بسبب الاجتياح الإسرائيلي يومئذ للبنان. لكن رسائل الحاوي لديزي التي نشرتها وشهادة ديزي الأمير، وكانت خطيبته، وكانا على وشك الزواج حينما غلبته سوداويته النفسية وهرب من عقد القران، وترجح ديزي أنه انتحر بسبب مرضه بالاكتئاب كما تشهد رسائله لها، وليس بسبب الاجتياح الإسرائيلي الذي قد يكون أضاف إلى كآبته لكنه لم يكن وحده سبباً لانتحاره.

علينا بلحظة صدق مع أنفسنا كعرب: هل نريد حقاً سيرة ذاتية حقيقية لأدبائنا ومبدعينا؟

إذا كنا نريد ذلك، علينا التعامل مع أدب المراسلات كمصدر لا زيف فيه، وعلينا تقبل أن يكون المبدع عاشقاً (يا للهول!) ومعلناً عن ذلك في رسائل حبه. تماماً كما تعامل المجتمع الأدبي الفرنسي مع رسائل رئيس الجمهورية ميتران إلى حبيبته آن بانجو حين نشرتها، مع العلم أنه كان متزوجاً وأباً لشابين، وأباً لابنته غير الشرعية مازارين مع الحبيبة آن بانجو، واستقبلها الجو الأدبي الفرنسي بالترحاب كمصدر من مصادر إلقاء الضوء على سيرة الرئيس ميتران.

غادة السمان

2019

كـتابة اليوميات..
عن ثقافة التلصص والوصاية

بدأت الكاتبة الأميركية أناييس نن Anaïs Nin (1903- 1977) بكتابة يومياتها منذ أن كانت في الحادية عشرة من عمرها، ولم تتوقف عن هذه العادة إلا قبيل وفاتها بوقت قصير، اي أنها استمرت ما يقارب الستين عاماً في كتابة تلك اليوميات المدهشة (جمعت يومياتها ونشرت في خمسة عشر جزءًا وصدرت على مراحل متفرقة). لم يوقفها عن ذلك اهتمامها بكتابة المقالات والقصص القصيرة والدراسات النقدية، والبحث عن مفهوم الإيروتيكا الذي كتبت فيه عدة كتب، وكأن تسجيل يومياتها هو المفتاح الأول لتأليف مجموعة كبيرة من الكتب المختلفة، إذ كانت تسجل في يومياتها كل شيء، كل ما يمر معها في حياتها، صداقات الطفولة والمراهقة والشباب، غرامياتها، أحلامها الجنسية، تجاربها، تفاصيل أيامها، علاجها النفسي، انتقالها إلى باريس وتفاصيل الحياة الثقافية في باريس، ثم عودتها إلى نيويورك، تفاصيل علاقتها المثيرة بهنري ميلر Henry Müller، زواجاتها التي شبهتها بـ "القفز البهلواني"، المرض (أصيبت بالسرطان وماتت به). كانت يومياتها بمثابة تأريخ وتوثيق لتلك المرحلة المهمة من التغيرات الثقافية والأدبية والفكرية والمجتمعية في أوروبا وأميركا، خصوصاً مع صعود النازية ثم هزيمتها في الحرب العالمية الثانية، وما تركته من أثر على المجتمع الأوروبي، إذ جمعتها علاقات صداقة بأهم كتاب ومفكري أوروبا تلك المرحلة، وعاشت حياتها متنقلة بين أوروبا ونيويورك، وهي تسجل كل ما تصادفه في يومها، حتى أدق التفاصيل. ليست مبالغة أن يتم اعتبار تلك اليوميات بمثابة الوثائق عن تلك المرحلة، إذ ثمة أحداث وتفاصيل لا تهم المؤرخين ولا يلتفتون لها، لكنها تساعد على

فهم بنية الذهنية التي أنتجت كل ما نراه اليوم من تطور علمي وتكنولوجي وانقلاب في مفاهيم الجنسانية، والانقلاب في مفهوم العائلة الذي نتج عن حرية اختيار الهوية الجنسية.

لا تبتعد كثيراً يوميات الشاعرة الأميركية سيليفيا بلاث sylvia plath عن منهج الكتابة الذي اعتمدته نن، سوى بأن بلاث انتحرت في أول ثلاثينيتها، بعد معاناة طويلة مع مرض الاكتئاب، فلم ترصد في يومياتها سوى أحداث مدة قصيرة من التاريخ الأميركي، لكنها قدمت فيها ما يشبه التقرير اليومي والدؤوب عن وضعها النفسي الاكتئابي، وعن حياتها الجنسية فترة المراهقة، وعن احتجازها لمدة في مصحة نفسية، عن مخاوفها وهواجسها وتغيراتها المزاجية الحادة التي تركت أثرها على مجمل حياتها وجعلتها تقدم على الانتحار أكثر من مرة، كانت آخرها عام 1963 حين دخلت مطبخها في شقتها بلندن وأغلقته بالورق اللاصق، وفتحت أنبوبة الغاز واستنشقته بعمق ورحلت، تاركة خلفها طفليها من زوجها الشاعر البريطاني الشهير تيد هيوز الذي يأخذ ذكره حيزاً كبيراً في يومياتها، والذي يعتبره البعض مسؤولًا عن رحيلها بسبب خياناته المتكررة لها.

قبل أنابيس نن وسيلفيا بلاث سجلت الكاتبة البريطانية الأشهر في عصرها فيرجينيا وولف Virgina Woolf (1882-1941) يومياتها في خمسة مجلدات حملت عنوان "يوميات كاتبة"، عبارة عن سلسلة من اليوميات بدأتها عام 1915 لتنتهي منها عام 1941، وهو نفس العام الذي رحلت فيه منهية حياتها بالغرق في مياه النهر القريب، حين عبأت جيوب ثوبها بالحجارة ومشت في المياه بخطى ثابتة حتى غرقت، منهية بذلك تاريخاً طويلاً وحافلاً من الكتابة، رصدت أغلبه في يومياتها التي سجلت فيها كل لحظات حياتها: الكتب التي قرأتها، ما كانت تعانيه في عملية الكتابة، الاكتئاب (مرض ثنائي القطب) الذي عانت منه طويلًا، محاولات انتحارها

الأولى، علاقتها مع عائلتها، زواجها، صداقتها وعلاقتها العاطفية مع الشاعرة فيتا ساكفايل ويست، كيف ظهر اهتمامها بالنسوية، علاقتها مع كتاب ومفكري عصرها، باختصار وثقت في يومياتها لتاريخ ثقافي وفكري وسياسي واجتماعي شديد الأهمية عبر تدوينها لكل ما يمر في حياتها.

يحفل التاريخ الثقافي التدويني الغربي بكتب اليوميات، والتي تشكل مراجع مهمة للتاريخ الأدبي والفكري والسياسي والاجتماعي، تكشف الظروف المحيطة بالتغيرات المجتمعية والفكرية دون وصاية (تأريخية)، بل بتشاركية في صناعة تلك المتغيرات، وبعين شاهدة وناقدة وفاعلة في الوقت نفسه، وبسلاسة تدوينية وحرية متخففة تماماً من المنهج العلمي الذي يلتزم به المؤرخون في كتاباتهم عن التاريخ، وغالباً ما شكلت تلك اليوميات مرجعاً أساسياً للمؤرخين لما فيها من غنى وصدق وشمولية.

من المهم التنويه بأن كتابة اليوميات هي جزء من الثقافة المجتمعية الغربية، يبدأ الأطفال في المجتمعات الغربية بتدوين يومياتهم كنوع من الواجب المدرسي، حيث تعوّد كتابة اليوميات الأطفال على الصدق وعلى التعبير عن أنفسهم وعن مشاكلهم ومخاوفهم بحرية تامة، وتتيح لهم معرفة رغباتهم وإطلاقها للعلن دون خوف، وبالتالي تساعدهم في تحديد خياراتهم في الحياة لاحقاً، وفي التخفف من الأسئلة الوجودية التي تدور في بال الطفل والمراهق، تلك الأسئلة حول الخلق والوجود والهوية والدين والرغبات الجنسية والشهوات، وكل الأسئلة التي تشكل في مجتمعاتنا محظورات يعاقب عليها المجتمع والقانون على حد سواء. فهل لهذا نادراً ما نعثر على يوميات حقيقية لكاتب عربي؟! أقصد يوميات مدونة بالتاريخ والساعة وليس عملاً أدبياً على شكل رواية أو نص ما!

أحد العلاجات النفسية التي يعتمدها المحللون النفسيون في الغرب، هو الطلب من مرضاهم تسجيل يومياتهم، وكتابة كل ما يحدث معهم يوماً بيوم، يقولون إن كتابة اليوميات "تعزز صوت المرء الداخلي وتوسع الرؤية وتطلق ملكة الإبداع وتعطي معنى للحياة"، ويستندون في ذلك إلى خلو المجتمعات الغربية من الاضطرابات النفسية قياساً بأمراض مجتمعاتنا، ويعزون ذلك إلى ثقافة (الجورنال الشخصي)، أي دفتر اليوميات الذي يملكه كل شخص؛ وبداهة أن المراهق في المجتمع الغربي لن يخشى أن يقع دفتر يومياته في يد أحد، لن يحاول أحد، حتى عائلته، الاطلاع على ما لا يريد هو الإفصاح عنه، وحتى لو حدث ذلك فلن يعاقبه أحد، ولن يسيء أحد تقييمه بناء على ما قرأه في يومياته. الأمر، كما أسلفنا، ثقافة مجتمعية لا تعرفها مجتمعاتنا التي تعتبر الأسئلة الوجودية والاحتلامات الجنسية الطفولية والمراهقة كفراً ونشازاً وفجوراً، أو أقله عيباً وعاراً. تخيلوا لو وقع دفتر يوميات مراهق في يد والد متدين أو مدرس في مدرسة؟! سوف ينال المراهق من العقاب والتأنيب ما يجعل من فكرة الكتابة كلها أمراً محالاً. تخيلوا لو كان دفتر اليوميات لمراهقة أنثى!

قالت لي صديقة شاعرة ذات يوم: "نحن مظلومات في مجتمعاتنا، لا نستطيع الإفصاح عن تجاربنا حتى بالكتابة، ثمة قارئ متلصص ورقيب أخلاقي خلف ما نكتب، لن نستطيع التملص منه مهما حاولنا، ليس في الوقت المنظور على أية حال". لم تكن صديقتي مخطئة في كلامها، نحن لا نملك ما يكفي من حرية لنعبر عن أنفسنا بشكل صحيح، لم يكن الكتاب العرب يوماً كذلك، هذا ما يجعل اليوميات شبه مفقودة في الثقافة العربية، ومفقودة تماماً لدى الكاتبات العربيات حتى الرائدات منهن، حتى "يوميات طبيبة" لنوال السعداوي لا يمكن وضعه بمصاف يوميات أي من كاتبات الغرب، رغم أهمية ما دونته، فلقد أفقدت الرقابة المجتمعية - دينية وسياسية وأخلاقية - الثقافة العربية نوعاً أدبياً بالغ الأهمية، كان يمكنه أن يكون صلة وصل قوية

لحركة المجتمع بين الماضي والحاضر، قوية وصادقة وشاملة، تكشف سيرورة الحياة، بعيداً عن انتقائية المؤرخين العرب ووصايتهم الأخلاقية.

رشا عمران

2021

أدب السيرة الذاتية

- ثمة انعدام أو ندرة لمؤلفات السيرة والمذكرات والاعترافات في الأدب العربي عموماً. وثمة أسباب كثيرة تقف وراء هذا الانعدام أو قلة هذا النوع من الأدب، منها افتقار تراثنا لهذا النوع من الكتابة، أو بسبب الواقع الاجتماعي الذي يحول دون ازدهارها بسبب طبيعة هذه الكتابة التي تستلزم البوح الصريح إلى حد كبير، وتجاوز الكثير من التابوهات.

علاء المفرجي.

- أدب السيرة الذاتية هو نتاج كاتب محترف كرس حياته للفن أو الرواية أو الشعر، وهو نادر في العالم العربي بسبب التابوهات التي يضعها المجتمع أو الرقابة الحكومية. الكاتب العربي مقموع خائف من نفسه ومن السلطة والمجتمع فلا يجرؤ على الإعلان عن الوقائع الخاصة التي شكّلت تجربته منذ الطفولة، ولا على المنعطفات المهمة التي عصفت بجانب من تلك التجربة وغيّرت مسارها.

عبد الله صخي

- كتب السيرة العربية منمقة إلى أبعد الحدود ومشذبة مثل حديقة هندسية استخدم فيها المزارع مبيدات أخلاقية قضت على العفوية والتلقائية وتغافلت عن عمر التفتح والشهوات والخبرات الروحية والجسدية الأولى. في كتب السيرة الغربية نعثر على ما يشبه غابة طبيعية فيها الضوء والظل، والأفاعي والقنافذ، والينابيع ومواسم التزاوج، والجنس والأهواء الإنسانية، والنزوات والتكاثر، ومواجهة

المخاطر، بينما يكتب العربي سيرته وكأنه يتعاطى مع ملاك بريء من كل إثم وخطيئة.

لطفية الدليمي

- لن تعرف المجتمعات العربية السيرة الذاتية بصدق إلا إذا تحررت سياسياً واقتصادياً وفكرياً وإبداعياً. فبقدر ما نتحرر من التابوهات التي يعاني منها المجتمع، بقدر ما ستكون الكتابة بشكل عام، والسيرة الذاتية بشكل خاص، أكثر توهجاً، كونها تلمس المناطق الإنسانية في نفوسنا.

أماني فؤاد

الفرد ثم الفرد، ثم الفرد

بعد إصابته بالسرطان، وبعد وقفة التأمل والمراجعة التي امتدت عشر سنوات لم يكتب فيها شيئاً، تحوَّل سعدالله ونوس إلى "كشّاف بواطن" مهجوس بالإنسان والفرد والذات، لكن من دون التخلّي عن رؤية السياسي والاجتماعي؛ لقد وسّع ساحة التفكير لتطال كل شيء، برؤية جسورة في الكشف والتعرية. ففي أثناء تداويه من جراح النفس والجسد، قدّم ونوس أهمَّ مسرحياته وأكثرها إيلاماً وكشفاً؛ مسرحيات مدهشة في مناخاتها الأخّاذة، وأحداثها التي تتمركز حول "الأنا" التي لم تعد تُعلن عن وجودها وحضورها بخوف، بل أصبحت ترفع صوتها عالياً. إنها وقفة جريئة وصادقة مع الذات، ومع الثوابت والمعايير والضوابط والمحرمات، ومع الحياة.

"طقوس الإشارات والتحولات"، مسرحية كتبها في عام 1994، وتتحدّث عن عاصفة تحوّلات شهدتها شخصيات أرستقراطية دمشقيّة في مجتمع القرن التاسع عشر، وقد ذُكر في مقدّمة المسرحية عن أبطالها: "إنّهم ذوات فرديّة تعصف بها الأهواء والنوازع وترهقها الخيارات، وسيكون سوء فهم كبير إذا لم تُقرَأ هذه الشخصيّات من خلال تفرّدها وكثافة عوالمها الداخلية...". فالعالم الداخلي للإنسان الفرد كثيف ومعقد، ولا يمكن اختزاله أو تنميطه أو حشره في بعد واحد، غالباً ما يكون مزيفاً وهشاً وظالماً، كما هو حاصل غالباً.

في سياق الأحداث تتحوّل الشخصيات، وتتوجه إلى مصائر جديدة؛ تنفلت من بيئة مجتمعية صاغت علاقات أفرادها وفق نمطية راسخة تميل إلى الفضيلة الزائفة وحراسها، على حساب الصدق والمشاعر الفردية. يُسيّر ونّوس شخصياته القلقة تلك على درب تحولات الجسد والنفس، مع ما يفتحه هذا الطريق من تغيرات اجتماعية وسياسية.

عاشت "مؤمنة"، بطلة المسرحية، في بيتٍ توطّنت فيه روائح الدين والنفاق في آن معاً. حصلت على طلاقها من زوجها نقيب الأشراف، وبدأت طقوس تحوّلاتها؛ بدأت حياة جديدة، واتخذت اسماً آخر، ألماسة. رغبت في تجاوز زيف بيئتها، فتحوّلت إلى غانية محترفة، يرغبها الجميع، واشتهرت في المدينة كلها. إنها تتوق لتصبح "ظاهرة تقلقل وتخلخل علاقات المدينة وبنيتها الدينية الساكنة". أما زوجها، نقيب الأشراف فقد تحوّل، بعد الطلاق، إلى درويش من دراويش أهل الصوفيّة.

تقيم "ألماسة" علاقة مع المفتي الذي يجرّب اللذة معها بكثيرٍ من فنون العشق والهوى. يتعلق بها المفتي، ويعرض عليها الزواج، فترفض. ويسألها: "ما أنت أيتها المرأة! ماذا تريدين، وعمَّ تبحثين؟" تجيبه: "إني أبحث عن شيء لا يمكن أن يفهمه رجلٌ مطمئن النفس مثلك". وتتابع: "حيث أتأرجح على الحافة، وتناديني الهاوية، يُخيّل إليَّ أنه، وفي لحظة سقوطي، سينبتُ من مسامي ريشٌ ملون. من جذور نفسي سيطلع الريش مزدهراً ومكتملاً وسأحلِّق في الفضاء كالطيور والنسائم وأشعة الشمس".

ماذا تريد ألماسة؟ تعبِّر عن رغبتها في مكان آخر: "أحلم أن أصل إلى نفسي، وأن أكون شفافة كالزجاج. ما تراه العين مني هو سريرتي، وسريرتي هي ما تراه العين مني".... "أول المقامات في رحلتي هو أن أرمي وراء ظهري معاييركم. ينبغي أن أتحلَّل من أحكامكم، ونعوتكم، ووصاياكم كي أصل إلى نفسي". يُهدّدها أخوها صفوان بالقتل، صوناً لشرف العائلة، فتجيبه: "أنا يا صفوان حكاية، والحكاية لا تُقتل، أنا وسواس وشوق وغواية. والخناجر لا تستطيع أن تقتل الشوق والوسواس والغواية".

في ثقافتنا السائدة هناك نقطة ضعف رئيسة، تتجلى في إنكار مفاهيم "الفرد" و"الذات" و"الأنا"؛ ما يعني، في الحصيلة، ضمور مفهوم

الإنسان بوصفه قيمةً عليا، وبدلاً منها هناك حضور كثيف لحالة "كتلية" أو "جماعية" مرَضية، وهذه تتوافق مع التكوينات العشائرية والقبلية والطائفية والإثنية التي تقتل أفرادها وتخنقهم، وتنمِّي فيهم سلوكاً "جماهيرياً" يرتكز على الغرائزية والشعبوية في السياسة، وسلوكاً "نفاقياً" في الحياة الاجتماعية، يرتكز على الدفاع المستميت عن التقاليد كلامياً، وممارسة غيرها واقعياً.

حازم نهار

2020/10/5

كيف اكتشفنا أن هنالك "كتابة ذاتية"

لم يُفاجئنا اسم الفائزة بجائزة نوبل لعام 2022 آني إرنو، ولكن المفاجأة الأكبر والأخطر جاءت من تفصيل آخر، وهو أن حيثيات منح الجائزة للكاتبة الفرنسية جعلتنا نكتشف شيئاً اسمه "الكتابة الذاتية"، أو السيرة الشخصية.

الحقيقة أن موضوع "الكتابة الذاتية"، وجوانبها الحميمة، ومعها موضوعات مثل جروح "الذاكرة الشخصية"، وخيارات "المصائر الفردية"، وتصدعات "الهوية"، و"القيود الجماعية" عليها، ليست موضع مديح حقيقي وكافٍ في ثقافتنا وفي رؤيتنا إلى الأدب عموماً، والكتابة الروائية خصوصاً. الذات هي إما شيء نافل ومُبتَأس ومُزدرى تقريباً، أو أنها شيء قد تجلب الكتابة عنه نوعاً من العار والفضيحة. الكتابة الذاتية أو السيرة الذاتية لا تعني طبعاً وبشكل أوتوماتيكي وجود أشياء وحوادث يخجل الكاتب الكتابة عنها وكشفها للقارئ، ولكنها للأسف تعني للقارئ العربي بشكل حصري تقريباً أن ثمة جانباً حياتياً مظلماً مليئاً بالأخطاء والتصرفات السيئة التي لا بد أن تدفع أي كاتب عربي إلى تجنّب الخوض فيها، أو الكتابة عنها.

الكاتب العربي نفسه، إلى جانب احتمال أن تكون سيرته الشخصية تتوافر على أشياء وحوادث يخجل بها وتُشعره بالحرج، فإنه يرى في السيرة الشخصية مساحة غير ملائمة، أو غير كافية لما يفكر، أو يعتقد، أن الرواية يجب أن تنشغل به. ليست السيرة الشخصية، أو الكتابة الذاتية، وحدهما ما "يحتقرهما" الكاتب العربي، بل إنه لا ينظر بتقدير كافٍ حتى إلى الكتابة عن أفراد آخرين غارقين في سِيَرهم الذاتية العادية، وفي حيواتهم العادية. الرواية بالنسبة لأغلب الكتاب العرب لن تجد ما تقتات به هناك. إنهم لا يحبذون الموضوعات الخيطية البسيطة والعادية، لا لأنها أضيق من عوالمهم

المتشعبة والمعقدة التي يعتقدون أن الرواية ينبغي أن تكون موجودة فيها فقط، بل لأن أساليبهم ونبراتهم في الكتابة غالباً ما تكون جاهزة للتشعب والتعقيد مثل الموضوعات التي تشغلهم. وهي موضوعات ينبغي أن تكون مصيرية وتاريخية ومشغولة بقضايا وأسئلة كبرى وحوادث مفصلية. لقد تطورت الرواية العربية طبعاً، وباتت تشغل مساحات وموضوعات مختلفة ومتنوعة، ولكن الرواية بالنسبة لأغلب الكتاب العرب (وبالنسبة لغالبية القراء العرب أيضاً) لا يزال ينبغي لها أن تكون مخصصة للكتابة في موضوعات جدية وعميقة، وهذا يعني أن السيرة الذاتية، أو عوالم الكتابة الحميمة عن الذات، أو حتى ما يُسمى "التخييل الذاتي"، ليست بالعمق المطلوب والجدية الكافية فعلًا. لا يريد الكاتب العربي أن يكتب عن "الشقاء العادي" (وهو عنوان رواية قصيرة ومدهشة لفائز آخر بنوبل الأدب هو بيتر هندكه)، بل هو مشغول دوماً بشقاء أكبر ..بشقاء المجتمع ككل، بشقاء التاريخ وأسئلته الشقية أيضاً.

مع منح نوبل لهذه الكاتبة الفرنسية بدا للكاتب العربي وكأن مانحي الجائزة يتساهلون في شروط الكتابة الروائية.

بالنسبة للفرنسية آني إرنو، الكتابة الروائية هي "شغف بسيط" بحسب عنوان رواية قصيرة لها، ولكنه "شغفٌ معقد" بالنسبة للكاتب العربي. هذا هو الفارق.

حسين بن حمزة

(2022/10/31)

أسرة سعد

(بون، 2017/6/11)

السيدات والسادة المحترمون، تحية طيبة. عثرت في موقعكم على اقتباس عن سعد الله ونوس أشعرني أنكم دار النشر الوحيدة التي يمكنني أن أعرض عليها الكتاب التالي: «من رسائل سعد الله ونوس». في الملف المرفق نسخة منه، راجياً النظر في إمكانية نشره في داركم.

في عام 2011 نشرت الطبعة الأولى منه على نفقتي الخاصة، وطبعت منها مئتي نسخة فقط وقدمت نحو نصفها كهدايا. كان عدد صفحات تلك الطبعة 275 صفحة. كما أن عنوان الكتاب كان مغايراً تماماً، إذ إني نشرته كجزء ثان من كتاب «اعبد الحياة / رواية حياة في رسائل / II / صداقة».

بعد ذلك أجريت على الكتاب تعديلات كثيرة وأعدت المقاطع التي كنت قد اضطررت لحذفها كي يحصل الكتاب على موافقة الرقابة.

كما أني أضفت إليه بعض الإضافات وأصبح عدد صفحاته 317 صفحة.

في النسخة المرفقة يجب تعديل الصفحات الثلاث الأولى، ليصبح عنوان الكتاب ربما هكذا: «من رسائل سعد الله ونوس».

في حوزتي عدة صور قديمة لصديقي سعد الله ونوس غير منشورة سابقاً، يمكن نشرها في آخر الكتاب.

أملي ورجائي أن تعلموني استلامكم هذه الإرسالية.

مع أطيب التمنيات لكم ولداركم

(2017/6/12)

تحية طيبة، شكرا لك ولرسالتك اللطيفة. وشكرا لتواصلك معنا. يهمنا موضوع نشر هذا الكتاب طبعاً. بالإضافة إلى اهتمامنا بنشر ترجماتكم لأعمال كافكا. هل تواصلتم مع أسرة الراحل بخصوص الرسائل؟

وبخصوص أعمال كافكا، هل أنتم مرتبطون مع أي جهة لنشرها؟

كل الود

***

(2017/6/14)

الأستاذ... المحترم، تحية طيبة. طبعاً لن توافق أسرة سعد على نشر هذا الكتاب. كما أنها لم تنشر يومياته، التي هي أكثر أهمية من رسائله. وأقدّر أن رسائلي له أتلفت.

في عام 2003 بدأت التفكير بإعداد هذا الكتاب. وأول ما فكرت فيه هو أن أتصل بفايزة وأشركها فيه بطريقة من الطرق، وأرجوها موافاتي بصور عن رسائلي إلى سعد كي أنشرها مع رسائله. لكن سذاجتي، التي أعترف بها دائماً، بيّنت لي أنها كانت أكبر بكثير مما كنت أعتقد.

وطبعاً لن توافق أسرتي على نشر كتابي: «اعبد الحياة / رواية حياة في رسائل / الجزء الرابع / أسرة عربية». في هذا الجزء تبدو صورة أسرتي وتبدو صورتي أسوأ من صورة سعد في رسائله. وصورة زوجتي وصورتي في الجزء الأول من كتابي «حب من المهد إلى اللحد» تبدو أكثر سوءاً من صورة سعد في الجزء الثاني من كتاب «صداقة» أو «من رسائل سعد الله ونوس».

في الجزء الرابع من كتابي (أكثر من 500 صفحة) يوجد فصل بعنوان «الأسرة نبع الديكتاتورية».

أفهم كل الفهم إذا لم تشأ دار نشر أن تنشر أياً من أجزاء كتابي، المؤلف في الحقيقة من سبعة أجزاء، السادس منها يتحدث في السياسة.

لذا لم أعرض أياً من أجزاء كتابي على أي دار نشر. فقط إذ صادفت الاقتباس الذي ورد في رسالتي الأولى لكم، قلت لنفسي: «أرسل هذا الجزء إليكم كي تؤكدون لي صحة نظريتي بأنه لا يمكن نشر كتابي».

عندما أعددت رسائل سعد للنشر على نفقتي، قيل لي إنه من المرجح أن تقاضيني أسرة سعد، ونُصحت بحذف بعض الجمل والمقاطع. كما نُصحت بحذف بعض الجمل السياسية بسبب رقابة الدولة. ففعلت.

أثناء إعدادي هذه النسخة (التي لديكم) لنشرها إلكترونياً، أعدت الجمل والمقاطع المحذوفة إلى أمكنتها في النص. هنا أستطيع تحقيق رغبتي وتأدية واجبي. قبل أيام نشرت الجزء الثالث من كتابي إلأكترونياً. وسأنشر بقية الأجزاء. ومن يريد من القراء يستطيع القراءة مجاناً. والكتاب يبقى «على قيد الحياة» مدة طويلة. الوضع لا بأس به إذاً. وما من مشكلة عندي.

***

أعرف زوجة سعد منذ زواجهما. كانت علاقتي بها طيبة طوال حياة سعد. وكانت دائماً خير مضيفة. ولاحقاً أقمنا عندها مرة أو مرتين، كل مرة بضعة أيام (زوجتي وابنة لي وأنا)، وتمتعت زوجتي بالطعام الشامي التي كانت فايزة تعدّه لنا. وكانت فايزة تسعد بقدومنا، لأن سعد يضطر إلى النوم في غرفتها، ونحن ننام في غرفته.

بعد وفاة سعد تغير الوضع 180 درجة. أستطيع تخمين أسباب هذا التحوّل.

قرأت كتب ديمة، وأتابع كتاباتها على الدوام، وأقدم لها كل احترامي. لو لم تمانع أمها، كانت ستربطني بها علاقة صداقة حميمية مثل علاقتي مع والدها.

لا أظن أن فايزة تقرأ كتباً. وكنت أتوقع من كاتبة مثل ديمة أن توافق على نشر كتابي. ربما تكون قد قرأته ونفرت منه. لا أدري.

أولادي حاولوا عدة مرات التواصل معها عن طريق الفيسبوك، لكنها لم تبدي استعداداً للتواصل معهم. ولو كتبت أنا لها، لن تجيبني.

أكثر عن هذا الموضوع تجدونه في الصفحات 202 - ü204 و 212 - 213 من النسخة التي لديكم.

إذا صادف الأمر وتحدثتم يوماً ما مع ديمة، فلا مانع عندي من أن تقرأ ديمة رسالتي هذه ورسالتي التالية لكم.

اسمحوا لي أن أكتب لكم قريباً رسالة تحوي موجزاً لمرافعة من شأني أن ألقيها أمام محكمة إذا ادعى أحدهم عليّ جناية نشر كتاب لا يجوز نشره.

شكري لكم على تتمة القراءة إلى هنا،

وأطيب التمنيات لكم

***

(2017/6/18)

الأستاذ... المحترم، تحية طيبة. المسودة في الملف المرفق قد أستطيع صياغتها بطريقة أفضل وأنشرها ككلمة ختامية في كتاب «من رسائل سعد». وبهذا أكون قد أفدت من كلمتكم، ويمكنني إنهاء

الموضوع. نشر الكتاب في الإنترنت ليس أسوأ لي من نشره ورقياً. هل ترون وجود مخاطر كثيرة عليّ بنشره في الإنترنت؟

مع أطيب التمنيات

مرافعة إلى القراء - القضاة

من مبادئ كتابة السيرة الذاتية

01 - أستطيع تخمين كل الانتقادات التي ستُوجّه إلى هذا الكتاب ولي. سأقرأها بسرور، سأتفهمها وأحاول أن أفيد مما قد أراه فيها مفيداً. ولن تزعجني أبداً، إذ من طبيعتي أن أعطي الحق لكل فرد. فلكل فرد طبيعته وأفقه ومعرفته وظروفه.

02 - من يضع أفكاره في مخطوطة أو رسالة أو يومية وينشرها على الملأ، تصبح، بعد وفاته، مُلكاً لقرائه... لهذا «الملأ».

03 - في الحياة اليومية للناس يسود الكذب والنفاق والتستر والإخفاء والتغطية وما شابه من الرذائل. في الكتب لا يجوز أن يسود سوى الصدق والصدق والكشف والكشف والكشف. عن كل الناس بمن فيهم الكتّاب أنفسهم.

04 - سعد لم يكتب يومياته ورسائله كي يتلفها غيره، بل كي تُنشر. أول ما كان يتمناه في حياته، وسعى إلى تحقيقه هو أن «يُقال».

05 - «تشكل الكتابات والشروح والمذكرات التي يكتبها المبدعون على هامش مشاريعهم وأعمالهم الأساسية وثائق تاريخية واجتماعية مهمة يمكن الاستعانة بها للوقوف على المناخ الفكري والحضاري والإبداعي لعصر من العصور، كما لإرضاء فضول القارئ وتعطشه للوقوف على خفايا كتّابه وفنانيه الأثيرين، على مكابداتهم وأفراحهم، على نجاحاتهم وإخفاقاتهم، كما على نزواتهم وانحرافاتهم وتفاصيل عيشهم اليومي.

كأن قراءة سيرة الكاتب أو مذكراته توفر لنا متعة التلصص على عوالمه الخفية من جهة، وتمكننا من العثور على خلطة الظلال السحرية التي تقف وراء موهبته وتوفر لها فرص النضج والتبلور المطرد من جهة أخرى. وإذا كانت حياة أي إنسان تصلح أن تكون مادة خاماً لعمل سردي أو رواية مشوقة، فإن حيوات المبدعين هي أكثر مدعاة للإثارة والتشويق ولتعقب صورها ومنعطفاتها ووقائعها الصغيرة من أي حياة أخرى. وهو ما تؤكده السير الشخصية الرائعة التي تركها لنا مبدعون كبار من مختلف المشارب والاهتمامات، مثل بابلو نيرودا ولويس بونويل وسلفادور دالي وغابرييل غارسيا ماركيز. أو تلك التي كتبها آخرون ممن عايشوا المبدعين وخبروهم، كما فعل في كتابه المؤثر عن والده رينوار، وايليني كازانتزاكي في كتابها (المنشق) عن صاحب (زوربا اليوناني)، أو كتاب فرانسواز جيلو عن بيكاسو، زوجها الشهير».

06 - الأسرة ترث ملكية مادية، لكنها لا ترث ملكية فكرية.

- قبيل وفاته باع صاحب مجلة «در شبيغل» الألمانية، الأشهر والأكثر أهمية في ألمانيا، 50 بالمئة من أسهم مجلته، وورّث أسرته الثمن. والـ 50 بالمئة الأخرى ورّثها إلى محرري المجلة، لأنهم قادرون على متابعة عمله الفكري، الأمر الذي لا تستطيع عليه أسرته.

- معظم مخطوطات كافكا وضعتها أسرته في مكتبة جامعة اكسفورد البريطانية. وما كان كافكا سلمه من هذه المخطوطات إلى صديقه ماكس برود، حفظ في "ارشيف الأدب الألماني" في مارباخ وفي "المكتبة الوطنية" في القدس.

- تسليم فايزة مكتبة سعد إلى مكتبة الجامعة الأمريكية في بيروت أمر سليم. عليها أن تسلم كل ورقة تركها سعد. والاختصاصيون يدرسون التركة الأدبية ويقررون ما يعملون بها.

07 - الملك ليس إنساناً كاملاً، والكاتب ليس إنساناً كاملاً، لا أحد كامل. الحياة الشخصية لكل شخصية عامة تصبح، بعد وفاة هذه الشخصية، مُلكاً للتاريخ - السياسي أو الأدبي - وليست مُلكاً لورثة هذه الشخصية.

08 - سيرة كافكا كما جاءت في رسائله ويومياته تحوي انتقادات لنفسه أكثر مما يستطيع أي ناقد أن يوجهها لكافكا. الصدق في هذه الرسائل واليوميات هو قدوة لكل كاتب سيرة في العالم.

09 - اقرؤوا يا قضاة كتاب «كلمات» لجان بول سارتر، لتروا كيف يكتب عن أسرته!

10 - السير الذاتية للشخصيات العامة هي منذ مدة طويلة من أوسع الكتب انتشاراً في الغرب. وفي حالات كثيرة حين تكون هذه الشخصيات ما زالت على قيد الحياة. يمكن ذكر عشرات الأمثلة: هلموت كول، حاكم ألمانيا طوال ستة عشر عاماً، نشر أبناؤه سيرتهم وسيرته الأسرية وهو ما زال في السلطة. وما من كلمة في هذه السيرة تشرّف صاحبها. وكذلك في السيرة التي كتبها ابن لحاكم ألمانيا الأسبق فيلي براندت. وعلى غرارهم نشر عشرات أبناء المشاهير والشخصيات العامة سيرهم منتقدين أسرهم وآبائهم أقذع انتقاد. من هذه السير يتعلم كثيرون لاحقون.

11 - إذا كان هذا «غير مألوف» عند العرب، فعلينا أن نجعله مألوفاً. الكتابة كشف وليس تغطية. إذا جرى تقديم كل شخصية عامة إنساناً كاملاً، فقل السلام على كل ثقافة وكل معرفة.

12 - أعرف مدى الصعوبات التي قد يلقاها كل من يخرج عن «المألوف» في أي مجال ومن كل الجهات. أعرف هذا كل يوم طيلة حياتي.

13 - لكن خروجي منذ فتوّتي على كل «مألوف» هو ما دعا سعد، قبل كل شيء آخر، إلى التعلق بي. الخروج عن «المألوف» كان آنذاك فوق طاقته.

14 - اقرؤوا يا قضاة مقالات فصل «في السيرة الذاتية» في هذا الكتاب. اقرؤوا ما كتبه سهيل إدريس عن والده. اقرؤوا ما كتبه محمد الحافي عن والده. في هذا شيء من بداية صحيحة.

15 - اقرؤوا يا قضاة كتابي «اعبد الحياة / رواية حياة في رسائل» / الجزء الرابع / «أسرة عربية». اقرؤوا ما جاء على غلافه الأخير... ما ينطبق على أسرة وطفي، أسرة ونوس والأسرة العربية.

16 - عندما تتحكم الأسرة بالفرد، وتتحكم أسرة بـ«دولة»، فقل السلام على الفرد والأسرة والدولة!

***

(2017/7/25)

تحياتي لك،

أعتذر بداية عن التأخر في الرد على هذا الموضوع. الفترة الماضية كانت مربكة قليلاً على عدة أصعدة ومنها بعض السفرات الاضطرارية. والكتاب مربك أيضاً (إذا كان يصح أيضاً قول هذا).

بداية كنت قد تحدثت بشكل سريع مع ديمة عن موضوع الكتاب، ومن ثم أخبرتني أنها تواصلت مع فايزة عن موضوع الرسائل، وكما طلبوا مني أن أرسل لك، فايزة ترغب بالتواصل معك وهي مشتاقة وهم يرغبون بالإطلاع على الكتاب قبل نشره. أرفق لك أرقامهم:

.....

قرأت مرافعتك واتفق معك في العديد من النقاط، إلا أن العديد من النقاط الثانية تسبب إرباكاً كون أبطال هذه الأحداث (إذا صح التعبير)

هم على قيد الحياة وبيننا. وبصراحة لا أعرف ما مدى المشاكل القانونية التي قد يتسبب بها نشر هذا الكتاب.

أعتقد أنه من الأفضل أن يتم التواصل معهم حول موضوع الكتاب، والوصول إلى تفاهم مشترك، ويسعدني عندها التعاون على الكتاب.

بخصوص نشر الكتاب على الإنترنت، في الحقيقة، لا أعرف التبعات القانونية للموضوع. أعتقد أن هناك نقطتان في هذا الموضوع، حقوق نشر الرسائل (لا أعرف إذا كانت ضمن قانون حقوق النشر أم لا، ولمن تعود الحقوق للكاتب أم للمرسل إليه. وهي المشكلة الأكبر).

النقطة الثانية هي ذكر أشخاص ومنهم فايزة ضمن الكتاب، وبصراحة هذا قد يشكل بعض المتاعب الاجتماعية والإعلامية، وليس لي علم أيضاً بالموضوع القانوني.

مع المودة

***

(2017/7/26)

الأستاذ... المحترم، بسبب ثقل سمعي لا أستطيع التواصل مع أحد هاتفياً بتاتاً. لا أفهم كلمة واحدة من الكلام الذي يصل إلى أذني عن طريق ميكروفون: تلفون، راديو، تلفزيون، فيلم. وزوجتي لا تعرف العربية. ثم لا فائدة من مراسلة، أدري أنني لن أحصل على رسائلي إلى سعد. أرجو أن تعتبر هذا الموضوع منتهياً نهائياً.

مع أطيب التمنيات لك ولدارك

***

(بون في تموز 2017)

«اعبد الحياة / رواية حياة في رسائل / الجزء الثاني / صداقة»

أضع هذه النسخة في عهدة ديمة ونوس، أولاً بصفتها كاتبة، وثانياً بصفتها ابنة سعد، مع أملي أن تضيف إليه رسائلي إلى سعد، وتكلف دار نشر بطباعة الكتاب وتوزيعه. كما أني آمل أن تنشر رسائل سعد الأخرى إلى آخرين ويومياته. أرى أن هذا واجب ديمة وأن مسؤولية هذا النشر تقع عليها. إذا ترددتْ، أنصحها وأرجوها أن تقرأ كامل رسائل كافكا ويومياته بالفرنسية.

أقارن بين التركة الأدبية لسعد والتركة الأدبية لكافكا. رغم توصية كافكا القاطعة بإتلاف تركته، نُشرت هذه التركة كاملة دون حذف كلمة منها: نصوصاً أدبية ويوميات ورسائل. وأنا أعرف عن يقين أن سعد يحب أن تُنشر كل كلمة كتبها.

***

علاقة صعبة

س: ثمة تداخل واضح بين ما هو ذاتي وما هو مُتخيل، بين ما هو خاص وما هو عام. ما حجم حضور «ديمة ونوس» في رواية «الخائفون» وفي قصة بطلتيها؟ كما أنك حرصتِ على التركيز على «نفسية الأبطال» ومشاعرهم وما يختلج في صدورهم، وجاء اختيار عيادة الطبيب متماشياً مع ذلك الغرض، فما حضور تلك المشاعر ما بين العام والذاتي الخاص جداً مثل العلاقة مع الوالد؟

ديمة ونوس: علاقتي بوالدي، الكاتب الراحل سعدالله ونوس، أساسية. تلك العلاقة الصعبة والمعقّدة والغنية، كانت ناقصة! احتضن حياتي وتفاصيلي وأفكاري، ثم تركني دفعة واحدة ينهشني الإحساس بالفقدان. ذلك الفقد المبكّر جعل علاقتي بما يحيط بي، ناقصة. وكأنني اعتدت ألا تكتمل المشاعر وألا تعبرك حتى النهاية. كل ما أعيشه، غير مكتمل وأرى نفسي أنسحب ببطء قبل النهاية والاكتمال.

لم أكتب عنه ولا عني. حتى لو كان يصعب على القارئ تخيّل العكس. الكاتب ليس بريئاً مما يكتب. وذاكرته حاضرة في كل كلمة وكل نظرة. من الصعب أن نفصل أنفسنا عما نعيش وعما نكتب. الكتابة جزء من الخيال المحفوف بذاكرة متّقدة مهما حاولنا الهرب منها أو تفاديها (عام 2018).

سعد المعارض للنظام

المدجنة الحقيقية

إن المدجنة الحقيقية التي تفرّخ الجماعات الإسلامية.. هي الأنظمة العسكرية والمستبدة. فهذه الأنظمة التي خنقت روح الشعب وأغرقته بالشعارات وبالرعب، وفاقمت مشكلاته بالتبعية والنهب، هي التي تدفع هذه الأجيال الممزقة والمهمشة إلى حلول طوباوية، وإلى ردود فعل يائسة.

فحين يُخيّر إنسان مقموع ومنهوب بين إله أرضي يقمعه وينهبه ويفرض عليه فوق ذلك عبادته، وبين إله ديني يعده بالخلاص والمثوبة، فإن من الطبيعي أن يفرّ من زنازين الأرض إلى فضاء السماوات.

وأنا أدرك المغزى الاحتجاجي الذي ينطوي عليه ظهور هذه الجماعات، لكن فقر وعيها وأساليب العمل التي يمليها هذا الوعي الفقير، يجعل هذا الاحتجاج خلبياً؛ ويُعيد إنتاج الواقع الرثّ بدلاً من أن يغيره .

فإذا حددنا أن أبرز بواعث هذا الاحتجاج هو استبداد السلطة من جهة، والتبعية التي تخترق كل مستويات المجتمع من جهة أخرى، فإن مناهج هذه الجماعات في الفكر والعمل، إنما تقوي هذين الوضعين، و تتقاطع معهما.

سعد الله ونوس

1990

الثقافة الوطنية والوعي التاريخي

قضايا و شهادات - 1- خريف - 1990دار عيبال

نحن المثقفين قفا النظام ولسنا نقيضه

العزيزة عبلة، كل شيء قاتم، ومبتذل، ومسفّ. المهرجان يؤذن بالانتهاء، شاهدت كل العروض، ضحالة وتدهور، لا إبداع، ولا هموم حقيقية، وإننا نعود القهقرى. منذ فترة طويلة لم أشعر بمثل هذه الوحدة الداخلية. وحدة فيها تقزز، فيها خوف، وفيها حزن أيضاً. كان ينبغي أن آتي، ولكن من المؤكد أنها آخر مرة فيِ حياتيِ. سأعود إلى قوقعتيِ، وحياتي اليومية، وأوهاميِ التي أنسجها وحيداً فيِ غرفتيِ وبين كتبيِ. هناك يبدو للعالم كثافة، وتبدو للأفكار أهمية، وتتخذ الثقافة بعداً مصيرياً. أما هنا فلا شيءِ إلا الكذب، والفساد، وموت الأمل. إلى هنا تعنيِ كل هذه التظاهرات والمهرجانات والمؤتمرات، وحتى لقاءات وسهرات المثقفين والفنانين، أتعرفين ما نحن فيِ مجتمعاتنا!

إننا ـ نحن المثقفين ـ سلطة ظل شاغلها الأساسي أن تصبح سلطة فعلية، أو أن تنال فتاتاً في السلطة الفعلية. إننا قفا النظام، ولسنا نقيضه أو بديله، ولهذا ليست لدينا طروحات جذرية، ولا آفاق مختلفة، والمراوغة تطبع عملنا وتشكل جوهر سلوكنا، يا للخيبة! ويا للحزن! كتبت الأسطر السابقة مساء أمس. حضرت مَسرحية عراقية عنوانها دزمونة. كنت مليئاً بالغيظ والكآبة. تعشيت وصعدت إلى الغرفة. وأردت أن أكتب رسالة طويلة. ولكني لم أفعل. اكتفيت بفشّة الخلق التي تتضمنها الأسطر السابقة.

ضيقة هذه البلاد، وضيقة هذه الحياة التي نحياها. إننا تقريباً نعيش من أجل لا شيء. وليس بالإمكان أن يتوهم المرء، أو أن يقتنع بالسراب. لماذا تنحرف بي الكلمات إلى هذا الإيقاع الكئيب الذي لا أريده، ولم أكن أنويِ على الإطلاق أن أضمنه رسالة.

(من رسالة من سعدالله ونوس إلى عبلة الرويني في عام 1990 نشرت في صحيفة السفير اللبنانية في 2014/4/11).

انتفاضة سعد الله ونّوس

أفردت أسبوعية "أخبار الأدب" المصرية، في عددها الحالي رقم 935، مساحة كريمة للانتفاضة السورية، تصدّرها غلاف حمل عبارة سعيد عقل التي خلّدتها أغنية فيروز: "شآم... ما المجد؟ أنتِ المجد لم يغبِ". وبين أبرز موادّ العدد مجموعة من رسائل المسرحي السوري الكبير الراحل سعد الله ونوس (1941 - 1997)، إلى رئيسة التحرير، الكاتبة والناقدة عبلة الرويني، تُنشر للمرّة الأولى. وفي تقديم هذه الرسائل، وعلى سبيل تحية الانتفاضة السورية أيضاً، قال تحرير المجلة: "سعد الله ونوس بيننا الآن... صيحته الممتلئة بالأمل والثقة تهدر في شوارع دمشق، ودرعا، وحمص، وحماه، وبانياس، وجسر الشغور، والحسكة، ودير الزور. الشعوب التي راهن عليها، تخرج الآن من صمتها، وتثور على (الملوك) و(الأفيال).

سعد الله ونوس الأبقى في زمن مليء بالغائبين... رسائله هنا هي بعض من عذاباته وبعض من رؤاه":

موضوعات الرسائل تدور حول ضرورات فهم أعمق لهزيمة 1967، ومساءلة المشروع الناصري، وانطواء صفحة المعسكر الاشتراكي، وحرب الخليج، والمثقف العربي الذي أصابه "عري كامل"، وهشاشة القوى السياسية وضعف قدرتها على المقاومة. ولعلّ مزاج الراحل، في تلك الحقبة، تختصره هذه العبارة الصاعقة: "إننا مهزومون حتى العظم"؛ التي تستدعي مقارنة موازية مع عبارته الأخرى الأشهر: "نحن محكومون بالأمل".

وفي رسالة أخرى يتحدّث ونوس عن "الوحدة الداخلية. وحدة فيها تقزز، فيها خوف، وفيها حزن أيضاً" ؛ ويضيف: "أتعرفين ما نحن

في مجتمعاتنا! إننا نحن المثقفين سلطة ظلّ شاغلها الأساسي أن تصبح سلطة فعلية، أو أن تنال فتاتاً في السلطة الفعلية. إننا قفا النظام، ولسنا نقيضه أو بديله، ولهذا ليست لدينا طروحات جذرية، ولا آفاق مختلفة، والمراوغة تطبع عملنا وتشكل جوهر سلوكنا، يا للخيبة ! ويا للحزن!".

أصداء هذه العبارة يمكن أن تتردد اليوم، أكثر من ذي قبل ربما، بصدد تنويعات مواقف المثقفين العرب من انتفاضات شعوبهم، حيث يرتقي بعضها إلى سويّة مشرّفة، كما ينحطّ بعضها إلى درك فاضح، ويراوح تنويع ثالث بين الصمت السلبي أو التواطؤ المقنّع أو الانخراط المباشر في صفّ الاستبداد. بيد أنّ موقف ونوس من الليبرالية جدير بالانتباه الشديد، لأهميته الخاصة في ضوء الحاضر، والنقاشات التي دارت خلال السنوات الأخيرة حول مفاهيم الديمقراطية والتعددية والمجتمع المدني والحقوق العامة والخاصة. يكتب ونوس، في سجال مع الرويني:"أدافع عن الليبرالية بمعناها السياسي العميق، بمعنى الحرّية والعقلانية والمجتمع المدني والمشاركة في مصير هذه البلاد التي يتعاور مصيرها قطاع الطرق والأميّون والطفيليون والأتباع". ويضيف: "ألم تكن واحدة من أخطائنا الكبيرة نحن الماركسيين أننا لم نقدّر تراث الليبرالية حقّ قدره، وأنه دون الديمقراطية والعقلانية وحرّية السجال ما كان بوسع الانتماء الماركسي أن يكون إلا شكلاً جديداً من أشكال الانتماء اللاهوتي؟".

في الرسائل، أيضاً، شكوى مريرة من طرائق استقبال مسرحية "الاغتصاب"، 1990، التي جلبت على الراحل تهمة التبشير بالسلام مع الدولة العبرية، وتحوّلت إلى "معركة"، وإلى "محاكمة سياسية"، كما تكتب الرويني. والمرء، هنا، يتذكّر شريط السينمائي السوري الكبير الراحل عمر أميرالاي، عن ونوس، وفيه يطلق الأخير عبارة أخرى صاعقة، تضيف المزيد من الرهبة على ذلك الحوار الثقيل

والجارح الذي يتسيّد الشريط بأسره: "فلسطين قتلتني"! وكان مدهشاً أن ينتهي صراع ونوس الطويل مع السرطان يوم 15 أيار (مايو)... يوم النكبة، دون كلّ الأيام!

صحيح أنه قَتْل بالإرادة، بمعنى أنّ انخراط ونوس وأمثاله من آلاف المثقفين والكتّاب العرب في الهمّ الفلسطيني حتى النخاع، كان خياراً طوعياً، بل كان على نحو ما ذاتياً وموضوعياً في آن معاً. إلا أنّ من الصحيح أيضاً، في الماضي كما اليوم وغداً، أنّ ذلك الانخراط اتخذ وجهة قصوى لمعنى الالتزام والانحياز والوفاء، وكان قاتلاً بالمعنى الذي قصده ونوس: قتلٌ لرفاه الكتابة المتخففة من أعباء التاريخ، وقتلٌ لرفاه المكوث في أبراج عاجية عالية من أيّ نوع... بعيداً عن ضجيج الأرض، وعذابات أهل الأرض.

وبمنأى عن انتفاضاتهم، أيضاً! ترى ما الذي كان الراحل سيقوله اليوم تحديداً، عن عذابات سورية في وجه الطغيان، وعن انتصارات السوريين على تلك الحال البغيضة التي وصفها في إحدى الرسائل: "أما هنا فلا شيءِ إلا الكذب، والفساد، وموت الأمل"؟ وهو، الذي أغمض العينين على مشاهد أقلّ قتامة وقسوة وبشاعة ممّا يشهد وطنه اليوم، هل كان سيكتفي بالصمت، أم سيخرج على الناس شاهراً لافتة الأمل، دون سواها؟ وهل يجوز التفكير، برهة قصيرة واحدة، أنّ هذه ليست انتفاضة سعد الله ونوس؟ أو أنه ليس بيننا، يطلق صيحة الأمل، كما يقول أصدقاؤنا في "أخبار الأدب"؟

مَنْ يتخيّله متحذلقاً حول خروج التظاهرات من المساجد، أو متفلسفاً حول مسؤولية حزب البعث وليس "الرئيس المنتخَب"، كما فعل أدونيس؟

وإذا كان جسمه قد قارع السرطان حتى الرمق الأخير، فكم من جسوم كان سعد الله ونوس سيقسّم نفسه فيها، من أجل دحر الخوف

والحزن والخيبة، وهزيمة المثقف / قفا النظام لصالح البديل النقيض، ومقارعة ما يُدبّر لسورية من... سرطانات أدهى؟

صبحي حديدي

2011/6/26

أدونيس الرافض للتغيير

في نقد "ثورة" أدونيس

في الثورة، يميز أدونيس بين "ثورة الأشياء" وهي التي يقوم بها - تحديداً - العمال والفلاحون، وبين "ثورة الكلمات" التي يقوم بها - تحديداً - الشاعر. ثم يجتهد في المقارنة بين الثورتين، أو في تحديد "خصوصية" كل منها. إلا أنه يعجز عن ربطها بأي علاقة، ويتحاشى كل الصيغة التفاعلية بينهما. فنحن أمام ثورتين مستقلتين تمضيان الواحدة بمحاذاة الأخرى أو خلفها، وليس بينهما إلا صلة محض شكلية قد لا تتجاوز التسمية. ومرد هذا الانقطاع، أو الانفصال، إنما يعود إلى رؤية أدونيس للثورة المادية، ثورة العمال والفلاحين. فهو يتحدث عن هذه الثورة كتجريد ذهني، أو كصورة رومانتيكية غير مرتبطة إلا بخطوط واهية مع الواقع الموضوعي بكثافة حقائقه، وغنى حركته. إنها تقريباً طفرة في الهواء، وخارج وعاء التاريخ، لا نعرف كيف تتم، ووفق أية قوانين؟ تقريباً هي معجزة يحققها عمال وفلاحون شفّ وجودهم حتى باتوا كالخيالات النورانية. وفي هذه المعجزة، الحديث عن الإيديولوجيا مسألة ثانوية، والوعي معطى بصورة غيبية، والانفجار صاعقة تهوي دون توقع. يقول أدونيس: "الثورة هي شعر المادة. والعمال والفلاحون هم شعراؤها الطبيعيون. وليس العمل بذاته، الفكرة بذاتها، هو ما يهم في الثورة، بل المهم هو دلالة العمل (طريقة التعبير). فقيمة العمل ليست معطاة في الحركات المباشرة التي تكونه، وإنما هي تابعة للمسافة بينها وبين العمل، أي بين العمل ودلالته التي تتجاوز المعطى المباشر إلى الممكن". وواضح من هذه العبارة، رغم أفعوانية اللغة التي يستخدمها أدونيس وسيلة لشلّ قارئه، طبيعة نظرته الطوباوية أو "التجريدية" للثورة. فهو يغمض عينيه عن "الإيديولوجيا" - الفكرة ذاتها، ويطرحها جانباً كعنصر ثانوي، ليقفز بسرعة إلى الدلالة، إلى النتيجة، إلى تجسيد

الممكن. هذه القفزة نحو الممكن ليست فقط غير ممكنة دون ايديولوجيا، بل إن الممكن نفسه لا يمكن تحديد معالمه إلا عبر المنطلق الإيديولوجي. ولذا فإن العمل يتضمن دلالته إذا أردنا استخدام كلمات أدونيس، والمسافة بين العمل، وتحقيق تلك الدلالة، هي بالذات النضال اليومي المترابط الذي يبدأ من الوعي، ويعبر في صراعات مستمرة، وأحياناً دموية، حتى يصل إلى إنجاز مهمته وهي الثورة. وفي هذا السياق يمضي العمل والدلالة في ديالكتيك خصب يتنامى كل لحظة. والعمال والفلاحون في غمار هذا الديالكتيك ليسوا صورة ذهنية، وإنما هم وجود حي، مليء بالحضور، ومحدد بظروف تاريخية معينة سواء اقتصادياً، أو ثقافياً، أو وعياً بوحدتهم الطبقية. وهم لا يستطيعون أن ينظموا قصيدة الثورة بالإلهام، وإنما بتضافر مجتمع من عوامل موضوعية ليس أقلها الوعي، والتنظيم، والظرف التاريخي المواتي، والإيمان الحار بإمكانية الثورة، أو بتعبير آخر، تضافر كل الفعاليات الثورية في مجتمع خلق الظروف الملائمة لولادة قصيدة الثورة. لكن أدونيس يتجاهل كل هذه الحقائق، ويتخيل واقعاً تاماً ناجزاً يخطط على أساسه نظريته في الشعر الثوري. وفي مقالة "الطليعة السياسية / الطليعة الشعرية" يبلغ هذا التجاهل قمته حين يقول في حوار مبني على الوثبات: "إن هذه الطبقة لا تستطيع تحقيق الثورة بالمعنى الحقيقي للكلمة، إلا إذا كانت هي نفسها، عقلياً وحياتياً، قد ثوّرت نفسها، أي خرجت، بتفكيرها وسلوكها، من العالم القديم التقليدي، بمفهوماته وقيمه كلها، وأخذت تمارس بناء العالم الثوري الجديد". ويلفت النظر حقاً ما في عبارة "قد ثوّرت نفسها" من انقطاع عن الواقع، ومراوغة المسؤولية. كيف ثوّرت نفسها؟ أهي المعجزة! أم ربة الشعر! أم التوالد الذاتي! إن أدونيس لا يخبرنا إلا بمجرد الإشارة إلى الطليعة السياسية. ولدينا كل الحق أن نستنتج أن المسألة لا تعنيه كثيراً. لأن الثورة التي يتحدث عنها هي ثورة ذهنية، أو افتراضية، مسلوخة عن الواقع وتعقيداته.

ولا شك أن هذا التصور الذهني يفرغ الثورة من تاريخيتها، ومن جوهرها كتحليل إيديولوجي محدد لموقع محدد، ثم كصراع متواصل عبر متغيرات هذا الواقع وصولاً إلى تحقيقها. وبمثل هذا التفريغ تغدو الثورة صورة طوباوية لا يكلف، ولا يقتضي الانتماء إليها أي شيء. إنها هناك... في الزمن الآتي. طفرة تمّت، وشكل تكوّن. وما بين الآن والزمن الآتي مسافة مطوية، تختفي في طياتها كما الغبار، الإيديولوجيا، وجدليات الواقع، وتناقضات القوى، والنضالات اليومية... أو باختصار، كل سياق الثورة الذي هو بالتحديد العلمي: عملية الثورة الحقيقية.

سعد الله ونوس

(فقرات من مقالة مطولة بعنوان "عن الثورة والشعر"، عام 1976).

في شأن أدونيس... تعليقاً على رد خالدة السعيد

نشرت السيدة خالدة السعيد تعليقاً في صحيفة «الحياة» (17 أيار - مايو 2013)، جاء بعنوان جاء بعنوان "ردأ على صادق جلال العظم... في شأن أدونيس."

في البداية أتوجه بالشكر إلى السيدة خالدة على المستوى الرفيع الذي التزمته في الرد والنقاش. لكنني لم أجد في تعليقها رداً بقدر ما وجدت شرحاً وتفسيراً وتأويلاً وتسويغاً للظروف التي أحاطت بأدونيس، بالنسبة الى جملة من القضايا التي تعامل معها الشاعر والممتدة من الثورة الإسلامية في إيران إلى الثورة الشعبية الراهنة في سورية مروراً، أولاً، بإنهائه القطيعة القائمة منذ نصف قرن بينه وبين النظام العسكري – الأمني في سورية في أواخر سبعينات القرن الماضي، وثانياً، بقضية سلمان رشدي الدولية التي سيطرت على المشهد الثقافي العالمي والمحلي خلال عقد التسعينات من القرن العشرين.

تبدأ السيدة خالدة تعليقها على النحو الاتي: «لا يغيب اسم أدونيس عن حديث للمفكر صادق جلال العظم أستاذ الفلسفة في...». لا يغيب اسم أدونيس عن حديثي ليس لأنني مهووس به (أقول هذا من دون أي انتقاص من تقديري لمكانته ثقافياً وشعرياً)، بل لأن في سورية اليوم ثورة شعبية على النظام العسكري – الأمني الطاغي والمستبد وعلى دولته البوليسية، والأسئلة والتساؤلات تتطاير يميناً وشمالاً عن موقف المثقفين ونجوم الأدب والفكر والفن والثقافة عموماً في سورية وغير سورية من هذه الثورة وعن دورهم في المساعدة على نجاحها أو إحباطها.

ففي كل محاضرة ألقيتها عن سورية وربيع دمشق والربيع العربي، إن كان بالعربية أو الإنكليزية، وفي كل مقابلة صحافية أُجريت معي،

وفي كل برنامج تلفزيوني ظهرتُ فيه، وفي كل ندوة نقاشية شاركت فيها كان يُطرح عليّ السؤال :ما رأيك بموقف أدونيس السلبي من هذه الثورة العارمة؟ أما في الجلسات الخاصة وحلقات النقاش الضيقة فكانت تتكاثر هذه الأسئلة والتساؤلات وتزداد حدة واستهجاناً وعلى لسان الجميع.

في هذا المناخ، كان من الطبيعي أن أعقد مقارنة بين موقف أدونيس من الثورة الإسلامية في إيران المملوء بالترحيب والتمجيد والتعظيم، وموقفه المراوغ من الثورة الشعبية في سورية المملوء بالسلب والاستهتار والإبهام. في الحالة الأولى، تغنّى أدونيس بقم، مدينة آيات الله والحوزات والمقامات والجوامع والزوايا والعلوم القروسطية والمشاكسات الفقهية، كما لم يتغنّ بها أي صاحب قناعات علمية راسخة وأفكار حداثية صادحة قبله أو بعده. عجزت الكلمات، في تلك اللحظة، عن قول ما في «زفير أدونيس وشهيقه» من تمجيد للثورة الإسلامية في إيران ومن الاعتزاز والاعتداد بها بصفتها «كاتبة فاتحة الممكنات لشرقنا» الهامل. قارن هذا كله بتلعثم أدونيس ومراوغته وتردده وتأتأته وفأفأته وغموضه وسلبيته في القول عن الثورة الشعبية في سورية، ثورة على طغيان وعسف ودموية وفساد فاقت كلها بما لا يقاس ما كان ينسب في يوم من الأيام من جرائم ومظالم إلى شاه إيران وحكمه.

إذاً، المسألة ليست هوس صادق العظم في الحديث عن أدونيس، بل مسألة حيرة فكرية وخيبة سياسية ودهشة شخصية وصدمة ثقافية من أدونيس مجلة «مواقف« وأدونيس الحرية والتغيير والثورة والتقدم والحداثة والعلمانية والمتحوّل التي لم تصمد كلها للحظة واحدة أمام ثورة بقيادة آيات الله، ولكن أُعيد التمترس خلفها فجأة بغرض تسخيف ثورة الشعب السوري على «الثابت» إلى أبد الآبدين، وبغرض الاستخفاف بها إن لم يكن إدانتها منذ اللحظة الأولى.

تضاعفت الدهشة والحيرة والصدمة لمّا نشر أدونيس رسالته المفتوحة إلى بشار الأسد («إلى السيد الرئيس»)، في شهر حزيران (يونيو) 2011 وكانت الثورة ما زالت في طورها المدني السلمي الأول، كما كان المتظاهرون والمحتجون يتساقطون قتلى وجرحى بلا مقاومة أو حماية بالعشرات برصاص قوى ما سمّي وقتها بـ «الحل الأمني - العسكري» لمشكلة الانتفاضة السورية. وزّع أدونيس لومه ونصائحه بـ «العدل والقسطاس» على الطرفين «المتقاتلين» مساوياً تماماً بين القمع العسكري - الأمني الدموي من جهة وبين الشعب الأعزل الثائر من جهة ثانية. وكانت الطامة الكبرى حين خاطب أدونيس بشار الأسد «بوصفك خصوصاً رئيساً منتخباً». هل يعتقد أدونيس حقاً أن بشار الأسد رئيس منتخب؟ من انتخبه؟ متى؟ هل أدلى كل من أدونيس والسيدة خالدة بصوتيهما في تلك الانتخابات الرئاسية أو البرلمانية؟ أم أن أدونيس حاول تملق بشار الأسد مخاطباً إياه بما ليس فيه أو له، لعل بشار يرعوي ويستمع إلى نصائح أدونيس ويعمل بها إنقاذاً لسورية مما أوصلوها إليه؟ هل تعتقد السيدة خالدة أن وصف أدونيس لبشار الأسد بـ «الرئيس المنتخب» يمكن أن يمر من دون ضجة ونقد واستهجان أو حتى من دون اتهامات وتأويلات ذات طابع مذهبي؟

تنفي السيدة خالدة أن يكون أدونيس قد استخدم خطاباً مشائخياً قروسطياً في مقالاته السابقة (عن الثورة الإسلامية في إيران) بغرض التنظير لـ «ولاية الفقيه» والدفاع عنها بمصطلح لاهوتي - شيعي عتيق، وعبر مقولات دينية صرفة مثل النبوة والإمامة والولاية والاستلهام، كما زعمت أنا أنه فعل.

تقول السيدة خالدة متسائلة: «المؤكد أن العظم لم يقرأ الكلام على ولاية الفقيه في مقالاته (أي أدونيس) حول إيران، فمن أين جاء بهذا التوصيف وهل يعرف المصدر حقاً؟ أم هي بعض الإشاعات...، إذاً

على أي نص استند الدكتور العظم ومن أين جاء هذا الكلام؟.. فأين هو التبشير والتنظير أو شرح ولاية الفقيه كأنها استمرار للنبوة؟ وهل هذه لغة صفراء قروسطية؟ الجواب عند القارئ".

هنا أدعو السيدة خالدة والقارئ للرجوع إلى النص التالي لأدونيس والنظر جيداً في محتواه ومغزاه ومبناه حيث يشرح المعنى الأعمق للثورة الإسلامية في إيران: «وبديهي أن سياسة النبوة كانت تأسيساً لحياة جديدة، ونظام جديد، وأن سياسة الإمامة، أو الولاية اهتداء بسياسة النبوة أو هي إياها، استلهاماً، لا مطابقة. ذلك أن لكل إمامة أو ولاية عصراً خاصاً، وأن لكل عصر مشكلاته الخاصة. هكذا تكمن أهمية سياسة الإمامة، بل مشروعيتها، في مدى طاقتها على الاجتهاد لاستيعاب تغير الأحوال، وتجدد الوقائع بهدي سياسة النبوة». (مجلة «مواقف» العدد 34، شتاء 1979، ص 158).

هل لهذا الفهم الأدونيسي لمعنى الثورة الإسلامية في إيران أي حظ من حداثة أدونيس أو علمانيته أو تنويريته أو متحوّله أو ثوريته أو إبداعيته؟ أم أنه استرجاع حرفي تقريباً لمنطق الفقه الشيعي القروسطي بمصطلحاته وغيبياته؟ علماً أن الماثل في الأذهان حتى اليوم هو تكريس أدونيس نفسه ونشاطه الثقافي لتثبيت دعوته الشهيرة «للانفصال كلياً عن الماضي والموروث» و »لنقد كل ما هو سائد وشائع» نقداً يؤدي إلى «إزالتها كلها تماماً» لأنها »مملكة من الوهم والغيب تتطاول وتستمر» (انظر مجلة «مواقف» عدد 6، 1969، ص 3).

بالنسبة الى إنهاء أدونيس قطيعته الطويلة مع نظام الحكم الأمني - العسكري - الأسدي، لا بد من التأكيد أن القطيعة لم تكن أبداً مع سورية نفسها أو مع الثقافة فيها، بل مع النظام المذكور ومع أجهزته الثقافية وأدواته الإعلامية وجرائده ومجلاته وأجهزة إعلامه المرئية والمسموعة والتي لم يقترب منها أدونيس لمدة نصف قرن، مع العلم

أنها بادلته المقاطعة هي أيضاً وفقاً لسياسات النظام المعروفة مع الثقافة المستقلة ومع المثقفين النقديين. من هنا مصدر الكثير من القلق والدهشة في أوساط ثقافية واسعة في سورية ولبنان من ترحيب النظام بعودة أدونيس إلى دمشق والسماح له بإعطاء دروس وإلقاء محاضرات في جامعة دمشق بالإضافة إلى تلبيته دعوة لنشر مقالات أسبوعية في جريدة «الثورة» التابعة لوزارة «الحقيقة والإعلام» في سورية.

هنا تتساءل السيدة خالدة: عندما يقول صادق العظم بأن أدونيس صالح النظام وكتب في جريدة «الثورة»، «ما معنى مصالحة النظام؟» و«هل الذهاب إلى بلد مصالحة؟» و«هل بدّل أدونيس أفكاره لمّا كتب في جريدة الثورة؟.«

لا تكمن المشكلة هنا في مجرد زيارة بلد أو محض الكتابة في جريدة من جرائد النظام، بل في الظرف الذي اختار أدونيس فيه إنهاء قطيعته المديدة مع النظام العسكري - الأمني والتصالح إن لم يكن معه كلياً فمع وزارة إعلامه وجرائدها اليومية.

أقدم أدونيس على خطوته التصالحية إياها في اللحظة التي كان جيش سورية الأسد يحاصر مخيم تل الزعتر للاجئين الفلسطينيين وينهمك في تدميره تدميراً كاملاً في واحدة من أكثر معارك الحرب اللبنانية شراسة وطولاً وبمشاركة قوات »الصاعقة» وميلشيات حزب الكتائب والجبهة اللبنانية.

وكما هو معروف، تمّ محو المخيم محواً كاملاً عن وجه الكرة الأرضية بعد تعرض سكانه لمذابح رهيبة (المعروفة بمذبحة تل الزعتر) تفوق أعداد ضحاياها مذابح صبرا وشاتيلا المسؤول عنها الجيش الإسرائيلي على أثر احتلاله بيروت عام 1982 بعد حصار دامٍ وطويل. قام رهط من المثقفين السوريين وقتها بإصدار بيان يشجب ويستنكر الدور الذي يقوم به جيش سورية الأسد في الإجهاز

على مخيم تل الزعتر والمشاركة في المذابح الجارية فيه. ونال الموقعون على البيان يومها نصيبهم من عسف الأجهزة ومن الاستدعاءات الأمنية والتحقيقات الاستخباراتية إلى آخر ذلك مما هو معروف جيداً عن سلوك الدولة البوليسية في سورية. أضيف إلى ذلك، أنه في الوقت الذي أخذ أدونيس يكتب في جريدة «الثورة»، كان الموظفون الرسميون في الجريدة نفسها يشعرون بالإحراج الشديد والكبير أمام هول ما يحدث في مخيم تل الزعتر وهم في ارتباك وحيرة من أمرهم بالنسبة الى ما يمكنهم أن يكتبوه في اليوم التالي في تبرير ما يفعله جيش سورية الأسد بالفلسطينيين في لبنان وتسويغه والدفاع عنه.

تسأل السيدة خالدة: «وهل بدّل أدونيس أفكاره لمّا كتب في جريدة الثورة؟»، قد لا يكون بدّل أفكاره، لكنه لو كتب الأفكار المتقدمة التي كان من المعروف أنه يحملها ويتبناها ويدافع عنها ويروّج لها لما نشرت جريدة صفراء مثل جريدة «الثورة» شيئاً منها. ولتُؤكّد السيدة خالدة «الفجوة «المفترضة حينها بين أدونيس والنظام، تشير إلى حادثة طرده من اتحاد الكتّاب لاحقاً جداً، تقول: «ولما طرد أدونيس من اتحاد الكتّاب السوريين (الإسم الرسمي هو: اتحاد الكتّاب العرب) لم تُكتب كلمة واحدة، لم يرتفع صوت سوري واحد... باستثناء اعتراض للمفكر الراحل أنطون مقدسي وانسحاب الكاتبين الكبيرين حنا مينة وسعدالله ونوس من الاتحاد".

لم تُكتب كلمة واحدة من أحرار المثقفين في سورية بشأن حادثة الطرد لسبب معيّن: ماذا تفعل قامة ثقافية وشعرية، عربية وعالمية من عيار أدونيس في اتحاد كهذا أصلاً؟ اتحاد يعرف كل صاحب صلة بأنه يُدار من جانب الاستخبارات العسكرية والجوية وما إليه، وعلى رأسه قزم اسمه علي عقلة عرسان بوصفه الرئيس «المنتخب» والذي دامت رئاسته للاتحاد 30 سنة بالتمام والكمال

وبلا انقطاع. بالمناسبة، كتبتُ يومها في مجلة «الحرية» الاسبوعية في بيروت تعليقاً على حادثة الطرد قلت فيه: «لا يمكنني الاحتجاج على طرد أدونيس من اتحاد الكتّاب العرب في دمشق على طريقة حنا مينة وسعدالله ونوس لأنني لست عضواً في اتحاد كهذا حتى أحتج بالانسحاب منه». لذا يكون من الأفضل للسيدة خالدة أن تفاخر بحادثة الطرد بدلاً من اعتبارها إبعاداً لأدونيس وعلامة جفاء من جانب النظام نحوه.

في المقابل، زَعمَت أن مرسوماً جمهورياً صدر وإجراءات استثنائية اتخذت في سورية «لافتتاح دورة خاصة للبكالوريا كي يستكمل الدكتور صادق جلال العظم أوراقه ويتمكن من التعليم في الجامعة» (جامعة دمشق). في الواقع لم يصدر مرسوم جمهوري بفتح دورة بكالوريا خاصة بصادق العظم. في تلك الأيام كان صدام حسين ومعمر القذافي وحافظ الأسد قد أعلنوا عن حملة لاستعادة الكفاءات العلمية الموجودة في الخارج واسترجاع العقول المهاجرة إلى أوطانها. تراكمت لدى وزارة التربية في سورية وقتها أعداد لا بأس بها من السوريين الحاصلين على درجات علمية عليا ولكنهم لم يكونوا من حملة البكالوريا السورية، لسبب ما، وكانوا من خريجي جامعة الأزهر في معظمهم. ولمّا تحولت مسألة الشهادات العليا والبكالوريا السورية إلى فضيحة تربوية وإلى مادة دسمة للسخرية والتندر والنقد اللاذع في الأوساط المثقفة، قام الطيب الذكر الدكتور عدنان بغجاتي، وكان وزيراً جديداً للتربية وقتها، بحل المشكلة (بعد مداولات كثيرة ومناقشات طويلة) عبر افتتاح دورتين تكميليتين في السنة لامتحان البكالوريا، مخصصتين لحملة الشهادات العليا وحدهم. وكان الامتحان يتألف من أربع مواد فقط، سميت «مواد متممة» وهي: اللغة العربية والتاريخ والجغرافيا والتربية الوطنية.

شاركت كغيري ومع غيري في واحدة من هذه الدورات وتمت معادلة شهاداتي وتمكنت من التدريس في كلية الآداب. لم أُعامل معاملة استثنائية أو خاصة في سورية، ما عدا منع مؤلفاتي كلياً، تماماً مثل أدونيس ومؤلفاته (راتبي التقاعدي حتى اليوم لا يتجاوز ما يعادل 150 دولاراً أميركياً في الشهر).

سيطرت قضية سلمان رشدي وروايته «الآيات الشيطانية» على المشهد الثقافي المحلي والعالمي خلال عقد التسعينات بأكلمه، وكان صمت أدونيس ومجلة "مواقف" وقتها مدوياً بكل المعايير والمقاييس. كنا أمام حكم إعدام أصدره الإمام الخميني تلفزيونياً على روائي حاصل على جائزة «بوكر» مع تحريض ديني يطلب من كل مسلم أينما كان تنفيذ حكم الإعدام هذا، مع رصد مكافأة مالية كبيرة لمن ينجح في مهمة قتل الروائي. أي نحن في حضرة حكم إعدام مبرم بلا محاكمة وبلا محكمة وبلا محامين وبلا فرصة للدفاع عن النفس أمام السطوة الدينية لصاحب حكم الإعدام هذا. لم تصدر عن أدونيس في تلك الفترة كلها كلمة واحدة دفاعاً عن حرية الفكرة أو التعبير أو الأدب أو الفن أو الرواية أو حتى عن حق الكاتب في الحياة وفي المحاكمة العادلة، إن لزم الأمر.

تقول السيدة خالدة بهذا الصدد: «أما انتقاد أدونيس بأنه لم يدافع عن سلمان رشدي، فكل ما كان يستطيعه أدونيس هو نشر ترجمة عربية لدفاع رشدي عن نفسه في مجلة «مواقف»، لكن عمال المطبعة رفضوا أن يصفّوا النص». حسناً، هل تريدني السيدة خالدة أن أقتنع بأن أدونيس الحرية والتغيير والإبداع والعلمانية والعالمية لا يستطيع حقاً أن يفعل أمام قضية حرية وثقافة وأدب وعدالة بهذا الكبر والخطورة والاتساع إلاّ أضعف الإيمان، أي مجرد نشر نص مترجم لرشدي؟

في مجلة «مواقف» لا أكثر؟ وهو النشر الذي لم يتم لعذر أقبح من ذنب .سمعتُ حكاية عمال المطبعة الإسلاميين الذين رفضوا صف مقال رشدي المترجم مما حال دون نشره في «مواقف»، سمعتها شخصياً من أدونيس في لقاء جمعنا في دمشق مع الناشر فخري كريم في صيف عام 1993، وتساءلت وقتها: هل عزت المطابع في بيروت؟ وما زلت أعتقد أن عذر أدونيس، الذي أعادت التذكير به السيدة خالدة، هو بالفعل أقبح من ذنب التقاعس والتخاذل في مسألة الدفاع عن الحرية والرواية والأدب والفن والعدالة في لحظة نموذجية لهتك ديني لكل تلك القيم والمفاهيم والمثل ودوسها تحت الأقدام جميعاً.

أخيراً، هل تعتقد السيدة خالدة أن صمت أدونيس ومجلة «مواقف» عن ذلك كله كان يمكن أن يمر بلا استهجان نقدي واستنكار فكري للفجوة الهائلة بين القول والفعل، بين الشعارات المرفوعة سابقاً والمواقف الفعلية حاضراً، أو حتى بلا أي بحث عن تفسيرات مقنعة بما فيها تفسيرات مذهبية أعمق؟

صادق جلال العظم

2013/7/23

أدونيس الحاجب الثقافي

يقتصر النمط الكتابي السائد على دوال مجردة مثل العلمانية والحداثة والعقل، ومثل الإسلام والأصولية، والإرهاب، والاستبداد. أدونيس هو المثال المعروف أكثر من غيره لهذه الكتابة التي تكرر قول الأشياء ذاتها ألف مرة، بدل تناول ألف شأن لم يجر التطرق لها في أي وقت. يمكن وصفه بأنه الحاجب الثقافي العام للأسدية لأنه يقول أشياء كثيرة عن شيء واحد: رؤوس المحكومين، كيلا يقول شيئاً واحداً مهماً عن «الكرسي» الحاكم و«الرئيس المنتخب».

كان الحاجب منصباً مهماً في الدول الإسلامية المبكرة، على نحو وثيق الارتباط بظهور السلطة الامبراطورية المنفصلة عن السكان وخوف الحاكمين من المحكومين. والحاجب الثقافي يقوم بدور لا يقل أهمية، يُكمِّل وظيفة الحجب الأمني ويعززه، يغتاب المغيبين بالقوة. فمثلما يحجب الحاجب الخليفة عن الناس، يقوم الحاجب الثقافي بحجب «الكرسي» عن المساءلة العامة، وجرِّ النقاش طوال الوقت باتجاهات أخرى. الرجل الذي لم يلحظ واقعة التوريث يوماً، ولا خطاب «البيعة» و«تجديد البيعة» و«الأبد» و«الفتنة»، و«سيد الوطن» و«الأب القائد»، ولم يكتب نصاً واحداً مخصصاً لنقد الدولة الأسدية وإدانة ممارساتها، وكتبَ بالمقابل ما لا يحصى من نصوصٍ للتعريض بمعارضي النظام قبل الثورة، فضلاً عن التشكيك بالثورة منذ البداية، مع المثابرة على تحويل النقاش بثبات نحو «الإسلام» و«العرب»، يعرض بسالةً لافتةً في وظيفة الحاجب العام. وهو يدرج اعتراضه على الحجاب (غطاء الرأس) في سياق يسكت كلياً على الحجب والتحجيب السياسي المديد للسوريين.

هذه الكتابة حجاب هي ذاتها، تخفي ولا تظهر، تعمي ولا توضح، تتكتم ولا تفصح، تطرد الناس من النص وتحرمهم من التمثيل فيه

كما يطردهم نظام السلالة الأسدية من الفضاء العام ويمنعهم من إسماع أصواتهم وتمثيل أنفسهم. إنها استمرارٌ للتغييب السياسي لعموم السكان عبر اغتيابهم والتقليل من شأنهم. الحاجب العام مجرد مثال، أتكلم عليه لأنه معروف في الغرب، إنه «مفرد بصيغة الجمع»، استعارة لوظيفة الحجابة، المكرسة لحماية «الخليفة» من «الرعاع». والاحتفاء بالحاجب العام في دوائر غربية مؤشرٌ في تصوري على رجحانٍ متزايدٍ للغرب الماهوي على حساب الغرب الوجودي.

ياسين الحاج صالح

آب 2016

أدونيس منقلباً ومبتعداً عن تراثه الشعري...

إنجاز الثورة السورية وجنايتها

بعد خمسة أعوام على اندلاع الثورة السورية، وما يثيره الموقف منها، من انقسامات وتجاذب داخل المجتمع اللبناني، يحلّ الشاعر السوري أدونيس يوم السبت 22 نيسان/ أبريل الجاري ضيفاً على كلية العلوم والآداب في الجامعة الأمريكية في بيروت, ضمن سلسلة من الندوات والمحاضرات احتفالا بمرور 150 عاماً على تأسيس الجامعة.
لا شك أن أدونيس هو واحد من أهم الشعراء العرب الأحياء، ومن المنطقي، في الظروف الاعتيادية، أن تستضيفه كلية الآداب في الجامعة الأمريكية في احتفالية تحمل هذا الطابع الرمزي، لكن هذه الدعوة تأخذ بعدها الإشكالي في هذا الوقت بالذات، بسبب المواقف السياسية الملتبسة للشاعر من الأحداث في بلاده، ومن جرائم نظام الأسد تحديداً.

أدونيس، الداخل إلى حرم الجامعة من مدخلها الرئيسي، على شارع "بليس"، سيعبر من تحت لافتة كبيرة للفصيل العسكري "نسور الزوبعة"، المقاتل إلى جانب النظام في سورية والتابع لـ "الحزب القومي السوري الاجتماعي"، علّقت أمام المدخل الرئيسي، وكتب عليها من بين ما كتب: "مداد الدم، شهادة أرض واحدة" في إشارة إلى ما يعتبرونه وحدة الأرض السورية، التي تضم سوريا ولبنان. واليوم، وبعد عشر سنوات تقريباً على انسحاب الجيش السوري من لبنان، قد يفوت أدونيس وأصحاب الدعوة إلى الاحتفالية، التساؤل ما الذي سيحدث يا ترى، لو أن منظمة مدنية لبنانية قررت مثلاً أن تعلّق بالقرب من المكان ذاته، لافتة تدعو إلى رفع الحصار والتجويع

عن أهالي مضايا والزبداني، أو تستنكر إلقاء البراميل المتفجرة على المدنيين؟ هذا حتى لا نتجرأ ونقول إنها تدعو "حزب الله" إلى سحب قواته من الداخل السوري.

نعم قد يفوت أدونيس وأصحاب الدعوة طرح مثل تساؤلات كهذه، لكنهم حتماً يعرفون ماذا سيكون مصير لافتة كهذه متعاطفة مع الشعب السوري، في حال رفعت أمام المدخل الرئيسي للجامعة الأمريكية في بيروت، وهم حتماً يعرفون كيف ستقابل دعوة أيّ أديب سوري معروف بمواقفه المؤيدة لثورة الشعب السوري والمعارضة لنظام الأسد. نعم هم حتماً يعرفون حق المعرفة من هو المنتصر وصاحب اليد العليا، ومن هو المهزوم اليوم في بيروت. نعم سيمر أدونيس من تحت اللافتة، وأغلب الظن أن شعار الزوبعة على هذه اللافتة سيذكّره بواقعة سابقة له في الجامعة ذاتها، ومع الشعار ذاته، عندما أتى إليها من اللاذقية فتى يافعاً عام 1948 لاستلام جائزة جمعية "العروة الوثقى" الشعرية، وأصرّ مسؤولو "الحزب القومي"، ضد رغبة الجهة المنظمة، إلا أن يلقي القصيدة الفائزة في قاعة "الوست هول" وشعار "الزوبعة" يزين صدره، على ما روى هو في المقابلة التي أجراها معه عبدو وازن، ونشرت في صحيفة "الحياة" (2010/3/20).

ذروة الصداقة

لقد جمعتني بالشاعر ذات مرة صداقة ناشئة، كتبَ أدونيس في وصفها بأنني "الصديق الذي يعلو بالصداقة إلى ذروتها" (صحيفة "الحياة" بتاريخ 2003/8/7). لقد كان هذا النص الجميل عن دمشق والمهدى لي، بمثابة ردّ للتحية بأحسن منها، من شاعر كبير إلى كاتب يافع، في أعقاب القراءة النقدية التي قدمتها في المكتبة الوطنية في دمشق وبحضور أدونيس، عن علاقته الإنسانية والشعرية الملتبسة مع مدينة دمشق ونشر لاحقا في "ملحق النهار" الأدبي.

لقد مضى زمن طويل، وسال حبر كثير في طاحونة الأيام، منذ أن جمعتنا هذه الصداقة الدمشقية، وجمعنا بيان الـ 99، العابرين خفافاً في ربيع دمشق المجهض عام 2001. وها نحن اليوم في زمن جديد، زمن ثورات الربيع العربي، زمن البراميل المتفجرة وقطع الرؤوس، زمن "داعش" والأسد، زمن أدونيس ونزيه أبو عفش، زمن الخذلان والموت، زمن النهايات والبدايات وزمن الإرادة والأمل. وعليه لا شيء يجدي اليوم في هذه الجلجلة الكبرى، سوى الكلام الصادق والصريح. يقول أدونيس، في المقابلة التي أجرتها معه صحيفة "دي تسايت" الألمانية (2015/10/22) إن منتقديه لا يقرؤونه وإن "قراءة أحدٍ هي شرط مهاجمته"، وعليه لن تتضمن هذه المقالة أي نقد من دون شواهد وإحالات إلى كتابات وتصريحات لأدونيس موثّقه بالتواريخ.

توقف أدونيس عن كتابة الشعر منذ فترة ليست بقصيرة، وحسناً فعل صونا لميراثه الشعري، لكنه لم يتوقف عن كتابة المقالات وإعطاء المقابلات الصحافية، التي ضمنها مواقفه السياسية الشعوبية التي لا تنفك تثير الضجة الإعلامية أكثر بكثير مما تقدم المعرفة المعمقة. ولم يتوقف أدونيس خلال السنوات الأخيرة عن الانزلاق أكثر فأكثر في إطلاق التعميمات الاستشراقية بخصوص المجتمعات العربية والثقافة العربية، التي تكاد تطابق الأحكام والصور النمطية التي حفلت بها كتب الرحالة الأوروبيين إلى منطقتنا في القرنين الثامن عشر والتاسع عشر. فالعرب بنظر الشاعر هم بدائيون، متخلفون، كسالى، عديمو الثقافة، كذابون ومنافقون. لا، ليس في هذا تحريف أو تقويل لأدونيس ما لم يقله، والأمثلة تكاد لا تنتهي. ففي واحد من آخر تصريحاته يقول أدونيس لمجلة "النيويوركر ريفيو أوف بوك" (2016/4/16): "نحن بدائيون. نحن لا نزال في العصور الوسطى وأنت تسأل أسئلة من العصر الحديث؟". وضمير الجمع "نحن" دائماً حاضر عندما يريد الشاعر استخدامه لمهاجمة أبناء ثقافته، الذين

يختصرهم بكلمة "العرب". يقول أدونيس في مقابلة لصحيفة "السفير" (2006/6/19): "نحن العرب أفراد كسالى، يجب أن ننتقد أنفسنا دائماً".

أما كيفية النقد، فهي لا تكون إلا بجلد الذات، وكيل الشتائم للثقافة العربية، بطريقة لا يتجرّأ حتى ممثلو اليمين المتطرف الأوروبي بالتفوّه بمثلها.

ألم يقل أدونيس أمام مئات الحضور في كلمته التي ألقاها على هامش معرض الكتاب في القاهرة في أكتوبر/ تشرين الأول عام 2015، أن "الثقافة العربية السائدة لا تعلّم إلا الكذب والنفاق والرياء". وإذا كانت هذه حال الثقافة العربية، فإن المجتمع العربي الذي تنتمي إليه هذه الثقافة هو مجتمع "يعيش من دون رؤية، من دون مشروع، من دون علم، من دون فن، من دون فلسفة، وحتى من دون عمل". أما الفرد العربي داخل هذا المجتمع فهو "تجريد حقيقي، اسم من دون معنى. الإنسان العربي يولد ميتاً"، كما يكتب أدونيس في الصفحة 20 من كتابه "الربيع العربي" الصادر بالفرنسية عام 2014.

تبدو مشكلة أدونيس الأساسية مع المجتمعات العربية وثقافتها ودينها، لا مع السلطات الحاكمة. من هنا لا غرابة أن يدعو إلى تغيير المجتمعات قبل تغيير الأنظمة، وأن يكرر متلازمة السلطات العربية الحاكمة، بخصوص أن شعوبها غير متهيئة بعد للديمقراطية، وأن التغيير يبدأ من الأسفل وليس من الأعلى، وأساس وبداية هذا التغيير بنظر أدونيس لا تكون بالتنمية ولا بالتعليم ولا بالقضاء على الفقر ولا بالعدالة الاجتماعية، ولكن بفصل الدين عن الحياة العامة! يقول في مقابلة مع إذاعة مونت كارلو الدولية بثت في 14 آذار/ مارس 2014 إن "الكلام عن الديمقراطية كلام لا معنى له في أي بلد عربي، إذا لم تكن هذه البلاد أسست أو انفصلت اجتماعياً وثقافياً وسياسياً عن الدين".

مكان المثقف الحقيقي

هذه العلمانوية المتطرفة, ولا يصح فيها إلا هذا الوصف، وهذا الاستعلاء الثقافوي النخبوي على الشعوب ومصائرها، سيقودان أدونيس، بخصوص بلده سورية، إلى الإمعان في اتخاذ مواقف مجافية لتطلعات الشعب السوري في الحرية والعدالة. بدءاً من احتجاجه في بداية الثورة على أولوية شعار إسقاط النظام، وعلى خروج المظاهرات السلمية من الجوامع، وعلى عدم رفع المتظاهرين السلميين لشعارات فصل الدين عن الدولة، وصولاً إلى إعلانه أن "ما حلمنا به كثورة هو غلط ووهم"، وأنه "ليس الشعب من الداخل هو الذي تحرك. تحرك المرتزقة وتحرك كم واحد قاعد بالخارج. بينما المعارضة في الداخل غير معترف بها من الطرفين. ليس هناك ثورة. لم تعد هناك ثورة". طبعاً معارضة الداخل غير المعترف بها بعُرف أدونيس، لا تشمل رزان زيتونة ولا يحيى الشربجي ولا فائق المير ولا جهاد محمد ولا رياض الترك. مثل هؤلاء سكت ويسكت عنهم أدونيس، فبالنسبة له معارضة الداخل تبدأ وتنتهي عند هيئة التنسيق الوطني ممثلة بحسن عبد العظيم، التي أعلن أدونيس مراراً تأييده لها.

وأدونيس، الذي كان صامتاً في الماضي على دخول الجيش السوري إلى لبنان، وعلى مجازر تل الزعتر، وعلى مجزرة تدمر عام 1980، وعلى مجزرة حماه عام 1982، وعلى ديكتاتورية الأسد، وعلى توريث السلطة، بقي صامتاًَ مع اندلاع الثورة السورية على قتل المتظاهرين السلميين في الشوارع، وبقي صامتاً على تدمير المدن والقرى، وبقي صامتاً على تجويع الناس وحصارها، وبقي صامتاً على أهوال التعذيب والقتل في السجون السورية، وبقي صامتاً على قصف المدنيين بالبراميل المتفجرة، وبقي صامتاً على مجزرة الكيميائي في الغوطة. أدونيس بقي صامتاً، إلى أن سألته صحيفة

"اللوموند" الفرنسية في ملحقها الأدبي (2014/1/29) عن سبب تقاعسه عن إدانة استخدام النظام السوري للسلاح الكيمياوي، فكان ردّه "أنه إلى يومنا هذا لم يتمّ التأكد بدقة من الجهة التي استخدمت الأسلحة الكيميائية". ويسأل أدونيس مستغرباً "أمام أي جهة قانونية مشرعنة، تم تقديم تقرير دقيق وموضوعي، يعطي الدلائل على مسؤولية هذا الطرف أو ذاك؟ من، من الجيش السوري أو من المتمردين أو من يدعون أنهم متمردون، ابتدأ باستخدام هذه الأسلحة؟ الطرفان قادران على ارتكاب مثل هذه الفظاعات". أدونيس الصامت والمتقاعس، إلا عن تجهيل الفاعل المسؤول عن مجزرة الكيميائي، وإلا عن معاركه الدونكيشوتية في سبيل علمانويته المرتجاة، أدونيس المتنقل بحرية ورخاء بين باريس وبيروت وقريته قصابين، أدونيس الذي سحب توقيعه عن بيان للتضامن مع الشاعر السوري السجين فرج بيرقدار عام 1998 متحجّجا للفنان السوري يوسف عبدلكي بأسباب أمنية وسياسية، كما بين عبدلكي في ردّه على أدونيس في "الحياة" (2005/1/27). أدونيس هذا لا يتورع عن إعطاء دروس في النضال، ومجابهة السلطات الحاكمة للكتّاب العرب الذين قضى بعضهم عشرات السنين في السجون بسبب كتاباتهم وآرائهم السياسية. يقول أدونيس في مقابلة مجلة "النيويوركر": "أتسأل لماذا تخلو السجون العربية من الكتّاب. أتسأل لماذا، لأن هذا يعني أن الكتّاب العرب لا يؤدون عملهم. هم لا ينتقدون.....الكاتب يجب أن يكون دائماً في السجن، لأن معنى ذلك أنه يقول الحقيقة. وإذا كان خارج السجن، فمعنى ذلك أنه لا يقول الحقيقة".

خانته حنكته

محاولة الشاعر العبثية لتبرير ما لا يبرر في مواقفه المتناقضة، تصل في بعض الأحيان إلى ذرى سريالية، كمثل قوله في برنامج المشهد BBC: "أنا كنت أتمنى أن تطلع مظاهرة ضخمة واحدة في دمشق،

وإذا ضربت من البوليس اليوم، بتطلع في اليوم الثاني. أنا مثلاً كنت أتمنى تطلع مظاهرة ضخمة في حلب، في حمص، في المدن الكبرى. ما في ثورة إلا إذا دفع الشعب الثمن". طبعا لا ينسى أدونيس، ولا يتناسى فحسب، مئات الألوف التي نزلت إلى الشارع في المظاهرة الكبرى في مدينة حماة وفي اعتصام الساعة في مدينة حمص، ولكنه يسكت أيضاً عن ألوف الضحايا التي سقطت نتيجة القمع الوحشي للمظاهرات السلمية، الذي كان السبب الرئيس في توقفها. هذه النظرة الدونية لتضحيات الناس ومآسيها، تسمح للشاعر ليس فقط بوصف الرئيس السوري، في رسالته المفتوحة له في بداية الثورة، بـ "الرئيس المنتخب"، ولكنها تمكّنه من الاستخفاف بتضحيات اللاجئين، معتبراً أنه لم تعد هناك حركة شعبية بالمعنى العميق للكلمة لأن "جسم الشعب السوري الحقيقي، إما هاجروا وتركوا أمكنتهم, والجسم الآخر لم يتحرك ثوريً" (مقابلة إذاعة مونت كارلو). وعليه لا يجد أدونيس غضاضة بالدعوة إلى ما يسميه "انتخابات نزيهة ترعاها الأمم المتحدة، ويقرّر الشعب فيها من يحكمه. ويجب أن يتم الانتخاب بمن بقي في البلاد" (صحيفة "دي تسايت")، بمعنى أن انتخابات أدونيس "النزيهة" ستتم مع وجود الأسد ومؤيديه، ومن يعيش تحت سلطته، وبمعزل عن اللاجئين والمهجّرين إلى خارج البلاد.

ودائماً في الصحيفة الألمانية ذاتها، يتحدى أدونيس من يتهمه بدعم النظام "أن يريه سطراً أو جملة واحدة تشهد على ذلك"، وهو إذ يفعل فلأنه مدرك أن تشاطره الثقافي، سمح له دائماً بتجنّب أي مديح علني لشخوص النظام، كما مكّنته في الآن نفسه من تجنّب أي نقد جريء لهذه الشخوص. لكن يبدو أن حنكته هذه خانته أمام إعجابه العميق بحافظ الأسد، فعندما سأله عبدو وازن إذا كان التقى بالأسد وعن رأيه فيه أجاب أنه لم يلتقه ولم يعرفه إلا من الخارج، وأردف قائلاً: "هكذا أعجبت بسياسته الخارجية، غالباً. كانت تدل على رؤية

عميقة، تاريخية واستراتيجية. أعجبت كذلك بقضائه على الطفولة اليسارية، البطّاشة والجاهلة، في حزب البعث، فقد دمَّر قادتها سورية، على جميع المستويات".

واليوم إذ يعود أدونيس محاضراً إلى الجامعة الأمريكية في بيروت، بعد مرور 68 عاماً على زيارته الأولى إلى حرمها، فإن مواقفه السياسية الإشكالية، لا أعماله الشعرية، هي التي سترافقه إلى حرم الجامعة.

من هنا فإن الجامعة، من خلال هذه الدعوة، لا تتطلع إلى المستقبل، ولا تحتفي بواحد من كبار شعراء العربية في العصر الحديث، ولكنها تستقبل علي أحمد سعيد إسبر الإنسان والصحافي، الذي لم ينفك منذ عدة سنوات ينقلب ويبتعد عن ميراث أدونيس الشعري باتجاه أكثر المواقع نكوصاً وانعزالية، وربما تكون هذه واحدة من أهم إنجازات الثورة السورية على الصعيد الثقافي، وواحدة من أكبر جناياتها.

محمد علي الاتاسي

2016/4/22

الشعب الآخر

نشرت صحيفة "الأخبار" اللبنانية، قبل أسبوع تقريباً، مقالًا تذكّر فيه بآخر إطلالات الشاعر السوري أدونيس. كانت الإطلالة الأخيرة - تلك- في شهر أيار/ مايو الماضي، خلال محاضرة حول العنف والإسلام والعلمانية، أُقيمت في العاصمة البلجيكية بروكسل، والمقال لا يرتجي مجرّد التذكير بإطلالة ثقافية، وجدل جرى بين أدونيس وصبية سورية معارضة، بل ينطوي على رغبة لا تخفت لدى إعلام النظام السوري وحلفائه، بتذكيرنا بمبدئية رأي الشاعر الكبير أدونيس، بأن الزمن الذي يراهن كثيرون عليه ليس كفيلًا بتغيير شيء! فيصبح رقم واحد مثله كمثل المليون؛ قتيل واحد أو مليون قتيل، لا فرق، مُهجّر واحد أو ملايين المُهجّرين، لا فرق، برميل أو مليون برميل، قاتل أو مليون قاتل؛ كل تلك الأصفار بين الواحد و"الأبد"، لا تعني شيئاً، والزمن الذي تعوّلون عليه ليس سوى حليف لنا؛ لنُراكم جثثكم ونتأمّل تعفّنها، ونشمّ ما تبقى من روائحكم في بيوتكم المتروكة، و"كلمة الثورة صارت مبتذلة في بلادنا"، كما قال أدونيس في بروكسل ذلك اليوم، و"الثورة لا تخرج من الجوامع"؛ حتى وإن لم ينج ولا جامع واحد من الدمار.

آراء أدونيس ثابتة، لأنه مفكّر وحكيم، والتراجع عن آراء مدروسة مسبقًا بعمق، لا يليق بمقامه. لكنّه إذ يُقدّم نفسه على الدوام كشخصية أعلى شأنًا من باقي السوريين، من شعراء إلى أدباء إلى فنّانين إلى سياسيين إلى ناشطين، إلى أشخاص عاديين، عليه ألا ينسى أن يكون أعلى شأنًا من "الرئيس المنتخب" نفسه.

ثم، ليس على النخبة أن تتحدّث باسم الشعب، فالشعب لا يليق بها، وقبل سنتين أو ثلاثة، رأى أدونيس أن المشكلة في سورية ليست في النظام السوري، ولا في إجرامه، بل في الشعب السوري، وإن كان

لا بدّ من تغيير أحدهما، فلنغيّر المجتمع، الشعب. وهو في فكرته تلك، يبدو وكأن اجتماعات مُطوّلة عُقدت بينه وبين النظام السوري؛ للتخطيط لكيفية حل هذه المشكلة العويصة؛ فما كان من النظام السوري، المعروف بحرصه الكبير على "احتضان" الثقافة والمثقفين، إلا أن أصغى وتعلّم واستجاب، وراح يقتل ما استطاع إليه سبيلًا، ويُهجّر ويُعذّب ويطرد؛ لأن المشكلة الأساسية تكمن في وجود هذا الشعب الذي يُصرّ على الخروج إلى الشارع، والأنكى أنه لم يخرج إلى الشارع من أبواب البيوت، بل من الجوامع! عندما كان للجوامع حرمة ولم تكن تقصف بعد.

ليس على النخبة أن تقول: إن "الثوّار جاؤوا من مختلف دول العالم، وهؤلاء مرتزقة. أما الشعب، في العمق، فلم يخرج، وبالتالي كان ضحيّة". ولا نعرف هنا من الشعب المقصود في العبارة، هل هو ذاته الذي دعا أدونيس قبل سنوات إلى تغييره؟ أم أنه شعب جديد ينتمي إلى النخبة أيضاً، ولا يعلم بوجوده إلا من ينفي عنه شجاعة الخروج! وليست العبارة تلك إلا تكريساً للفكر الجمعي الذي تمرّد عليه أدونيس دائماً، حيث الشعب هو أداة وضحية، وسلاح مأجور يتطاير بين "الأيدي الخفية". الشعب ليس في مقام يتيح له أن يبادر، أو يخرج أو يكتب أو حتى أن يصمت! والعكس لا يقال! إذ لم نسمع الشاعر يتحدث، ولا مرة واحدة، عن "الشعب الآخر"! الشعب الذي يوالي نظاماً قاتلاً، وينظم له الأشعار، ويتغنّى بجرائمه ويغني له "منحبك منحبك". وفي غياب "الشعب الآخر" عن خطاب أدونيس تأكيد غير واع، ربما، لفكرة أن الشعب السوري هو الشعب الذي خرج وتمرّد وقُتل وعُذّب وقُصف وهُجّر. وهذا التأكيد القادم من منطقة اللاوعي، يعيد بعضاً من حق الشعب السوري في الاعتراف به كمواطن، وليس كضحية وأداة! "الأخبار" وجدت أن كلام أدونيس يخلو من مواقف جديدة، إلا أن الحوار الذي دار بينه وبين حاضرين حمل آراءً لافتة، ومن الآراء اللافتة تلك قوله ردّاً على سؤال عن

رأيه بجيل الشباب النشِط على مواقع التواصل الاجتماعي، والذي يبوح بإلحاده فيما يشبه الثورة: "أنا شخصيًا أضع هؤلاء الشبّان في طليعة التحوّل (.....) الإسلام بلا ثقافة، والإلحاد خطوة أساسية في التحوّل الاجتماعي والثقافي والإنساني". أن يُحكى عن ضرورة مراجعة الدين الإسلامي""المُنزّه" عن المراجعة منذ مئات السنين أمر، وأن يُربط التحول الاجتماعي والثقافي والإنساني بالإلحاد، أمر آخر. وليست مشكلة منطقتنا أبعد بكثير من مطالبة المفكّرين والمثقفين بفصل الدين عن الدولة، وبالإلحاد في الوقت ذاته! ليست المشكلة أبعد من أن المتنوّرين فكرياً، يمارسون الإقصاء عينه الذي يمارسه المحافظون!

الإيمان بالحرية سبيلًا وحيداً للخلاص، يقتضي احترام حرية الجميع في التعبير عن الرأي والفكر والمعتقد، لكن كيف لامرأة ملحدة، أعرفها جيداً، خُطف زوجها وابنها وابنتها ووالدها، أن تصدّق أدونيس وتكذّب عينيها.

ديمة ونوس

2016/10/2

الشاعر زكريا تامر

في مفهوم الشعرية

في ظني، أن كثيرا من الشعر الذي يكتب، في هذه الأيام، يفتقر إلى الشعرية التي تكتنزها قصص زكريا تامر، وإلى الخصائص النوعية التي تجعل منه شعرا، وفي مقدمتها: التعامل مع عناصر الطبيعة باندهاشٍ، والقدرة على تحريك المكان الساكن، ومنح الأشياء الجامدة صفاتٍ ليستْ لها، واستخدام الصورة الموحية، والمفردة الدالة، والابتعاد عن الإحساس المتخشب تجَاه عناصر الطبيعة المكتنزة بالجمال والقدرة على الإدهاش.

ولعل قارئ مجموعتي (القنفذ) و(لماذا سكت النهر) لزكريا يلاحظ أنه امتلك، في هاتين المجموعتين تحديدا، عينَي طفْلٍ وشاعرٍ في أعماقه، واستطاع خلقَ كونٍ أدبي متخيَلٍ يتسم بالغرابة والمفارَقة، وأن قصة (النيام) في مجموعته (القنفذ) لا تحيل إلى مرجعٍ متوهمٍ يمكن مطابقته مع عناصر البنية الفنية التي شكلها، بل تخلق كونا أدبيا يمتلك الاستقلاليةَ النصية الكاملةَ عنه، وأنه قام فيها بتحريك الأشياء الجامدة، ومنَحَها صفاتٍ ليستْ لها في العرف والمواضَعة والاصطلاح، إذ إن الطفلَ، في القصة، يلصق أذنيه إلى جذع الشجرة الساكنة، وعندما يخفق في الاستماع إلى قلبها وهو يخفق وينبض؛ يهمس في أذن والده بسعادة: إنها نائمةٌ، وإنها تختلف كثيرا عن البشر لأنها تغفو، ويغفو قلبها معها أيضا. أما في قصتَيْ (شجرةٌ جديدةٌ في باحة بيتنا) و(الذينَ يتكلمونَ) فيقوم زكريا بهجاء الإنسان العربي المعاصر لعجزه عن التعامل مع عناصر الطبيعة الحية بشاعرية، وإخفاقه في وضع يديه على عناصر الثراء التي تكتنزها بسبب حالة التخشب والضحالة العاطفية التي يعيشها، والتعامل معها بصفتها كائنا جامدا لا يمكن أن يتكلمَ، أو يثوي في داخله متنٌ حكائي زاخرٌ بالعجائبية والغرائبية، وقابلٌ للأسطرة. وكذلكَ يعمد، في قصة (أخبار

الحائط) إلى تحريك الأشياء الجامدة، وبث الحياة فيها واستنْطاق ما تختزنه في أعماقها من مشاعرَ إنسانيةٍ؛ إذ تعود البشر على وصف منْ لا يحسن تبادلَ المشاعر الرهيفة مع الآخرينَ في مواقفَ إنسانيةٍ معينةٍ بأنه (حائطٌ) لا يحس، في حين أن الكاتبَ شخصَ الحائطَ في المتن الحكائي، وجعله أنموذجا للكائن الإنساني المفعَم بالمشاعر العاطفية الجياشة، كما تعامَل مع العناصر الجامدة على أنها حيةٌ، وتكتنز مشاعرَ رهيفة، وجعَل (الحائطَ) يحزن، ويبكي لفراق العائلة عندما تغادر البيتَ القديمَ الذي تسكنه إلى منزلٍ آخرَ، كما هجا في قصة (آكلو الغزلان) توحشَ الإنسان العربي، وإخفاقَه في الاستمتاع بما يحتويه الكون من جمالٍ وإدهاش، وأدانَ عجْزَ الكبار عن الاستمتاع بالمخلوقات الوديعة كالغزال، وإقبالَهم على أكْلها بدلا من مصادقتها، والاكتفاء بالنظر إليها، والاستمتاع بما تختزنه من وداعةٍ، ورقةٍ، وكياسةٍ.

وهكذا نجد أن قصص زكريا تامر اكتنزت من المجاز والموارَبة ما يفتقر إليه كثيرٌ من النصوص الأدبية المنشورة في هذه الأيام، وطفحت برؤيا غرائبية لا تزال تثير دهشتنا كلما قرأناها، وتحثنا على ملازمتها والعودة إليها لنتعلم منها كيف نتواصل مع الطبيعة، ونبقى قادرين على الاستمتاع بما تشتمل عليه من ثراءٍ وعناصرَ إدهاشٍ بغية إيقاظ الطفل الهاجع في أعماقنا، ومنْحنا القدرةَ على رؤية العالم بعينين جديدتين.

أحمد عزيز الحسين

202/12/8

زكريا تامر شاعر القصة العربية

في اليوم الأول خلق الجوع

في اليوم الثاني خلقت الموسيقى

في اليوم الثالث خلقت الكتب والقطط

في اليوم الرابع خلقت السجائر

في اليوم الخامس خلقت المقاهي

في اليوم السادس خلق الغضب

في اليوم السابع خلقت العصافير وأعشاشها المخبأة في الأشجار

وفي اليوم الثامن خلق المحققون، فانحدروا تواً إلى المدن، وبرفقتهم رجال الشرطة والسجون والقيود الحديدية.

(من قصة "الذي أحرق السفن").

أهم سمة في قصص زكريا تامر هي التوتر والشدة بين عالم يتصف بالطغيان والفساد والعبث، ولغته الشعرية الكثيفة ولكن البسيطة ظاهريا. يعتبر تامر واحدا من أهم كتاب القصة ليس السورية فقط ولكن العربية على وجه الإجمال، فقد خصص حياته الأدبية جوهريا لهذا النوع الفني.

وذكر في لقاء معه: "حتى الآن بنظري القصة القصيرة هي السكين الذي أقشر به الفاكهة وأقتل العدو".

منذ الستينات وحتى اليوم (2004) أصدر تامر عشر مجموعات قصصية، وفي كل مناسبة يفرض أسلوبه سحره وفتنته النوعية. وقد أثّر على نحو عميق بكتاب القصة الشباب، ولا سيما في سوريا ومصر والعراق.

الكاتب وبلده

ولد زكريا تامر عام 1931 في حي متواضع من مدينة دمشق القديمة، في توقيت كانت سوريا خلاله ترزح تحت الانتداب الفرنسي. وبسبب ظروف عائلته اضطر لمغادرة المدرسة وهو بعمر ثلاثة عشر عاما، ليعمل حدادا ثم في مهن مختلفة وذلك ما بين 1944 حتى 1960. وشجعته صلاته بالمثقفين ليتابع تعليمه في مدرسة مسائية، وبمبادرة شخصية عكف على دراسة مكثفة للأدب العربي والعالمي. تزامنت تلك السنوات من عمله الحرفي المجهد مع مرحلة استقلال البلاد عام 1946 وما صاحبها من تفاؤل وأمل. تتصف هذه المرحلة في سوريا بالاضطراب السياسي، فقد تخللها عدة انقلابات عسكرية من جهة وانتشار فكرة الوحدة العربية من طرف آخر، وقاد ذلك لوحدة مؤقتة بين سوريا ومصر ابتداء من 1958 وحتى 1961. باشر تامر بالكتابة عام 1957. حازت أولى مجموعاته من القصص القصيرة، وهي "صهيل الجواد الأبيض"، باهتمام منقطع النظير فور صدورها عام 1960. أسس تامر لنفسه مباشرة صوتا جديدا ومستقلا في حقل القصة العربية القصيرة. ومنذ هذا العام وما تبعه كرس وقته للكتابة سواء للتأليف أو للمشاركة في الصحف ووسائل الإعلام والمؤسسات المتعددة. وبالضرورة تورط بالأزمة التي تواجه أي مثقف في دولة غير ديمقراطية وشمولية: وبسبب ضغط الحاجة الماسة لكسب القوت - على الأقل مرحليا- وعلى أمل تحقيق تغيير من داخل المؤسسة، اختار أن يعمل في الحقل الثقافي الذي يديره جهاز الدولة، ولكنه لم يهادن وأخذ موقفا ناقدا من كل تصرف قمعي ارتكبته الأنظمة المتعاقبة. وكان عمله بين 1960 وحتى 1963 في مديرية النشر والترجمة التابعة لوزارة الثقافة. في عام 1963 صدرت مجموعته الثانية "ربيع في الرماد" بتمويل من برنامج النشر في الوزارة. وفي السنة نفسها قام حزب البعث بانقلابه وقبض على زمام السلطة في سوريا. وهو حزب يسعى في سبيل

الوحدة العربية والحرية والاشتراكية. ثم استبدل النظام البرلماني بـ "جمهورية شعبية" حسب النموذج المتبع في أوروبا الشرقية، وكان في الحقيقة مجرد دكتاتورية عسكرية مقنعة. فقد تم تطبيق نظام اقتصادي اشتراكي، رافقه إصلاحات زراعية، وتأميم للاستثمارات. شغل تامر في هذه السنوات الساخنة منصب رئيس تحرير مجلة أسبوعية هي "الموقف العربي"، وعمل أيضا بصفة كاتب سيناريو لفترة قصيرة مع تلفزيون جدة في السعودية العربية، ثم أصبح في النهاية عضوا في لجنة رقابة النصوص التابع لوزارة الإعلام السوري. ولكن صدمة الهزيمة السياسية والعسكرية التي ألحقتها إسرائيل بالعرب في حرب حزيران 1967 وضعت سوريا في أزمة عميقة، وتطلب ذلك منها إجراء دراسة شاملة ونقد ذاتي. في حالة تامر انعكس هذا الاتجاه النقدي على قصصه، وعبر عنه في مجموعة بعنوان "الرعد" 1970. وبين هذين التاريخين، 1967 و1970، عمل تامر في تلفزيون الدولة السورية بصفة مدير قسم الدراما. ومع أن حكم الرئيس حافظ الأسد (1970- 2000) وفر حياة ليبرالية محدودة ونموا اقتصاديا متواضعا، تابع جهاز الشرطة السرية أسلوبه القمعي دون ضوابط. شارك تامر في تأسيس اتحاد كتاب سوريا عام 1969، وتقلد مركز نائب الرئيس، ومدير تحرير مجلته الرسمية "الموقف الأدبي" وذلك لفترة محدودة بين 1973 و1975. وقد أصدر ضمن البرنامج الأدبي للاتحاد مجموعته القصصية الثالثة (المذكورة سابقا وهي "الرعد") والرابعة ("دمشق الحرائق"، عام 1973). لكن مجموعته الخامسة "النمور في اليوم العاشر" صدرت عام 1978 في بيروت، وكانت بيروت بخلاف سوريا، جنة لحرية التعبير، حتى أثناء سنوات الحرب الأهلية. تقلد تامر، رغم تحفظاته الجريئة بخصوص الخط السياسي الذي اتبعه النظام، مركز رئيس تحرير مجلة "المعرفة"، وهي مطبوعة ثقافية تصدرها وزارة الثقافة في سوريا.

وكان أحد رواد أدب الأطفال طيلة حياته، وقد كتب عددا كبيرا من قصص الأطفال، وفي عامي 1970 و1971 ساهم بنشر مجلة للصغار هي "رافع" الأسبوعية. وبين 1975 و1977 عمل رئيسا لتحرير مجلة "أسامة" الخاصة باليافعين.
بين عامي 1979 و1980 جرت سلسلة اغتيالات لشخصيات رفيعة المستوى من حزب البعث. واتهم حزب الإخوان المسلمين حينها بشن هذه الحملة المنظمة، وتبع ذلك اتخاذ الدولة لإجراءات صارمة. في تلك السنوات وجد تامر نفسه جاهزا لمغادرة سوريا مثل عدد كبير من النخبة المثقفة. وقد سافر إلى لندن عام 1981. ومنذ التسعينات وهو يقيم في أكسفورد، وقد عمل هناك بصفة كاتب وصحافي حر، وخدم عدة صحف ومجلات عربية. وأحيانا شارك بتحرير مجلات ثقافية تصدر في بريطانيا. شهدت التسعينات مرحلة إبداع مثمر ثانية. وبغضون أحد عشر عاما نشر - باللغة العربية - خمس مجموعات قصص هي على التوالي: "نداء نوح"، عام 1994، "سنضحك"، عام 1988، "الحصرم"، عام 2000، "تكسير ركب"، هام 2002، و"القنفذ"، عام 2005. وفي عام 2001 تلقى عن أعماله الإبداعية جائزة سلطان عويس للثقافة التي تمنحها أبو ظبي. في عام 2002 حصل على الميدالية السورية للتميز من الدرجة الأولى. وفي عام 2009 حصد الجائزة الأدبية العالمية "بلو ميتروبوليس مونتريال"، وكذلك الجائزة الأولى للقصة العربية القصيرة.

عوالم مضادة وقيامية ورؤيوية

تزامنت بداية زكريا تامر بالكتابة عام 1957 مع حوارات خلافية وساخنة حول الدور السياسي للكاتب في المجتمع (أن تكون قوميا أو اشتراكيا). وعمّ الحوار أرجاء العالم العربي.

ابتداء من أول حرب عالمية وما بعد غلب على حقل القصة القصيرة جماليات الأدب الواقعي، وقد تطور في الخمسينات إلى واقعية

"اشتراكية" عربية. ولكن شهد النظام تحولا ترددت أصداؤه في أعمال كتاب مصريين مثل إدوار الخراط ويوسف الشاروني. وفي هذه الفترة التزم كتاب السرد السوريون بالمذهب الواقعي ومنهم عبد السلام العجيلي وسعيد حورانية وحنا مينة وإلفة الإدلبي. أما تامر فقد حطم القالب الواقعي بخطوة واحدة. ولم يعد أحد قادرا على تفهم العالم الذي يحكمه قانون السببية، والجاهز للتبدل أكثر من أي يوم مضى. ناهيك عن تخلي الجميع عن أخلاقه القديمة، وشعورهم الدائم بالانكشاف والضعف. ومن الطبيعي أن لا تصلح الأدوات الواقعية لتمثيله، وحتى لو افتتح تامر قصصه في جو يعتبر أنه جزء من "الواقع" مثل أحياء المدينة وأزقتها ومقاهيها المنتشرة في حياة العرب اليومية، سرعان ما كان يقاطعها تخيلات غروتسكية وأحداث وأفكار يغلب عليها اللامعقول والعبث. وترافق ذلك مع تجميد قانون المنطق، وتعليق دور الزمان والمكان بالمعنى المعتاد، ونهاية أي اختلاف بين الأحلام والفانتازيا والواقع. أو بين الحياة والموت. وبدأ توظيف تيار الوعي وأثر الاغتراب الناجم عن الطفرة الجديدة، وتبعه اللجوء إلى خيال جريء وسريالي. وغالبا كان يتم توزيع هذه العناصر، في النهاية، بشكل مفاجئ، وعند مفاصل حاسمة من النص. وبذلك أسس تامر لعالم رؤيوي وقيامي ومعاكس، ولاكتشاف مناطق جديدة تخدم تكنيك تيار الوعي سواء أتى بشكل المونولوج الداخلي أو الخطاب غير المباشر. والنتيجة تقديم أمنيات وأحلام وتصورات أوسع، ولكن بوصف تجريدي، حتى تبدو لنا هشة ووهمية. ولعب أيضا بتراكيب قصصه، لذلك تخللت النص شبكة معقدة من العلاقات والعلامات. ولجأ لاستعمال استعارات مشهورة، وفي بعض الأحيان رافقها رموز ومجازات. وغلب على تراكيبه المونتاج والتقابل الصادم: كل فقرة واقعية يقابلها فقرة استعارية، لذلك تعددت مستويات الكلام، ووجهات النظر وأساليب النص. أما اللغة فقد كانت موجزة ومؤثرة. يغلب عليها أدوات من فن الشعر، مثل كلمات تتكرر

بشكل مفاصل وموتيفات، وساعده على ذلك خزان لا ينضب من الصور والتعابير والإيقاعات. ولهذا السبب تبدو أعماله وكأنها شعر نثري. وقد سماه الناقد الأدبي صبري حافظ "شاعر القصة العربية القصيرة بامتياز". وتضمن خيال تامر كل المحسوسات: الضوء والألوان والأصوات والروائح يأتي ذكرها باستمرار وبكل الأشكال. ولعبت رمزية الألوان دورا هاما: فالألوان تتكرر مثل موتيف، ولكن غالبا ما يدل الأسود والأصفر على المعنى السلبي والمتشائم، مع إيحاء محزن. ويدل الأخضر والأزرق على الكمال والبراءة والشباب والأمل، ويرمز الأحمر للعاطفة. فهو لون الفم الأحمر البراق ولون الدم، ويشير الذهبي للديمومة والصلابة أيضا.

"ران الصمت والرعب على أعضاء الوفد، وبدت لهم الحياة في تلك اللحظة أمرا حسنا، فالسماء عميقة الزرقة والورد الأحمر أجمل من مواويل يرددها صوت عاشق معذب، والصرخات الأولى للأطفال تنبت في الدم عشبا أخضر، وفم المراة المرتعش قمر يذبح الليالي بمدية من فضة.

قصة "اللحى"

ولا يخاف تامر من التعرض لثلاث تابوات في المجتمعات العربية وهي: السياسة والدين والجنس. ويركز بعمله على الحالة الوجودية والحيف البشري في عالم يتصف بالطغيان والفساد والاغتراب. وتواجه شخصياته حقلا من الإجراءات والأحوال القمعية المختلفة التي تتفرع من عدة مصادر: الدولة وقضاتها وجلادوها وشرطتها وسجانوها. بالاضافة إلى الضغط الاجتماعي الذي تطبقه التقاليد المرعية والأخلاق الجامدة ومعنى الشرف. ولذلك شخوصه أبطال سلبيون محرومون من الحماية، ويضطرون للاستسلام إلى السلطات الأعلى التي تمثل شكلا من أشكال التهديد: ومنها السجن والتحقيق والإعدام والقتل والتشويه، فهي مظاهر متكررة باعتبار أن الصدام

بين المجتمع والسلطات القمعية جزء من الواقع السوري. وقد ورد على لسان تامر أن: "العنف المتكرر في قصصي ليس شيئا مستوردا أو عقدة نفسية أو نوعا من الهيجان أو أداة لتخفيف الشدة والتوتر، بل هو فقط تعبير عن وقائع حياتنا اليومية. نحن نعيش في عالم متوحش وإجرامي يأسرنا ويفرض علينا الفشل، وهو يحرقنا حتى نتحول إلى رماد، ويتوجنا بالهزائم. واليوم يشاهد العرب أنفسهم أمام مذابح قاسية، ولذلك ليس من الممكن أن تكتب عن جمال الياسمين لأن النابالم يحرق لحمنا بنيرانه".

حملت أول مجموعات تامر عناصر من سيرته الذاتية، وتبنت وجهات نظر مهنته، وأحوال الطبقات المقهورة: من جهة صور الفساد والجوع والكآبة. ومن جهة صور السعادة المحدودة والحلم بحياة أفضل. ولم يتمكن المساكين من تحقيق أحلامهم، لذلك لجأوا إلى العنف كأداة للتعبير عن تمردهم، واتبعوا طقوسا باردة ووحشية. وبعد الهزيمة ركز تامر على السياسة: نمو الشخصيات السلبية والنذالة والفساد في العالم العربي، وهو موضوعه المفضل. كذلك انتقد الأخلاق الجنسية ومفهوم الشرف الذي يلقي اللوم على المرأة وحدها. حتى أصبح القتل حلا لغسل أي شبهة ولو أنها بسيطة. وتحول الدم إلى حارس للنظام البطريركي السائد. ولم يقصر بالتهجم على فهم الدين، ورأى أنه أداة من أدوات تمكين السلطة. وحارب كل أنواع النفاق ولا سيما المداهنة المستورة سواء تعللت بالدين أو بالأعراف. وأتقن رسم شخصياته. وجعلها موجزة ولكن زودها بأسلحة جارحة كالكلام الجريء والأفكار الشجاعة. وهكذا فضح عجزها، وكشف الغطاء عن آمالها التي تحولت إلى أوهام. وأكثر من استعمال السخرية ونقاط الاختصار. وأحدث قصصه (تصنف كذلك قصة قصيرة جدا) هي تنويعات على الضعف البشري العام مثل: التردد والحسد والكبرياء والتغطرس. وتبقى الجنسانية والسلوك موضوعات لا تنفد، حتى لو أنها أصبحت واضحة ونابية. وقد تتبع

تامر الواقع المزعج وغير الإنساني بالسخرية، وتكون أحيانا بديهية ولكنها قليلا ما تكون غير جارحة. مع ذلك منحه القليل من نور الأمل. وحتى لو أنه أمل غير مؤكد ولا يمكن تحقيقه. فالعدالة والاستقامة، برأيه، موجودان. وهنا يحين دور لحظات البراءة والسعادة وذكريات الطفولة التي تخفف أحيانا من الروتين اليومي. وتعيد للطبيعة حالتها النقية الأصلية.

وتجرنا قصص "القنفذ"، الصادرة عام 2005، وهي سلسلة صغيرة من الحكايات، بهدوء إلى الخلف نحو مرحلة الطفولة: حيث أن طفلا بعمر ست سنوات يقدم لنا اثنتي عشرة دورة حكائية يحاول التعايش بها مع عالم البالغين، ويعرفنا من خلالها على انطباعاته وأحاسيسه وتخيلاته ولكن أيضا أوهامه.

تسلسل القصص - الذاكرة الثقافية

منذ بدأ زكريا تامر الكتابة حرص على دمج الشخصيات التاريخية والأدبية، واتبع استراتيجية ترتكز في السرد على تقاليد يراها في الإسلام العربي. وقد تبنى هذا الرأي عدد آخر من الكتاب العرب وعبروا عنه بعدة طرق وأساليب منذ السبعينات على نطاق واسع.

وتخصص تامر باستعمال الأساطير والنماذج البدئية في عناوين قصص أول مجموعتين له. فـ "صهيل الجواد الأبيض" يرمز للحرية في العالم العربي. أما "ربيع في الرماد" فيضع أسطورة الفينيق مع أساطير الخصوبة في الشرق الأدنى، ويربطها بفكرة انبعاث الإله وعودة الخصوبة بعد فترة من الجفاف، وهو ما يعبر عن الأمل بمستقبل أفضل. ولا تخلو قصيدة عربية في الستينات من هذه الفكرة. كما أن تامر يستعيد أسطورة آدم وحواء كما وردت في الكتاب المقدس. وكل هذه الأمثلة هي تنويعات على قصة الخلق والبقاء.

وتقدم قصص أخرى شخصيات معروفة جيدا في الأدب العربي، تذكرنا بأحداث وأخلاق وصفات العرب، ولكن قد لا تتفق مع ظرفها

التاريخي. وتظهر على نحو أوسع رموز تاريخية مع شخصيات متخيلة مثل شهرزاد وشهريار، الثنائي الأشهر في قصص ألف ليلة وليلة، هذا غير السندباد البحري، وجحا المضحك. ويكرر هذه الاستراتيجية في القصص التي كتبها للأطفال. ويوظف شخصية بديع الزمان (وهو اسم يعني "فريد عصره وأوانه"). وهي قصة تدور أحداثها "في العصور السالفة" في بغداد. ويذكر له أيضا قصة "جواد الأرض الخضراء" (1980).

لم تهتم قصص تامر بالنزعة التاريخية أو إعادة تركيب متخيل لشخصيات من التاريخ كما هو الحال في روايات المصري جمال الغيطاني والمغربي سالم بن حميش. فقصصه أقرب لخرافات ضاحكة تستهدف الخطأ والظلم في المجتمعات المعاصرة وليس العربية فقط. اعتاد تامر أيضا أن يصور شخصياته في إطار حاضر أدبي، حيث تلقى الظروف المعاصرة الإنكار والرفض بسبب التضاد بين المعايير المتبدلة ونظام القيم. وحتى لو تناولت قصصه الماضي الأسطوري تكون الإشارة للحاضر عن طريق ما يسببه من شعور فادح بالاغتراب. وتذكرنا بعض القصص برحلة نابليون بونابرت إلى الشرق الأدنى، وفترة الاستعمار الفرنسي أو احتلال فلسطين. غيرها يتناول عقدة الهزيمة عام 1967 حينما تغلب الجيش الإسرائيلي على الجيوش العربية مجتمعة. أضف إلى ذلك أن الوحدات السورية الخاصة لم تشترك بالمعركة، كما حصل في القنيطرة، عاصمة الجولان. ويجب قراءة واحدة من أهم قصص تامر وهي "اللحى" (1970) بهذا السياق. تجري أحداث القصة جدلا عام 1400 حينما غزا تيمور لنك المغولي (معروف في أوروبا باسم تاميرلين) مدينة دمشق. ولكن توجد إسقاطات مستحيلة على الحاضر مثل ورود كلمة البترول. عموما رغب السكان بتسليم المدينة والنساء دون حرب. فوضعهم تيمور لنك أمام خيارين: إما أن يحلقوا لحاهم أو أن يلاقوا القتل. وقرروا الاحتفاظ بلحاهم، فتمّ تدمير المدينة

بالكامل. وجاءت هذه المبالغة بطريقة ساخرة استعمل فيها عدة أدوات تهكمية ومنها كوجيتو ديكارت (أنا أفكر إذاً أنا موجود)، ولكنه عدل العبارة لتصبح : "الحرب لا يحتاج إليها إلا من كان ليس موجودا، ونحن - ولله الحمد- ذوو لحى، إذا نحن موجودون".

والموجود هنا شعب تشله تقاليده الدينية البطريركية، فهو غير قادر على التأقلم مع الواقع المتبدل، أو التعامل مع جيش جرار وخطر سياسي. وكان يتوجب على الدول العربية أن تدرك ذلك بخصوص هزيمة عام 1967. كما أن مخاطبة جمهور متخيل في بداية ونهاية القصة، واختيار حكواتي خيالي لسرد الأحداث، سمح للكاتب أن يضع قصته في سياق تقاليد السرد العربي الشفهي.

وتدور قصة "الذي أحرق السفن"، وهي من المجموعة نفسها المنشورة عام 1970، حول شخصية قائد وفاتح عربي هو طارق بن زياد. تذكر الأسطورة العربية أن نجاح فتح المسلمين للأندلس عام 711 يعود لحرق القائد للسفن بعد الهبوط على البر، كي يمنع جيشه من التراجع، وليضعهم أمام حل واحد وهو النصر. وهنا يتحول القائد المعروف إلى حاضر خيالي، ويتهمه شرطي صغير الرتبة من أفراد النظام المستبد، وممن لم يقاتلوا في حرب حزيران، أنه بدد أموال الدولة وتعاون مع العدو. وهكذا يتم استغلال القانون للتخلص من المعارضين حتى لو أنهم شخصيات تاريخية شهيرة ومبجلة. تتألف القصة من كولاج له خمس فقرات مختلفة بالطول والموضوع، وليست مترابطة مباشرة، كما أنها أسلوبيا ليست متشابهة لو احتكمنا لمعيار اللغة: الأولى والرابعة تركزان على حبكة حصرية تتعلق بطارق بن زياد. أما الثانية فتقدم قصة الخلق (انظر مقدمة هذه المقالة)، الثالثة تسخر من الخطاب السياسي العاطفي الذي وظفه السياسيون السوريون والعرب. الخامسة والأخيرة عبارة عن رسالة رسمية.

ومنذ بواكير 1970 لعب تامر بأشكال نصية وأساليب لغوية متباينة. وهي صفة من صفات ما بعد الحداثة.

أما قصته "عبدالله بن المقفع الثالث" (عام 1994)، وهو كاتب من القرن الثامن اتهم أنه حرض الناس على التفكير. فتتناول وضعية المثقف في المشهد السياسي. وتأتي المفارقة من ادعاء الخليفة أنه يتبع تعاليم النبي محمد بالبحث عن المعرفة دائما وفي كل مكان، ولكنه في الواقع يمنع تطور أي تفكير حر. ثم يختار ابن المقفع ليكون سكرتيرا له، ويضعه تحت رقابته، فيجد هذا الكاتب نفسه بمواجهة سبع ابن مقفعات، يقفون على خدمة الخليفة بطابور واحد. ورغم المبالغة في هذا التمثيل أرجح أن تامر مر بهذا الظرف.

وتدور قصة "المتهم" (عام 1970) أيضا حول "جناية" العقل الناقد وامتلاك الكتب. في هذه الحالة ينبش الشاعر والمفكر الفارسي الحر عمر الخيام من قبره لأنه مشهور بقصائد وصف بها الخمرة. ويحاكم في المحكمة بجريمة تعريض أمن البلاد للمخاطر. وتوجه له تهمة تشجيع الناس على استهلاك الخمر، والاستمتاع بها، واستيراد البضائع الأجنبية، ويمنع بأمر المحكمة من الكتابة. وبتعبير تامر "هذه مهزلة الشعارات المتهورة ولكن الفارغة التي تنتشر في عدة بلدان من العالم الثالث".

يستعمل تامر في قصص أخرى التناص وينقل شخصيات من التراث الأدبي العربي ويضعها في سياق جديد. من "ألف ليلة وليلة" يستعير السندباد البحري الذي تتضرر سفينته، ثم يصل إلى جزيرة، يشاهد فيها قافلة من الحمير، وتفهم أنها رمز للمجتمع. وتظهر النسخة العربية من إيلوشبيغل Eulenspiegel باسم جحا، في حكايات قصيرة جدا وساخرة أحيانا. من ذلك "جحا الدمشقي" (1994) وهو مثال عن هذا الاتجاه في كتابات زكريا تامر الأخيرة: حيث يستعمل السخرية والتهكم، والاقتصاد المحكم بالسرد، والتمثيلات العميقة.

وهكذا يواصل الإشارة إلى عجز البشر وعبثية الظروف السائدة. ويلجأ أيضا لاستراتيجية التناص والاقتباس من نصوص قديمة كما فعل في قصة "نبوءة كافور الإخشيدي" (1994). وهي محاولة لتفسير الماضي وأوهام الحداثة. في القصة يقدم المتنبي (915 - 965) نفسه إلى الحاكم المصري كافور، وينشد عدة أبيات من قصائده والتي تلاها بتكبر حينما وقف بين يدي راعيه السابق سيف الدولة. وتعرض بالنتيجة للتعذيب. لذلك كان يكتب لكافور ما يريد أن يسمع. ومع ذلك إذا بدأ بالمديح فقد انقلب لاحقا للهجاء. ويوجد لدى تامر إشارات كثيرة تقودنا إلى أنواع فنية معروفة في تقاليد السرد العربي: بالأخص الخرافات، والأدوات السحرية التي يبدأ وينهي بمها قصصه. وكذلك الحكم والأمثال والملاحم الشعبية. ومن النوع الأخير يستعير البطل عنترة بن شداد، ويبدو كأنه أنا جديد لبطل ضعيف حديث محروم من البطولة، ويعاني من فقدان سيفه المعقوف، أحد رموز رجولته.

تتجذر قصص تامر القصيرة في أعماق الذاكرة الثقافية دون التزام صارم، وبالأخص ذاكرة المجتمع العربي الإسلامي: فقد حرص على اكتشاف الاحتمالات التي توفرها له الثقافات الشرقية، وتقاليد الغرب الأوروبي. ويوضح هذه الظاهرة عنوان مجموعة قصصه القصيرة "نداء نوح" (1994)، وهي مجموعة تتضمن عددا كبيرا من هذا النوع من القصص التي يقتبسها من تراث اليهود والمسيحيين والمسلمين. وتشتمل على التنبيه والإنذار الإلهي. مثال آخر هو نسخة قصة الخلق المذكورة أعلاه.

وبعكس المتزمتين الذين يفرضون علينا التراث العربي والإسلامي فقط، لا يتردد تامر باستخدام عناصر من تقاليد الغرب الأوروبي، مثل تفكير ديكارت العقلاني. فهو يحتوي ويعيد تركيب نتاج أدباء ومؤلفين أوروبيين: بهذه الطريقة يستفيد من الخزان الإبداعي للتراث الثقافي والأدبي الدولي. ولا تخلو نصوصه من التناص مع نصوص

قديمة لإحياء التراث بأسلوب ساخر. ويعمد لدمج النص مع الخطاب، ويسمح بانعكاس الميتا سرد على الفعل السردي، وتحويل ما هو يومي لجو غامض، وبهذه الطريقة وضع الخطاب المسيطر والمقبول موضع التساؤل. كما أنه قدم عدة نسخ لقصة واحدة: مثل أي كاتب من جيل ما بعد الحداثة. وتعتبر قصة "شهريار وشهرزاد" 1994 مثالا مفتوحا على احتمالات كثيرة يقدمها التناص وإشاراته. تتكون القصة من مستويين، كلاهما تنويع على إطار "ألف ليلة وليلة". في القصة المعروفة تتزوج ابنة الوزير الحكيمة شهرزاد من الملك شهريار، الذي أقسم على الانتقام من كل النساء بسبب خيانة زوجته الأولى. فتروي له الحكايات ليلا حتى يتمكن في الخاتمة من نسيان غضبه. عنوان أول فقرة من قصة تامر هو "التزوير" وفيها إعادة تقديم للحكاية نفسها بعد تعديل الأدوار بحيث يعكس ما هو معروف حتى يبدو غريبا: في هذه القصة تطلب الملكة شهرزاد في الليلة الأولى بعد الألف من زوجها شهريار أن يسليها بحكاية مشوقة كما كان دأبه في كل ليلة، فيرفض طلبها، زاعما أنه بعد ألف ليلة من التعب يحتاج الآن للراحة. وأمام هذا الرفض، تأمر بقطع عنقه مثل أزواجها السابقين، وتأمر "العديد من الكتاب الموثوقين" بإعادة صياغة "ألف ليلة وليلة" في الأيام القادمة. من ناحية الموضوع يمكن قراءة هذه الفقرة وكأنها عن الطغيان وتزوير (الـ) تاريخ. لذلك يوضع الخطاب المتوارث تحت المساءلة، وهو موضوع معاصر، يتطرق لكل المجتمعات ومنها التي تتصف بالتسييس والبروبغندا. تعيد الفقرة الثانية "الليلة الأخيرة" ترتيب الأحداث، وتنقلها إلى مستوى آخر، من المجتمع، وتقربها من الوقت الحاضر. فتقترح ابنة صانع الأحذية شهرزاد على زوجها الذي اقترنت به مؤخرا، وهو ملمع الأحذية شهريار، أن تروي له قصصا في ليلة الزفاف، عن أحداث تقع في المستقبل. ولكن يفضل شهريار مشاهدة برامج من التلفزيون هي مباراة كرة قدم، وأوبرا شعبية، وفيلم سوبرمان.

ويهددها بالقتل إن لم تلزم الهدوء. "فتخاف شهرزاد وتخلد للصمت مثل كل رجل عربي وكل امرأة عربية". ويفسر موت وظيفة الحكواتي أولا بانتشار الإعلام المرئي الحديث في العالم. وثانيا بالحد من حرية التعبير، وهو ما ينطبق على الجنسين. يتكلم كلا النصين على نهاية الحكواتي. في "ألف ليلة وليلة" تنقذ شهرزاد حياتها بالسرد، ولكن في قصة تامر يقوده الرفض إلى القتل. ويمكن أن نفهم من ذلك أن الحظر يودي بالحكواتي إلى الصمت. فبعد "الليلة الأخيرة" لا يوجد من يتبرع برواية القصص. ويدعم رسالة المضمون شكل القصة: مع أن الحبكة مقسمة على ليال، تهتم الحكاية أساسا بنهايتها، فنحن أمام الخاتمة والمعنى المنوط بها، الليلة الواحدة بعد الألف و"الأخيرة". بالمقارنة مع ضخامة وحبكة شكل النص الأصلي المحكم نحن هنا أمام قصتين يائستين، حلقة سردية صغيرة مختزلة إلى أبعد درجة ممكنة، قبل أن يخيم الصمت على شهرزاد. يبدل تامر "ما قبل النص" ويدمج ثوابت التراث في المضمون والشكل - وهي في هذه الحالة تقاليد متطورة لازمت السرد العربي لعدة قرون - بأسلوب ساخر مع النقد الذي يوجهه للثقافة الراهنة وللظرف السياسي الحالي. ولحسن الحظ أن حساسية تامر استوعبت "أنشودة البجعة" swansong وآخر معزوفات الحكواتي وفنه.

أولريكه شتلي - فربك

أولريكه شتلي فيربك Ulrike Stehli-Werbeck تلقت علومها في الأدب العربي والدراسات الإسلامية في جامعة دمشق وجامعة مونستر في ألمانيا. تعمل بصفة أستاذة في الأدب العربي بجامعة مونستر. حائزة على جائزة ابن رشد عام 2004 من مصر.

ترجمة صالح الرزوق

صور سعد الله ونوس

سعد مع والديه وابنته

غلاف كتاب القنفذ والحصرم

غلاف كتاب النمور في اليوم العاشر

من أعمال ابراهيم وطفي

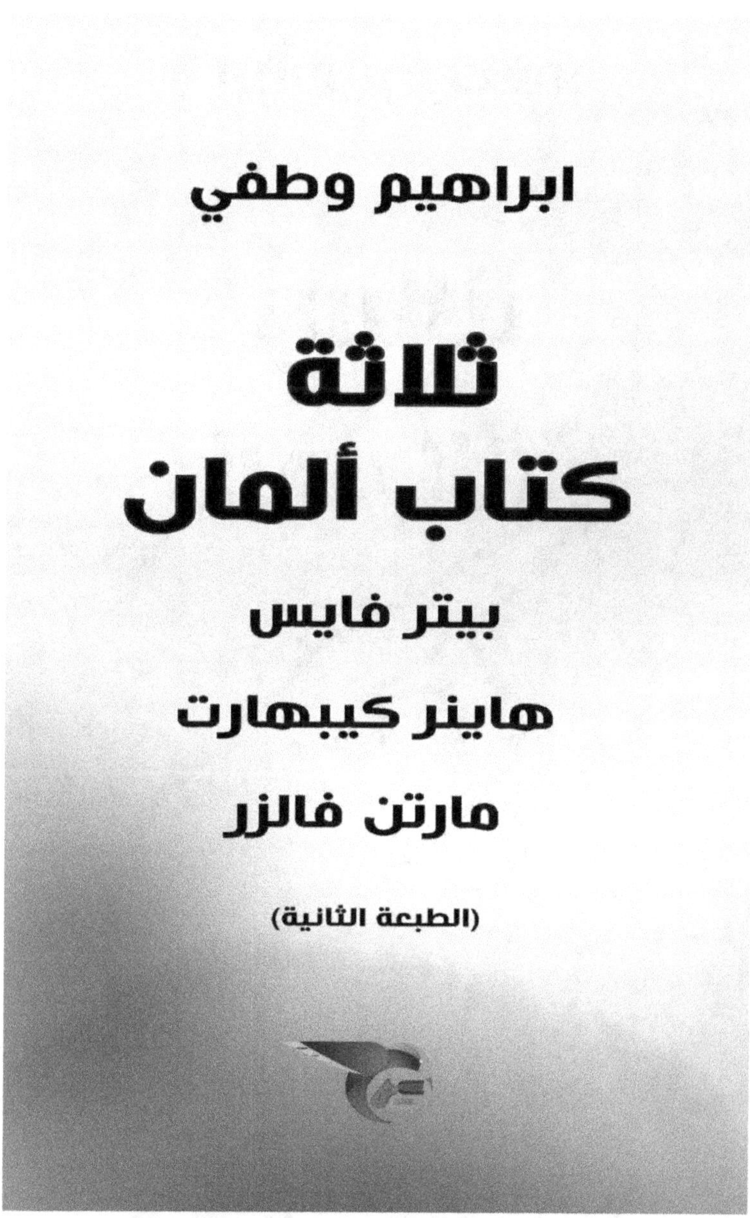

ابراهيم وطفي
رسالة
الى الأخ

ابراهيم وطفي
اعبد الحياة
رواية حياة في رسائل
ج1
حب من المهد الى اللحد

مراسلات حول

كافكا

2022 - 1993

ابراهيم وطفي

كافكا العربي

مقالات عربية

الجزء الأول

1994 - 2020

مجموعة من الكتّاب

إعداد وتحرير

ابراهيم وطفي

كافكا العربي

مقالات عربية

الجزء الثاني

2020 - 2023

مجموعة من الكتّاب

إعداد وتحرير

ابراهيم وطفي

Mein
Lebenslauf
Dokumentarroman
Ibrahim
Watfe

فرانز كافكا
الآثار الكاملة

مع تفسيرات

1

(الأسرة)

الحُكْم
الوقّاد
الانمساخ
رسالة الى الوالد

ترجمها عن الألمانية

إبراهيم وطفي

فرانز كافكا
الآثار الكاملة

مع تفسيرات

2

(المجتمع الصناعي)

المفقود

(رواية)

ترجمها عن الألمانية

ابراهيم وطفي

فرانز كافكا

الآثار الكاملة

مع تفسيرات

3

(العالم كمحكمة)

المحاكمة

(رواية)

ترجمها عن الألمانية

ابراهيم وطفي

فرانز كافكا

الآثار الكاملة

مع تفسيرات

4

(الكون البشري)

القلعة

(رواية)

ترجمها عن الألمانية

ابراهيم وطفي

فرانز كافكا

الآثار الكاملة

مع تفسيرات

5

(جدلية الوجود البشري)

القصص

والنصوص القصيرة

ترجمها عن الألمانية

ابراهيم وطفي

فرانز كافكا

الانمساخ

قصة طويلة

مع تفسيرات

ترجمها عن الألمانية

ابراهيم وطفي

بيتر ڤايس

القضية

مسرحية في فصلين

أعدت عن رواية "المحاكمة"

لفرانز كافكا

ترجمها عن الألمانية

ابراهيم وطفي

هاينر كيبهارت

الليلة التي ذُبح فيها الرئيس

مسرحية

ترجمها عن الألمانية

ابراهيم وطفي

هاينر كيبهارت

مِرْتْس

حياة فنان

مسرحية

ترجمها عن الألمانية

ابراهيم وطفي

Kafka
im Arabischen

Herausgegeben von
Ibrahim Watfe

للمترجم كتب مترجمة عن الألمانية

1 - حديث عن فيتنام (مسرحية) بيتر فايس وزارة الثقافة / دمشق 1970

2 - لعبة حلم (مسرحية) أوغست سترندبرغ وزارة الثقافة / دمشق 1972

3 - القضية (مسرحية عن رواية كافكا) بيتر فايس مجلة الحياة المسرحية / دمشق 1981

4 - الليلة التي ذبح فيها الرئيس (مسرحية) هاينر كيبهارت مجلة الحياة المسرحية / دمشق

1983

4 - ليلة جمعة (المسرحية السابقة) هاينر كيبهارت وزارة الثقافة / دمشق 1984

5 - أحاديث مع غابرييل غارسيا ماركيز بلينيو ميندوزا دار طلاس / دمشق 1986

6 - مرتس (مسرحية) هاينر كيبهارت منشورات وطفي 1990(ط 2: 1997)

7 - معركة منزلية (مسرحية) مارتن فالزر منشورات وطفي 1994

8 - الحكم فرانز كافكا منشورات وطفي 1994

9 - رسالة إلى الوالد فرانز كافكا منشورات وطفي 1995

10 - حرب الشمال على شعوب الجنوب عدد من الكتاب منشورات وطفي 1996

11 - 12 - الآثار الكاملة (1) فرانز كافكا منشورات وطفي 2000

[الحكم/الوقاد/الانمساخ/رسالة إلى الوالد] ط 5: 2021

13 - الآثار الكاملة (2) المفقود فرانز كافكا منشورات وطفي 2010 (ط 2: 2017)

14 - الآثار الكاملة (3) المحاكمة فرانز كافكا منشورات وطفي 2002 (ط 4: 2017)

15 - الآثار الكاملة (4) القلعة فرانز كافكا منشورات وطفي 2014 (ط 2: 2017)

16 - الآثار الكاملة (5) القصص والنصوص القصيرة فرانز كافكا منشورات وطفي 2023

17 - الانمساخ فرانز كافكا منشورات وطفي 2014 (ط 2: 2017)

18 - طبيب ريفي فرانز كافكا منشورات وطفي 2014 (ط 2: 2017)

كتب مترجمة جاهزة للنشر

1 - أحاديث مع كتّاب عالميين

2 - ثورة عالمية / أو تروتسكي في المنفى (مسرحية لبيتر فايس)

كتب للمترجم

1 - ثلاثة كتاب من الألمانية بيترفايس. هاينر كيبهارت. مارتن فالزر منشورات وطفي 2000

1 - ثلاثة كتاب من الألمانية بيترفايس. هاينر كيبهارت. مارتن فالزر إي - كتب (لندن) 2019

2 - اعبد الحياة / رواية حياة في رسائل I / حب من المهد إلى اللحد منتشورات وطفي 2011

2 - اعبد الحياة / رواية حياة في رسائل I / حب من المهد إلى اللحد إي - كتب (ط 2) 2019

3 - اعبد الحياة / رواية حياة في رسائل II / صداقة منتشورات وطفي 2011

4 - اعبد الحياة / رواية حياة في رسائل III / كافكا منتشورات وطفي 2012

5 - اعبد الحياة / رواية حياة في رسائل V / أسرة بديلة منشورات وطفي 2012

6 - رسالة إلى الأخ إي - كتب (لندن) 2019

7 - مراسلات حول كافكا / 1993 - 2021 منشورات وطفي 2022

صدر أيضاً:

كافكا في النقد العربي (البداية) عدد من النقاد والكتاب منشورات وطفي 2006

كتب للمترجم جاهزة للنشر

1 - من مفكرة مترجم

2 - أسرة عربية

3 - أسرة أوروبية

E-KUTUB
Publisher of publishers
No 1 in the Arab world
Registered with Companies House in England
under Number: 07513024
Email: ekutub.info@gmail.com
Website: www.e-kutub.com
Germany Office
Bruchweiler 55758‹Linden Strasse 22/
Rhineland-Palatinate
UK Registered Office:
‹28 Lings Coppice
SE21 8SY‹London
Tel: (0044)(0)2081334132

www.ingramcontent.com/pod-product-compliance
Lightning Source LLC
Chambersburg PA
CBHW071430300426
44114CB00013B/1377
* 9 7 8 1 7 8 0 5 8 7 8 4 4 *